中观思想的
历史发展及当代意义

法智 著

加拿大国际出版社

Canada International Press

书名：中观思想的历史发展及当代意义
作者：法智
出版：加拿大国际出版社
www.intlpressca.com
Email: service@intlpressca.com
国际书号 ISBN: 978-1-990872-18-1

电子书号 ISBN: 978-1-990872-23-5

Book Name: History and Modern Functions of the Thought
of Mulamadhyamakakarika

Written by: Zhi Fa

Published by: Canada International Press

www.intlpressca.com

Email: service@intlpressca.com

Print Book ISBN: 978-1-990872-18-1

EBook ISBN: 978-1-990872-23-5

目 录

前 言 v

第一章 《六十正理论》解析 1

　第一节 诸法缘起 2

　第二节 现象非实 12

　第三节 规律为空 22

　第四节 法智所见 34

　第五节 次第中观 37

　第六节 缘起观的立论脉络解析 58

第二章 《七十空性论》解析 72

　第一节 概论空性 73

　第二节 理证空性 100

　第三节 空有不违 121

　第四节 修证空性 143

　第五节 结论空性 178

　第六节 空性观的立论脉络解析 180

第三章 佛教诞生历史背景 185

　第一节 印度次大陆的文化与历史背景 187

　第二节 佛陀住世年代考据 227

　第三节 佛陀的证悟 246

第五章 从原始佛教到部派佛教 287

　第一节 原始佛教形成与内部矛盾初现 287

　第二节 部派佛教的困顿与突围 315

　第三节 各部派关于体用问题的解决途径 338

第六章 初期大乘佛教与中观思想 354

　第一节 初期大乘佛教 360

第二节 龙树菩萨还原中观思想..............................389
第三节 大乘佛教与部派佛教的差异.....................408
第七章 发展的大乘佛教与中观思想.........................421
第一节 印度瑜伽行派的兴起................................421
第二节 中观派的出现及内部分化.........................452
第三节 佛学的漏洞与佛教的软肋.........................461
第八章 中观思想在汉传佛教的传播和演化.............488
第一节 鸠摩罗什及其弟子的中观思想.................490
第二节 三论宗之中观思想................................499
第三节 天台宗之中观思想................................512
第四节 佛教传播中的共性问题研究.....................534
第九章 中观思想在藏地的传播和演化.....................553
第一节 中观思想与藏传佛教的宗教改革..............553
第二节 藏传佛教各派的中观学说.........................572
第三节 佛教传播过程中简单问题复杂化..............597
第十章 中观思想的当代意义.....................................606
第一节 科技无神论之泛滥................................607
一、无神论逐渐激进化的历史发展过程.............609
二、佛法实修者该如何看待科学与无神论.........613
第二节 新时代对原始泛灵的回归.........................623
一、新时代运动的特点简介.............................623
二、新时代运动对佛教的影响.........................628
第三节 虚无主义的流行与泛化.........................631
一、当下享乐主义与其他价值虚无.................632
二、低欲望假象背后的价值虚无.....................634
三、虚无主义演化出的自大型反智主义.............635
第四节 中观思想始终是佛教之根本方向..............638
后 记..641
作者小传..643

前　言

　　自佛陀于菩提树下证悟，并开始宣说佛法传世至今，历史的长河已经流淌过三千多个春秋了。在这漫长的时间过程里，除了记载佛陀言行的原始佛法资料之外，历代佛法践行者们又根据自己的亲身实践与理论研究留下了大量的典籍，世代累积延续，形成了浩如烟海般的佛学经典储存。

　　这就给后世对佛法产生了解兴趣，并试图学习和践行佛法的人们，带来了选择上的困难：面对数量庞大，甚至穷尽一个人的生命周期也不可能彻底阅读完成的佛学典籍，究竟该从哪里入手学习佛法，才能对佛学的整体脉络得以把握，而不偏离？

　　从记载佛陀言行的原始经典入手，是学习佛法的一个不可或缺的关键选项。因为佛陀是真正的觉悟者，圣者在世期间对比丘们的实际教导也涵盖了从佛法理论到实修的方方面面，是直接指向解脱的法门。

　　然而，不得不承认的是，对于后世行者来说，直接对原始经典进行学习，却存在一定困难之处。原因在于，原始经典并非佛陀的著述，而是来自于佛陀涅槃后，佛弟子对佛陀曾经教导的收集记录，并通过口传的方式得以传承。因此，内容层面几乎都以佛陀于某时某地对某人宣说某段经文为格式进行记录，这导致了两个层面的困难：

　　一是为适应口传期的背诵传承方式，原始经文在格式上显得较为刻板，且不同经文之间会存在部分相似或重叠的部分——这是所有口传行文的共同性质，而非佛陀说法的习惯。事实上，时至今日，世界各地所有口传歌曲类的唱词也还保持此类特点。因为这可以降低记诵难度，形成琅琅上口的效果，且有助于人们对其形成连贯性记忆。但对于后世逐渐习惯于文字记录与阅读的人们来说，这种行文方式却很容易令人产生阅读倦怠，即难以使人产生并维持长期的阅读兴趣，并形成系统性学习。这也就为人们对佛法产生深入理解，造成了一定的困难性。

二是事件记载的记录方式，使得佛陀所宣讲的佛法之整体内容没有得到按照一定的逻辑顺序而进行的合适梳理和编撰，因而相对碎片化，并缺少前后的连贯性和总体框架与线路的说明。这对于逐渐习惯于逻辑思维的后世人来说，也是容易产生阅读困难的地方，即难以通过原始经典的阅读而对佛法直接产生总体性认知，却相对容易对散乱的言行碎片记录感觉茫然和难以把握，甚至可能一叶障目或断章取义，也就难以对佛法产生深入理解了。

为了解决上述两个问题，历史上的佛法践行者和研究者们，也曾经做出过各种各样的努力，如南传上座部就曾在传承过程中，以数代僧侣之力结合自身实修经验从原始典籍中梳理出系统性理论的工作，并逐渐形成了《阿毗达摩》的编修著述；而佛陀灭度八百年后降生的龙树菩萨，也同样是从自身实修经验出发，回归记载佛陀言行的原始经典，进而阐明了佛法之中观思想的体系脉络。

相比较而言，前者涉及更多对佛法实修过程所涉及的各种身心反应以及境界的细致体察，并在此体察基础上，形成了分门别类的梳理、整合与分析。而后者则更多在于对趣向涅槃解脱的佛法修行之主轴线路的说明，并由此特别针对实修过程中，世人普遍存在的偏差性认知进行厘清和矫正。因此，两者各有侧重，也各有不可忽视的优势之处。

　　而从把握佛法整体脉络的角度来说，中观思想则毫无疑问是一个适当而贴切的着手之处。概括而言，中观思想包括分别针对此世间和出世间而宣说的缘起观和空性论两个部分。缘起观是指一切世间诸相、诸法、诸律皆无自性，是由于因缘作用，而在此世间显现为某种似乎存在的状态，且始终处于无常生灭当中。空性论则说明一切无自性的世间诸法本质为空性，而空性既非是不变异的实有，也并非是"无"，而是超越世间的真理实相本身。

　　为阐述佛法中观思想，龙树菩萨也著述了大量论书，其中最著名的就是《中观六论》。此六部论书详细论述了中观思想得以成立的道理，并对与实执有关的世间谬误等做出了批判。然而，由于成书时间距今也有将近两千年左右的历史了，期间也经历了印度佛教灭亡导致在一段很长时间内梵本失传、其他语言译本间的或大或小的差别性转译、以及佛教各派别对中观思想的不同解读等等波折。因此，对当代人来说，中观思想也变得复杂和浩瀚了起来，甚至其中也出现了各种歧义和争端。

　　基于上述原因，本书就将回归龙树菩萨的原始文本——针对近年来考古发现的梵本与藏、汉等不同语言的译本进行对比分析，而达到对佛法中观思想的基本理论构成进行梳理的目的，并在此基础上，对中观思想总体理论脉络进行综合性分析、阐述和诠释。

　　同时，为了使人们能够对中观思想在佛法实修过程中的作用产生深入理解，则进一步将中观思想的产生和发生回归到历史当中去，针对其在不同的历史阶段包括当代的佛学发展和佛法实践中，所实际发挥的指导意义和现实作用，分别进行了详细的梳理和整合。

第一章 《六十正理论》解析

中观思想始自龙树菩萨所造之《中观理聚六论》，即《中论》、《六十正理论》、《七十空性论》、《回诤论》、《细研论》和《宝鬘论》（前四部是佛教界和学术界共同认定的龙树菩萨作品，后两部的归属则存疑）。因而要想讨论中观思想，龙树菩萨的原始文本是不可回避的一个重要起点。

上述六论中，仔细考察不难发现，其中《中论》流传最广，古往今来的疏注也最为繁多，并受到了佛教内外研究中观思想的学者们的广泛重视。然而，《中论》旨在破除印度诸派的实有观，而非自立论。由此龙树菩萨才又造《六十正理论》来立论缘起，又以《七十空性论》阐述空性，从而使得中观学说本身得以进一步完善。因此，要想深入了解中观思想的源头，《六十正理论》与《七十空性论》两论也是除《中论》之外的重要切入点。然而，上述两论汉译版本出现时间均较晚，且相关疏注也相对较少，这使得对中观思想更完整全面的理解相对困难。因此，本书的中观思想文本研究将结合已有的《中论》疏注，同时把更多侧重点放在上述二论的具体注释和解析上，以此争取对龙树中观缘起论作以更全面的解读。

下面，就将从《六十正理论》的注释和翻译开始，以译文问世时间相对最长的宋代施护译本《六十颂如理论》作为蓝本（以下简称宋本）加以注释和解析，并对比现代任杰的藏汉译本《六十正理论释》（下文简称任本）和李学竹、叶少勇等所著的《六十如理颂：梵藏汉合校·导读·译注》（下文简称合本），来对《六十正理论》作以解析。

第一节　诸法缘起

归命三世寂默主宣说缘生正法语若了诸法离缘生所作法行

如是离

【注释】归命：即皈依。

三世：即过去、现在和未来，在佛学中，统称为三世。

寂默主：寂即寂灭，指无生灭的涅槃状态；默：即寂静。寂默主即指涅槃证悟的佛陀。

生：指某法从无到有的显现。

行：即包括身行、语行和意行。法行：即众生在世间的身语意种种活动。

【今译】（我等佛子所）皈依（的）涅槃寂静的佛陀，宣说了缘生的正法。如果（我等佛子能够）了知诸法（的性相），而出离缘生（的幻相），那么一切身行、语行、意行也就同样出离了（幻相）。

【解析】此处为开卷之皈依颂，阐明龙树菩萨造次《六十颂如理论》的宗旨，即为使众生能够进一步了解佛说缘生法的虚幻，从而获得出离的解脱果。

任本此颂为"谁于生灭等，以此理断除。说缘起能王，于彼稽首礼"。合本此颂为"说缘起者牟尼王，于彼我致恭敬礼。

由彼以此缘起理，断离生起与灭坏"，其中前两句考据自梵文，后两句补自藏文。对比此两译本与宋本，虽文字存在差异，但所表达之理趣基本一致，都旨在说明缘起观/缘生法是佛陀所宣说的正理，此正理能断除生灭。其中宋本译为缘生法，而后两本译为缘起观，以合本考据之梵文原本来看，似乎缘起观，更为符合原意。

梵文	pratityasamutpada	（prattyasamutpann dharm）
巴利文	paticcasamuppada	（prattyasamutpann dharm）
藏译	rten cing `brel par `byung ba	rten cing `brel par `byung ba
玄奘译	缘起	缘生法
求那跋陀罗译	因缘法	缘生法

那么，宋本为何译为缘生法呢？

首先，在汉文古代佛典中，缘生、缘起、因缘这三个词常常是互相通用的。举例如下，隋达磨笈多译有《缘生论》，这是唐不空法师所译《大乘缘生论》的同本异译，其内容完全相同，俱为解说十二缘起/十二因缘法。再比如，唐玄奘法师所译《摄大乘论释》卷二中，有说"分别自性及分别爱非爱二缘起"之句。而南北朝时期梁真谛法师所译《摄大乘论释》卷二中同句话则译为"分别自性与分别爱非爱二种缘生"。

上述四例中，达磨笈多为南印度罗啰国人，不空为西域狮子国即今斯里兰卡人，真谛为印度优禅尼国人，玄奘为曾留学印度精通梵文的唐人。此四者均为汉文佛典编译史上具盛名的大译师，四人所跨越的时间约自南北朝梁代（约公元 499 年）始，至唐末代宗时期（约公元 774 年）终。即将近三百年的时间里，中印两文明的译师在梵译汉的过程中，都曾通用"缘生"、"缘起"两词，可见，这两者意义的混用很可能不止在汉文佛典中是如此，在以印度语系为母语的人看来，这两个词意，在某些情况下，似乎也是可互通的。当然，存在不等于合理，这点下文会继续说明。

其次，依据存有梵文原本的《杂阿含经（宋求那跋陀罗译本）》的定义来看什么是缘起。经云：云何为因缘法？谓此有故彼有，谓缘无明行，缘行识，乃至如是如是纯大苦聚集。谓无明、行，若佛出世，若未出世，此法常住、法住法界，彼如来自觉知，成等正觉，为人演说、开示、显发，谓缘生故，有老、病、死、忧、悲、恼、苦。此等诸法，法住、法定、法如、法尔、法不离如、法不异如、审谛、真、实、不颠倒、如是随顺缘起，是名因缘法。据后人考证，此处因缘法的梵文即缘起（prattyasamutpda），可见因缘与缘起的通用也是普遍的。

那么，什么是缘生法呢？还是依据同版《杂阿含经》的定义来看：云何缘生法？谓无明、行、识、名色、六入处、触、受、爱、取、有、生、老病死忧悲恼苦，是名缘生法。

严格对比上述两定义，缘生法侧重于万物依因缘而生的各种现象，即从定义来看，缘生法可看作是十二因缘法的统称。而缘起即因缘法，则侧重于万物依因缘而生的规律本身。即两者都与"万物依因缘而生"这一规律密切相关，但描述的侧重点有所不同。

那么，从现代逻辑学的角度来看，现象无真实性，与现象背后的规律也无真实性，这就是两个不同层面的说法。且相对来说，规律的无真实性，要比现象的无真实性更进一步。因此，要证明现象无真实性，不一定需要证明规律无真实性。而要证明规律无真实性，须先论证现象无真实性，然后再回到规律本身，论证其亦无真实性，才能做到有理有据地破除。所以，承认混用现象在汉译本中普遍存在，且在印度也可能存在，都不等于承认其混用作法在任何情况下都完全合理。

综上，对于缘生现象的非真实性与缘起律的非真实性，在下文中依然会继续加以探讨。那么，在《六十正理论》中，此开篇第一颂，究竟是"缘起"还是"缘生法"呢？第一，后二译本均作"缘起"，其中一来自考据之梵文，一来自藏文，而藏文为依据梵文专为译经所造之文字，因而其与梵文的相符程度也很高。第二、综合上下文语意来看，侧重万物依因缘生这一规律的"缘起"也相对为更合适的语义。

再次，原始佛教与大乘佛教在"因缘法是否为真实"的认识上存在差别，原始佛教据其典籍，而认为"此等诸法，法住、法定、法如、法尔、法不离如、法不异如、审谛、真、实、不颠倒"，即原始佛教认为因缘法是真实存在的。而大乘佛教则认为因缘法无真实性，依据世俗认知惯例而为假说为有。

佛教广传汉地，已是大乘极盛时期了，且汉地亦对大乘佛教的认可度更为显著，社会普及度也更高。因而，综合来看，汉地所译佛典受到大乘佛教的影响，而用语偏向于大乘习惯者更多，此现象亦不足为奇。这点在此颂中，表现虽不明显，但因后文中属此情况者较多，因而先作说明，以对此提前建立基础认知，来方便后文理解。

最后，值得注意的是，此颂中虽未提及大乘，但此"缘起法非实有"的论点已属于大乘思想范畴，但所用词语习惯如"缘起"而非与"缘生法"混用，则依然严格遵守原始佛教典籍规范。当然，此处孤例不足为凭，但细观龙树菩萨之《中观理聚六论》，此种现象却尤为普遍。即不直接言明大乘，而是以具体理路加以说明，同时也广引《阿含经》类记载佛陀言行的典籍，以立足佛陀所传之原始教法作为自身立论的稳定根基。据此，也可以认为龙树菩萨的著述是承前——即继承原始佛教之根基，启后——开启大乘一脉兴盛的重要论典。此论点，后文将继续以实际文本的反复考察，加以说明。

离有无二边智者无所依甚深无所缘缘生义成立

【注释】有无二边：即指两种边见，因为无论执著有的一边，还是执著无的一边，都是极端的看法，故根据其特性而称为边见。有也指如五蕴、十二处、十八界等一切有事之法。无则指世间不存在的事物，如兔角龟毛。

所缘：即所缘取的对象，此处指外境。

【今译】出离了有无两种边见，智者（的心）不需要依托（于根、境、量、相等）。（智者领悟的）甚深义不需要缘取任何境，（因此在这样的境界中）缘生法的道理（即缘起非实有，就得到了）成立。

【解析】此颂为开篇第一论述颂，宋本此处旨在说明智者的境界是出离有无两种边见的：即认为事物存在真实本质，此为"有见"；认为事物在世间也不存在，此为"无见"，此二者皆非正见。然后指出事物的本性为空性，而非"有"；事物在世间的显现状态和作用，则为"世俗有"，而非"无"。这就是基础的中观思想。

此颂任本作**"谁之慧远离，有无而不住：彼通达缘义，甚深不可得"**。合本依考据梵文作**"今得出离于有无，无所依着之慧觉，彼等则能解甚深，无可攀援之缘义"**。对比上述三译本，大体旨趣依旧相同。

那么，为何开篇即强调智者的境界？智者境界又是如何产生的呢？

首先，这里应该了解的是，本论中谈论的大部分内容，都来自智者亲证，即在表面内容背后实际都隐含地是指向了"修"中所见，即"观"。也就是说，此处实际上是表明，缘起非实有的观点是来自于智者实修的亲证而非哲学推理与文字游戏。

其次，这也是在无形中引导后学，如果想要获得这样的正见，那么就要切身投入到实修之中去体悟。这样的表达方式在佛法论典里比比皆是，看似在说理，实则都指向实修经验的体证。

再者，这也说明，论中所描述的种种修行者对真实义的认知，都并非世间人们惯常所理解的独立于人之外的"真理"，而是存在于独特的修行状态中才能得见的"真理"。这也就意味着，真理的层面与智慧的层面是直接相关的，境的状态与识的状态是直接相关的。即"理"不具备脱离于观察者之外的客观性，而是随着观察者的状态变化而呈现不同层面的状态的。实际上，这与现代量子物理的看法是一致的。从佛法的角度来说，就是指只有在心识进入到某层面的智慧状态下，显现某种智境，才能亲证该层面的真理。这也是佛法存在不同层面的教导——诸如"原始佛教承认因缘法为实，而大乘则认为因缘法非实有"——的原因。

因而，如果试图以日常生活中，世人的普遍的认知状态，去了解智者所描述的真理，并获得完全的领悟，那么，这实际上是不可能做到的事情的。因为通过推理、演绎、归纳等思维方式的运作，人们至多只能获得部分理性上的认知，但无法获得实际的经验和体悟。例如，作为现代人，根据量子科学的原理，很容易推知，构成万物的基本粒子非实有，万物包括自己的身体也是非实有的道理。可是，无论在现实生活中，还是在禅修过程里，实执都依然会存在，人们也还是会执着于各种各样的"有"。举个简单的例子，人被蚊子咬了，不可能通过说服自己："我非实有，我的身体非实有，蚊子也非实有，因而蚊子飞来咬我，这件事不存在！"，然后，就直接领悟到"蚊我两忘"的境界。这是荒谬的。禅修不是这样的自我催眠和自我欺骗。

再比如，大多数时候，人们会在很投入的情况下看电影，影院里除了屏幕周围都是黑的，人们的注意力就自然全部放在屏幕上了。这种情况下，虽然也明知道眼前显现的恐怖画面是假的，但人们还是会害怕。可有的时候，人们看电影却并没有那么投入，例如在家里用很小的电脑或者手机在看，另一边可能还在做其他事，那么同样恐怖的画面出现，你生起的恐惧感却可能很小，甚至有时候会完全感觉不到恐惧，反而觉得好笑。这是为什么呢？因为在后一种情况下，你在不断地亲身经验着电影画面的"非真实性"——周围的事物、做其他事情的打断等等，都在让你自然体会到屏幕上只是影像，而不是真的。所以，不需要有人告诉你，也不需要你提醒自己：这是假的，不用害怕。你自然就感觉得到。这就是亲身经验的重要性。

上述举例都说明人类会本能地倾向于把感官所见的一切，等同为"真实"。所以，除非亲身经验实证到非真实性，否则即便理智上知道非真实，实际上也不足以改变无明遮蔽的状态本身。因此，从根本层面来看，佛法是需要在听闻的指引下，经由亲身实践来最终切实证悟的，而无法通过其他简化方式获得。这也是为何单纯地以哲学推理的角度来看待佛法典籍，很难真正理解其理趣，而容易陷入到文字游戏中的原因。

若谓法无性即生诸过失智者应如理伺察法有性

若有性实得如愚者分别无性即无因解脱义何立

不可说有性不可说无性了知性无性大智如理说

【注释】无性：即无自性。有性：即有自性。

【今译】（问：）如果说"法"没有自性，那么就会生起各种过失（与世间相违）。智者应该按照道理，寻伺考察诸法是有自性的。（答：）如果存在实有的自性，就和愚痴凡夫所分别计度的一样了。（问：）无自性，就没有（业）因了，那么解脱的意义又如何成立呢？（答：）既不能说是有自性，也不能说是无自性。明了遍知自性与无性（的关系），这才是大智慧按照正理所言说的。

【解析】本段是延续上文，开始具体展开对世间诸法不具有真实本体与真实本质的论述。

此处宋本是通过他者提出问题，对无自性的说法表示质疑。而引出龙树菩萨关于有无自性的详细阐述。

此三颂任本作"**且生诸过处，无见已破除。应听由正理，亦破除有见。如愚者分别，法若成实有：法无则解脱，何因不允许。由有不解脱，由无住三有。遍知有无事，圣者得解脱**"。

此三颂梵文缺，合本依日本语言学家瓜生津龙真藏返梵本、印度语言学家 Kumar 藏返梵本和藏前后弘期译本（同情况下文简称"依藏本"）作"**无是诸过之生处，已经首先被遣除，谛听应以此理故，有者亦当做遣除。果如愚夫之所执，若诸事物是实有，则由何故不承许，由其无故而解脱？由有故及由无故，不从有体得解脱。即由遍知有无故，伟大之士得解脱。**"

对比上述三译本，宋本与后二本的用词，存在较大差别，导致总体旨趣也存在部分差异。依照后两本的翻译，此三颂义为：无见作为诸过生处，显然已经自然被破除了。那么，应该按照正理，也破除有见。按照愚痴凡夫的分别所执，如果各种事物都是实有的，那么为何不承许在"法无"状态下就自然而不需要其他原因地解脱了呢？（事实上，正是）因为（执着）"有"而不得解脱，因为（执着）"无"而常住三界轮回中。圣者能够遍知有无的真义（即不执著有也不执著无），因而得到解脱。

如此翻译，按照上下文之文义，则此段第一颂并非是其他派别的诘问，而是顺势阐述。因为无见即不符合佛陀教导的因果轮回的道理，也与众生于世间之所见不符，所以，不需要特别地去加以破除。有见，则不同。以世间无明的五蕴来感知，世间万物与缘生法似乎都毫无疑问就是实有的。因而，有见才需要按照下述偈颂所叙之道理来进行破除。

第二颂按照后两译本都可以理解为通过反问来破除有见，即如果世间万物及缘生法是真实的，那么任何事物在灭去即无的那一刻，不就自然解脱了吗？但事实并非如此，由此而说明世间万法都非真实有。这个反问建立的基础是对因果轮回的笃信，所以按照此解释，可判断出本论的预设读者应该是佛教部派之内僧众以及即有之信众。

同时，这句话按照任本也可理解为有些人把"法无"执着为一种状态，于是产生了下面的认知：愚者执着世间诸法都为实有，那么破除掉这种虚妄的认识之后，就是"法无"了。可是为何不承许"法无"就自然而然地可获得解脱了呢？这里，似乎有把"法无"执着为实有的倾向性，但实际上，"法无"只是名言，因而不可能"依法无而解脱，并安住法无"。综合上下文来看，依据世间而破无见后，再破"法无"本身亦非一种实有物，也无真实性，从而间接破除有见。这种解释也存在合理性。

接下来说明轮回存在的原因，恰恰就是执着于"有无"。因为执着有无的分别，自然渴望"有"而惧怕"无"。所以，除三有之生命形态，无他态可得，除三界之外，无他处可去；如此，轮回才得以继续。最后两句则指明圣者解脱的原因，恰在于能遍知有无事，而不落有无中。

由此段内容来看，后二译本内容相近，此二者都来自于藏文，而藏译梵文准确度也广受认可。而宋本出现的"自性"、"无性"字样在藏文中此三颂里，显然并未出现，由此判断，后二者内容很可能更符合已佚失的梵本原意。宋本似乎有为提早引出自性说法，而对原文作出修改或修订的嫌疑。

　　那么，依据后二本综合来看，此三颂实际上依旧与实修经验紧密相关。即第一，从世间角度来说，无见自然不成立。第二，从佛法的角度来说，佛陀在传原始佛教教义时，已经成立了缘起有，即破除了无见。那么，本论此处也就不需要再破斥了。因而，本论说，要在观修里逐步破除有见。实际上，从修行的角度来说，破除有见本身就是绝大多数初学者需要不断深入地禅修才能了悟的智慧。相对来说，直接堕入无见这一情况，因不符合大多数人的直观感知认识，而相对较少出现。因而，本论中，也特别首先强调对有见的破除。而最后指明圣者解脱原因，也是引导后学走向实修的一种指向。

　　综上所述，本段是以有无切入缘起，并初步展开对诸法即各种世间事物无真实本体与真实本质的论述，然后再次回到有无，说明执着有无是轮回存在的原因，为下文做出铺垫。

第二节　现象非实

涅槃与生死勿观别异性非涅槃生死二性有差别

生死及涅槃二俱无所有若了知生死此即是涅槃

　　【注释】别异性：区别差异的性质。

　　【今译】涅槃和生死，不要（从生灭的幻相角度）观察它们的差别。不是涅槃和生死，两者本性存在差别。生死和涅槃，两者都没有（真实本体）。如果明了遍知（关于）生死（是缘生幻相），（那么）生死就是涅槃。

【解析】此处是从涅槃与生死这两个极端对立的世间现象，具有相同无真实性的本质角度，来论述世间各种现象皆非真实有。

此二颂任本作"**未见真实性，执世间涅槃。诸证真性者，不执世涅槃。生死与涅槃，此二非实有。遍知三有性，即说为涅槃**"。合本依考据梵文作"**于真实性不见者，计有世间与涅槃。于真实性得见者，不计世间与涅槃。彼涅槃及彼有体，二者皆为不可得。于有体之遍明了，即可称之为涅槃**"。对比三译本，其总体旨趣差别不大。

那么，涅槃和生死为什么具有一样的本质呢？生死，众生相对来说容易知晓其含义和指向。因而，需要清晰的是：何为此处所说之涅槃？

关于涅槃的定义，三乘佛教各有不同。原始佛教把"涅槃"解释为灭除生死因果，度脱生死瀑流，解脱三界轮回，而达到的自在、无为、寂静状态。因此，涅槃可分为有余涅槃与无余涅槃两种。有余涅槃是指烦恼断尽，精神已经进入涅槃境界，但肉体尚未死亡的状态。无余涅槃则指不但烦恼断尽，且肉体也已经舍弃，不受后有，只有精神完全进入涅槃境界的状态。

大乘佛教关于涅槃的解释按照唯识学分为四种，除上述两种涅槃外，还包括本来自性清净涅槃和无住涅槃。按照《成唯识论》所说，本来自性清净涅槃的定义为：一切法相真如理，与一切法不一不异，无生无灭，离一切相、一切分别，寻思路绝，名言道断，唯真圣者自内所证。其性本寂，故名涅槃。无住涅槃的定义为：即真如出所知障，大悲般若常所辅翼，由斯不住生死、涅槃，利乐有情，穷未来际。用而常寂，故名涅槃。

因而，在大乘佛教看来，本来自性清净涅槃即佛性，为众生平等共有，只因无明染污而不能经验，而解脱后则可亲证此本来自性清净之佛性。而有余和无余两种涅槃，是断烦恼障，而未断所知障时，进入的涅槃状态，因此并非究竟解脱。只有无住涅槃才是真正的究竟解脱。

那么，此处所说的涅槃，是指哪种涅槃呢？根据本论所著时代及实际文本内容来看，论中所有基础概念和基础教义，都来自于原始佛典。再结合上下文来看，此处涅槃应是指向原始佛典里提到的两种涅槃，即此处之涅槃包括有余涅槃和无余涅槃。

厘清了涅槃的定义，就不难理解，从智者的角度来看，生死不必说，自然是众生随缘所显现的状态。而涅槃即有余涅槃和无余涅槃，也都是圣者在断除烦恼后，随缘所显现的或肉身灭或肉身不灭的状态。因而，生死与涅槃两者都是随缘生，而非真实有；只是依缘的不同显现，而非最终解脱所见的真实义。真实义是离缘起的，不生不灭、不断不常、不一不异、不去不来，即《中论》开篇所说的八不中观状态，也符合大乘所认可的本来自性清净之佛性。

从实修的角度来说，此二颂实际上指出了一个修行的次第，即自"未见真实性"的观修，告诫修行者"勿观别异性"，到"证真实"的观修，即"二俱无所有"，再到"遍明三有"的涅槃境界。

破彼生有性分别灭亦然如幻所作事灭现前无实

若灭有所坏知彼是有为现法尚无得复何知坏法

彼诸蕴不灭染尽即涅槃若了知灭性彼即得解脱

【注释】彼：涅槃和生死。

灭：一可作寂灭解，即涅槃。二则指某法从有到无的显现。

现前：呈现在前，出现在前。

坏：坏失。

无得：没有真实本体可得。

彼：第一个彼是指证悟者，第二个是指众生或修行者。

诸蕴：五蕴。

尽：到尽头，指染污性自然止息的状态。

【今译】破除生死和涅槃，是缘生而各有自性（的执着），（两者的）分别也就消失了。（那么，众生于世间）所作的种种事物，在寂灭现前（的时候，也能了知这些事物）没有真实本体。如果（有看法认为）寂灭是有所坏失的，（那么）就知道这种看法是有为法。现实存在的事物，尚且没有（真实本体）可得，又从哪里知道灭境的涅槃（反而是有真实本体的）呢？证悟者的五蕴并没有断灭，是染污性到了尽头，（自然）就是涅槃。如果（众生）明了遍知了寂灭的真实本性，（那么）他就能得到解脱。

【解析】这段宋本继续上文的论述，解析生死和涅槃的无分别性。指出涅槃并不是通过断灭生死等现存事物，而达到的一种状态。因为在这种看法里，假设了涅槃和生死都是具有某种真实的本体。而这里要阐明的主旨则是生死等世间现存事物，并不具有真实本体。它们只是随缘而呈现的不同幻相，是非真实的，也就谈不上被断灭。因此，涅槃也不是某种经由断灭而生的新事物，也就不能以看待世间事物的角度来看待涅槃，把涅槃执着为某种有真实本体的事物了。

此三颂任本作"**有为生已坏，安立彼为灭：如是诸正士，说如幻事灭。由毁坏成灭，非遍知有为：彼于谁现起，如何说证灭。设若蕴未灭，惑尽非涅槃。何时彼亦灭，尔时当解脱**"。合本依藏文作"**已生事物之坏失，则被计执为寂灭。而诸正士则许为，如幻化物之寂灭。若由灭失故有灭，不由遍知有为故，此灭为谁之现量？又如何有证灭智？若是诸蕴未坏灭，纵烦恼尽非涅槃。若彼之蕴已坏灭，此时即是得解脱**"。

对比此三译本，宋本与后二旨趣相差较大。后二者义大致为：第一颂是说，世间有为法存在生灭现象，而圣者认为这种生灭现象是幻相。第二颂则是说，如果把世间生灭看作真实，那么五蕴毁坏消失，就成了修行者寂灭那一刻的状态。即修行者此时此生命已死，那么这个"灭"又是谁现前亲自证量的呢？既然修行者已死，又怎么能够证得灭智呢？所以，这就不是遍知有为了。行文到此处，看似是在论述无余涅槃的不合理之处，但需要注意的是上面是一个反问句。因此，其义在于归谬方式来进行反证。第三颂说，如果按照上述执着实有的态度来看，那么五蕴没有坏灭，即使烦恼断尽，也不是涅槃了；必须要等到五蕴坏灭时，才是得解脱。所以此处，看似是在论述有余涅槃的不合理之处，但实际上还是在进行归谬。

因为正如上文所说，原始佛教经论中，曾明确提到有余涅槃和无余涅槃的存在，所以，此处语句虽然表面来看，似乎是在论证有余涅槃和无余涅槃的不合理。但却必须注意到，第二颂中，已经明确提到了"非遍知有为"，也就是说，文中是这句话里设置了一个隐含的前提："如果把世间生灭看作真实"，那么"这就不是对有为法的遍知"了。因此，后文的归谬性论述，实际上都是在此前提性进行的，即"如果人们带着这样虚幻的认识去看，就会认为无余涅槃、有余涅槃都是不合理的"。而此二者恰恰是佛法传承内公认必定存在的。因此，就反证了"把世间生灭看作真实"这种无明状态的不合理性。从而，也就可以得出"有为法非实有"的结论了。

　　所以，总结来看，此处的论证方式是：先做出一个假设，然后由这个假设推出一个不可能的结论，以此证明假设有错误。这就是归谬法，也是中观思想的论证当中经常用到的一种逻辑证明和论述方法。即如果可以经由一个假设推导出某种明显的谬论，那么就可以反证假设的错误性。

　　因此，从正面说明和立论的角度来看，本论对于"涅槃"想要表达的真正看法是什么呢？是"有余涅槃和无余涅槃都是合理的"，因为从根本角度来说生灭现象本身并非真实有。所以，圣者五蕴灭尽成就无余涅槃，并不是真的死亡，只剩虚无，此死亡实际上亦是幻相的一部分，因此证悟就是可以发生的。而圣者五蕴未灭来成就有余涅槃，即肉身尚在，也并不妨碍断尽与此相关的烦恼根源，因为肉身尚在的"生"之状态与现象，同样也是幻相的一部分。

　　那么，宋本为何在此处有如此大的改动呢？这就与前文所说的原始佛教与大乘观点存在差别有关了。观宋本所说：第一，还是运用了自性的译法，而此词在后二译本里均未为出现，这说明宋本依然是以更接近大乘论述的方式在作意译。第二，"彼诸蕴不灭，染尽即涅槃。若了知灭性，彼即得解脱"一句，这是典型的大乘观点。即解脱并非五蕴的断灭，而是染污性尽，佛性自然显现的状态。此处看似与上述有余、无余涅槃矛盾，但从生灭现象并非真实有的角度来看，实际上其根本内涵却是一致的。

因而，在原始佛教经典中，实际上佛陀已经埋下了大乘佛法的种子。而佛陀初转法轮所说之原始佛教经典显然也并非错谬，而是虽与大乘经典所论述不在同一层面，却互相关联，且原始佛典无疑就是大乘佛法的根基。

从此处运用文本的角度来看，龙树菩萨也依然是在遵循严格依照原始佛教概念进行论述，但所传播的理路为大乘观点的造论路线。

若生法灭法二俱不可得正智所观察从无明缘生

若见法寂静诸所作亦然知此最胜法获法智无边

缘生性可见是义非无见此中微妙性非缘生分别

【注释】不可得：同上"无得"。

正智：如法相而知的智慧。

寂静：不生不灭，即空性。

所作：依业力而产生的行为。

此：缘生法。

无：没有，不存在。

此：正智观察的状态。

【今译】如果生起和灭去的法，两者都没有真实本体。那么，用正智观察到的是什么呢？是从无明的缘而生起的万法的（生灭）相。如果能够亲证诸法不生不灭，（那么）各种依业力产生的行为也一样（是不生不灭的）。了知缘起之非真实性，这一最殊胜的法，就获得了无边的佛法智慧。缘生的性质（即无自性）是（以正智观察）可见的，这个无自性的道理并不是指万物不存在（即并非无见所指）。在以正智观察的状态里，（无自性显现）微妙性，而不是因缘生起的种种分别。

【解析】这一段宋本是论述亲证诸法本质与缘生法之间的差别。缘生法，以世俗角度来看，似乎是真实有的，即似乎有自性。而实际上，以正智亲证的角度来看，则缘生法的种种分别都不复实在。即在觉悟状态的观察中，缘生法并不具有真实本体，也不具有真实义，即无自性。实际上，在觉悟状态中，观察到的是微妙的不生不灭性，而不是依缘起的生灭。

此三颂任本作"无明缘生法，真智照见前：生或灭亦可，尽都不可得。现法即涅槃，亦所作已办。设若法智后，于此有差别：有为法极细，谁计自性生。彼即非智者，不见缘起义"。

合本作"无明为缘所生者，若以正智作观察。无论生起与坏灭，无有任何可获得。此即现法之涅槃，亦即所作已成办。若于获得法智后，此人仍有差别相。即使此人执着于，极细微物有生起。此人即是无智者，不见从缘而生义"。其中前第一颂和第二颂前半段为据考据之梵文译，后面为藏文译。

对比此三译本，差别自第二颂始，后二译本相对内容接近。此译文应以任本为最准确，因其对此三颂中的缘生法与缘起的译文做出了区分，而合本因为学术考据，不了解实修，此处区分亦不明显。仔细分析本论原文所蕴含的旨趣，龙树菩萨对缘生法和缘起应并非是完全没有区分对待地来进行混用，而是以此二者概念的差别，来从现象和规律两个层面进行论述的。

那么，据任本，此三颂义为：从无明的缘起而生的万法，如果以正智来作观察，无论生起还是坏灭，两者都没有真实性。现前的法，就是涅槃，涅槃也已经得到成办。假设有人在（自称）获得法智之后，仍然存在差别计度：即使是对极其深细的有为法，执着其是自性生，那么其人也并非是（真正的）智者，因为他不能现见缘起的真义。

即此处存在两层破除：第一，若能生起正智，现证缘生法之非真实性，则万法与涅槃并无差别。此处的涅槃，依然是指有余无余两种。也就是说，世间万法都是众生依自蕴识所见。自蕴识上超越了缘生法为实有的假象，那么就自然可以亲证万法生灭亦非真实有。因为，此时的识之了别，已经属正智范畴，断烦恼断戏论，因而也就与涅槃无别了。如此，即万法的真实本质、自蕴识的真实本质，本身都与涅槃无别。这是从缘生法非真实有的角度作破除。

而后说明，即使是最深细的有为法，亦非自性生。如果不能认识到这点，那么就还没有真正理解缘起的规律也非真实。因而说，这实际上说明还未证入法智。所以，这是从缘生法引申到缘起律，说明缘起律亦非实有，为下一个章节做了初步铺垫，而下节则将着力于缘起律实有性的破除。同时，以上部分也是针对实修中的境界次第在做讲述：首先，证知现象非实有，然后，才能再证规律亦非真实有，而进入法智境界。

对比宋本，则相对来说，似做了简化处理。由于相隔年代久远，无法获取第一手资料，因此其真实原因，实在难以探明究竟。但如果从研究角度出发，作以揣测，那么大致可推测其原因则存在以下几种可能：一、译者可能认为，如此修改后，是在生死涅槃无二后，进一步阐述诸法无自性，对于初学者来说，这个逻辑似乎更为易懂。二、前文已论述过了生死涅槃无二无别，因而若不能贯通理解此处两层破除的含义，似乎也比较容易误认为原文内容存在赘述。而且因古代文本大多为手抄，那么当时的译者就可能认为所谓的"赘述"处，来自于传抄错误，因而从其他方式求证后，对其作了改动。三、也不能排除当时的译者所得到的原文版本，已经是他人在传抄过程里出现偏差的情况。四、虽然后两本文本更接近，文脉也更靠近梵文。但也无法百分百排除宋本所译，是直接来自梵文原本或更接近原本的可能。

这也是对比不同译本的意义所在。虽然宋本依现代人看法，存在诸多错译之处，但只有加以比对，才更可能对文本传承过程的历史因素影响，做出深入的理解。由此，也反而可能加深对原文的认识。同时，因所有考据皆非直接来自古印度原本，所以，本质上都为间接证据，也就仍有必要保留有争议的版本，作为对比参考。

另外，这是任本中第一次出现"自性"这个词语，而合本仍未用到"自性"一词，对照合本语言学家所依藏本拟回译的梵文来看，此处并无"自性(梵文 svabhāva)"一词。因此推测，任本是根据上下文的文义做出的意译。此意译相对合理。因为从文义看，此处若按合本直译原文"即使此人执着于，极细微物有生起。此人即是无智者，不见从缘而生义"，那么这里的

"生起"一词，也是暗含了自性生之义的。因为对于世间无论宏观或微细的现象之生起，佛法中都已承许其"缘起有"的一面，所以，此处要论述的本身就是各种现象于出世间一面是否存在真实义，即是否为自性有。因而虽文本略说为"生起"，但其指向依然是自性生，否则不但违背上下文，也与整体文本之旨趣不符。

综上可知，本节论述是以涅槃作为参照物，分别对比了涅槃与生死、涅槃与缘生万法即有为法的差别，再破除其差别，证明涅槃与生死/轮回，涅槃与缘生万法，本质均无分别，都是随缘而生的幻相，不具真实体，亦无真实义。

第三节　规律为空

佛正觉所说有说非无因若尽烦恼源即破轮回相

诸法决定行见有作有取前后际云何从缘所安立

云何前已生彼后复别转故前后边际如世幻所见

云何幻可生云何有所著痴者于幻中求幻而为实

前际非后际执见故不舍智观性无性如幻焰影像

【注释】烦恼源：此处指业因。

决定行：即有自性。

有作：指有造作业力者。

有取：指有承受业果者。

安立：安置设立，指非实有。

幻焰：即阳焰，是佛经中常用的幻相比喻，指浮尘为日光所照时呈现的一种远望似水如雾的自然景象。

【今译】（问：）佛陀是正觉者，他所说的法里面有提到，业有并非是无因的说法。如果（像你这样说，因烦恼无自性而）穷尽了烦恼的源头，那么就打破了轮回的呈现状态了（这是不合乎佛陀的教导的）。

（答：）（如果按照你的说法）诸法都有真实自性，（如同）可见到有作业者也有业果可取得，那么前因后果（佛陀）又为什么说是根据缘而安置设立的呢？（如果说）前际的因已经生成了后际果（那么在前因时，后果应该已经存在了，所以），为什么又说后际的果还要转变呢？因此前因后果如同世人所见，是一种幻相。

为什么会生起这样的幻相呢？为什么在这幻相中会有所执着呢？（因为）愚痴者在幻相中，把幻相当作了真实。（愚痴者认为）前际不是后际（即过去不同于未来），执着这样的见地，因此就不肯舍弃。而以智慧观察自性和无自性，就像幻相、阳焰或影像一样（不真实）。

【解析】本节开始以三时和生灭的角度，切入缘起律的非实有性。这样，承接上一部分对缘生现象的论述，则缘生法之现象与缘起之规律，都非真实有，因而法智的认知实际上也包括了对上述两者的智慧亲证。

此五颂据宋本来看，是针对他人疑问的回复。其应对质疑的方式，一是举佛典作例证，这是经文中常见的论述方式。二是归谬法的运用，即假设对方说的是对的，前际的因已经生处了后际的果，来推导出矛盾与不合理之处。这也是经论中常见的驳斥方式。虽然后续中观应成以此立派，但实际上破斥法是大乘遍用共用之法。

此五颂任本作"尽烦恼比丘，生死已还灭：有始然正觉，何因未曾说。有始则决定，为见所执持。诸缘起生法，如何有始终。先已生如何，後复变成灭。离前际後际，趣向如幻现。何时幻像生，何时当成灭；知幻体不愚，不知幻偏爱。诸法如阳焰，以智现见者，则不为前际，後际见所损"。

合本依藏本作"若是比丘烦恼尽，彼之轮回得止息。正觉佛陀以何故，不曾宣说彼起始？若说轮回有起始，无疑即是邪见执。彼依因缘而生者，何有起始与终止？若于先前已生者，如何後来又止息？离于前际与後际，世间显现如幻景。若时所谓幻象生，若时所谓幻象灭。知是幻者不魅惑，不知是幻生爱渴。若人以智观有体，犹如曀景与幻象。是则不为前际见，及後际见所损伤。"

对比此三本，宋本与後二本依旧有别，後二本旨趣基本一致，其中第四颂合本译为"若时"，任本译为"何时"，但综合文义来看，二者都表示生灭在同时之意。下面继续深入探讨。

第一颂是说：轮回终止，如果是真实有，那么就必然存在与其相对的"轮回起始"。而佛陀却从不曾宣说轮回起始问题，且在原始佛教之巴利文经中有明确不回答此类问题的记载。这是为什么呢？从而引出第二颂的回答：如果认为轮回有起始，那必定是执持邪见的结果。依因缘而生起的现象和事物，怎么可能存在起始和终止呢？对此，简单的理解方法就是假设法，即当你假设一个物为"起始"的时候，因其为缘生法，那么前面肯定还有促使它生起的"因"和"缘"，所以它肯定并非是真正的"起始"。如此论证下去，则会趋向无穷，也就是说，不存在真正的起始点。如此思索，终止自然也是一样的。

再到第三颂，第一句说，如果先前已经生起，后面又怎么会灭去？这句话是很难理解的，因为跟世间现实不符——从世间现实来看，先前生起，后面灭去是自然的变化，也是所谓的常识。所以，这句话的意思实际上是说，世间之所以存在变化，恰恰说明：万法无自性，而是因缘生。所以，才能不断地前生后灭。而如果万法有自性，那么应该就不能前生后灭了。

接下来第二句说，离开前际和后际的观念，世间现象和事物就都如同幻境显现。这就是说，世间的前生后灭，是基于过去、现在、未来三时的幻相所见，离开这三时观念，也就无所谓前后了。那么，无所谓前后，生灭的关系又是怎样的呢？从而引出第四颂的回答。

第四颂第一句是说，幻象生起时，即幻象灭去时。这是什么意思呢？就是说：生灭总是同时发生的，并无时间上的先后，三世的时间观念本身就是这个世间幻觉的一部分。这点从古人的观念出发很难产生直观理解，因而古人会很有智慧地观察现象，然后进行比喻，来加以说明。比如就像冰结成的同时，原来的那部分水就消失了。汽升起的同时，原来那部分水就消失了。再比如芽苗生，则种子灭，这二者一定是同时的，不可能芽苗先出生，种子后灭去。

也就是说，一个现象生起，一定同时伴随着另一个现象的灭去；一个状态生起的同时，另一个状态一定就灭去；一个事物生起，也一定伴随着某种状态、现象或事物的变化，即有某些什么在同时灭去了。所以，生灭总是同时发生的。这不是一种因为生灭太快而做出的简化性看法，而是生灭本身就实实在在是同时发生的。这样的论述，已经很清楚地说明了生灭同时的表象。当然，在日常生活中，人们极少存在如此去思维事物的内在原理的可能，因此即便他人阐述了出来，上述观点依然是不太容易被理解的。由此也可以判断，此处所陈述的内容，依然是实修中获得的亲证。

而从现代性的认知来看，生灭同时的现象是可以得到科学的辅助理解的。比如，从物理学的角度来说，无论是持 M 理论的物理学家，还是持量子引力论的物理学家，都会赞同并基本证实了在普朗克尺度上，任何事物的变化，实际上都并不遵循以时间前后区分的因果定律。即在量子尺度的微观层面的意义来说，时间似乎并不存在。相反，在这样的微观视角下，因果同时，生灭也同时，而且总是在持续而不停息地发生着的。

那么，人们对此可能会产生某种疑问：如果生灭同时，且万物都始终在生灭之中变化，为何世人在现实生活中，至少在某一段时间内，可以见到事物似乎是不变地存在着呢？这实际上就涉及到了佛学里面所谈到的"生、住、灭"中的"住"的本质问题。

从佛法的角度来说，"住"这种现象是没有真实自性的，因为其是由缘生，那么自然也会因为缘而变，再由缘而灭。而以量子物理学来对此进行解释并产生理解，则更直观。无论以世人之眼，看到的事物多么坚固，只要不断进入微观直到量子尺度，都会发现没有任何物体的真实状态是真正静止不变的。即使是一块外表看似千百年都不会变化的大石头，在量子尺度去观察它，都会发现，任意时刻，其中的各种量子微粒都在不断地出现、消失、出现、消失......如此事物实际上是不间断地变化着，生灭着的。所以，"不变地存在着"这件事，无论缩短到多么小的时间范围里，实际上，都不存在，即严格意义上的"住"是不存在的。

那么，人们在世间观察到的似乎在某段时间内可以不发生变化的现象是怎么回事呢？从佛法的角度来说，这是生灭相续产生的假象和无明状态下的人类感官的粗略性认知所共同形成的模糊性看法。这就好比是人们看电影，会直观地认为，自己看到的人物和场景分明就是连贯活动的。但实际上，电影里根本就没有什么活动的人物和场景，而是快速移动的一张张静止但内容具有相续性的画面，让人们产生了人物场景连续活动的错觉。这就是电影的工作原理。而世间的"住"，也是如此，它的本质是"生灭相续"，即这一刻的生灭延续上一刻的生灭，如此不断持续，而世人为无明遮蔽且五蕴粗糙，无法直接感知到此生灭相续，就以为是法可以"住"即连续不变地存在了。

这意味着，哪怕把世俗层面的时间聚焦到"一刹那"之内，生灭还是在发生着的，不变的"住"也不存在，即世间万法都不存在可以被"定格"的瞬间。依然以看电影作比喻，在技术不发达的时候，电影画面会出现"雪花"。以肉眼观之，就会感觉到人物不再是清晰的整体，而是无数色点色块组成的，而且还在闪烁着了。

世间万物实际也是一样的，以肉眼来看，一个以皮肤和毛发包裹着的人是一个完整整体，其外表有清晰且光滑的界限。但以量子之眼来看，一个人实际上是全身都时刻在颤动着闪烁着无数细微生灭的组合物，而非一个单独的整体。也就是说，人们实际上无法像做高清电影那样，来做出此世间的高清性"切片"——这种切片是不存在的，这是生灭瞬时万变所致。那么，如果以佛眼来看呢？这就是世间凡夫无法揣测也难以理解的了。但可以确定的是，以实修亲证的修智来观世间万物，的确与量子现象是存在类似之见的：生、住、灭都非真实存在的事物，而是依缘而现。

上述论述也可以说明，佛法修行者的确可以切实地进入到不同的意识状态之中，从而亲见世界不同层面的"理"。在没有量子理论出现的两三千年前，佛陀及后世行者们实际上已经无数次以当时的语言表达方式宣说了量子的特性，浩如烟海之经论典藏当中，此类例证，非但并非孤例，而且还比比皆是。

下一句是说，能了知幻相的体性，（众生之心）就不再愚痴，不能了知幻象的体性，那么就会对世间种种生起贪爱。这是指如果能够经由实修而亲证三时都是幻象，其体性非实有，那么实际上就不会再陷入无明了。而如同凡夫，不能亲证时间属幻相，那么将还在无明染污中，自然也就会对世间种种生起贪爱了。

第五颂是继续论述生灭同时，并破斥三时实有性：世间各种事物如同阳焰，以智慧现证亲见的圣者，不会被时间的前际后际这样的断常见所损害。这就是说，就像海市蜃楼，无论生起还是灭去，其实都没有什么在真的出现，或真的消失。自然也就不存在"先有海市蜃楼生起"这件事，再出现"海市蜃楼消失"这件事了。

事实上，"海市蜃楼出现"和"海市蜃楼消失"只是不同缘的显现。可能你站在某个角度，就看到了海市蜃楼，但换个角度就看不见了。再换一个角度呢，它们似乎又出现了。同样的，远一点或许也可能看见了，近一点却又消失了。所以，出现和灭去，是由于因缘不同，而呈现出的显现不同状态——观察者本身就是缘的一部分，不存在独立于观察者的观察对象，这依然与量子物理的实证一致。也就是说，海市蜃楼并非依照时间先后顺序出现或消失，而是依据因缘出现或消失的。

对于没有量子物理作为辅助理解的古人来说，能够直接以生活场景来想到这样的比喻，是非常精妙的。所以，本颂是要说明，世间事物跟阳焰即海市蜃楼的本质是一样的，并非真的以三时为依据呈现前因后果，所以不要被三时相关的常见和断见所迷惑，而是要深入实修亲证事物背后的真实性。至此，世间缘起律，实际上已经告破了。

若谓生非灭是有为分别而彼缘生轮随转无所现

若已生未生彼自性无生若自性无生生名云何得

因寂即法尽此尽不可得若自性无尽尽名云何立

【注释】寂：寂灭，此处指断尽。

【今译】如果说，生不是灭，这就是有为法的分别了。（带着这个分别，就无法了知）那缘生的巨轮，随因缘转动，而没有具真实性的事物在其中呈现。无论已生还是未生，从自性的角度看，它们都是"无生（性）"。如果自性层面，是无生，那么还说什么"生"这个假名呢？（问：）业因灭去了，那么生起的法也就没有了呀？（答：）这种"尽"是不可能存在的。如果自性没有尽头（即万法无自性），又怎么安立"尽"的假名呢（它们会一直跟随缘生的巨轮转动而生起灭去的）？

【解析】此三颂宋本是继续阐述生灭同时的道理，并论述生无自性，这与《中论》中生无自性的讨论有衔接和类似之处，《中论》开始论述了自生、他生、共生、无因生俱无自性。而后又论述了已生、当生、未生无自性。

此三颂任本作"**若谁于有为，计实有生灭：彼等即不知，缘起轮所行。依彼彼缘生，即非自性生：既非自性生，如何说性生。由因尽熄灭，乃说名为尽，非有自性尽，如何说性尽**"。

合本（头尾依藏文，中颂依考据梵文）作"**若人于彼有为法，计执有生亦有灭。彼等即是不了知，缘起轮盘之运转。若得彼彼此方生，此即不以自性生。此若不以自性生，如何可说此者生？以因尽故而寂灭，即被视作是终尽。此若不以自性尽，如何可说此者尽？**"

对比此三译本，旨趣相似性大过差别性。中间一颂，宋本有出入。依后二本看，第一句是说凡是依这样那样的因缘而生的事物，都不是自性生，这是强调"生"的普遍情况。而宋本译为已生和未生，是强调"生"的不同状态。

而中间一颂的后一句，宋本与合本都是说：如果不是以自性生，那么还说什么"生"这个假名呢？对比藏文，任本在译出时，为保持整齐添加了"如何说性生"的"性"字，使得否定范围发生了变化。即意思变成了"既然不是自性生，那么就不应该说是自性生。"这样的否定范围很窄，或者可以说是前后同义，因此也就不需要再重复否定了。而宋本与合本的译法则直接说明，如果不是自性生，那么其实根本不必安立"生"这个假名了，即直接破除了"生"。也就是说，按照原意此处是说"生"本身就是幻相。至此，由世间缘起律的告破，已经直接引申到"无生"的成立了。

而延续上文生灭同时的说法，灭的本质与生无二，也就同样不需要安立假名了。这就直接与下一颂的意思衔接上了。只是下一颂用"尽"字代替了"灭"。所以，这一段三颂还是在延续上文的论述，在缘起律不具真实性基础上，论证无生。

值得注意的是，合本始终保持直译风格，这是其第一次用到"自性"这个名词。也就是说，严格来看，这也是原本中第一次直接出现"自性"的说法。因此，有必要在此处对"自性"一词的基本含义作以辨析。

自性，龙树菩萨在《中论》中说：因缘所生法，我说即是空，亦名是假名，亦是中道义。也就是说，龙树菩萨以及整个中观学的论述语境里，自性都是依据此"不待因缘方可名自性"的概念进行定义的。那么，一切缘生法，当然也就都不可能具有自性。而通常佛法范畴（此处不包括唯识学内的三自性，因此三自性定义为事物本有的特质，与此处定义不同，故包括遍计所执性与依他起性）里所说的自性，也包含可常、一、自主（即独立非依缘起）之特点。因而，世间万物肯定是皆无自性的。

由此可见，自性是古代佛法修行者为了说明世间事物时刻处于变化之中，而非坚固实有，而建立的与实执相对的一个概念。

再回到从实修层面来看，本段内容是对前文所阐述观点的一种深化，即从认识到生灭同时，深入到了生灭各自亦无自性的相对本质层面的认知。这在实际禅修中，实际上是一个很大的实证进展。

无少法可生无少法可灭彼生灭二道随事随义现

知生即知灭知灭知无常无常性若知不得诸法底

诸法从缘生 虽生即离灭 如到彼岸者 即见大海事

【注释】少：少许，引申为无。

诸法底：即诸法的根本。

【今译】没有一法可以自性生，也没有一法可以自性灭。这生灭二道，只是随着观察到的事情、随着认知的道理而得以显现。知道了生无自性的道理，就知道了灭也是一样，由此就真正了知了无常性。如果了知了无常性，就不再试图去了知诸法的根本了（因为诸法无自性，亦无所谓根本，不再执着诸法根本则是通达正法了）。诸法都是依从缘而生起的，虽生起却同时就在灭去。如同到彼岸的人，自然见闻了海里有关的事（引申为：如同到了涅槃彼岸的圣者，自然了知生死轮回之海里的事）。

【解析】此三颂为总结语。依宋本是说，无一法可自性生灭。由此知生灭二道无自性，进一步即可了知无常性，再进一步通达正法，如此则可进一步度脱生死轮回之海，到达涅槃彼岸。

任本作："若无少法生，即无少法灭。说生灭之道，是有所为义。由知生知灭，知灭知无常；由知无常性，正法亦通达。诸于缘生法，远离生灭相；彼等了知者，越渡见有海。"

合本（第一颂前两句依考据梵文，其他依藏文）作："无

有任何可生起，亦无任何可灭失。生起坏灭之途径，为事用故
而宣示。由知生即知灭，由知灭故知无常。由入无常性之智，
则于正法亦证知。彼等若是能了知，缘起离生亦离灭。是则彼
等能渡越，诸见所成有之海。"

　　对比此三译本，旨趣总体相差不大。但任本第三颂译作"诸
于缘生法，远离生灭相"，此"相"字亦为添加。加此"相"
字，就把生灭局限在了现象的显现上。而经由上下文考察最后
一颂含义，缘起律与文义更符合，此与合本译文一致。那么，
这句话的原义应是说："那些对于缘起律，能够远离生灭，而
了知其无自性本质的圣者，才能渡越三有见之海"。也就是，
本段继上一节论证诸法无自性，世间现象包括轮回与涅槃在内
均无自性之后，再进一步论证了缘起律的无自性，成立了"无
生"的说法。

　　因此，此三颂不止总结上文，也进一步给出了禅修次第。
即由万法自身无常，到生灭现象无常，再到万法与生灭背后的
缘起律本身也无常。这才是此三颂所说的"知无常"而后"通
达正法"的意趣所在。而通达正法之后，才能超越轮回之三有
海，了知涅槃真义。

　　《六十正理论》至此为第一部分，此部分共二十四颂。第
一节，先以有无引入缘起，第二节以涅槃作为参照物，说有为
法、轮回和涅槃一样都是依缘起，非真实有。即针对缘生法的
现象论述其无自性。第三节以三时和生灭切入缘起律，即阐述
现象背后的缘起律本身亦非真实有。这个过程里，又同时说明
了证入法智的禅修次第过程，阐述通达上述正理，才能获得法
智而渡越轮回。

第四节 法智所见

若自心不了 异生执我性 性无性颠倒 即生诸过失

诸法是无常 苦空及无我 此中见法离 智观性无性

【注释】异生：即凡夫，众生。

【今译】如果自心不能明了（幻相非实有），凡夫就会执着"我"有自性。有自性和无自性各种各样的颠倒想（都出现了），就生起了各种过失（生死、轮回、生灭、烦恼等等）。诸法都是无常的，（呈现）苦相、空相、无我相。见到这些法，要能够离相地看待，智慧地观察是有自性还是无自性。

【解析】此二颂为第二部分的开始，此处对比凡夫和证入法智的智者之间的差别，指明我执的由来，以及我执如何进一步地构建生死轮回的种种幻相。

此二颂任本作："异生执实我，有无颠倒过：为惑所转者，是自心欺诳。智者于有为，无常欺诳法：危脆空无我，是见寂灭相"。

合本依考梵作："异生执有以为我，颠倒有无之过患。所生烦恼所侵夺，是为自心所诳惑。诸于事物明了者，观见事物为无常。欺诳为性亦虚散，亦空无我是寂离"。

对比此三译本，旨趣大体相同。具体地说，凡夫所见有为法与圣者所见无为法，差别在于：一、凡夫自心欺诳而生我执，见有为法亦执着为真，是为法执。智者能见有为法无自性，而心无欺诳，亦不为我执所蔽。

二、有为法都在不断的生灭与变化之中，即无常。智者能亲见亲证此无常，凡夫却被烦恼侵扰，陷落于无常中，以有为法为实存。

三、有为法本质是苦，即是危脆易坏灭的事物。凡夫不愿接受有为法之苦的本质，而智者对有为法此本性无疑惑。

四、智者已证悟，了知有为法无自性，本质为空性。

五、智者已断我执，所以是无我。

此二颂是通过对比凡夫和证入法智的智者，给出具体差别所在，从而实际说明已获得真正证悟的智者是何种面貌。如此，后学即可对照自身，了知修行差异，而无须因过程出现某些境界差别，而盲目陷于自己已证的虚妄幻相里。

无住无所缘　无根亦不立　从无明种生　离初中后际

痴闇大恶城　如芭蕉不实　如乾闼婆城　皆世幻所见

此界梵王初　佛如实正说　后诸圣无妄　说亦无差别

世间痴所闇　爱相续流转　智者了诸爱　而平等善说

【注释】初中后：即开始、中间、结束，指过去、现在、未来之三时。

痴闇：即无明。

梵王：即梵天，印度神话里的创世神。

初：第一个，初始。

【今译】（这样的智者之心观见有为法）无所安住（危脆且无常），没有真实义上的所缘境，没有所谓的根本，也没有能立这个法的自性。（了知诸法是）从无明的业种因缘里而生起，而出离过去生、现在住、未来灭（的幻相）。无明痴暗的轮回是大恶，（在智者眼里）如同芭蕉般虚空不实，又像乾达婆城一样，都是世间幻化后（为凡夫）所见。（印度神话里）此世界最初的梵天王，佛陀已经按照正法实相说明（其认为自己为初始者这是虚幻的）。此后诸圣也都不堕入虚妄，（他们）所说之法（与佛陀所说）也没有分别。世间凡夫被无明愚痴所蒙蔽，随着贪爱而相续流转。智者明了各种贪爱的本质，而心就处于平等状态（不随贪爱转），因此他们就能超越幻相。

【解析】此四颂是继续阐述智者观见的有为法的状态，反过来也是说明智者所见为何称为"寂灭相"。

任本作："无处无所缘，无根无住者：无明因所生，离初中后际。如芭蕉无实，如干达婆城：痴暗城无尽，诸趣如幻现。此梵等世间，显现为谛实：于圣说彼妄，除彼岂有余。世间无明暗，随顺爱流行：与离爱智者，见如何相同。"

合本依考梵文作："无所依亦无所缘，无根本亦无所住。无明为种之所生，初中后际亦皆无。如芭蕉树无核心，亦如乾达婆之城。恐怖犹如迷惑城，世间显现如幻景。纵梵天等于世人，宣说何者为谛实。圣者亦说彼虚妄，何况离彼之余事？世人无明所障蔽，随顺渴爱之流转。智者离爱称圣贤，如何等同而视焉？"

对比此三译本，旨趣基本一致，只有第四颂最后一句存在明显差别。即后二译本都认为最后一句是说，智者出离了贪爱，其见地与凡夫怎么能相同呢？即最后半句实际上是说"不平等"，而宋本则把最后半句翻译为"智者了悟贪爱本质，因而能够平等善说"。这一理解于整体要表达的意思无大碍。但综合文本来看，后两者可能更符合原意。

总之，智者见有为法虚幻不实：有为法无所依，因为世间都处于无常坏灭之中。有为法无所缘，因外境的本质为幻相。有为法无根本，因为有为法是依缘而生的，而缘本身并无真实性，且如前文所述，"缘"也必定又需要其他"缘"来促使它生起，其他缘必定还是如此，这样重重叠叠，追溯下去是没有尽头的。而有为法无所住，则是说有为法生灭同时，往复不断，因此无处可住。

智者见有为法，即上述无所依、无所缘、无根、无住的状态。过去生、现在住、未来灭，都是幻相，为凡夫染污性所见。而智者所见，则自然了知其幻相本质。因此说，智者所见"无生"，故是寂灭相。

综上所述，本节是承接上半部分的思路，陈述智者证入法智之后，与凡夫面对有为法所呈现的种种差别状态。

第五节 次第中观

初说诸法有 于有求实性 后求性亦无 即无著性离

若不知离义 随闻即有着 而所作福业 凡愚者自破

如先平等说 彼诸业真实 自性若了知 此说即无生

我如是所说 皆依佛言教 如其所宣扬 即蕴处界法

【注释】福业：此处指修戒定所得的福德。

蕴处界：即五蕴、十二处、十八界。

【今译】（对于求法者）开始先说诸法是存在的，在存在的前提下，去寻求法中实性（无常、苦、无我等）。后面慢慢再认识到这些所谓的实性，其实也并无真正自性，这样就能不执着于诸法自性而出离。如果不知道（佛法引导众生）出离的意义，只是随着听闻的说法（而漂流），就（会对此）产生执着。（这样下去）所作的福德善业，愚者自己也会（将其）破坏掉。先（站在众生的角度）平等地说，各种业果是真实有（众生就会生起亲切感，能够对佛法产生初步理解，愿意深入学习）。（而后逐渐）了知了（诸法包括因缘业果的）真实自性（其实并不存在），这时候再跟他们说无生的奥义。我所说的这些内容，都是依据佛陀的教言而说。如同佛陀所（最初）宣说的就是蕴、处、界这些法。

【解析】此处主要阐述，既然智者自身已经证入法智了，那么对于有意愿步入佛法修行的后学，应该以怎样的次第进行教导。尤其告诫禅师，不可冒然以空性或无自性说这类不容易理解的实修经验，直接扰乱初学者的心神，置其陷入断见如恶取空等的可能之中。

那么，正确的次第是什么呢？是先说缘起有，存在诸法，存在因果业力，存在生死轮回。其实，这就是佛陀初转法轮宣说四圣谛的理路。先以苦谛为实有引入，再引导了解苦因即集谛。而后，等到修学者踏上修行的道路，再逐渐了解寂灭的真实义。然后，才能对其宣说缘生诸法无自性，缘起无自性。所以遵照佛陀的教导，禅师亦应以此理路，根据众生的需要而说"我"和"我所"，或说蕴、处、界。

当然，从修行者的角度来说，此段颂文中的次第也可理解为自身可依据的修学标准。理路上，要以上述思路来逐渐加深对佛法的理解，不落入恶取空的断见，或缘生实有等常见中。同样的，实际禅修中，也需要先观缘起有，逐步自然地进入到对寂灭与空性的实际体证中。

此四颂任本作："于求真性者，初说一切有：通诸义无贪，然后说寂灭。不知寂灭义，但闻空性声：不修福德业，损害彼劣夫。说诸业果有，众生亦真实：了知彼体性，然后脱无生。诸佛随需要，而说我我所：蕴处及界等，亦随需要说"。

合本依考梵文作："起初于求真实者，当说一切皆存有。于解了义离执者，其后当说寂离性。若人不知寂离义，唯是依靠于听闻。而不修造诸福德，此等贱劣皆毁亡。亦曾宣说有诸趣，以及诸业有果报。亦曾宣说无有生，以及了彼自性智。如诸胜者由事用，曾宣说我及我所。如是即由事用故，亦说诸蕴及处界"。

对比此三译本，虽然存在文字差异，但主旨理趣相差并不大。第二颂最后一句，后二译本大意都是说：众生如果不了解寂灭的真义，而只是听闻了空性，那么就可能因为一知半解的空性说法，而对因缘、业果、轮回等失去敬畏，进一步放弃修福德业，从而对自身造成损害。而宋本与此虽然存在出入，但整体也是说一知半解的空性观，可能损害福德。最后一颂，宋本译文，以本论作者龙树菩萨的角度而说，自己所宣说的次第是与佛法教导无违。但综合来看，后两本诸佛宣说正法的理路角度，既更合乎原意，也更符合上下文语境。

大种等及识　所说皆平等　彼智现证时　无妄无分别

此一若如实　佛说为涅槃　此最胜无妄　无智即分别

【注释】大种：即地水火风，在佛学中称为四大。

【今译】四大种及诸识等，都是（按照上述理路）平等宣说。（等到）修学者的智慧可以现证时，自然没有虚妄分别。这个证得的没有虚妄分别的智慧，如果是如实了知的，佛陀就说这是涅槃。涅槃是最殊胜的无虚妄智慧，没有这种智慧，分别就产生了。

【解析】此处宋本与后二译本旨趣相差较为明显，详见下文。

此二颂任本作："说大种色等，正属识中摄：了知彼当离，岂非邪分别。唯涅槃真实，是诸佛所说：谓余非颠倒，智者谁分别"。

合本（前颂依梵后依藏）作："所宣说之大种等，唯容纳于识之中。知此彼等即消解，岂非虚妄所分别？诸最胜者已宣说，涅槃即是唯一谛。此时智者谁不以，诸其余者为虚妄？"

第一颂说：四大种和色法等，都属于心识所摄的范畴。了知大种等会消解坏失，（再把它们当作有自性的真实本体）岂不是虚妄分别吗？

这是说，佛陀的教言是依据凡夫的心识所能理解的程度而宣说的。也就是说，佛陀说为缘起有的诸法，必然是凡夫心识里，感官所知自然就认为其"真实存在"的。这样凡夫理解起来，才没有困难，才能够获得了解佛法的契机。然后，等到凡夫逐渐了知了大种等会坏失的事实时，自然不会再虚妄分别地把它们执为实有。

因此，此处是进一步继续上文的次第宣说，阐明佛陀宣说缘起有的依据：以凡夫心识所摄为准则。

此处，宋本把识与大种放在了同等位置上，就使得上述意义尽失，因此，此处之论述与前颂则变得似乎无本质差别，而成了赘述。

第二颂说：诸佛所说诸法里，最殊胜者就是涅槃，只有涅槃是唯一真实的。智者谁不是把其余者都当作虚幻，而不再分别呢？

这是再次强调，佛陀的原始教言里，只有涅槃是唯一真实的，其他都是善巧方便，为让众生能够理解而宣说为缘起有。

此处宋本文义中虽表达出了涅槃为最殊胜的意思，但却没有强调出其他皆为虚妄。因此，产生的文义偏差也较为明显。综合藏文文本看，应以后二译本为准。

那么，这里就存在一个明显的问题了：前文明明专门论述过涅槃与生死、诸法和生灭一样都无自性，此处又说只有涅槃是唯一谛，这不是自相矛盾吗？因此可推测了知，此处的涅槃，并非指前文论述的有余无余二者，而是指在无自性的有余涅槃和无余涅槃之外，究竟解脱真正证悟的涅槃——本来自性清净涅槃即佛性和无住涅槃。

这也再次说明了龙树菩萨以原始佛经作为立论基础，而宣说理路逐渐扩展到大乘佛理的倾向性。同时，心识含摄大种与色法等，也为大乘唯识理论观点埋下了草蛇灰线般的伏笔。

若心有散乱 与诸魔作便 若如实离过 此即无所生

如是无明缘 佛为世间说 若世无分别 此云何无生

若无明可灭 灭已即非生 生灭名乖违 无智起分别

有因即有生 无缘即无住 离缘若有性 此有亦何得

【注释】乖违：违背，背离。

【今译】如果心有散乱，便是给诸魔制造方便。如果如证悟实相般远离过失，那么诸魔就无所依托，不能生起。（问：）佛陀为世间说法，而讲到这样以无明为缘起的法。如果这世间不存在这样的分别，（佛陀为什么要讲呢？）可你却为什么要说无生？（回答：）如果无明可以灭除，已经灭了也就没有生了。这样生灭的名称彼此就相互矛盾了（生和灭彼此相对设立名言概念，才能成立）。无明等缘起，是没有智慧而生起的分别。有因缘，就能生起（诸法），没有因缘，就没有能住。离开因缘，如果（诸法）有自性，此自性又是怎么存在的呢？

【解析】此处宋本对于初学者来说，依然保持了相对而言字面意思更简单的特点。下面将介绍其他两个译本，再对比探讨其旨趣。

此四颂任本作："何时意动摇，尔时魔行境；若于此无过，有何不应理。世间无明缘，是佛所说故；此世谓分别，有何不应理。无明若灭时，行等亦当灭；无明妄分别，如何不了知。谱法因缘生，无缘则不住；无缘故即灭，如何计彼有"。

合本（后三依考梵本）作："但凡心意作动转，便是魔罗所行境。若如是者何不许，此说即是无过病？由于佛陀曾宣说，无明为缘有世间。故此世间是计执，此说如何不应理？若于无明灭尽时，彼亦是时而灭失。何不明了彼即是，无知之所遍计执？若彼由因而生成，离于诸缘则无住。无有诸缘即散坏，如何认为彼存在？"

对比上述三译本，宋本与后二本的差异，自第二颂开始。即宋本译者认为，此句是其他宗派的诘难。此种情况，前文亦曾出现过。即宋本把一些看起来似乎不合正理的颂词，翻译为其他教派的发难。

但实际上观察《六十正理论》之考据梵文和藏文译本就会发现，与其他大乘经典不同，《六十正理论》中几乎引入他人诘难，再辩驳的部分是很少见的。这是因为此论遵循的是，以从前至后条分缕析的正面论述为主，再偶尔结合反面论述的著述思路。这也说明，《六十正理论》造论目的本身重点在为缘起立论，而非驳斥和辩论。

那么，按照后二本来看，第二颂结合前文其义应为：心意动摇散乱的时候，就是给了诸魔可以活动的便利条件。如果没有这种动摇散乱的过失，那还有什么不符合正理的呢？世间以无明为缘，而生起十二因缘诸法，这是佛陀所说的法。此说法之根据是世间的分别，又有什么不合乎正理的呢？

所以，第二颂实际上是说世间法同样是佛所说，在世间的分别计度下，是存在且符合世间道理的。为什么此处要说到世间法的道理，在世间条件下也成立呢？这就需要继续分析下面两颂的内容。

第三颂开始，后两本亦存在差别处。第三颂，任本给出无明灭时，所灭的具体诸法指"行等"，即表明了十二因缘法。而合本用"彼"遍指诸法。相比较来说，差别不大，因前颂已经以"无明缘"作说明，则此处诸法即指十二因缘法。此推断并不为过。而任本给出"行等"加以说明，则显得更为清晰明确。

前文在介绍缘生法的定义时，曾提到十二因缘。那么，十二因缘，具体是如何运作的呢？简单说，即以"无明"为缘，而有"行"（行即业的造作）；以行为缘而有"识"（指业识，入胎识）；以识为缘而有"名色"（即胎相初成）；以名色为缘，而有"六根"生。以六根为缘，而生"触"（根境尘三者的和合心所）；以触为缘而生"受"（即觉受）；以受为缘而生"爱"（贪爱）；，以爱为缘而生"有"（即业的规律：因果律）；以有为缘而有"生"；以生为缘，而有"老死"。这样按照顺序来解读，是为十二因缘之顺生门。另外，还有十二因缘的还灭门。

而本论中，此处是说，如果无明灭去了，那么十二因缘的顺生都自然会一一灭去。因为诸法生起，需要有因和缘相互配合，而一旦因缘消失了，事物得不到足够的生起所需的条件，也就无法再生起了。而无明灭去，就是必要的因缘灭去了，因此后续诸法就不能生起。

所以，综合上述四颂来看，第一颂是指禅修中，若出现散乱动摇，就失去了定境，继而以"魔行境"作譬喻。然而，以实修层面来说，一般情况下，初学者在进行禅修练习的时候，出现散乱是普遍而正常的状态。这是因为日常生活中，心就是散乱的，因而都需要一段时间的禅修练习，才可能逐渐在座上安静下来。那么，为何此处会直接说其为"魔行境"呢？下面，就结合上下文来进一步对此做出解析。

接下的三颂放在一起看，意思是说，以无明为缘的十二因缘法，也是佛陀依世间分别所说。而一旦无明灭去，后续种种缘起自然也会灭去。那么，理解这段话的意思，再回顾第一颂，就能理解本段内容的主旨了。

即实际上，本段四颂依然是上文次第观的延续。只是把结果放在了前面，后面倒叙原因。也就是说，本段文义实际上是：修行者需要了知，佛陀依世间分别而说无明等十二缘起法，这是正理。因为在禅修中，我们也需要这样做，即从世间法开始入观修。然后，等到禅修进入到不为无明所惑的境界，无明得到了断除，那么，其他十二因缘自然也就跟着灭去了。因为诸法都需要有因和缘两者共同的作用才能生起。因此，无明灭去，世间诸法即成了无因缘状态，如何还能再生起呢？所以，不要因为前文里，阐述了诸法无自性、无生的道理，就以为可以直接以此作为契入点而进入禅修了——即告诫行者不可直接作空观。那样只会造成心的动摇和散乱，从而可能对佛法正理也产生怀疑，进而就成了给诸魔行带来方便的境界了。

如此，此四颂的理趣就非常明显了：一方面承接上文，对禅修次第加以更直接的说明；另一方面则通过由世间法进入禅修次第的说明，来阐述中观理趣。即对佛说世间缘起法，明确给予尊重，同时阐明其存在的必要与后续的实修指导也直接相关。

综上所述，本节旨在说明证入法智的智者应该如何对待后学：应依佛陀所亲自示范的从缘起有到胜义空性逐步加深的次第。

实执过患

若有性可取　即说有生住　此中疑复多　谓有法可住

若菩提可证　即处处常语　若住性可取　此说还有生

若谓法有实　无智作是说　若谓法有处　取亦不可得

法无生无我　智悟入实性　常无常等相　皆由心起见

若成立多性　即成欲实性　彼云何非此　常得生过失

若成立一性　所欲如水月　非实非无实　皆由心起见

【今译】如果（诸法）有自性可取得，就是说（诸法）有生有住（有灭）。那么，这个自性中令人疑惑之处就很多了。例如，说有法可住（如何住，住时间，还是住空间？）。如果菩提可以被证得（即非自性空，而是实存物），那么这就处处都是常见了（因为按照这种说法，菩提肯定也恒常实存之物了）。如果菩提有常住的自性可取（而被证得），这就是说菩提是有生（而非无生的）。如果说"法"是真实有其本体的，那这是没有智慧而作出的言论。如果说诸法有所住之处，那么如何取得呢？诸法本身没有生起它的自性（只有因缘），而认取诸法的心，也是无我的，以智慧才能领悟其真实性。常、无常等相，都是由心的虚妄分别而生起的不同的颠倒见解。如果承认（诸法）存在多种多样的差别性，那就是心在执着欲望，而成许其所谓的真实性。（之后就会产生更多执着）颠倒心会说，为什么不是这个（而是那个）？（因此就）常被生的过失所困扰。如果承许诸法都无自性，那么欲望就如同水中月，即不是实有，也不是完全不存在，实有和完全不存在都是自心生起的见解。

【解析】本节承接上文，在论述了已经得证法智的智者应如何引导后学之后，再论智者应如何面对教内持不同见解者：以陈述实执过患而劝导他们依正法而修行才能获得正果。

具体论述内容宋本主要着力在论证法无自性，与其他二本有差别。结合下文来看，宋本似乎有意在回避原文对宗派差异等问题的论述，下文再继续深入探讨其原因。

此五颂任本作："设若说有师，执法为实有：安住自宗道，于彼毫不奇。依止诸佛道，说一切无常：兴诤执实有，彼极为希奇。于此彼随一，观察不可得：诤论此彼实，智者谁肯说。诸有不依止，执我或世间：呜呼是被常、无常等见夺。许诸法缘生，又许实有性：常等过于彼，如何不生起。许诸法缘生，犹如水中月：非真亦非无，不由彼见夺。"

合本（后二颂依考梵）作："若诸说有之人等，执着事物而坚住。彼等即住于彼道，此中无有少稀奇。若诸依止于佛道，说一切皆无常者。以论诤而执事物，如是坚住甚奇特。若于某者考察已，不可得谓此即彼。智者谁还争辩说，此者即彼真实者。若有人等如是执，我及世间无依托。呜呼彼等是即为，常无常等所见夺。若许事物有依托，复以真实而成立。于此等人何不有，恒常等等之过弊？若许事物有依托，即是如同水中月。既非实亦非不实，此人不为见所夺。"

此后二本基本一致。第一颂是说，其他印度所有宗教派别，几乎都把世间诸法看作真实，因而假如这些有师执着诸法为实有，那么他们就是安住在自己宗派所执取的道上，对于他们来说实在毫不稀奇。

　　第二颂说，若是诸依止于佛法者，已经承许了一切无常，却再兴起争论执着诸法实有，那就极为奇怪了。后三颂是继续针对上述佛教内部执着实有的行者而说，义为：只要对色法或受法等五蕴随一蕴观察，都会发现它们是缘生法，是无真实本体可得的。各种世间认为存在的事物，并没有真正的依止处，而是随缘变化的。这样再执着于"我"或世间法实有，那就是被常和无常等见夺取智慧了。承许诸法是依缘而生，又承许诸法的实有性，这是自相矛盾，在这种矛盾里常见、断见等过失，怎么会不生起呢？

　　最后一颂归结正理宣说为，承许诸法是依缘而生，那么其就如同水中月般，既不是真实有，也不实毕竟无，这就是没有被常见断见所夺取智慧了。

　　综合来看，本段论述依然并为着力在对其他印度教派的说法的破斥层面。而是着重在对佛教内部执有法者进行说理的角度。其说理方式则是论证无常与实有之间的矛盾是本有的，其最初定义已经决定这二者不可能共存了。因此再落回中观道，强调诸法如同水中月，既不能说它们是真实有，因为是幻相。又不能说它们是"不存在"，因为其有幻影相续显现。所以，规劝教内持实有论的行者，要依此中观道看待缘生诸法。

贪嗔法极重　由是生见执　诤论故安立　离性而执实

彼因起诸见　见故生烦恼　若此正了知　见烦恼俱尽

当知法无常　从缘生故现　缘生亦无生　此最上实语

【今译】（凡夫）贪嗔等烦恼极重，由此就生起了各种执见。争论而安立，离其自性而执着诸法实有。他们因为生起了各种执见，由此执见又生起烦恼（如此往复循环）。如果对于诸法无自性能够生起正见的了知，那么烦恼和执见就都自然断尽。应当知道诸法无常，依从缘而生才得以显现。缘生也就是无（自性）生，这是最无上的真实语。

【解析】本段继续宣说实执所带来的祸患，也是承接上文对教内实有论者继续进行劝导。

此三颂继续指出实有后续会产生的种种恶果。宋本与后二本存在因果差异，下文将详细加以解析。

此三颂任本作："许诸法实有，当起贪嗔见：受剧苦暴恶，从彼起诤端。彼为诸见因，无彼惑不起：故若徧知者，见惑皆蠲除。由谁了知彼，谓见缘起生：缘生即不生，一切智所说。"

合本依考梵本作："若是认为有事物，则有能生贪嗔之。极猛恶见之遍执，复由此起论诤事。此即一切见之因，离此则不生烦恼。故若于此遍明了，灭尽诸见与烦恼。由何而能明了此？即由观见缘起故。了知真实胜者说：依缘生者即无生。"

对比此三译本，宋本认为是世人贪嗔烦恼作祟，而起执见和争论，认为诸法实有。而后二本，一依藏本，一依考据梵本，都认为是，承许诸法实有，会导致贪嗔等烦恼的生起，从而受烦恼炽盛折磨而起争端。而诸法实有见，为一切执见之因。如果没有此实有见，也就没有各种烦恼生起了。综合来看，后二文本来源更可信，此其一。

其二，从立足实执的危害开始说起，更符合承接上文对教内实执者进行规劝的角度。

其三，先有贪嗔等烦恼，还是先有诸法实有见？若以烦恼为无明之显现，而无明为诸法之缘起，则烦恼炽盛当加重实有见的生起和执取。若以无明自然包含诸法实有见生起，则实有见，必定会加重贪嗔等烦恼的生起和显现。此二说法从相对角度来说，都有合理之处。

从大乘唯识学的角度来说，凡夫第七识末那俱生无明，其执着第八识见分为"我"，而恒常与四根本烦恼相应，即我见、我贪、我痴、我慢。而细微的俱生我执，也就是基本实执，应在贪嗔等具象烦恼之前即已存在。且断除此俱生我执，则相应的烦恼也自然断除。因而，后二译本说法依佛法并无过失，可采信。

后面是说，如果能够遍知明了中观理趣，那么各种执见和烦恼就都断灭尽除了。那么，怎么明了中观理趣呢？就是通过观见缘起律非实有而知。也就是说，了知真实的一切智者都说，缘生就是无自性生，就是无生。

众生邪妄智　无实谓实想　于他诤论兴　自行颠倒转

自分不可立　他分云何有　自他分俱无　智了无诤论

有少法可依　烦恼如毒蛇　若无寂无动　心即无所依

烦恼如毒蛇　生极重过失　烦恼毒所覆　云何见诸心

如愚见影像　彼妄生实想　世间缚亦然　慧为痴所网

性喻如影像　非智眼境界　大智本不生　微细境界想

【注释】邪妄智：即世间颠倒虚妄的智识。

自分：自己的部分。与他分相对。

覆：覆盖。缚：缠缚

网：被网困住。

【今译】众生以自己的颠倒虚妄认知，对非实有的事物产生了其为实有的想法和见解。因此兴起各种争论，（却不知道这是）自心在运行颠倒的转起。自己的见解都不可能成立，他人的见解又怎么可能是实有？自己和他人的见解都并非实存，以智慧了别就不需要争论了。只要还有一（实）法可依，烦恼就像毒蛇一样。而如果心无寂灭也无所动，那么心本身就不需要所依。烦恼如同毒蛇一样，就会生起极其严重的过失。被烦恼的毒素所覆盖，还说什么清楚地见到各种心呢？就像愚者见到影像，就生起其为真实的妄想。世间的束缚也是如此，智慧会被无明所困。自性的比喻，就像上面说的影像，不是以智慧眼所亲见的境界。大智慧的圣者，原本就不会生起微细的境界之想。

【解析】此段继续论述实执的过患以达成规劝和引导的目的，因三本存在差异，下文将详说。

此六颂任本作："**为倒知所伏，非实执为实：执着诤论等，次第从贪生。彼诸圣者等，无宗无诤端：诸圣既无宗，他宗云何有。若计有所住，曲惑毒蛇缠：谁之心无住，不为彼等缠。诸有住心者，惑毒何不生：何时住中间，亦被惑蛇缠。如童执实有，旗影像起贪：世间愚昧故，系缚境笼中。圣者于诸法，智见如影像：于彼色等境，不堕事泥中。**"

合本作："**若为妄智所制伏，于非真实作实想。则有执着论诤等，依次从爱而转起。伟大之士无论诤，彼等即是无有宗。**

彼等既然无有宗，于彼由何有他宗？若有少许所依处，谄诈烦恼蛇所咬。彼等之心无所依，则不为之所噬咬。其心若是有依处，怎无过患之猛毒？纵使漠然静住时，亦为烦恼蛇所噬。正如愚人于倒映，作真实想生贪执。如是世人由痴故，困于对境之笼桎。伟大之士以慧眼，了见事物如倒映。是则不会沉陷于，名为对境之泥中。"

对比三译本，宋本剔除了关于自宗、他宗的说法，这与前段中宋本删除其他宗派和教内实有论的论述类似，宋译本作者施护具体年代无考，只能了解其为沙门。此处不妨根据北传佛教发展历史进行大胆推断：其对原本有关宗教教派争端部分做出的删减和修改，可能与其所处时代，佛教内部已经多宗林立的现状有关。修改原文目的可能在于尽可能减少冲突的可能性，从而尽可能地把龙树菩萨所宣说的正理，以他所认为的更好译介，来推广到更大的群体中去，因此，其立足点应是从于自他有益的考量出发的。

然而，作为后人，在无详细资料记载来源可考据的情况下，我们无法盲目推断这一做法是否在当时产生了有益作用，但总体来说，宋本之《六十颂如理论》在历代历派中相对都没有得到足够重视，这却是相对确凿的史实。因此，从今人的观点来看，直译龙树菩萨原本，实际上，反而能够彰显龙树菩萨对待教内持不同意见的态度，亦可窥见其宗派观之超越性，实为令观者广受启迪，收获良多之真正有益之事。因此，此处对比宋本，也是一种对我等后学的警醒和借鉴，所以，此处也特别对其进行了推测和辨析。

再看后二本，此二者亦存在少许差异，下面将逐一作以分析。

后二本第一颂是说：如果被颠倒智慧所欺骗，把非实有的"法"执着为实有，那么执着争论等都会依次从贪爱而生起。因为执着世间事物为实有，就会对合心意者生起贪爱，生起贪爱则不免要对贪爱者执着，也会与不同意见者争论。不合心意者则难免对其生起嗔恚。此处与宋本旨趣差别不明显，后二本文义基本一致。

第二、三两颂则是说，诸圣者都没有处在彼此互相产生的各种争论中，这说明他们就是没有宗见的。既然圣者都没有宗见，又哪里来的其他宗见呢？如果世间行者还要执着地住于宗见，就会被狡诈的烦恼蛇所噬咬。圣者的心没有所住，就不会被烦恼所缠缚。此意涵，后二译本基本一致，除宗见部分外，宋本文义与之相差也不大。

第四颂，宋本、任本、合本互相之间都存在明显文义差别。宋本因剔除宗义部分，不再参考。而按照任本来说，此处义为：各位住于宗见者，烦恼毒怎么会不生起呢？即使住无贪无嗔的中间舍位，也会因住宗见而有实执，进一步也就会被烦恼蛇所缠缚。对照合本援引的藏本，任本应更符合原意。合本后两句中作"漠然静住"语，是指舍位，词义本身无大错，但考据者很可能是不解此处"中间"之引申意与前文所说之贪嗔有关，因此导致了整句出现文义偏差的结果。

第五六颂是说，蒙昧者执着实有，对虚幻的影像就会生起贪爱。这是由于世间愚昧的缘故，而被系缚于心识之对境的囚笼中。圣者的智慧所见，对于世间诸法的认知，就像凡夫看到影像一样，能够清晰明确地知道它们并非真实。因此，对于色法等心识之对境，不会生起实执而堕入生灭轮回的泥沼中。

综上，这段论述主要是说明：执着于宗见，也是实执。这是龙树菩萨在规劝教内实有论行者时，所明确提出的观点，也符合本论整体的行文宗旨。那么，再次总结龙树菩萨在本论中所传递的对待佛教内部分歧的态度，我们可以得到哪些结论呢？

首先，此处明确给出了，执着宗见亦是实执的观点。这实际上已经是超越任何形式的宗派分歧，而立足于佛法实修、亲证的真实义本身的见解了。这说明，龙树菩萨自身并无开宗立派的倾向性，即他详细论述了中观的义理，但其目的并非在于想要试图以此作为一个独特的不同于其他佛教宗派的根基。相反，依本论来看，龙树菩萨是把中观思想作为佛法整体传承中的一个重要部分来看待的：它既是对原始教义的继承——因为中观也承许诸法缘起有；也是对原始佛学内容的再整合与发展——即中观思想对原始佛学内所零星提到的空性观点，进行了系统整合，并以完整的空性观的方式做出了表达。因而，中观思想，本身即是涵盖在佛法范畴内的一部分；同时，佛法在此世间的原始阐述本身，亦即是为阐明中观思想这一根本义理而宣说的。

其次，这也反过来证实了，第一节中关于龙树菩萨对佛法传承的整体态度的推测是合理的。纵观整个《六十正理论》，都在严格遵循"继承原始佛教的经文教义，并在此基础上，继续发展大乘佛法"这一承前启后的立论脉络。

最后，显然龙树菩萨并无意于大小乘之诤，即便提到教内存在执实有的倾向，也是重在说理，其惋惜远大过批判，循循善诱的劝导也远多过任何诘难或指责的猜想。再加上其对执着宗见之危害有明确性论述的文本，因此，本书推测龙树菩萨本意更愿弥合大小乘分歧，并以自造之论作为联结二者的枢纽，这并不牵强，而是具有充分理据的说法。

着色谓凡夫　离贪即小圣　了知色自性　是为最上智

若着诸善法　如离贪颠倒　犹见幻人已　离所作求体

知此义为失　不观性无性　烦恼不可得　性光破邪智

智离染清净　亦无净可依　有依即有染　彼净还生过

极恶烦恼法　若见自性离　即心无动乱　得渡生死海

此善法甘露　从大悲所生　依如来言宣　无分限分别

【注释】幻人：幻化出的人的假象。

体：真实本体。

性：自心本性。光：光明。

生死海：即轮回。

【今译】执着于色法色境，就是凡夫。出离贪爱，就是依次第获得证悟的圣人了。了知了色法无自性，才是最高智慧。如果执着各种善法（如修道证果等），那么这跟离贪一样，也是颠倒想（因为贪爱本身无自性，故谈不上离贪）。这就好比是已经是幻术变化显现出的人（的形象而非实体），却还要（试图）离幻相而寻求其真实本体（一样）。了知上面的义理是有过失的，就不会再执着观察诸法有性无性，那么烦恼也就不会

出现，因为自心本性的光明可以破除世间的颠倒智。智慧离开
染污而得清净，也没有清净可依托。有依托就是有染污，那个
净，就还有缘生的过失。极恶的烦恼诸法，如果见到了自心本
性，就会离开。也就是说，心没有动摇散乱，就能够度脱生死
之轮回海了。这善法的甘露，是从佛陀的大悲心而生起，依照
如来语而宣说，没有任何分别。

【解析】这段是承接上文对实执危害的阐述，再进一步说
明原本持实有论的行者，了解正法转而放弃实执后，应如何调
伏上述种种实执危害。

此六颂任本作："异生贪爱色，中间即离贪；遍知色体性，
具胜慧解脱。执净起贪爱，反之则离贪；已见如幻士，寂灭证
涅槃。倒想起热恼，烦恼睹过失；通达有无体，知义即不起。
有住则生宣、及离贪欲者；无住诸圣者，不贪离贪非。诸思维
寂灭，动摇意安静；烦恼蛇扰乱，剧苦越有海。以此之善根，
回向诸众生；集福智资粮，显得福智身。"

合本作："愚人耽着于诸色，中士则行离贪着。具有最上
智慧者，知色自性得解脱。作净妙想起执着，与此相反则离贪。
视之寂离如幻人，是则彼等入涅槃。为颠倒智煎迫者，有诸烦
恼之过患。了知有无分别义，此等烦恼则不生。伟大之士无所
依，非贪者非离贪者。若有所依则生起，贪着以及离贪着。若
人了知是寂离，躁动之意亦不动。恐怖充满烦恼蛇，如是有海
彼渡离。由此善故愿众生，修集福慧之资粮。并得福德与智慧，
所生起之二殊胜。"

对比三译本，旨趣基本一致。宣说见所生烦恼的调伏过程，
依然是以次第进行的。首先是说凡夫对色法、色境有贪爱。接

着说，开始实修佛法之后，则逐渐出离对色法的贪欲，此时已有一定成就。但解脱之路却只才走到中间，所以修道者也称为"中士"或"初圣"。之后再说，遍知色法无真实自性，才达到最高的解脱智慧。也就是说，见所生烦恼，是按照上述过程逐渐得到转变的。这是第一颂的意涵。

后面是详细对比中间修道者和最终解脱者的状态，指出其差异所在：主要是贪爱。这里提到两个层面，一、贪净。修道者如果执着于净见，也会生起贪爱。对净见亦不执，才是离贪。这是对离贪进一步给出详解，不止对色法要离贪，对于净相、净见也要离贪，因为自性清净是佛性本来面目，但若对此执着净相净见，也是对识之对境起贪爱。对所见，能够如见幻化之人形般了知其非真实义，才能真正寂静证涅槃。

二、贪住。即修道者如果执着于有所住，就会生起贪爱。此处之有所住，亦可能住于"离贪"或"无贪"之见，即对自身的离贪或无贪状态生起了执着贪爱，无意识中把离贪和无贪执着为实有了，而试图安住于此，这也是要断除的执着。因而，无所住的禅修状态，需要不断深入，层层剥离世间名言假立事物的沾染，才能逐步获得对真理的深刻认识。

另外，在第三颂里也提到了烦恼。由断见、常见等谬见而生热烦恼，进而就会生起烦恼相关的种种过失。那么如何避免这种状况呢？这就需要通达有无的体性，即了知缘起世间有，但真义自性无，对此亲证正见，这样烦恼就不会生起了。

最后总结，不被见所生烦恼而蒙蔽，不再依世间幻相而起思维，这样散乱动摇的心就逐渐安静了下来，而最终现寂静不动的本然状态，就能渡过烦恼从生的有海，证入涅槃了。此处是以持实有见者一旦放弃所执转入正法，亦可如同第一部分的行者一样亲证涅槃的观点，来作为本论第二部分的结语。

然后，是回向偈。愿众生得福慧资粮，解脱轮回，亲证涅槃。

至此，《六十正理论》完结。

第六节　缘起观的立论脉络解析

上一节完成了《六十正理论》的内容解析。本节将继续探索《六十正理论》的立论脉络及其试图传达的思想内涵。

纵观整部《六十正理论》，立论鲜明，行文简练，论证层次清晰，条理分明。第一部分，除去皈依颂，仅用 23 颂，就从缘生法到缘起律，从轮回到涅槃，涵盖所有世间现象和背后规律地，进行了关于无自性的完整论述。并在论述无自性同时，给出了禅修次第，引修行者获得法智。那么，从上述各个部分来进行论述的内在行文思路是什么呢？此处就再进一步地详细作以归纳和总结。

本论开篇以有无见引入缘起观，并直接说明，无见已经破除，而后就把本部分的篇幅交给了关于"有见"不具真实性的论述。可见，"有见"是很重要的。那么下面就来探讨一下"有见"及其在本论中的具体所指。

"有"，相对是容易为世人所理解的，因为"有见"是天生的，人的生活也一直处在"有见"之中。但困难之处也恰恰在于此：人们对"有见"习以为常的事物，反而，很容易视而不见。因此，人们也大多会把"有见"当作是理所当然的道理。

也就是说，生而为人，持"有见"是与生俱来的本能，不需要任何教导，此世间的所有生物，就自动地会产生这种基本认知反应。所以，佛法里通常用"俱生"来表达这种特质，即有见本身就是俱生无明的一部分。

这样的俱生无明，实际上已经写入了生物基因里，因此，人们生来就是用局限性的肉眼，而非量子之眼来看待世界的。所以，人们看不到只有永不止息的流动，而不存在任何实体，人们所能够看到的只是世间幻相如真实一般，其他感官认知，莫不如是。

不止如此，上述俱生有见还会在后天继续与人们学习到的种种认知相结合，出现种种遍计有见，因而有见就更加遍布在人类生活的每个细节与角落中了。所以，不停息的轮回里，俱生无明决定了生命的形态和状态，而生命的形态和状态又进一步加深和加固了无明。而得到加固、加深的无明，再继续作为促进轮回的流转因缘而运转。因此，轮回的循环往复就形成了。所以，要打破"有见"是非常困难的事情。

那么，这个总体的"有见"，具体来说，又包含哪些基本内容呢？这可以从以下几个方面，详细说明。

第一、自他分别且皆为实有。即"我"为实有，与"我"相对的他者或生存环境里的所有他物，即诸"法"均为实有，同时，"我"与"法"是分别存在的。也就是说，这个部分包括了，实有我、实有他者和实有物三个组成部分。这是一个很广的范围，涵盖了生活中的所有人和物，包括了我执和部分法执（可简称为物法执）范畴。

　　下面再分别针对上述几种"有见"，依次来简单地作以说明。首先，关于"我"是实有的这种看法，日常生活中，人们并不一定能够清晰地认知到。因为它很细微，而且隐藏在所有生活细节里。但是通过聚焦一些状态，却又处处可以发现它的影子。

　　比如，人们在生活中可能都存在这样的经历，某个时刻你感觉非常丢人或者难堪，就像是众目睽睽之下在台上出现严重失误，摔了一跤，还摔得非窘迫；或者在工作总结时当着上司、同事、下属所有人的面，发现自己弄丢了准备好的数据，而且衬衫衣襟上竟然有块污渍。然后，你会发现，即使换了衣服，走出了那个让你感觉到无地自容的房间，走到了大街上，甚至走到了几个街区外，上了一辆公交车。那种如芒刺在背的出丑感还是会跟着你。你甚至会觉得公车上的其他人看你的眼光都是带着嘲讽的，这种感觉可能会伴随你好多天，甚至下一次别人不经意地提起类似或相关的其他事情，都可能唤起你出丑的窘迫感。

　　为什么呢？因为人会本能地执着于"我"是真实的，因而，自我的形象自然也被默认是真实的，所以就会本能地以为出丑的窘迫在自我上留下了某种烙印，因而他人可以看到"自己出丑"，哪怕他们并没有在事发现场。仔细想起来这是一件很奇怪的事，而且理智上人们绝不会赞同不再现场的人也会知道自己出丑的状况，但是直觉上，还是会或多或少地存在上述感受。这就是把"我"执着为实有的一个最日常的表现。

　　同样的道理，基于对自己的认知，人们一定也认为他者是实有。例如，上述例子中，人们也可能因为在无意中目睹了他人出糗的时刻，而认定这个台上的演员/老师/舞者/歌手等，就是业务水平很差，很糟糕。人们也会觉得这个做工作总结的人，就是不认真对待本职，态度不端正，不负责任。

为什么呢？因为人们也认为他人的表现是他们"本质"的说明，尤其在偶尔意外见证，实际上对此人并不了解的情况下，更容易做出上述评判（反复地接触和了解相对更可能会带来其他对他人本质的判断），而且这种轻易对他人本质下判断的倾向性是很难改变的，因为人们习以为常地认为"眼见必定为实"。所以，人们很难认知到，在他人看似糟糕的表现背后，是无数因缘的共同作用，才导致了那个窘迫的场景的出现。实际上，谈不上什么本质或本性。这是人们执着他者具有真实本质的例子，类似情况，在生活中依然比比皆是。

那么，对于物品呢？当然也是一样的。这种执着，可以分为两个层面说明，一是对物本身执着为实有，并紧抓不放的状态。比如，很多人都玩过贪吃蛇之类的小游戏，你会发现这类游戏的设计，非常简单。但是人们玩起来，却也可能表现出类似上瘾一般的停不下来的状态——你会不由自主地点击屏幕，想让游戏继续下去，就好像你真的是那只贪吃蛇，吃到了很多美味而饱腹的食物一样。那么，你是否问过自己为什么呢？这种小游戏吸引你的原因在哪里呢？没错，实际上，这就是对"物"的执着性反应，或者换句话说，这就是人们的物法执的典型表现之一。

二是执着物的背后存在着某种真实本质、本体或价值。这心理学上，被称为范伯伦效应。这种现象是指同样的物品，被贴上的价格标签越贵，人们就越会倾向于认为该物品的"品质"

也越好。也就是说，人们会无意识地认定，在物品之下，还隐藏着某种无形的本质属性，而这种所谓的"本质属性"则决定了它的"真实价值"。因此，即便是同样一个商品，一旦被标高价格，人们也会被欺骗和诱导，倾向于相信它的价值的确更高了。相反地，一旦被标低价格，人们所感知到的所谓"该物品的本质属性"和"价值特征"也就跟着降低下去了。心理学对此现象进行了观察与总结，但却无法准确地给出其原因。实际上，这种现象也是物法执的另一个典型表现状态。

而类似上述两种情况的例子，在生活中，实际上都是不胜枚举的，甚至可以说，现代人的整个生活总体，几乎都是建立在此类"有见"即实执的基础上的。

第二、现象为实有。现象在佛法当中基本上可相对应于"相"，具体来说，相的概念所指范围相对比较广泛，主要包括诸法的形像和状态、现象表象、概念观念等范畴。所以，"相"这个概念，是为了区别于事物本身或诸法本质而设立的。因而，实际上，"相"比现象，要更能够全面地概况这个部分所包含的内容。而此部分同样也属于法执范畴，就简称为相法执。

在"有见"的作用下，人会本能地以自身和他者为实有，也以事物为实有，那么在自身、他者和事物相互作用的过程中，所出现的种种现象，自然也会被人们执着为实有了。例如，上文中的对"自我形象"的执取，就是一种以现象为实有的状态。再比如，对他者本质的判断，实际上也包含着他人呈现出的现象中，似乎隐藏了某种真实本质的偏颇性见地。也就是说，对现象的实有性执取往往与我执和物法执混合在一起，表现在生活中。

即世人实际上是无意识地把观念、概念、名称、乃至情绪感受等现象，也执着为实有的，因此，人们对此很少存在确切的认知。以情绪为例，来对这种无意识地执取状态，加以说明。比如，现代人常说，抑郁症就像一只黑狗，在不停地跟在患者身后，一有机会就咬住患者不放。这是一个非常典型且常见的比喻。那么，不妨就以其作为对象，来进行一个关于实执是如何在人们心中逐渐加强的过程分析。

最初，抑郁这个词描述的是一种现象或者持续一段时间的状态。此时，患者就会执抑郁为实有，就像人们在说起任何强烈的情绪的时候那样，会无意识地认定，情绪好像具有某种独特的实有性一样，可以主导自己的身心。例如，"悲伤攫住了我的心"，或者"喜悦充盈着我的身体，我感觉自己快要飞了起来"。这些表达表面看似是一种拟人化或者一种夸张、一种比喻，但实际上人们之所以运用上述表达方式，其背后隐藏的却是对情绪的无意识实执。这就像是，人们在内心深处已经认定了情绪是可以自主的，可以控制自己和他人的身心反应的事物，而人们则会不由自主地被其所裹挟一样。

也就是说，抑郁这种状态，一定是需要因和缘二者具足，之后才能呈现出来的现象。但在这种认知里面，人是看不到"因缘"的——尽管从理智上来说，人们会认为自己知道"起因和条件"的作用，但这种理智认知和俱生无明所导致的直观认知是分离的。

而之后，当严重的抑郁被诊断为抑郁症的时候，它对于患者来说，实有性就更强了。当然，这里并非指责医院的诊断或者治疗存在问题。而是说，世间惯用的语言里，本身就暗含了极强烈的实执，而"症"这个字给抑郁添加的强烈实体感，也来自这种语言里隐藏的惯性。

类似地，比如人们常说"我有XX病"，这个表达于世间层面来说很平常，但却已经是实执性表达了。所以，更合适的表达可以是"我正在经历/曾经患过XX疾病"或者"我身体的某部分正/曾出现某种状况"之类的。但生活当中，当然几乎没有人会这样去表达。因此，从心理学上来说，很多人在经历过一些身体或心理上的疾病之后，都可能会出现与疾病共生的偏差性状态。即无论医学上此疾病是否痊愈，在内心里，"病"和"人"都仿佛已经长在一起了一般，"人"会把"病"当作自己的一部分，一种标签身份、一个敌人甚至一个伙伴等等。这都是"人"把"病"执着为实有的情况，抑郁症当然也不例外。

而后，再进一步，当抑郁症被比喻为一只有生命的黑狗，几十年如一日地追着患者不放时，这就是更进一步地赋予了抑郁症以某种似乎实存的"自性"。此时，抑郁症已经被明确地公认为具有某种生物一般的"自主能力"了。然而，事实上，无论是生理性还是心理性抑郁，肯定都谈不上自主能力，而是需要因缘和合才能呈现或再次出现的，但人们却觉得它就真的好像是一条追着自己不放的黑狗，这条黑狗就是不肯放过自己。可见，此实执有多么强烈。

下面再以概念为例来说明，人们是如何执其为实有的。例如，幸福这个概念是很被世人所追求的，甚至可以说世人都渴望幸福。但明显人们会根据自身差异和经历原因，而为幸福填充不同的具体内容，而这个内容又往往随着现实状况的改变而改变。例如，有人给"幸福"填充的内容是"生活优渥、夫妻和睦、儿女双全"；有人给幸福填充的则是"事业成功理想实现"，还有人给幸福填充了"名利双收、大权在握"、"各种需求的满足唾手可得"等内容。当然也有人是在不断地追求里，渐渐认为得把上述所有一切加在一起才是幸福。

总之，虽然填充的内容存在这样或那样的差别，但人们却几乎都在不知不觉中，倾向于认为幸福似乎是某种"具有实体的事物"，好像得到"它"，才能幸福。即实际上，很少有人能觉察到自己所渴望的"幸福"当中存在着此类实执。因而，大多数时候，大多数人常常都会感觉到"自己还不够幸福"或"似乎生活有所缺陷的"。所以，通俗的鸡汤学常常告诉人们，幸福很简单，不要太贪心，当下感觉到快乐，就是幸福。这是把人们感觉不幸福的元凶，指向了"总是想得到更多"或"渴望自己所没有的"心理——即"贪"这种烦恼。但实际上，这样的归因，也并没有点出这种现象背后真正的本质原因所在。

也就是说，人们为什么会贪这个而不是那个，"贪"的背后是什么呢？又是什么导致了"贪"频繁地出现在人的心理活动中？事实上，正是因为人们无意识地以为幸福是某种实存物，因而才不断追逐着的——以为它在需求的满足里、在情感里、在事业里、在理想里、在声望金钱或权力里......可是每次一些追求得到实现时，人们又都会发现自己只是会短暂地感觉良好，但"幸福"却不在里面。因而，就又继续开始寻找和追逐了。

因此，事实上，人们对事物的追求或规避，就像前面的幸福或抑郁两个例子一样，往往都来源于实执的驱动，但人们对此是不自知的。但上面提到的情绪、情感、事业、理想、声望、金钱、权力等等，其实全部都是如此。它们实际上，都是人们针对某些现象或表象而设定出的用以概括和指代的名词，而它们背后也并没有什么具有自性的真实本体可以被人们追逐到。

所以，概括而言，它们都只是泛泛地指代一些现象和表象，即"相"的呈现过程而已。也许，到此刻，你的理智在看到这些文字的时候，还是会跳出来试图自我澄清，但是，俱生无明覆盖下的世间人类的直观认知，却并不是理智所能控制的。在这种局限性的直观认知里，人们都会本能而自然地把上述种种相，当作实有物，来孜孜不倦地追求着。正如龙树菩萨所说，贪嗔等烦恼是在实执基础上产生的，因实执对可意的事物而生贪，因实执对不可意的事物而生嗔。所以，贪等烦恼也是表象，实执才是根源。

第三、规律为实有。此处的规律既包括了人类自远古以来对部分自然现象和部分社会现象的总结，对这类规律的实有性认知已经深深地写入了人类基因里。当然，其他生物也存在写入基因中的它们所总结并认为属实有的规律。只是不同生物所认定的实有规律会因物种所处环境和生命状态不同而存在差别。同时，也包括了人们在后天总结并极度认可其为真实有的其他规律。此类以某些规律为实有的执着，也是法执的一部分，可简称为律法执。

生活里，与"执着规律为实有"直接相关的最常见现象，就是人们对"无常"的难以接受。观察日常生活，你会发现，人们对事物的坏失和坏灭实际上是习以为常的，所以人们不需要蒙蔽自己，假装它们是恒常的，而是早就在实践里学会了接受其为生活的一部分。但这却并不表示人们真的能够接受无常的真相，而泰然处之。

　　为什么呢？因为世间大多数事物的坏灭符合人们所总结的"规律"，所以在接受它们会坏灭的背后，人们实际上在依止着对规律的恒常性执着。而一旦规律被打破，比如偶发性、突发性负面事件的出现时，人们往往就会慌乱不知所措，难以相信不能接受，甚至直接崩溃了。例如，老人去世，人们往往容易接受。但青壮年或儿童因突发疾病或意外离世，则往往令人难以释怀。实际上，总结日常生活中的语言表达，人们所说的无常，往往也特指此类偶发突发的负面事物或事件。所以，对规律的执着，也是对"常"的执着的一种表现，而"常"则恰恰是实执的一部分。

　　也就是说，人在无意识地状态下，总结了很多关于生活和生命的规律，然后以此为常来建立实执，并依之而生活着。一般只有在无常的因缘具足而打破人们认定的规律时，人们才能对自己所依托的规律，有所认知。而在大多数情况下，人们对规律本身的执着，是直接嵌入在生活与生命的细微之处，而很难被自身所觉察的。

　　举个简单的例子，人们会本能地认为给物体一个初始力，它开始运动，之后它一定会慢慢停下来。用日常的话来说，就是你推一个东西一下，它会动，然后会停。这种生活经验稍微会挥动自己的小手的婴儿都有。而且人们会认为"事实就是这样"。但实际上，在真正没有外力作用的条件下，你推了一个东西之后，它是不会停的，它会始终保持匀速运动，就这么一直永不停息地运动下去。也就是说，物体得到一个速度之后，会保持这个速度不变，除非有外力干扰它。

　　这是一个很简单的物理知识，几乎每个读过初中的人，都会学习到。可是，这种学习收获的知识，却无法带到生活里去，要真正理解它也非常困难。由此也可以窥见，为什么对很多人来说，物理学是很不容易被掌握的一个直接原因：真正的物理，即万物之理，也就是人们通过科学研究所总结的事物的内在规律，与人们的直觉和常识常常都是矛盾的。而直觉和常识却是写入人们基因中的俱生认知，即执着为实有的规律。因此，与俱生认知相矛盾的学科，当然也就难以被人们所学习和掌握了。

与此同时，此世间的任何科学研究，实际上在做的事情是什么呢？那就是探索在给定某些条件的情况下，事物发生、发展和变化的规律。以物理学为例，其中涉及到的任何规律，本身最重要的前提都是必须要得到说明的条件。所以，离开条件谈规律，其实是没有意义的。这也就意味着物理学的原理，本身就是依缘而存在的。其他学科，也莫不是如此。

那么，回答上述物体的运动例子来说，促使它会始终匀速运动下去的理由是什么呢？原因用佛法和物理学实际上都可以说明。用物理学解释是物体不受外力，即冲量为零，因而动量不变，所以速度也不变。而用佛法来解释，即运动这个现象是缘起的，一个物体得到了获得速度的缘作为助力，所以开始匀速运动。要想改变这个状态，除非另一个因缘出现，使得它加速、减速或停止。否则物体不会自己停止，现象也不会自己停止，因为它们都没有自性。加速、减速、停止都是果，需要有个缘和因一起作用，才能出现。因和缘出现了，那么因果同时，物体速度就同时改变了。而不是先有因，后面果才出现的。

但是，如果在读到此处的此时，你推动身边一个物体，同时觉察自己最细微的直观看法，你会发现，你的首要隐藏性想法一定是"它肯定会停下来",而不是"由于存在摩擦力,它才在因缘作用而停下来"。这个小实验,也可以说明人类实执的深细和难以断除,远非是仅仅依靠理智上的浅层了解,就能够解决的。

综上,上述三个层面的有见,也可概括为"我实有见"和"法实有见",即我执和法执。也就是说,实际上,"有见"就等同于世间实执的整个范畴,也涵盖了所有世间有为法。而了解了此"有见"具体所指的范围之后,再来看本论前一部分的结构安排,就肯定可以产生更全面的整体性理解了。

即本论以有无引入缘起,目的是说明有无本身都是相对概念,世间法的真实状态是依缘而生。然后,就把着力点几乎全部放在了对"有见"即实执进行具体无真实性的论述上。由此,也就可以理解佛典论述中,之所以反复考察"自性"有无的基本原因所在了。这是为了破除实执,而把"实"的具体含义落在了"自性"上——即自性须同时包括常、一和独立主宰的特点,进而再从论证我法无自性,来说明实执是错误的知见,从而实现初步打破实执的结果。

而在本论的具体论述中,"我实有见"并非论述重点,这是因为在佛陀初转法轮宣说原始佛教教义的时候,已经着力破除了这个部分,故此处就不再需要反复破除性的赘述了。因此,本论就以"法实有见"的破除性论述为主体内容进行展开了。这也从侧面说明了,在实修过程中,为何是先断除我执,而后才能逐步断除法执的——因为在"有见"即实执中,法执实际上占据了大部分的范围,包含了物、相及律三个层面的谬见和执着,而且逐层深入,到规律部分,就已经渗透到了极为隐微而难断的层面。

而针对法实有见，本论的论述顺序基本上与上述有见所涉及的三个范围相一致。先以诸法即世间事物作为开端，开始论述其非实有。接着以涅槃为世间现象的参照物，以生死和轮回此世间最显著的现象作为切入点，着重说明现象依缘起，包括有余、无余涅槃亦是如此，俱非真实有。此论述过程中，现象和诸法也存在混合出现的状态。而后，再以世人执持的生灭背后的三时因果律作为切入点，直接对缘起律本身进行无自性的阐释。这样，三个部分的论述完成，就达成对整个"法实有见"的破除，因此论中才说，达成此状态就是证得法智，可渡越轮回之海了。

下面再来看第二部分。第二部分实际上是在破除法执之后，针对现实所作的说明。所以，先说明破除法执，获得法智后的状态与凡夫的差别，以及对待有为法所产生的不同认知。而后则把论述重心转移到了如何引导他者亦趣入解脱上。即已悟法智的圣者应如何教导新入门的后学，使之以中观道趣入禅修；以及应如何劝导执持实有论的同修，使其重回佛陀所宣说的解脱正途。这两个层面，并非一般意义上的学以致用，而是饱含着龙树菩萨对僧团、教团当时状态的忧心与悲悯，而给出的切实可行的解决方案。由此推断，龙树菩萨造《六十正理论》的部分原因也可能在于此。

也就是说，很可能，在现实生活中，龙树菩萨亲眼目睹了当时教团内部存在的大量明显问题：一、部分修行者持实有论不放，因而很难跳脱五蕴所感之枷锁，也很难进入到更深细的禅修境界，使得修行之路陷于困境。二、部分新入门者又持一知半解的空见，试图直接在实修中趣入空观，获得解脱。结果，反而破坏了修行有序深入的次第，也使得修行之路陷于困境。相对来说，前一种问题应该更加严重而明显，因为执持有见，是要比落入无见更为常见，也更符合无明染污性本能的状态。

所以，为了矫正教团内部这两种执有、执空的偏颇修行现象，从而正本清源，还佛陀所传授之教法以本来清净光明之面目，也为修行者能够真正得到佛法的益处，亲证智慧解脱，龙树菩萨才先作《中论》，排除掉其他印度教派义理的干扰，再作此论详细阐发缘起观。也因此，本论才有第一和第二两个组成部分——不止是为论述缘起无自性的理趣，也为分别引导和规劝对佛法出现执有或执无的偏颇性理解的修行者回归正途。因此，本论才以过半篇幅谆谆教导，循循善诱，最后再归回到实执的过患上，说明歧途行者若能放弃实执，亦可获证涅槃。这也是与第一部分的"有见"破除即解脱法执而获得涅槃的结果，在行文层面的呼应。至此，本论内容完满结束。

如此，作为后人，也就对《六十正理论》整体内容有了更深刻的认识，也更清晰了解了其结构如此铺陈的目的所在和深远意义了。

第二章 《七十空性论》解析

《七十空性论》是龙树菩萨在缘起观之后，继续针对观修空性而著作的一部重要论典，全论共计七十三颂。据文献看，龙树菩萨造此论后，又为之作了释论。另外，本论还有两篇重要释论，分别由月称造于公元七世纪初，及波罗呬多造于公元十一世纪末。然而，可惜的是，上述三篇释论之梵文版本，俱已佚失，现仅留存藏译本传世。而直至近代以前，都未有汉译本问世。直至 1939 年，法尊法师根据印顺法师的请求，于汉藏教理院，依胜友与智军两位论师之藏译本，译出汉语，并重新订正。修订中，法尊法师亦认可原释论为龙树菩萨所造，故亦同时翻译为汉文并附加在原论之后。在汉语佛学研究领域，此为唯一可参考之完整译本。

至今又是多年的尘世时光流转过去了，《七十空性论》在国内外佛学研究中，依旧未曾得到足够重视。而汉译者法尊法师，则明确指出，本论为《中论》余论。因《中论》主要针对印度其他教派的实有论做驳斥，而未有足够篇幅说明生、住、灭等世俗谛究竟如何于"名言中安立为有"及"本质为空性"之深广含义，故而龙树菩萨才又著作了此论来详加阐明。同时，从具体内容层面亦可知，《七十空性论》的主体，正是中观思想当中与缘起观相呼应的重要组成部分。而《七十空性论》也是对《六十正理论》的呼应，两者结合，才构成了完整的中观思想立论说明部分。

因此，这一章，就以法尊法师的相关译著（其中标注【论】

字样的部分为原释论）为分析蓝本，进入到《七十空性论》的解析当中。

第一节　概论空性

生住灭有无，以及劣等胜，佛依世间说，非是依真实。（1）

【论】生、住、灭、有、无、劣、等、胜，是等一切，佛唯依世间名言故说，非依真实。

【注释】生灭有无：皆见前文注释。

住：即于世间角度，诸法可连续存在的状态，也指从生到灭的中间一段时间。

劣等胜：即比较而言的三个层次，劣于、等同和优于。

【今译】生、住、灭、有、无、或劣于或等同或优于等此类说法，都是佛陀依世间（本有之局限）而宣说，并非是依据真实义（而说）。

【解析】此为开篇第一颂，旨在阐明本论的立论基础。即佛陀初转法轮所说之有无世间两种状态，生、住、灭三种有为法所呈现之现象，世人惯用比较事物优劣的三种形态等以此为代表的所有法，都是依据世间现实状态以及人类本有的局限而说。

从本颂与释论对比来看，释论并未比颂文做出更多易于理解的阐述，或可进行深化的相关说明。因此参考意义不大。考察近代学者之研究，也存在部分学者认为此释论非龙树菩萨所造，而是后人托名所加。中国佛教协会的王孺童在 1960 年发表的《龙树<七十空性论>述义》中，即持此观点，但并未添加足够考据证据。其他文献与此类似。本书中，将继续考察此释论的内容及其配合原颂文的作用，并加以论述。

仔细阅读原文，第一个值得注意的问题是，论中为何以有无、生住灭、劣等胜此八法，作为世间万法的概况？这种概括又包含着怎样的依据呢？下面就逐一展开分析。

有无，实际上也就是世间法的两种基本概况。也就是说，世间法，要么是有即存在，就像种种有为法；要么无，即不存在，就像龟毛兔角或第二个月亮等事物一样来自于假想；除此之外，没有第三种可能了。所谓的"既有又无，非有非无"等等，只是似是而非、模棱两可的说法，于世间并不存在真正能与之相对应的事物，因而是无意义也不需要讨论的。

此处可能容易存在的误解是，佛学当中也经常出现"非即非离"、"非一非异"等等类似说法，从表达方式上看起来似乎与"即有即无"、"亦有亦无"差别不大。但如果对佛学建立起基本了解，就会慢慢发现，事实并非如此。

上述"非即非离"、"非一非异"等类似说法，是指两种相互依存的事物之间的关系。因此，从关系的角度来看，此类说法是指两者互相直接相关不能分开看待，但又的确不可混为一谈当作同一事物来看待的情况。而这种关系状态，在世间是广泛存在的。而"即有即无"、"亦有亦无"则是指一种事物，同时具备有无两种状态。这与世间现象和真理都显然是违背的。因而，前一种非即非离等类似说法，是对世间事物彼此间的关联性的精微描述，而后一种"亦有亦无"类的说法，则完全没有合理性，也并非佛法所探讨和关心的主题。

其次，生、住、灭即有为法在世间的三种显现状况。依照世间来看，分割具体一些，有为法应该还存在一种"坏"或"异"的状态，即法从住到逐渐腐坏或变异的过程。但严格来说，这部分要么归为"住"的一部分，要么则归为"灭"的一部分而统称为坏灭，是不能单独称为一相的，因为法之变异随时发生，无法单独安立一相。也就是说，此世间内，有为法只能处于上述三种状况之中，除此之外，亦不存在其他可能。

因此，此八法的前五种，是针对世间法所说，用现代语言来表述，即主要针对此世间的客观事物（包括人类生命形式自身）作以概况，其中并未掺杂明显的人类主观因素。而后三种则不同，劣等胜这三种比较和判断，是直接从人类主观视角出发的。也就是说，本论以"劣等胜"三种以比较为基础的评判，概况了人类于此世间的主要心理范畴，并特别加以指出。这是出于什么样的原因呢？

从俱生无明的角度来说，生物会先天地执着"实有"，而后由此无明，才逐步导致受生的缘起，即生物先天地不但执着自身真实存在，而且执着于自身的持续存在。因而贪生怕死是生命的天性，由俱生无明已经于先天写入基因了。由此，也就不难理解，生物最初微细的先天心理是自他分别，以及与此相伴随的辨别他者对自身的"存在"是好是坏的倾向。

也就是说，生物先天就具有做出细微的分别和基本判断的功能。当然，这种分别和判断功能是本能性的，很微细，一般只与对生存有关，而且也并不全面。人类也同样如此，而这也正是人类无法直接以理智来控制自身心活动的基本原因所在。因为上述细微的分析辨别的底层心理是先天俱生的，在一期生灭当中，人类本能的分别判断都会先于理智而自发性启动。只是大多数时候，绝大部分人、事、物，会被此本能判断为"安全"即"对我的生存有利或至少无害"的范围里，而不容易被主观意识所觉察到罢了。

但人类与其他生物不同的是，人类会经由自身心智的成熟，使得这种分别判断的本能进一步与意识的智性化运作性相结合，由此不断升级自己的主观性分别判断功能，从而使得自身不但可以本能地对事物进行有利与否地分别和判断，还能够将其升级版应用在整个人类生活的方方面面。而这两者的总体，即人类独特的"劣等胜"分别评判。

仔细观察，这种几乎无时无刻无处不在进行分别与判断的心智功能，也几乎可以说是整个人类文明得以构建和进步的基础。正因为判断手脚不如石块、树枝等好用，人类才开始使用工具，然后打造工具，而后则开启了一个又一个的工具不断升级的时代。而每一次工具的优胜劣汰，都是文明的一次进步，甚至飞跃。因此，得到优化和升级的分别和判断的功能，是为人类集体所共有的。即对于个体来说，只存在是否过度比较的问题，而不存在先天或自然状态下的"没有分别和判断功能"的可能。

既然人类的分别与判断功能是如此的根深蒂固，那么，在学习佛法的过程中，带入此心理，也就是不可避免的了——人们在面对佛法宣说的义理以及不同层面的佛法教导时，都会下意识不由自主地试图分别哪个更好些或哪个不够好，即"劣等胜"的判断始终都在启动。因而，佛陀无论以任何方式来宣说佛法，也都会不可避免地触及到众生此劣等胜的分别判断层面。这点与上一章《六十正理论的解析》部分提到的宗见问题密切相关。行文至此，也就不难理解本论为何从人类纷繁复杂的社会与个体现象中，专门选取了"劣等胜"此三者来概括佛陀初转法轮所说的与人类心理范畴相关的法了。

接下来另一个重要的问题是，佛陀为何要以世间法作为宣说的起点？这个问题在《六十正理论》中也有所提及，此处再总结如下。

首先，从恶取空的角度来说。

第一，一知半解的空性见，可能会导致个人修行过程里禅修次第的破坏。直接观空，而非循序渐进，反而可能破坏实修过程正常而有步骤的进展，进一步则可能导致修行者对自身产生修行可能性的怀疑，甚至可能导致对佛法及相关修行方式和方法的怀疑和诋毁。

第二，一知半解的空性见，可能对世人会造成相对较大的心理和精神冲击，也就可能使得世人处于一种精神上的悬空状态——既无法进入禅修而实际触碰解脱可能，又因一知半解而生起恶取空类见解，反而不能正常在世间安身立命。

第三，一知半解的空性见及由此可能引发的恶取空，可能使得世人对业力、因果以及轮回的过患，产生严重忽视，甚至是藐视。由此非但不能直接生成不入三有轮回的结果，还可能促使众生反而深陷轮回，难以自拔。即这种情况反而可能促使世人创造出更多障碍于解脱的因缘、业力和烦恼。

第四，严重的恶取空，可能会对世间现有秩序和体系产生负面影响。因为诸法、现象及规律，是此世间得以存在、延续与演化、发展所共同遵循的基础。如果存在较普遍的恶取空现象，即如果相当大一部分世人因恶取空陷于虚无而精神无所依托的状态里，或肆意妄为或消沉崩溃或混乱无比，那么整个世间也不可避免地堕如更严重的失序状态，世间的道德体系和社会结构及秩序，都可能遭到破坏性的冲击和损毁。

以上是从恶取空可能造成的众生个体与社会整体的不良影响来说明，佛陀为何不直接宣说缘起性空等胜义。

当然，恶取空的情况虽然存在明显危害，但相对来说，会执持此类见解的人们，在整个社会当中，必定是少数。正如《六十正理论》所反复论证的，世人之实执根深蒂固，执取有是本能，而执取恶取空相对来说则是异数。

因此，从这个角度来看，如果直接宣说缘起性空等胜义，恐怕绝大多数人也很难对佛法产生理解和接受，反而很可能以此法为异端邪说——或百思不得其解，难生认同；或直接将其当作疯癫狂语，而略过不计了——如此，也就失去了听闻佛法，并获得进一步闻思修慧的机会。因此，佛陀以世人现状为基础，而宣说佛法，这是一种有益于世人整体的善巧方便。这是从世人心智的接受度角度来说明，佛法宣说佛法需依世俗谛而起的原因所在。

最后，胜义本身是需要亲身体证才能了悟的，即胜义是非语言性的（此处语言也包括文字等，为广义的语言范畴，下文同）。因此，关于胜义的宣说，实际上，只能是假借世间共许之名言而施设安立的方便法门。而且即便如此，行者要想获得对此层面宣说的基本认识和理解，也是非常困难的事情。

所以，也可以说，佛陀选择从世间诸法开始宣说佛法，实际上，也是为了帮助行者逐步构建起能够对胜义产生理解的认知基础，因而正是此世间行者趣向涅槃解脱所需要遵循的不可省略的必要步骤。而关于此处提到的胜义与名言的关系，后文还会继续探讨。

【论】问言：如现说"我"等，此岂非有？复有说"无我慧转"，故定应有我。答云：

无我非无我，非故无可说，一切所说法，性空如涅槃。（2）

【注释】一切：指前颂所说佛依世间所说之法。

【今译】[依原释论译]（问：就像现在说"我"，这不就是存在的吗？此后生起无我智慧才破除我执，因此先前"我"必定是存在的啊。）（答：）（亲证）"无我"，不是说（重新获得了一种叫做）"无我"（的真实本体）。因为（"无我"和"我"）并非（同一层面，"我"是世间法中的相对存在，而无我是解脱的一种出世间证悟），所以不可说（由比较二者，能得出存在真实的"我"之结论）。（因为）一切（依世间）所说的法，其本质都是空性的（包括"我"和"无我"），就像涅槃一样。

[直译]无我之说，并非是说存在一种实体叫做"无我"。因为并非实存，因此不可说（"我"或"无我"任何之一种有自性）。（因为）一切（依世间）所说的法，其本质都是空性的（包括"我"和"无我"），就像涅槃一样。

【解析】本颂仅文前存释论，内容为解释颂文为答他者诘难而作。而不以问答形式理解，直接翻译原颂文，依然可以完整表达"我"与"无我"二者皆无自性的理趣。且对比来看直译的理解，观点更加简洁清晰，且精炼鲜明。此与《六十正理论》的论述风格相似，即极少以答其他宗教派别或教内其他宗派的诘难而展开问答性论述或驳斥。但仅以论述风格为凭，实不足以说明此释论非龙树菩萨造。故仅作存疑处，加以参考，并如实记录，以期考据充足之日，再作对比。

总体来看，无论是否依释论所说，此处旨趣都是承接上文，在说明有无、生住灭和劣等胜等俱为依世间所说之后，进一步指出"我"与"无我"也是依世间而说，而非依真实义。从而此二颂，就从客观到主观，再到所谓的主体性"人"即"我"都给出了全面性说明。

但需要注意的是，此处以"无我"和"非无我"作为切入的论述，实际上已经涉及到了名言的缺陷（依据藏文原本看，其对名言的指向则更加确切）。从而，也就间接说明了"名言有"，只是为世间方便而设立，仅具有相对意义，其本性为空，而非真实有。而关于名言有，在前颂的解析中，曾稍有提及，那么，此处就再进一步具体说明佛法的宣说中，如何假借名言来安立施设世间诸法和出世间胜义，以及名言有的含义。

首先，既然胜义是非语言性的，那么宣说佛法，为何一定要用到语言呢？是否可以通过其他方式直接传导某种佛法体验呢？这种想法并非标新立异，实际上，在古印度时期，不仅存在这种观点，而且以此观点为基础建立的修行体系都已经具备一套完整的传承了，那就是印度瑜伽禅修体系。

根据早期佛经记载，佛陀在婴幼儿时期，已经有过自发的禅定经验了。后来又修习瑜伽禅定和内观，但在能显现神通时，佛陀也同时觉悟到用感官方法去获取知识是有局限性的。这与当时印度瑜伽禅修者的现实状态也可以互相印证：很多修行者因为长期修习瑜伽禅定，而培养了很深入的禅定功夫，而禅定当中自心是会生起很多境界的。结果，这些瑜伽行者就因为不明白自心境界的真实含义，反而依从俱生实执的倾向，把不同的禅定境界执着为实有其物或实存其神了，因此反被自身境界所限，偏离了真正的解脱道。甚至，反而又创造出更多神明以及人神关系来——古印度时期，存在纷繁复杂的亿万神明崇拜倾向，也很可能与对此种只依赖感官方法获取知识的修行状态的崇尚有关。

为此，佛陀在《简计经》中说："即使我听到某些最深奥的天启，亦可能是虚假不实，而我并非在深奥的天启中所听到，却可能是实在的。有智慧的人，为维护真理而偏执极端的结论，并认为只有这才是真，余者是妄，这是不当的"。也就是说，佛陀对待这些所谓的"天启"与"神性崇拜传统"的态度是客观的，即不盲目地去判断和证明其对错，而是将其搁置一旁，留待与真实体悟相印证。

同样地，佛陀对待逻辑推理等理性知识的态度也是类似的。《迦罗摩经》里也指出，当时的人们，已经开始怀疑用推理和逻辑去寻求真理与实体知识的可靠性。佛陀也认为，当时的苦行者误用了逻辑与推理的方法，去建立有关实体界的形而上学理论。但实相是既不能以神秘经验作为根基，也不能以逻辑推理等思惟方式来局限的。

因此，在获得正觉智慧之后，佛陀就力图澄清知识的来源，指出它们的限制和可靠程度。既不偏颇于感官获取的知识，也不偏颇于理性推导的知识，而是综合看待，以包含理性逻辑推理在内的语言表述来宣说佛法，同时以现实的实修体悟来作为印证标准，从而使得不同层面的知识，能够在合适的范围内发挥最大的作用。

综上，要宣说佛法，需借助世人共用的语言作为沟通与交流的基础。因此就需要假借世间已有的语言，来对世间诸法与出世间胜义依次第地作尽可能地描述。那么，这就涉及到了与名言相关的世间共许的问题。

什么是世间共许呢？通俗地说，世间共许，就是世间公认的看法或见解。它与真实义上的真假和世俗义上深入探讨的对错都无关，而是世间约定俗成的一些共有观念与认知。也就是说，世间共许本身只是世间不成文的公认观念等等，它不但未必符合胜义，还包含了明显实执成分，而且依世俗来说，也不一定都是正确的。另外，世间共许也会随着时代、文化、科技等社会背景的发展，而产生变化。

比如，在古代，大多数文明都曾经共许日月群星围绕自身转动，"地"为宇宙中心，然而哥白尼用日心说证明了这个认知是错误的。再比如，困难时期，世间共许高糖、高脂肪是对人类有益的好食物。然而，到了物质丰富的时代，这类食物则被世间共许为垃圾食品。类似这样的例子，在世间共许里，是非常常见的情况。也就是说，名言所依据的"世间共许"本身并非真实，而只是相对的。同时这也说明了，在用世间共许性语言进行初步表达之后，佛法必然也要用到非共许性语言，否则很多要说明的与胜义有关的语意就难以传递。

了解了世间共许之后，也就清晰了，通用语言与世间共许之间存在的巨大交叉，即世间共许是通过语言表达的，通用的语言表达里也包含了大量的世间共许内容，比如通用的名称、概念等。因而，在宣说佛法的过程中，所假借的语言，也往往正是从世间共许开始的，包括概念、名称等词汇和表达方式等，并以此作为与世人沟通和交流的基础。

那么，具体地说，佛法中假借名言的方式是怎样的呢？那就是依据并运用上述世间共许成立的名称和概念等，来为所说之法施设安立假名。举个例子，比如空性，即假借了世俗共许的"空"和"性"二词的含义，为胜义亲证的某个状态作标识和注脚。之所以说作注脚，是因为实际上"空性"一词本身与该状态并无任何真实关联，同时也不足以清晰、准确、完备地描述该状态。但由于传授和教导佛法离不开语言的辅助，因而就需要对此状态进行标识，那么就勉强以"空性"一词来作为假名指代。

也就是说，世间法与胜义在此世间的表达，都是依名言的缘起而施设建立的。但二者依名言而施设的原因则不同，世间法依名言施设是因为其不具真实自性，因而只能假名言以指代；而胜义依名言施设则是因为胜义本身断绝言路，因而在此世间的相关交流中，只能假名言为缘来加以表述。那么，从此处，也可以再深入一步理解本颂最后一句"性空如涅槃"的另一重含义了：性空的状态即空性本身无法直接被描述，它与涅槃一样只能亲证。同时，涅槃也无法直接被描述，只能假名安立其性为空。

回到世间法的角度来说，假名安立的方式是类似的。比如五蕴、十二处、十八界乃至业力、因果、轮回等，也只是假借名言安立的世俗有，而非真义有。以轮回为例，这个词就是假借了世间共许的名言"轮"为旋转流转之义，再加上世间共许的"回"加强循环之义而成。之后，就以此指代众生为无明蒙蔽而流转于三界中的现象了。因此，实际上并非真实存在一种具有本体的事物，叫做轮回。轮回只是对无明流转生死之现象所进行的概念性定义，其本身亦无真实自性。由此可知，世间诸法都与此类似，是依据共许的名称而安立的。

也因此，在佛学论述中，经常能看到此类表达说，诸法是"名言有"或"唯名假立"或"依名言施设安立"等。但需要注意区别的是，上述说法并非指诸法本身是依据"名言"才"存在"的。当然，也并非反过来指"离开了名言，法就不存在"了。在佛学中，名言不具备任何可使得世间诸法成立的独特功能，而仅仅就是语言中的名称概念而已。上述几种说法的正确含义是，因世间共许而借用某名言来指代某事物、现象或规律等，而后就按世间惯例假说这些事物为"有"了，同时，这些说法里也都暗示指出了这些事物本质上并无真实自性。

上面是对名言有，做了一个基本的说明。而要进一步理解佛法中的名言有，也同时需要对人类语言本身建立一些基础认知。因为语言与任何世间事物一样，都存在其局限性，即此世间任何一种语言，都或多或少地存在不同层面的表意上的缺陷。因而，其运用在佛法宣说上，局限性也必然是同样存在的。正如在《六十正理论》解析的总结中所提到的，人类语言本身就暗含了很强烈的实执成分，这就是其存在的一个根本性的无法避免的缺陷。而具体来说，语言的缺陷，还会表现在诸多层面上。下面就针对其影响较为明显的部分来加以说明。

第一，语言不能对人们未经验过的事物进行定义、概括和描述。比如，荷花香究竟是怎样的？对于自己没有亲身闻到过此味道的人来说，无论你运用的语言多么细致、多么精妙、多么纤巧，他依然无法对荷花香建立起具体的认知。

也就是说，人类的认知本身，是建立在身体五蕴的基础之上的，因而，如果其眼、耳、鼻、舌、身、意之中，不具备与此相关的某种体验和感知经验，那么语言实际上就无处可着力。即对此情况来说，这些语言被人听闻之后，无法在以身体为基础的五蕴中找到对应的参考物，因而语言就只是抽象的声音或文字，而不能触发其他感知，也无法转化成为对方的具体认知了。荷花香尚且如此，何况胜义？

那么，如何能够促使对方理解荷花香呢？语言可以作的是通过比喻、类比和引申等来引起受众眼、耳、鼻、舌、身、意中可能存在的触发点的启动，也就是说尽可能使受众的某些已知相似体验与未知物进行关联，以此从已知中来发展并获得与未知物有关的相对具体的认知。

比如，受众没有闻到过荷花香，那么，表述者就可以退而去描述荷叶粥、莲子羹等当事人可能尝过的味道。提到其中的清香感、再去除某些混合在其中的杂质的味道，再总结性地告知对方，荷花香就跟这个差不太多，那么受众就可以大致想象一下了。

也就是说，无论是类比、比喻还是引申，实际上都无法真正描述出荷花香本身，但是在人类语言的沟通范畴里，这却几乎是唯一可以运用的相对比较符合真实本身的表达方式。事实上，佛法典籍中，就运用了大量比喻来描述佛法以及相关的不同境界和体证，而类比和引申类表述也非常广泛。原因也正在于此。

第二，与此相关的另一个问题是哲学上称之为"解释鸿沟"

的现象。"解释鸿沟"简单来说是指客观的语言，实际上不可能百分百地传递出表述者的主观感受。而受众对表述者所言说或书写的语言所产生的理解，又具备了受众的个体主观性。因而，表述者和受众之间虽然可能运用的是相同的语言，包括相同的词汇、概念、名称等等，也似乎正在进行交流。但实际上，他们互相是无法百分百地明白对方语言背后想要表达的含义的。即人们只能进行一种表面上基于共同语言的你来我往，但实际上对对方的所思所感是无法真正了知的。

而且值得注意的是，在大多数情况下，沟通双方对此状况都是不了解的，人们会习惯性地以为自己按照世间共许的语言表述得很清楚，而对方也具备相应的理解力，那么沟通和交流，应该就已经实现了。但实际上，从始至终，人与他者之间所能进行的仅仅就是依据世间共许而建立的自己多他人想法和感受的解读，而不能真正完全地感知他者。这也是世间人与人之间存在大量的误会、纠缠和龃龉的原因之一，即沟通只能在大体层面相对有效地实现，但不可能真正完全地得到实现。世间沟通尚且如此，何况出世间胜义的宣说？其困难性更是要远比上述一般意义上的解释鸿沟巨大得多。

第三，语言是线性的一维的，即语言无法同时表达多个元素，但此世间的状态是存在共时性的。打个比方，此世间的状态就像一幅立体的清明上河图，世间百态是同时呈现在一幅动态场景中的。可语言呢，却一次只能描述一条线。即如果要用语言描述清明上河图，那就只能是有先有后地依次对不同人物进行刻画和表达了。所以在世间，从大体粗略的经验上来说，你是可以同时看到一个场景里，人们在做不同的事的。但听别人讲或者看书上写，却只能分先后来一个一个地获取这些信息。这是语言的局限决定的。世间事物尚且如此，那么，解脱涅槃，这种完全断绝言路的境界，又要如何用这种线性的语言来加以表达呢？

阐述上述语言缺陷，目的在于说明名言的表述并不等于真实的胜义。对真实的胜义的体证，不需要完全被捆绑在名言的字词上，修学者也不应落入语言的窠臼，反而失去了修学体证的灵活性。而是要反复体会名言背后所传递的信息，与修学体证相互印证，才能让名言在自身的修学过程里，发挥更积极的正向作用。

第四，语言本身可能存在歧义。发生歧义的原因有多种，但与佛法修学来说关系最密切的部分可能与古人用语精炼简洁有关。因其语言简练，而使得所承载的内容往往也具备更丰富的内涵层次和外延可能。但有利亦有弊，简短的语言表达，也使得存在歧义的情况更多了。例如本颂中"无我非无我，非故无可说"，对于完全不了解佛法，又对古文非常陌生的人来说，是很难理解其中表达的真实含义的。如前所说，其眼、耳、鼻、舌、身、意中没有相应的可触发之处，所以就只能根据字面理解为："无我，不是无我。因为不是，（所以）没什么可说的"。而如果这样去理解这句话，显然这就简直是莫名其妙，且比诡辩还要离奇了，因为这就变成了一堆词语按照基本语法的堆叠，而没有任何实际意义了。这大概也是很多不了解佛法的现代人，提起佛法会觉得很玄的原因之一，因为经常很多这样的歧义存在。

第五，人们为了解决简短性语言所带来的歧义问题，又可能会做出繁琐且晦涩的解释，从而引发一个新的语言问题。晦涩，用通俗的话说，就类似于"每个字都认识，但组合在一起，却不知道在表达什么"这种情况。而繁琐，则是在论证复杂的困难性问题时，逻辑和语言本书又无法足够清晰明确的情况下，所容易出现的过度论述的情况。因为表述者越是想要更精确地表述内容，使之不产生歧义，同时还要能够更完善且全面地传递信息，那么，就越是需要增加所使用语言的复杂程度。

也就是说，当内涵需要丰富而明确的时候，语言的繁琐性就不可避免出现了；当表意需要具有主观性且能够尽可能表达主观感受的时候，语言的晦涩就因其主观性而不可避免地出现了。

另外，表述者还可能认为，为了达到表意清晰的最大目的，有反复从不同角度来描述同一件事物的必要性。因为语言是线性的，每次描述都可能只是在说明其一个侧面。所以，为了说清楚自己要表达的内容和含义，选择从不同侧面来一一进行描述，是必不可少的叙述和论述原则。同时，为受众可以听得懂或看得懂的利益着想，表达者也可能认为自己有义务，要反复重复强调一些重要或不易理解之处。

因此，基于上述种种原因而诞生的文本，最终也就必然会或多或少地存在繁琐或艰涩的问题了。而从受众的角度来看，众生本能地喜爱轻松的事物，晦涩容易让人退却，而繁琐则易引生厌倦，两者结合，自然容易失去继续阅读兴趣。实际上，佛学典籍当中，就大量存在这种状况——这与其要阐述的出世间真理，本身就难以描述，难以表达有关，也与上述种种原因有关。比如，本论中亦存在繁琐和看似反复在论证同一事物之处，还存在艰涩难解之语，因而要想产生深入而确切的理解，实际上并非易事。

第六，语言的基本单位"词汇"，存在其自身的构成，但并非构成词汇的每个部分都是"实指"。以汉语为例来看，词语往往是由多个字构成的，但并非构成词语的每个字都有意义。这其中包含很多种不同的情况，此处还是根据佛典中，容易出现的类型举例。

比如，其中一种情况是偏义词，就是指构成一个词语的字当中，仅有部分起表意作用，其他仅作为音节构成，来凑成符合习惯的词汇表达长度。例如，"国家"实际上就是"国"的意思，其中并不包括"家"的意涵；而"深浅"则往往就是"深"的意思，并不强调"浅"。这是大多数偏义词的情况。另外，还有一种情况是，词语中的某个字，可能是对过去或未来某种状态的映射，而非"当下的实指"。如，病愈一词表示的是病好了，所以"病"指的过去曾有过，而非当下还有，当下实际上就只是"愈"。类似的情况，在佛经用词中也存在，需要能够辨析清楚，否则也会影响到对语义的理解。

第七，语言本身无法区分出虚假和真实的事物，如龟毛兔角，在语言上都可以成立，逻辑也没有问题，但实际上却并不存在。那么，对于很多没有见过野生动物的现代人来说，龟毛兔角这样的词汇，实际上并不一定能够让他们马上意识到这是在表达"不存在"。

实际上，本颂附加的释论中也隐含了一个此类语言问题：提问说，"既然后面无我，不是说明前面肯定是有'我'的吗？"从逻辑上来说，这句话是说得通的。那么，事实真的是这样吗？

后面"没有"，真的可以说明前面"有过"吗？

为了理解这一点，不妨换个人们熟悉的场景来看这个问题：一个孩子在外面搭几根树枝，玩得很开心，觉得自己的"宫殿"又高大又辉煌。可忽然乌云遮了太阳，起风了，小孩很冷，就一下子索然无味了。再看看身边只有几根树枝，哪来得什么宫殿呢？那么，是否可以说，既然后面证明了没有宫殿，这就说明之前一定是有宫殿的呢？显然不能，事实是宫殿从始至终都不存在，只是前面孩子在幻想里玩耍，而后面，孩子看到了现实罢了。

而此处释论中提到的"我"和"无我"的关系也是如此，从一开始就不存在真实的主体"我"，只是世人沉浸在幻相里，以为它存在。而后，通过修行而生起智慧，才意识到这个真相。所以，后面的亲证无我，不能作为前面存在"我"这种真实主体的证明。

而上述提问者，则是被语言和逻辑看起来的正确性，所欺骗了。如果人们认为逻辑上说得通，就容易继续按照此逻辑分析，然后就容易出现"越是按照此逻辑分析，就越觉得这逻辑的确没有错误"的思维怪圈。结果，往往就忽视了其他因素的存在和影响。在本例中，语言本身区分不了真假的事实，就始终都被提问者忽略了。而按照虚假的语言——"我"/"宫殿"，去构建逻辑体系，那么无论后面的逻辑显得多么正确，对于事实来说也没有任何影响。所剩下的，只不过是逻辑的游戏罢了。所以，了解语言的这个特性，可以帮助修学者不落入虚假词汇的陷阱中。

第八，前面的举例，实际上已经引出了语言的另一个局限：

语言上的逻辑正确，不等于事实为真。除了前例中，利用虚假的语言构建逻辑的情况之外，这个局限性里，还包括很多不同情况，现仅就学习佛法的过程中，容易遇到的常见问题加以说明。

其中一种情况是，隐含的前提是错误的，但语言表面的论述逻辑却是正确无误的，因此这个正确的语言表面现象，就很容易使人误解其所推导出的结论为正确。例如"因为是为帮助别人而需要钱，才去偷盗，所以没有大的错误"。这里隐含前提是"动机是好的，行为就是对的"。按照逻辑来说，以这个隐含前提为基础进行的后面那个论述本身，似乎并无显著错误，可是事实上其前提已经存在错误了，因此，结论自然也不可靠。

事实上，这种情况在生活中非常普遍，很多人对自他都存在这样的认知偏差。因为大多数情况下，人们对于自己所进行的思考背后依据了怎样的前提作为基础，都并不十分清楚。这样就很容易出现："由错误前提不断推导出错误结论，自己却深信不疑，根本不知道问题出在哪里"的局面。而如果日常就存在这样的问题，那么学习佛法的过程中，是免不了要把这种状况带到对佛法的理解中的。例如："因为是佛经中所说，所以要遵循"。这句话中被隐藏的前提就是"经中所说一定是在任何情况下都放之四海而皆准的"或"虔诚总是没错的"，但却忽视了佛经中处处都在说缘起，那么不谈经中语段所涉及的具体条件，而只谈论结论，这其实并不符合佛法教导。虔诚与迷信是两回事。因而，此处特别提出这个问题，以作示警。

再谈一种在佛法修学过程中，相对也比较常见的情况。先从现实出发来作以说明，这个错误是说，生活中可能存在着不可比较的同名事物，但因为具有相同的名称，而使得表面语言逻辑上看起来是正确的，但实际二者的比较完全没有任何现实无意义。这就叫做不可公度性。

例如，"我有一百平米地毯，比你六十平米的住房宽敞得多了"。这句话从语言表层逻辑上看，是没有错误的。一百平确实比六十平的测度更大。可是，对比世间现实，这句话就很可笑了。因为一百平米的地毯是面积，而六十平米的住房则隐含了体积，二者虽然可在某些情况下通用一个测度，可是代表的却是完全无法互相比较的两种事物，因此强行比较两者就会产生"表面合乎逻辑，却又与现实相悖"的笑点。当然，此笑点的产生取决于该问题在现实中可被毫不费力的了知，其他强行比较就未必那么明显了。

所以，需要再次强调指出的是，用不可公度的概念或事物来构建起的逻辑，无论看起来多么正确，其语段本身都没有现实意义。比如，在佛法修行中，很多人常说"我禅坐了这么长时间，怎么体悟到空性的时间却如此短暂呢？"其中的"时间"在此处实际上就类似于不可公度词语，因为禅坐的时间，一般是指世间意义上的时间。而如果行者真的体悟到了空性，却应是超越此世俗时间范畴的，因此也无法按照世俗时间的短长来进行衡量和比较。所以，对比这两个时间是没有意义的。

上述两种情况，在佛法的学习过程中，都是很容易出现的问题。而且其错误之处也往往并不像上述所举之例一样一目了然，而是很难分辨的。这时候，如果是世间事物，就可以采用"现实检验"原则，逻辑看似正确，但如果与现实不相符，那么这样的逻辑就基本上可以被判断为无用了。如果涉及到对出世间胜义的理解，则需要结合实修经验来进行体悟，而不是陷入到逻辑的怪圈里，在形而上的幻相中沉迷。这样，佛法禅修也才能真正起到作用，对佛法的理解也就会一步步得到深化了。

比如，如果自己不知不觉地按照上述关于时间的举例去比较了，那么行者需要能够认识到，自己很可能误解了禅修状态，将禅修的某种深入境界当作了对空性的体证。这样，类似的误解才不会在错误的逻辑里，不断被强化，也不会由此误入歧途——或沾沾自喜地贪取一些境界，或傲慢地宣称自己获得了证悟等等情况，往往都与此有关。

这也说明，从某种层面来说，禅修需要"但行好事，莫问前程"的态度，即专心于禅修本身及其与闻思的互相印证，日常多多针对一切状态反复运用佛法理解来善加思惟和辨析，而不要过多地关注于禅修的"结果"。否则，反而会因为自身对于不可公度性的不了知，而限制了禅修的进展与逐步发生的体悟。

第九，语言中的逻辑本身也可能存在谬误，却很难被清晰地觉察出来。这也是一个包含很广的范畴，此处，还是仅就学习佛法的过程中容易出现的常见问题加以说明。

其中一种情况是，把相关性当作因果性。比如，佛陀在菩提树下证悟，证悟和菩提树这两件事就具有了一定程度的相关性。但由此相关性，而得出佛陀证悟，是因为在菩提树下禅修的，所以，后人要想证悟，一定要栽棵菩提树，甚至最好是寻找到佛陀当年坐在其下方的那棵菩提树，才能获得成就。这就是混淆了相关性与因果关系了。类似混淆，在对佛经中的教法进行的理解的过程里，也可能会出现。

　　再举一种情况，论述过程出现错误，不等于结论错误。但很多时候人们会混淆二者，并产生错误的逻辑认知——既然论述过程里都有错误了，那么结论一定不正确。但实际上，此逻辑本身并不成立。这样描述，或许人们无法马上赞同。但举个最常见的例子，就可以轻松说明这个情况的荒谬了。例如，所有学生试卷中的证明题，都是给出前提、条件和结论，把论述过程留给参加考试者的。而学生给出的论证方式可能千差万别，其中大部分都是错误的，但它们都会被联系到对结论的证明上。很多情况下，学生也可能认定自己的证明方法是正确的，因此无法发现论证中的疏漏或错误。所以，这显然说明，论证错误就只是论证错误，而不能说明结论也错误了。这是生活中几乎最典型的关于此问题的直观说明。

　　而从佛法经典的角度来看，这个问题也很普遍。比如，古人的很多论述方式与今人不同，也受制于其时代，因而其论证方式在今人看来未必是正确的，但这并不能说明他们所要言说的结论是错误的。如果不能厘清这一点，就很容易陷入"佛教理论中充满错误"的认知里，而失去听闻正法的机会。

　　举个例子，佛学论典中，经常可以看到关于"车"的分析，即不断地拆分"车"，去寻找车的自性而不得，从而证明"车"并非真实有。这个论述过程在古典逻辑体系看来是成立的。但对于今人来说显然不够充分。简单地做个对比，如果不断拆分上文笑点案例里那"六十平米的房子"，就会得到一个一个的平面，其中每个都不能住人，但这却不能说明房子本身不能住人。也就是说，整体可能具备部分所不具备的某些性质，比如面的累积可以产生体积，整体就具备了部分所不具备的三维空间性质。类似例子是非常普遍的，比如生命离不开水的滋养，不断的拆分水，可以得到一堆氢原子和氧原子。但单独的氢原子和氧原子，显然都不具备水的功能。所以，不断分析部分没有某种性质，是无法证明整体也没有该性质的，因而用这种支分方式来论证无自性，起码是不够严谨的。

但需要注意的是，虽然这个论述存在问题，其结论却是真实的。因为根据自性不依缘起的定义来看，"车"显然不能与之相符。因此，以论述过程存在错误而判定结论错误，这实际上是没有依据的，在逻辑上，也不能成立。

类似的，很多论典中，不同教派之间的彼此驳斥，也存在此类现象，即抓住对方论述中的语言漏洞不放，来证明其结论错误。但实际上，这样的证明本身是不具意义的。当然，此驳斥方式的错误，也同样不能说明驳斥者的自身所持的观点和结论是错误的。

理解了这一点，就更清楚地知道了，达到可造论境界之修行者，其结论大多是与实修反复印证，且与佛陀直接所传之教导也反复相互印证过的。因而，这些结论大多非常可靠。也就是说，这里实际上也很可能存在结论先于论证过程的情况。而论述过程，实际上是为了让世人理解所要阐述和说明的结论，而以世俗推理逻辑创造出来的表达方式，是晚于结论而生的。因此，论述过程往往免不了受到所处的时代背景带来的限制性影响，这其中既包括修行者本人可能存在的局限性，也包括对社会普遍的局限性即对某种世间共许的依顺。

所以，今人修学佛法，切忌在细枝末节纠缠——因论述不完美而怀疑佛学典籍当中的基本结论，往往只能令自修学得不偿失。相反，我们需要不断揣摩辨析，并与实修相互印证，而后再逐渐靠近佛陀所传授之佛法的原意。

综上所述，以名言宣说佛法，是因为名言里包括理性的逻辑推理等，存在其不可替代的有益一面，可以成为修行路上的灯塔和导向。同时，名言有是依据世间惯例而施设，是善巧方便，而非胜义有，也并无自性，且名言中也可能隐含着实执等其他局限性，所以在学习以名言传授的佛陀教导的时候，要不断与实修相印证，不断辨析佛陀所要传达的教法的本意，才能在解脱的道路上，修学并重，循序渐进，证悟真正的智慧。

【论】问言：汝说一切法自性空者，为依国王教敕而说，或为能成通达一切法皆空性之正理耶？答云：

一切法自性，于诸因缘中，若总若各别，无故说为空。（3）

【论】一切诸法之自性，于诸因缘，或于因缘和合，随于一法上，悉皆非有，故说一切诸法自性都空。

【注释】若：是至于的意思。若总若个别：即既包括总体也包括个别。

【今译】[依释论]（问：你说一切诸法自性皆为空，这是依据国王教敕的权威而认定呢，还是你本身就通达看一切法的本性是空的正理呢？回答说：）一切诸法都是因缘所生，其自性无论是在诸法之总相上，还是在诸法之别相上，都不存在。由此自性之不存在，而说诸法的本质为空性。

[直译]一切诸法都是因缘所生，其自性无论是在诸法之总相上，还是在诸法之别相上，都不存在。由此自性之不存在，而说为空性。

【解析】本颂文前文末俱存释论，内容依然存在前述两种问题，一、前释内容为引入诘难。但此诘难于原颂文实际可有可无二、后释内容与原颂文相比既无更多解释说明以方便理解，又无深化之处，加强颂义。因而，本书依然以之为存疑内容，暂列于此，作为对比。

本颂旨趣为概括因缘所生诸法皆无自性，并因其无自性，而说为空性。这是开篇的总论，说明因空性为胜义，无法直接描述和论证，因而要论述一法本质为空性的办法，就要考察空性在此世间的表现"无自性"。下文所有论述都是以此路线进行的，即证成某法无自性，进而说明某法本质即空性，因此，此颂总括了下文所有具体论述。

此处存在以下三点值得深入思考：一、要论证一法空性，只需证明其无自性，而证明无自性的最直接的方法是对比定义。而自性的定义，在上一章已经引用《大智度论》和《中论》加以说明了。用现代的语言概括即自性具备"常"、"一"和"独立（即不依缘起）"的基本特点。也就是说，任何事物，只要不满足上述三个自性特质中的任何一个，即可证明其无自性。因而，无常的、聚集或可拆分的和依缘起的事物，都不具有自性，即此世间所有事物均不可能存在自性。下文所有解析中，都将依此论述，不再作繁琐说明，而把重点留给其他仍然需要进行说明和论述的部分。

二、由上文可知，要论述世间某法无自性，这本身并不困难，对比定义，寻找不符合之处，就可以做到了。即便古人与今人在论述过程中，存在很多论证方法上的差异，但从《六十正理论》与本论之论述看，古人并非对"对比概念，证明不符合"这一思路，完全没有了知。虽然基于古代的科技与文化水平来说，其对比概念的过程可能也比现代人相对更复杂。但毕竟还是会比本论中各种各样角度不同的说明方式要简单得多。那么，由此引发的相关问题就是，既然如此，为何本论还要舍简求繁，作那么多相关讨论呢，其目的和指向何在？

这就需要回到佛学论典与实修的关系层面来看待了。所有佛学论典存在的首要原因，都在于对实修给予指导，即需要对修行者于涅槃解脱道路的前行存在实际意义。而如果一个论典完全脱离实修，而陷入到形而上的逻辑推理或哲学玄思当中，那么实际上这是其偏离佛法传承的表现，是不符合佛陀对修行的指导的。这一点，在前引之《迦罗摩经》等经文里，佛陀都有直接提及。本论作为佛学论典，龙树菩萨是完全清晰其作用所在的，因此所有论述也都是不偏离作为实修指导的基本方向的。

因而，看待本论中的论述，不能只盯在其表面的文字上，若论中语言表面是在论述有无自性，读者就只关注其证明是否得以实现，以及是如何实现的，论证是否完美无缺得足以说服逻辑更鲜明的现代人等等。这实际上是舍本逐末。因为作为现代人，我们都知道，科学早已经辅助论证了此世间所有事物需要依赖条件而生起且总是处在变化之中这一基本性质了。换句话说，证成此世间所有事物的无自性这件事，实际上科学早已经替世人做到了。所以，如果当代行者阅读佛法经典，还仅仅关注于此，那么，其实根本不必阅读几千年前留下的繁琐又晦涩的种种论著，也完全存在更便利的方式可以直接采纳其结论。

所以说，阅读佛学经论的意义，绝不只是了解字面上的论述过程和结论，而是要看到其中以某种顺序和方式论证，真正要说明的理路及其与禅修实证相关的具体指向和含义，来切实地指导自己的佛法修行之路。如此修学，才能获益更大。

三、综上，对于本论的考察，应结合无自性的论证与"缘起非真，证悟空性"的实修指向，来总体看待。原因有二：一、本论之所以要延续《六十正理论》中的论述，继缘起之后，再宣说空性，是与实执需要进一步被破除有关的，因为实执在众生的认知中俱生，呈现出无处不在、无孔不入、360度完全覆盖的状态。而此状态对于实修过程来说，则显著障碍行者亲证空性的需要破除的难题。

关于实执的无所不在和深细，以本颂为例亦可说明：诸法"因缘"生，本为说明诸法无自性，但依旧可能被实执深重的世人，执取为"因缘"是诸法之外实有的某种可以令万物生起的"真实义"或"自性"。由此可见，人类实执的程度之深、范围之广，亦是轮回的根源。如果不能破除实执，是谈不上在实修过程里，逐渐证悟空性，进而解脱涅槃的。所以，要证悟空性，就必须打破实执。而在理论上，打破实执的途径，则是经由缘起观说明诸法非真实有。因而，缘起是重要的切入点。

二、空性为胜义，实际上是断绝言路的，因而无法被直接表达和论述。所以，要想宣说胜义空性，实际上需要依托于空性在此世间的呈现方式即缘起无自性，来进行表达。而本论的切入点则非常明确，直接而具体地指向了十二因缘法。也就是说，龙树菩萨在本论中，是以十二因缘法的断除，来连接缘起与性空两者的。从而，使得不可言说的空性，成为了可经由实际断除十二因缘法而亲证的境界，也就有了可依凭的修行次第和方向。

换句话说，龙树菩萨实际上是融缘起性空于一论，以本论亲身实践了缘起有与胜义空的中观道，进而说明了中观思想在佛法实修中的重要性。了解此义，则本论总体思路的呈现，也就更加清晰明确，一目了然了。

第二节　理证空性

有故有不生，无故无不生，违故非有无，生无住灭无。 (4)

【论】法若已有，则不从因生，已有，乃名有故。无，亦不从因生，以无故。有无相违亦不得生，不相顺故。如有无相违，其非有非无又岂能生？是相违法故。生无故，住、灭亦无。

【论】问言：佛说有"三有为相"，谓生住灭。又说"生时有生"，故有为法定应有生。答云：

已生则不生，未生亦不生，生时亦不生，即生未生故。 (5)

【论】且已生则非所生，何以故？已生故。故已生者则非所生。又未生者亦非所生，何以故？尚未生故。诸未生者则非所生。离生作用、势力，自体非有，故非所生。又正生时亦非所生，何以故？此即已生及未生故。若是已生、未生，仍如前说，非是所生：其已生者已生讫故非是所生；其未生者尚未生故、离生用故、无势力故及无体故，非是所生。由离已生、未生，无别第三生时，故亦非所生。

【注释】非有无，即"二俱"和"二俱非"。四边包括：是、非、二俱，二俱非的事物可能存在的四种情况，也称为四门。

　　生：诸法从无到有，名为"生"

　　即生：已生。

　　【今译】（如果诸法）已有，即本来就存在了，则此"已有"中不可能另存在一个"生"。（如果法本来）不存在，因其是"无"，因此不可能在"无"中却有个"生"存在。（另外两种情况即有即无、非有非无）与自身相违，因此不是"有"，也不是"无"（更不可能在其中存在"生"）。既然"生"无法成立，那么住和灭自然也无法成立。

　　[第五颂依释论]（问：佛说，存在三有为相，即生、住、灭。又提到"生时有生"，因此有为法肯定应该有"生"。回答：）已生诸法，则其中已经不存在"生"了；未生诸法，其中自然也没有"生"的存在；正在生时，也无"生"在其中。因为"生"是在未生和已生之间的过程（因其为一个过程的概括，所以不存在准确的"生"的"相"。佛陀说三有为相是依世俗说，说"生时有生"是说存在生的现象，而并非指存在"生"之自性）。

　　[直译]已生诸法，则其中已经不存在"生"了，未生诸法，其中自然没有"生"的存在。正在生时，也没有"生"在其中，因为"生"在未生已生间（因其为一个过程的概括，所以不存在某一时刻或某一状态，可以单独称为"生"的"相"）。

　　【解析】本段第四颂文末存释论，内容与原颂差别不大，不作详解。第五颂文前文末俱存释论，文前为模拟他人诘难，文末为原颂内容的解释。如前所述，存疑暂列。

　　本段为此节之开篇，旨在论证世间各种状况里普遍不存在"生"之自体，即证成"无生"，说明生无自性，进而说明住、灭亦皆无自体，无自性。

第四颂的旨趣在通过对世间法的两种基本状况"有无"的分析，来说明其中"无生"，即无论是"有"类事物还是"无"类事物中，其中都不可能存在"生之实体"，进而再进一步说明生、住、灭皆无"真实体"，即从"体"的层面，对生住灭破除实执。

具体说明，如果一法已有，则不需要"生"来辅助，那么，此法中也不可能存有一个实体"生"。如果一法本来就没有，是不存在的，即虚无的，那么当然也不可能还有个"生"的体在其"不存在"中存在着了。为论述详尽，又说明了四边中的另外两者于此世间根本不存在，因此也谈不上有"生"。也就是说，无生之义，主要在侧重指生无真实体，从而也无真实自性。而后，再从无生，推演到住和灭与此相似，也不存在所谓的真实体和真实性。

第五颂旨趣在于承接上文进一步论述在已、当、未之三时状态中，皆无生，从而进一步说明生、住、灭，此有为法的三种世间状态里，并无真实自体，亦无自性，因此继续破除对生、住、灭的实执。

也就是说，于过去、现在和未来三时之中，寻找那个具体的"生"的"体"，都是不可得的。因而，生只是对某一现象与过程的概述，而并非真实存在一种具有真实本性的事物，可真正名为"生"。这是此颂着重说明之处。

所以，综上可知，不止有无两种世间状态里"无生"，三时中任何一时里，也"无生"。即生无自体在此世间是普遍成立的，那么以此类推，住和灭也是一样，没有自体，也没有自性。由此，即论证了生、住、灭此有为法的三种存在状态，仅为名言上对世间有为法所呈现之现象的概括描述，俱无实存的可能，即破除相关实执。

从实修层面来看，此处是针对初入禅观，不由自主地认为诸法存在实体，亦会在观察觉知中，出现此种寻求真实体的状态有关。由此值得说明的是，后文中还存在几处关于生灭等无自性的论述，其侧重层面都有所不同，可见生、住、灭此三有为相非常重要，世人对其实执也较为强烈和明显，而且在禅观的不同层面，对其执着的侧重点也存在差别。

有果具果因，无果等非因，非有无相违，三世亦非理。（6）

【论】若有果者，具足果故说名为因。若无彼果，则同非因。若非有果非无果，则成相违，有无应不俱故。又于三世因亦非理，何则？因若在前，因为谁因？因若在后，何用因为？若因果同时，此同时所生之因果，谁为谁因？谁是谁果？如是三世因亦非理。

【注释】果：由因缘而引生的法。

因：引生它法的主要因缘。

三世：同上章所说之"三时"，即过去、现在、未来。

【今译】（如果）存在果，（那么）具有果的因（存在还是不存在呢）？（如果存在，那么因中前已有果，这与"后果"没有分别。因此不合理。如果因中不具果，那么则无法说明是此因生起了后果。）（既然）没有（因所生之）果，那么就等于是说，因也无法成立了。既有又无，或非有非无两种情况，还是自相矛盾。由此从过去、现在、未来三时来看，都不符合正理。

【解析】本颂文末有释论，解释颂文之义，但仔细分析其解释并非全然合理。因为《六十正理颂》原文已阐明生灭同时，且说明了三时俱为幻相，前因后果是世间法，而非真实义，因果互相观待而成，自然须同时成办。即因果同时这一说法，本身在《六十正理颂》中已经初步有所成立了。而此处出现的释论，却并未说明因果不能同时是针对具体一期因果内的世间现象而言，亦未指出其他情况的存在，仅作驳斥和不解状，似乎因果不可同时是既定事实，前因后果为不可破之铁律。据此，不难理解学人中为何存在此释论非龙树菩萨所造之观点。本书亦赞同此观点，认为此释论很可能为后人托名之作，而不依其解释颂文旨趣。

本颂旨趣在于说明因果俱非真实有，不具自性。这与第三颂的解析中提到"因缘本身亦可能被执取为实有"相呼应，可见此情况无论在世人还是在禅修者中，在本论成书年代里，很可能是都存在的。而对比现今世间来看，此种情况也依然存在。

具体论述可从以下三方面理解：首先，果需要因生，则说明果是因缘法所生之物，必无自性。因可生起果，说明因与自性定义之常、一和独立性也不可能相符，亦无自性。那么，因果关系呢？颂中说，从前因生后果的现象来看，在果未生的情况下，果在哪里呢？在因中吗？如果果在因中，那就不必再"生"果了。不在因中吗？那么，如何证明此二者是因果关系，即怎么证明是此前因引生了该后果呢？这是借此疑问来说明，世间的因果关系是不牢固的，前因后果只是一种假名安立的关系。因而，无论在过去、现在还是未来都不具有真实性。

对于过去，果还未生，如何安立未存在之因果关系？对于现在，果生起是一个过程，具体分割又会出现过去、现在、未来这样的三世分别，因而，完全的"现在"即果顿生的瞬间实际并不存在，也不能确切地安立一个确定真实的因果关系。

而果已生的情况下，此时，该"因"可能还粗略地于世间存在，但此时安立因果关系已经没有世间的现实意义了。或者因也可能已经灭去了，此时的因果关系又如何安立？事实上，如果因果关系需要分时间段考虑如何安立，这本身就说明它是依赖条件的，因而必定无自性。

其次，再从名言的角度来看因果，则因和果只有在互相观待里才能成立。即离开果，因就不能称之为因，而只是世间一法。同样地，离开因，果也只是世间一法，而不能称为果。由此可知因果的命名基础，是依世间关系所进行的粗略性概括，而与具体事物无关。且因和果的关系是相依的，即彼此不能分离看待，且两者是同时成立的。此处需要注意的是，这是说"因果关系"与"因和果各自身份的成立和存在"是相依的，而并非是说因果背后的事物也需要始终捆绑在一起。

以佛经中经常提到的亲子关系为例，离开儿女（果），父母亲（因）就不是父母亲（因）了——这里是说没有与之相对的儿女，父母亲的身份就不成立了，剩下的是一对世间男女，这两个"人"在世间来说还是存在的。反过来，离开父母亲（因），儿女（果）也不是儿女（果）了——这是说离开与之相对的父母亲，儿女的身份就不成立了，剩下的只是孩子，或者说这个"人"在世间来说，也还是存在的。所以，因果不能分离看待，且父母亲与儿女此两种身份，是同时相互观待而成立的。

　　值得注意的是，在名言层面来看，因果是可以互换的。比如上述亲子关系，也可以说"儿女"是因，因为有其存在，"父母"的身份和名称才能够得以确立。反过来若"儿女"之因不存在了，则"父母"的身份和名称就同时消失了。这与下述的世间现象角度里，确定的因果关系——如只能是父母作为因，生出儿女，而不能反过来——是不同的。

　　那么，依托此相互观待关系而成立的可互换位置的名相类因与果，必然与自性的定义不相符合，所以说，因果只是一种依世俗而说的关系。既不存在"具有真实本性的因"，也不存在"具有真实本性的果"，同时亦不存在"具有真实本性的因果关系"，此三者俱无自性。

　　再次，就是从世间现象的角度来看因果，此处所说的世间现象即现实生活中人们普遍能观察到的因果现象，最常见的莫过于"种子先种下去，芽苗后面才能长出来"等此类现象。从世间共许层面来说，此类现象中，因果是不能倒置且遵循前因后果定律，而不能因果同时的。

　　即在一期时间范围内，依世间现象来说，因果倒置，是肯定不能成立的。如芽苗在本期因果内，不能反生先前那个种子，正如儿女不能反生父母。也就是说，在一期之内，将作为"因"的事物，是要比将作为"果"的事物，在时间上提早出现的，也必然是前因引生后果。之所以反复强调一期之内，是因为此因果不能倒置，是根据特定的时间段来说的，也是建立在三时基础上的，其存在具有明确的时间层面的成立条件即以时间性为缘，因此不可能存在真实自性。

　　而离开一期因果的时间段，则芽苗自然可以长大成熟，而生新种。儿女也可长大而具备成为父母的潜质，可能再生儿女。即因生果，果又变成因，继续生果，因果互相流转变换，如此世间现象才能生生不息，而这样流转变化的因果，是不可能有自性的。从这个角度来看，在世间共许中，人们把种下去的果实称为"种子"，这表面它们即将成为"前因"，但实际上它们本身也是扩展开来的三时中的"后果"。因此，因果也同时蕴含在任何一颗小小的果实里，这是另一个层面的"因果同时"。

事实上，如果从更细致的角度来分析，种子和芽苗也依然可说是因果同时。因为在没有芽苗生长出来之前，严格地说，是无法"成立种子的名称"的。存在的可能是豆、或谷、或粟等果实，而人们只是依据世间惯例把用于播种的部分，称之为"种子"。这说明在人们称之为种子时，已经在自身脑海中无意识观待了与之相依的芽苗的存在。而豆谷等果实所具有的实际上只是"成为种子的潜质"，但其究竟是不是种子，只有等到芽苗长出来那一刻才能确定。这就好比是说，成年男女有成为父母的潜质，但他们不一定就会去生小孩，也不一定真的具备能生小孩的所有身体条件。所以，如果人们承认不该冒然把成年男女都称为"父亲或母亲"，那么，实际上也不该把想要种下去的豆、谷、粟等果实称为种子。这个道理是一样的。

因而，即便是世俗角度，只需要稍微精细些进行分析，就会发现一期因果也是需要同时才能成立的。从这个角度来说，因果互相观待同时成立，则此二者及其相互关系自然俱不可能有自性。

且需要注意的是，上述此因果同时的说法，与一期因果内的前因引后果之间也并不矛盾。因为，如前所述，仔细分析世俗的前因，就可以了解其是指"具备成为因的潜质的事物"，此事物是比它对应的"可能出现的果"要提早出现的。而因果同时，则是说此事物的确存在，但其生果仅为潜在可能而非事实，因而只有在果诞生的瞬间，此事物才能成为现实的因，从而因果同时得到成立。

而之所以，从世间共许来看，人们会认为前因和后果是普遍存在的关系，其原因除了此观察一般是就一期因果而言之外，还很可能与世人大多把缘的酝酿直到具足的过程，也看作了"因"的一部分有关。例如，"前人栽树，后人乘凉"这句与因果有关的俗语，如果仔细分析，就会发现，树本身从来都不一定就是"乘凉的工具"，它不具备此自性。是在人把其当作乘凉物那一刻，此因果才同时形成的。而前人栽树，并不是"乘凉"的因，而只是"缘"。此缘还需要不断聚集，才能具足，也就是说一开始作为小树的缘，也不足以促成乘凉的果。要等到枝繁叶茂才算因缘具足。因此说，实际上，因和缘是两个层面的事物。而现实生活中，所谓的因果关系，往往是指因、缘和果三者的现行状态，而非单纯的前因生后果。

另外，需要注意的是，以上讨论的所有因果关系，都是安立于三时之中，且与时间关系密切的。所以，综上考察可知，因果有自性的观点，在三时中来看，无论从哪个角度辨析，俱非正理，由此证成因、果及因缘关系无自性。

无一则无多，无多亦无一，以是一切法，缘起故无相。 (7)

【论】若无一者，则无有多，多若无者一亦非有，故诸法皆是缘起，以缘起故为无相。

【注释】一：有根本或基础的意思。

无相：无真实自体相。

【今译】没有一相，就没有多种多样的相（因为二者是相对而成立的，各自本身无自性）。没有多种多样的相，也就没有一相（众多因缘，每一个都无自性，那么，促使其生起的基础或根本也就无自性，即"一"无自性）。因此，一切诸法都是缘起而来，因此无真实相存在。

【解析】本颂后有释论，依旧以对颂进行基本解释为内容，略。

本颂旨在说明普遍的"相"无自性，即无论诸法呈现出的相是"一"还是"多"，实际上这种相本身都并非真实有。那么，此处的"一相"和"多相"应该如何理解呢？

首先，一相可以指某总体，多相则指该总体的组成部分或不同表象。例如，以一个人为"一相"，此即人们通常所执着为单一的"我"。观察验证，此"我"之一相，实际不满足自性的定义要求，即非"常"且非"独立自主"，同时也并非是真正纯一的相，其中还包括了很多不同的表象，例如喜悦的、愤怒的、焦虑的等等，因而呈现出了多相，这是总体和表象之间的关系，此即"无一则无多"，同时据此可知，此"一相"和"多相"均无自性。

同理，"无多亦无一"也可以作类似理解。比如，人的身体是由很多系统和器官组成的，这些系统和器官各自功能和表象都不一样，即"多相"，因而才能使得所组成的身体此整体得以健康运转，即"一相"。故此为"无多亦无一"。而此各种多相，也同样都要依赖整体才能得以生存。这是整体与部分的关系决定的。由自性之定义可知，此"一相"和"多相"均与其不能相符：此"一相"实为聚集相，且依赖于部分而成；而各个多相之间，亦需要互相依赖，另外还需要依赖整体，且细分后多相亦为聚集相，因而皆无自性。

注意，此处也论述了，部分无自性，整体也无自性，但论述方式是分别依据自性的定义进行验证，因部分和整体互相依存，而各自为缘，所以各自都不符合自性的定义，从而各自分别得以证明无自性——这个证明方式是没有逻辑问题的。而前文语言缺陷部分的举例论述则是，部分无某性质，则可说明整体也没有此性质。或整体没有某性质，则说明其部分也没有此性质——这个推理是不能成立的。

其次，"一相"也可能是诸法根本的某种抽象指代，类似"一生二，二生三，三生万物"之中的"一"。类似的，此"一相"也可以指代构成万物的基本元素、微粒或极微。则"多相"就指代世间诸法。由此，"无一则无多"是说，离开其根本或基本组成，则世间诸法就不可能呈现多种多样的面貌。"无多亦无一"则是说，离开了世间万法多种多样的呈现，此根本或极微，也无从得以体现，因而实际上也就相当于不存在。由此可知，此"一相"与"多相"是互相依赖的关系，且多相为聚集有，一相需依缘起，因而不符合自性之定义，俱无真实义。

再次，"一相"和"多相"也可以是单纯的概念和数量上的累加关系。即"多相"必然是由很多个"一相"组成的，那么，"无一则无多"就很好理解了，没有一，数量上不可能增长到多。因而其为聚集有，不符合自性定义，故无自性。而"无多亦无一"则是指，没有这累加后的"多相"的呈现和对比，

"一相"也不需要特别指出其为"一相"，它就只是某个"相"罢了。因而，"一相"的"一"因为需要观待"多"而成立，故不符合自性定义，无自性。这种理解是表明，数量的多少和相对的概念，也是互相观待而成立的，即数量本身也属概念，亦无自性。

再者，"一相"还可能指人与对境的总体，则"多相"指人与境对立的各种各样的呈现。那么，"无一则无多"，就是指人与世间对境从某个层面来说，是处在一个共同的整体里，没有此整体的一相性，就没有世间的种种人与境的对立呈现状态。"无多亦无一"则是说，没有世间种种人与境的对立呈现，所谓整体的一相性，也无从体现。因而，此二者无论从互相观待成立的角度，还是从聚集的角度，都能证明俱无自性。

值得注意的是，此处所述之"一相"和"多相"的关系，已经区别了泛灵论的整体观。也就是说，在佛学中，涅槃解脱与"心境合一"，或者说天人合一、梵我合一等境界，是存在根本性差别的。在佛学中，心与境的关系，并非合一，而是"不二"。从世间角度来说，即二者本质相同，都是空性在世间的显现，因而不能二分。但与此同时，也不能把心与境混为一谈，否则解脱道就失去了着力点，难以落实，也必将影响修行与涅槃解脱的证果。也是因此，说此"一相"或"多相"都是幻相的一部分，二者都并非真实，自然皆无自性。

综上，无论从哪个层面来理解"一相"和"多相"，其相互关联都是一致的，这种关联性也证明了它们各自没有"自性"的事实。

【论】问：经中广说缘起能有苦果，诸传教者亦说一心中有及多心有。答：

> **缘起十二支，有苦即不生，于一心多心，是皆不应理。** (8)

【论】经说十二缘起有苦果者，此即无生，以于一心中有、多心中有不应理故。何则？若一心者，则因果俱生；若多心者，则前支已灭，应非后支之因。俱非理故，缘起即无生也。

【注释】十二支：即十二因缘法，具体为无明缘行，行缘识，识缘名色，名色缘六入，六入缘触，触缘受，受缘爱，爱缘取，取缘有，有缘生，生缘老死。

【今译】[依释论]（问：经中到处都提到说，十二缘起能生苦果，诸位传授佛陀教法的人也说一心念或多心念中有苦果。为什么你说一相多相都非真实有呢？回答：）十二支缘起，互相和合可生苦果。但正因为有此类型苦果，则说明十二因缘，也都是无生的（因前文第六颂已经说明了世间因果的无自性）。此十二因缘，无论是作用在一个心念上还是多个心念上，都于正理不合。

[直译]十二支缘起，互相和合，能导致"苦"。因为有此（依因缘和合而生的无自性之）苦果，则正可说明十二因缘，也都是无生的（因前文第六颂已经说明了世间因果的无自性）。此十二因缘，无论是作用在一个心念上还是多个心念上，都于正理不合。（根据定义，十二因缘是前支引发后支的关系，因此若此十二因缘都同时作用在一个心念上而有苦果，则十二因缘也是同时产生，这与其前支引生后支的定义相矛盾。这说明，要么其前后引生的说法无真实自性，要么不可作用在同一心念上而生苦果。而如果是作用在多个心念上而生苦果，那么是在

哪个心念上生此苦果呢？且后念生时，前念已灭，所以"多心"这个说法本身就是非真实的。因而依此不成立的多心而生的十二因缘，自然也只能是流转的现象，而无自性。）

【解析】此颂前后皆有释论，前为模拟诘难。后为解释颂词。对比而言，去掉前后释论，直译并不影响理解。

从颂文的内容来看，本论前两句简洁明了地说明十二因缘有苦果，此为公认现象，那么由此苦果必定"无生"，即可知十二因缘无自性。这个证明实际上综合了前文从第四颂到第七颂的论述结果：首先，"果"即是生起之物，而"生"本身无自体，亦无自性，从而说明果无自性。而按照本论第六颂因果无自性的论述，果无自性，则因也无自性，即十二支缘起均无自性。同时，十二因缘即可说是"一相"又可说是"多相"，按照第七颂的论述，无论一相还是多相均无自性，由此十二支每一支都无自性，整体亦无自性。也就是说，到此处，实际上根据第四颂到第七颂的论述结果，关于十二因缘与自性的关系已经确凿无疑地加以证明了。那么，其后所接的两句"于一心多心，是皆不应理"，又具有怎么样的含义和指向呢？

这还是要回到十二缘起的内容说起：无明缘行，行缘识，识缘名色，名色缘六入，六入缘触，触缘受，受缘爱，爱缘取，取缘有，有缘生，生缘老死。此即十二因缘法之顺生门。而假设，如果十二因缘法为实有，那就是说，此十二因缘是一连串的线性连锁反应。可是再稍微做进一步思考，不必考虑出世间的情况，仅就此世间来说，是否真的存在这样的线性因果关系呢？无明，是业行的缘，而后业行再引生入胎识，难道说入胎识中就没有无明参与了吗？类似地，再后续的爱、取、有等发生时，难道就没有无明参与了吗？可见，十二支缘起不但不可能是胜义有，而且其前后引生的说法，就此世间来说，也仅为一种方便世人理解的简化。

事实上，人们所掌握的绝大多数世间规律，都是简化后的规律。例如，物理学中经常要假设在理想环境下，才能推导出可用的公式。也就是说，在其假设的前提里，已经对世间各因素互相间的复杂影响做了大量简化了。其他学科里，简化也是研究中需要广泛采用的手段。此处就不一一举例了。也就是说，世间现象本身都是复杂且彼此交织互相影响的。而人类为了掌握一些自身可理解且能够应用的规律，不得不对复杂的现象进行简化处理，否则人类就无法进一步认识世界。因而，在佛法世间法的传授中，存在类似情况就不足为奇了。

那么，回到此世间真实的缘起现象本身，其世间真实状态也必然要远比上述线性关系复杂得多。十二支分，每一支都可能在不同层面起作用，互相交织成网，甚至放射出立体的交叉关系，呈现出多层面、多角度的互相影响状态。而这种复杂的缘起关系，显然很难以语言描述出来，且更难为三千年前的世人所理解，因而就以简化的十二缘起的线性关系作以基础说明。

而这可能正是本论后两句的隐藏含义与指向，点出"于一心多心，是皆不应理"，是为了引导修学者对此做出更深层面的思考，再结合禅修中越来越细微的觉察，就可能逐步了知此世间缘起现象的复杂性了。同时，亦了悟即便是此复杂的缘起现象，其本质依然仅是世间诸法互相依缘起的组合，依然是无自性的。

【论】何故无生？以诸缘起因无明生，佛说无明缘颠倒起，而彼颠倒自性空故。何以故？

　　非常非无常，亦非我无我，净不净苦乐，是故无颠倒。（9）

　　【论】言无常者，谓非有常；常若无者，即无能治之无常。余三亦尔，故无颠倒。

　　【论】复次：

　　从倒生无明，倒无则不有，以无无明故，行无余亦无。（10）

　　【论】若无四倒，则无从彼所生之无明；无明无故，则不起诸行；余支亦尔。

　　【论】复次：

　　离行无无明，离无明无行，彼二互为因，是故无自性。（11）

　　自若无自性，云何能生他，以缘无性故，不能生于他。（12）

　　【论】若离诸行，无明则不生；若无无明，亦不生诸行。此二互为因生故，皆无自性。若自无自性，云何能生他？是故自体不成之诸缘，非能生他。

　　【论】复次：

　　父子不相即，彼二亦非离，亦复非同时；有支亦如是。（13）

　　【论】父非是子，子亦非父，非相离而有，复非同时。如父子不成，十二缘起当知亦尔。

　　【论】复次：

　　梦境生苦乐，彼境亦非有，如是缘起法，所依缘亦无。（14）

　　【论】如梦中实无依境所生之苦、乐，亦无彼所依境。如是因缘所生诸法及所依之缘，悉皆非有。

【注释】颠倒：即常乐我净的执着：世间本无常，却执为常；刹那不停息之生灭本苦，却执为乐；本无我，却执着我；本染污却执着为净，统称四颠倒。

【今译】（世间诸法本来就）并非是恒常的，（因而此"常"，是唯名假立，并非真实有。）（那么，与之相对的）无常，自然也并非真实有（而是假立施设的概念）。同样地，"我"和"无我"、净和不净、苦和乐（的关系也都是如此）。由此可知，四颠倒并非真实有。

（如果说是）从四颠倒而生起的无明，而四颠倒本身即非真实有，那么无明也一样不可能具自性。因为无明并不具有自性，那么行等后续支分自然也无真实自性。（因为它们是互相作用的）离开了行，就没有无明；离开无明，也没有行。此二者互为因缘，因此是没有自性的。自身如果没有自性，怎么能说（可依托于自身）生起有自性的它者呢（此与自性定义不符）？

由缘起法本身就无自性，则（依托于缘起法）不能真正生起有自性的事物来。（这就好比是）父子不可能是同一人（现象上父是因、子为果，因果不能自生，故非即），此二者也并非完全无关（父子关系是互相观待而成立，故不能离），同样（在世间现象上）也不是同时（而生），十二因缘的各有支也是如此（是非即非离的关系）。又好比是梦境中，所生起的苦乐，其对境并非实有。缘起法也与此类似，其所依的缘的自性是不存在的。

【解析】本段四颂是对十二缘起无自性的进一步解说，并说明十二支彼此之间是非即非离的关系。

首先，从四颠倒俱无自性说起，换了另一个角度证明无明无自性。之后引起下文，说明十二支各自均无自性。此处，实际上提到了十二缘起是互为因缘的关系，而不是仅存在从无明作为起点的线性连锁反应式关系。而后再以佛经中较为常见的父子关系比喻十二缘起各支之间的关系非即非离；而梦境的比喻在佛法论典里也较为常见，此处旨在说明，十二支各自所依的缘起，也是如梦境般不真实的，即无真实自性。

其中关于亲子关系的比喻，在对本论第六颂进行的解析中，也曾针对名言与现象上的因果同时而举其为例来加以说明了。此处颂文同举父子关系为例，但侧重点在说明十二支缘起各自之间的关系属"非即非离"这个层面。那么，非即非离到底是什么意思呢？

非即，是说十二支缘起，不能混为一谈，当成一支看待。因为此十二支，各自是存在侧重差别的，且存在互相之间的引生关系。即在一期之内，前支引后支——由无明而引生业行，如此逐个引生。因而，从这个角度来说，其关系是"非即"的。

而非离，是说十二支缘起，总是互相依赖而非单独作用的，因而，其中任何一支都无法真正脱离其他支分，而独立存在。且在多期共存的情况下，可互为因缘，即业行也可以反过来再生无明。因而，从这个角度来说，其关系是"非离"的。

所以，此处以父子之喻表达非即非离，从名言的角度来说，是基本可行的，即名言上的父子关系，是互相观待的不能相即变成一个，也不能相离割裂为两个，否则任何一个单独的概念都不能成立。而在一期之外，子又可做父，再生起新一轮的父子关系。以此现象来对应十二支在多期内的"互为因果"的关系，也可以大体说得通。故综合来看此比喻总体来说在古代的语境下是可行的，但从现代性的角度来看，则或多或少会存在不够细致之处。

这与本论成立时所处的历史背景可能存在关联。本论成书时间大约在公元二到三世纪之间，彼时的古人所处的社会与文化科技等综合状态，都非常落后。因此，为了能够使处在此状况下的世人，对"不即不离"产生直观理解，自然只能以现实生活里可普遍观察到的现象进行比喻，而不能以自身亲证的胜义直接宣说。也就是说，佛法是讲给世人听的，因而假世俗名言安立，而使得存求法意愿的世人基本可听懂，则是一个不成文的要求。而相对当时的总体环境而言，此比喻则已经相对较为贴合了。

综合本节内容来看，以第八颂为分界线，前面从第四颂到第七颂的论述，实际上既是在证明该颂自身所说之法无自性，同时，也是在为十二因缘法的无自性证明，做基础准备。而后面的第九颂到第十四颂则在为十二因缘法内部的关系做说明，实际上是指明要断除十二因缘法须遵循怎样的具体次第，同时点明十二因缘法背后的基础即四颠倒。所以，可以说，十二因缘法是连接前后的中心，也是枢纽。

那么，为什么十二因缘法如此重要呢？这还需要从缘起和性空两者的关系说起。缘起和性空本身，在某种程度上，可以被看作是诸法的一体两面——虽然此"体"并非真实有，但两者的关系的确与这种描述类似。也就是说，缘起与性空的关系，看起来与十二因缘各支间的不即不离关系有相似之处，但实际上要更紧密。因为缘起和性空，是属于同一事物的两种状态之间的关系，缘起和性空的本质是不二的。

如果运用比较现代的比喻，则缘起和性空就好比是量子的波粒二象性，诸法在世间遇到缘而起，就表现出与世间作用的状态，这就好比是量子在互相作用中呈现了粒子性，但此粒子并非"真实有"，而只是依缘起，且只要不再相互作用，此"粒子"会自动恢复"波"的性质。而基本的空性，则正好与量子在不相互作用时恢复的波性质类似，不可见也不可得，但却并非不存在，即非无，因为只要世间因缘具足，它还会再现起为"粒子"而互相作用。

以此为喻，就可以初步理解，空性中如何现起缘起有，缘起有为何本质是空性，以及缘起有与自性空之间的关系了。但需要注意的是，此处依然描述的是空性于此世间的表现形式，而非替代龙树菩萨直接描述了出世间之根本空性——根本空性即佛法真理本身，是无法以此世间局限性的语言来圆满表达的。但无论如何，以此世间来说，这都是一个相对能够比较充分地说明缘起与性空之间关系的类比，因此对于当代人理解佛法的重要理念来说，也是完全可采纳的重要方式。

因此，既然确知缘起与性空的关系是"不二"的，那么，当出世间之胜义空性无法直接描述的时候，龙树菩萨把论述焦点转移到与之关系密切的缘起上，来进行论述和说明，就非常合乎理性逻辑了。而缘起在此世间的具体体现，即十二因缘法无自性的论述与证成，就成为了龙树菩萨在本论中的关注的焦点。

十二因缘法，是缘生法的线性表达方式，同时，此线性头尾相接的循环往复也是轮回的简略和概括性描述。如此，也就意味着真实更复杂立体的十二因缘之交互作用，实际上也是缘生法的运作状态，且正是轮回的具体表现本身。因此，也可以推知，破除十二因缘的自性，现证其空性，则意味着轮回的断灭，缘生法的止息。

正是由此出发，本节才用无生、住、灭之体、无因果、无一相多相这几个层面为十二因缘的无自性做铺垫，这都是为了从理路上多角度且更清晰地证明十二因缘法的无自性，即本质为空性。而后，再从十二因缘内部的非即非离关系，进一步说明十二支断除的次第，即其首要者为断除无明，无明断除后支自然截断。这是从实修角度，清晰地给出了应如何以十二因缘法为观修核心，并通过对其断除达成解脱结果的禅修线路。

另外，值得注意的是，在此论中，龙树菩萨也特别说明，十二支因缘法之首无明，是依"四颠倒"而生。四颠倒即"常乐我净"，而与之相对的则是"无常"、"苦"、"无我"和"染污"的世间真实状态。其中，"无常"、"苦"、"无我"合称为"三法印"，而"常乐我净"四者又可归为"我执"和"法执"两大范畴，即可概括为实执本身。

也就是说，十二因缘法，以无明为首，引生后续，而无明则是由实执产生的。此理路与《六十正理论》是一致和彼此照应的。即实修应以十二因缘法的截断为理路，但须了知其背后根本为断除实执。以上是本节综合从实修理路上进行的分析。

综上所述，进一步来看，龙树菩萨的论述方式。第一，从基本概念和基本逻辑推理方式来看，依然延续了《六十正理论》中，对原始佛教经典的大量继承，无论十二因缘法还是四颠倒及与四颠倒相对的三法印，都是原始佛教中极其重要的核心性概念。而它们在本论中，实际上都起到了极其重要的作用。

第二，从结构和内容的角度来看，十二因缘法是本节的论述中心，这也说明龙树菩萨把空性观落实到具体实修上的时候，是以十二因缘法作为观修之主要所缘的。此处，宣说大乘胜义空性教法，但实际观修指导理路依然不离原始佛教经典所记载之佛陀教言范畴。也就是说，龙树菩萨始终是在延续原始佛经根本教义的基础上，继续发扬和拓展大乘胜义观的。后文当中，将继续发现这种情况的普遍存在。

总之，从本节的论述中，可明显看出《七十空性论》与《六十正理论》之间的文脉延续关系，以及二者之间思想性上的统一。后续行文中，也会继续就此展开论述。

第三节　空有不违

【论】诤言：

若诸法无性，应无胜劣等，及种种差别，亦无从因生。（15）

【论】是故汝说诸法皆无自性，不应正理。答云：

有性不依他，不依云何有？不成无自性，性应不可灭。（16）

【论】若谓诸法有自性者，应非依他之法。若谓虽不依他可有法者，故曰：不依云何有，谓不依他则不成法。若谓虽不依他亦成法者，则应不成无性；性若是有，应不灭坏，终不成无。

【论】问：缘自性、他性、无性之心非无所依，故性不空。答云：

自他性及灭，无中云何有，故自性他性，性无性皆倒。(17)

【论】无者，谓非有义。于此无中，岂可说有自性、他性及以灭坏？是故自性、他性、有性、无性皆颠倒摄。

【今译】（问：）如果诸法没有自性，应该也没有劣等胜等现象和世间种种差别，因为这些都没有生起的因了。（答：）有自性者，不依它而起。既然不依它而起（也不与他者相互作用，也就不能与心相互作用，那么），在此世间怎么成为（能被心进行认知的）"有"呢？如果不成立无自性，那么有自性之事物应该不可灭去（既然不可灭去，亦不与他者相互作用，那么世间劣等胜及种种差别现象，也就无从出现了。所以，有自性才会导致世间诸法无因可生，而无自性恰可依缘生）。（既然如此，则）自性、他性及灭性（无性），在已证明无自性的情况下，都谈不上是真实"有"。因此，自性和他性，有性或无性等说法，都是颠倒见。

【解析】此处三颂文末俱存在释论。细观此释论，与前文大体一致，以对颂文的不同角度复述或引入诤言为主，因此略去翻译，不做参考，后文同此情况者，即不再单独作以说明，遇可辨析之处，再作解析。

在本节，龙树菩萨将岔开一笔，从对空性的宣说，回到世间的困惑上，解答世人在听闻佛法胜义后，出现的种种困惑。即在这一节中，本论主要旨在说明无自性、空性与世间的各种现象并不矛盾。

此处三颂是本节的开始，为概括语，论述以问答方式进行，实际是对前文所述进行总结，并说明无自性与此世间万法之间的根本联系，从而使得世间诸法在无自性的基础上，得以成立。而自性则不可能产生此世间种种差别"生"的结果，是与世间相违的。再总括自性、他性及灭性都是颠倒见，皆是实执。

从颂文本身的内容即提问与回答的语气状态等推论来看，本节之所以采取系列问答的行文方式，可能与世人的实执倾向有关。即对于世人来说，实执是与生俱来的本能，因而论述诸法是依缘起，相对容易接受；论述诸法无自性，也相对容易接受；因为这两个说法，实际上都并不影响诸法在世间的作用。可是如果说，世间现前可见、可闻、可触碰的所有事物和现象，本质都为空性。那么，世人实际上是难以直接接受的。

这是因为人们对前两种宣说的理解，可以扩展到三时之内，因而总觉得依缘起和无自性，固然是对的，可于"当下的存在"并没有什么影响。而后一种宣说则是直接把时间聚焦到当下，告诉什人们，所谓的"暂时存在"或"当下存在"，也并非真实有——这与《六十正理论解析》一章中，曾对"住"做出的解析是一致的，即把世间时间缩短到极短的一瞬间，依然不可能如同对电影做出"高清切片"一样，对世间做出同样的"高清切片"来，世间不存在这种"住"，即便是瞬息之时内，万变亦在生灭中。因此，这种"聚焦当下的非真实有"说法，对世人的冲击是巨大的。比如，本论的书籍就在手中，能感觉到书本的重量，能阅读这些字，怎么能说此书籍的本质是空性呢？再比如，本论的颂文的确比附加释论更加简洁精炼，含义隽永，怎么能说这种优劣性是不存在的，或本质为空性呢？

这种疑问是众生的本能反应，时至今日，依然会非常普遍地存在于日常生活中，且初窥佛学门径的行者，面对眼前可见亲耳可闻伸手可触碰的事物之空性，也很容易产生想不通的感觉，如果为此困难所局限，后续就难以进一步深入于佛法修学了。因此，如前所述，佛法教学当中，是允许修学者产生疑惑的。因为疑惑不可避免。而有了疑惑，就要提出来，寻求解答，所以，也就有了此处的问答。

上述关于问答性行文方式的解析虽为推测，但并非臆测。首先，考察立论目的与预设受众来看，《七十空性论》与《六十正理论》都是为了补《中论》辩驳有余而阐述自论观点之不足而立。这是因为《中论》的著述目的意在针对当时印度普遍流行的实有论类观点，进行系统性驳斥，因而其预设对象与其他宗教和整体社会环境有关。即在当时的世间文化熏染和社会舆论冲击的背景之下，只有针对上述实有论观点进行了全面破除和顺利驳斥，才能够为后续立论披荆斩棘地开拓出一条言路来。

而《六十正理论》和《七十空性论》则不同，此二论是在《中论》基础上进行的立论，其著述的目的，就是为了正面直接宣说佛法中观正理：缘起观和空性论。因而，其预设受众也与《中论》存在差别。在上一章《六十正理论解析》中反复探索、核查并证实了，在该文本内，已经多次或直接或间接地指出了，其预设受众为教团内僧众和相关在家信众。即在对大环境影响进行了由驳斥而进行的清除之后，教法的宣说实际上回归到了愿意听闻、思惟和修习佛法的群体内部。同时，面对教内的分歧，龙树菩萨呈现的反应则是说明道理和耐心劝导，无任何驳斥等激烈性语言，且直言说明了宗见之过患和不足取。由此可见，菩萨试图通过自身著述，来弥合宗见分歧带来的教内争端性不良影响及行者个人实修证悟的不利影响之意图，是非常明显和直接的。而《七十空性论》与《六十正理论》二论关系密切。因此，推测其主要预设之读者受众一致，是有根据的。下面就将继续针对此观点进行说明。

从本论文本内容的角度来说，上述推测也是合理的。第一，语气角度。本论语言总体平和，论述平实，即便是本段存在一处反问句，其义也与前后自然连贯，以表意为主，并无后世不同宗派之间辩论的剑拔弩张之气，此处可对比释论的习惯性表述方式，其语气差别彰明昭著。

第二，论述内容角度。根据上一节的论述可知，本论实际内容中依然存在对原始佛教的大量继承。而后，在此基础上，才再进行拓展与发扬。

第三，再看本论开篇和结语的特点：开篇直抒观点，接着就展开论述，并未存在任何指摘其他观点对错高低等语句。结语，则是对后学的勉励，鼓励以正信求真实理，亲证涅槃解脱。可见，其预设受众确为教内僧众和在家行者。

最后，再考察通篇结构，对本节与前后章节进行对比。本节基本以问答为主，而前后章节均无此现象。且本节内所有疑问的提出都在颂中直接给出，而其他未给出提问的章节中，颂文内容都可直译而不影响文义意涵，即无需按照所附释论一般，去假设存在某个未写明的问题或诘难，再进行回答。这说明，作者对读者可能提出的疑问，并无任何回避之处。若有疑问，就于颂中一一列出再给予解释和回答。若非由疑问引起，就继续直接论述。此行文思路前后连贯且一致，当可作为一个说明"本论并非志在驳斥他人，而旨在为空性立论"之理由。

　　再回顾本段解析开头所说，要世人对亲眼可见、亲耳可闻、伸手可触之物，生起空性见解，是非常困难的。而世人无论是出家僧众还是在家行者，在听闻与此相关的佛法后，存在疑问，此中并不见得主要是"诤"，亦不须回之以"辩"。于行者来说，这种状况下的提问，更可能是自己发自内心的难以理解，那么就如实表达出来，同时也是在请教前辈老师，进一步地进行解说。此类提问情况，不但确实存在，而且无论依现代行者，还是千年前的古代行者之具体情况而言，都应该是非常普遍的。

　　而如果不能承认此情况为普遍存在之现实，岂不是假设了要么世人都该一听空性论就懂得其深奥义理，要么世人即使不懂，也不可提问，只要问了就是在"诤"吗？那么，前假设显然脱离现实，不符合此世间的本来面目；而后假设，则显然不符合佛陀的教导和本怀，也不符合佛法的基本理念。因为正如前文所引《简计经》所说，佛陀早在宣说佛法之初就明确地对跟随自己修学的行者指出了："有智慧的人，为维护真理而偏执极端的结论，并认为只有这才是真，余者是妄，这是不当的。"

　　所以，龙树菩萨答疑是颂中所直接写明的，但把此答疑理解为"诤论"和"驳斥"则是后人在托名的释论中，自行添加的看法与个人秉持的观点，却未必符合龙树菩萨之原意。此推测不但绝非臆测，相反却极具合理性。

　　综上所述，本书相信，本论中的问答环节，是为解答修学佛法的过程中，容易产生的疑惑而进行答疑性阐述，即本论预设受众为教内出家僧众与在家行者。而从此处三颂开始，以问答方式进行论述，也是逐步引导世人，跳脱出所生活的世间之所见、所闻、所触的固化性认知，逐步建立起稳固的佛法之空性真理观。

【论】诤言：

若诸法皆空，应无生无灭，以于性空中，何灭复何生。(18)

【论】若谓诸法皆自性空，则应无生无灭。汝说性空而有生灭，然于自性空中有何可灭及可生耶？

【论】一切法唯藉空性而成立，何以故？

生灭非同时，无灭则无生，应常有生灭，无生则无灭。(19)

【论】生灭非同时有，谓生灭（性）非同时有。若谓唯有生者，破曰：无灭则无生，谓无灭中生不应理，以无无常性则无有生故。又应常有生灭者，谓应常有生与无常性。若谓无常性恒随法转，于生、住时不起作用，要至灭时方灭其法者，破曰：无生则无灭，谓无生时灭亦非有。若无灭，则无灭相之无常性，以无灭者，说是无常性不应理故。故唯应有灭也。

【论】若谓即唯有灭。答云：

无生时无灭。不从自他生，是故生非有：无生则无灭。(20)

【论】于无生时应无有灭。彼生非从自、他生，由此生非有。非有生者，即不生也。无生则无灭者，谓无生者则无彼生之灭，故彼灭即非有。

【论】复次：

有生性应常，无者定成断，有生堕二失，是故不应许。(21)

【论】若有生性应堕常过，至无生时定有断灭之失。以说有生性犯上二过，故不应许有彼生也。

【论】诤言：

相续故无过，法与因已灭。

【论】生与灭是相续故，无有常断二失，与因力已，其法乃灭。答：

此如前不成，复有断灭过。 （22）

【论】生灭非同时，我前已说，故许相续，如前不成。又汝相续，亦应有断灭失。

【今译】（问：）如果诸法皆是空性，应该就没有生灭性了。因为在空性之中，是什么在生起又灭去呢？（回答：）（如果生灭有自性，那么，生性和灭性应该可于此世间同时存在，而从世间现象来说）生灭却并非是同时的（如完好矗立的房子和房子倒塌遗留的废墟，二者不能同时存在）。（如果）没有灭，就没有生，（那么，“灭”也会生起，“生”也可能灭去了。所以，生灭是一对互相观待而成立的概念，是不能割裂看待的）。如果说应该是恒常有生性和灭性（那么，又出现了同时有生灭的现象，从世间来说，一法又生又灭，而且始终如此，是不可能的），因此没有生（如房子建立起来），也就没有灭（如房子倒塌遗留的废墟）。（类似的，如果假设只有生有自性），那么没有生时，也就没有灭了。（为什么呢？）（因为自性的生）不依自他而生，因而此自性之生实际上无法存在，并非真实有（因为其虽然名为自性生，可是依据定义看又不可能“生”，如果生了，不是依自就是依他了，因而就无自性了）：所以说，生没有自性，灭自然也没有自性（同理，如果假设只有灭有自性，道理也是一样的）。（因此如果说）生有独立自性，那么这就是常见，（如果说此自性又从有转变成）无了，那么就必定是断见。生有独立自性堕入了常断两种过失里，因此不应该承许生存在自性。（问：）（那如果是）生灭（自性）相续应该没有过失了，生为因，而起灭，过程里生没有了，则非常，相续则非断。（答：）这与前说法一样，会产生断灭的过失（因为既然有自性，因又如何断？灭又如何需要再起？这与自性的定义已经矛盾了，因而世间存在生灭相续的现象，但并非生灭自性相续）。

【解析】此五颂是承接上文，以诸法作为参照物，继续说明生灭无自性与世间生灭现象的存在，两者之间不矛盾。其对生灭无自性的论述方向转到了"性"的层面。论述方式为归谬法。即分别假设生灭都有"性"即生性和灭性（此处之性即指自性），再单独假设生有"性"及隐含的灭有"性"，来推导出与世间相违的矛盾之处。最后证得生灭都不存在自性，即所谓的生性和灭性并非真实有。

值得注意的是，此处的生灭不能同时，是依据世间现象而说，而《六十正理论》部分提到的"生灭同时"则指依更深细的禅观所见而说。因此，两者也不存在矛盾。

如果不用归谬法，则无需假设生性和灭性存在，此二者于世间本身也无可考。则由前文已证生灭均无自体且无自性可知，生灭不可能又各自另存一真实有之"生性"或"灭性"。所以，此处的难点实际上并不在于论证生灭之"性"亦无自性本身，而是在其背后的所隐含的要说明的问题：首先，如何回答此处开篇的提问：世间诸法与现象有生灭，世间诸法与现象的本质为空性，那空性中是否存在生灭？

第一，要想回答这个问题，先要区分空性并非是一无所有的"无"。如果把空性当作了"无"，就是前文提到的恶取空了。因而，恰恰因为诸法本质为空性，无自性的法才可以观待因缘而在空性中生起，无自性的生、住、灭等各种各样的世间相，也才可以观待因缘，而在空性中得以生起。所以，胜义与世间是无违的。

第二，理解了空性中可依缘而生起各种现象之后，那么硬币的另一面自然就是灭。灭跟生的道理是一样的。即依缘起，于空性中所生起的诸法及各种相，自然也一定也会依缘灭。如此则生灭流转，无自性生，亦无自性灭，才反而彼此相续，而造就了世间不断变化的各种纷繁复杂的现象。

所以，上面的提问，与前一部分关于劣等胜与无自性关系进行的问题，实际上是类似的，而答案也是类似的。只是前文采取了直接论述并给出结论的方式，而此处则采取了归谬和反证，因此没有直接给出回答。那么，可能很多人在没有得到正面的确定答案的情况，也会对此问题感觉迟疑，不敢确定到底是有生灭，还是没有？

这是因为修学者对于空性的认识，来自于闻思修三个层面，而且可能都是在起步当中，并未达成太深入的体证。因而，对于空性的直观感受是陌生的，对于空性性质的理解也是模糊的。而实执却正好相反，那是无始以来，所有众生都非常熟悉的本能反应。所以，针对上述疑问，也就可能出现不敢轻易给自己回答的状态了。这也说明，要建立深入的空性观是需要逐步加深才能逐渐完成的过程。

其次，即便行者在理智上已经较为清楚地知道生灭无自性了，也不代表实执的深细层面发生了明显改变。世人实执皆深而广。所以，即使修学者精进观修，闻思上也反复体会空性的含义。但依然可能存在会把某些事物的生灭，当作是实有而追逐或逃避的倾向。例如，前文提到的对禅修境界的执取——自以为"好"的境界，就生追逐或保持之心；自以为"不够好"或"糟糕"的境界，就生远离或躲避之心；这些反应实际上都是细微的实执的表现。

所以，佛法修行的确不是一件容易的事情。行者"结合佛法学习、思惟与实修，对于闻思的正法反复体会辨析，亦在禅修中逐渐体证，并将闻思修慧与经典反复印证"的过程，可能是漫长的，因此不断累积量变逐渐引发质变，从而使得实执逐步减轻，对于空性的认识才能不断加深。如此，在因缘具足的情况下，才能进一步打破断除实执，亲证空性。

再者，本论反复从不同角度来论述生灭有无自性的重要原因，也与不断深入的观禅禅修中，会反复观见生灭的状态存在直接联系。以十六观智的次第来说，从第一观智起，就在观见生灭。心法生灭、色法生灭、二者的关系生灭等等。因而在上一节中，是从说明生灭无"体"，非实物的相对粗显的层面开始论述的。而此处则是针对生灭无"性"来进行说明，这就相对进入到了更细致精微的层面了。

所以说，本论中对生灭无自性的反复论证，是来自于禅观中，于不断深入的境界之中，所观见的不同层面的"生灭"状态，所进行的辨析。而行者反复亲证其不同粗细层面的无自性过程，也是禅修在不断深入的体现。对于后学来说，这些论述当中实际也都隐含着禅修指导。

【论】诤言：

佛说涅槃道，见生灭非空。

【论】由见生灭，佛说涅槃之道，非为空性故。答云：

此二互违故，所见为颠倒。　(23)

【论】此非见无生，是见生灭故。又见生与灭相逢，见灭与生相违，彼生灭二互相违故，故见生灭知成错乱。依生乃有灭，依灭乃有生，故唯是空。

【论】诤言：

若无有生灭，何灭名涅槃。

【论】若无生灭，何所灭故而名涅槃？答云：

自性无生灭，此岂非涅槃。　(24)

【论】若性无生无灭，岂非即是涅槃耶。

【论】复次：

若灭应成断，异此则成常，涅槃非有无，故无生与灭。(25)

【论】若谓灭是涅槃，则应成断。若是不灭，则应成常。是故涅槃非有、无性，无生无灭是涅槃。

【论】诤言：灭应是有，是常住故。答云：

灭若常住者，离法亦应有。

【论】若灭常住者，应离法有灭；复应无依。然此非理。复次：

离法此非有，离无法亦无。（26）

【论】若离法及无法，俱无有灭。

【论】云何应知？

能相与所相，相待非自成，亦非辗转成，未成不能成。（27）

【论】能相待所相而立，所相亦待能相而立，离此，不能自成。亦非辗转成者，谓互不成。由此理故，能相、所相二俱不成。此自未成之能相、所相，亦不能成诸法。

【论】复次：

因果受受者，能见所见等，一切法准此，皆当如是说。（28）

【注释】能相：能去表达或达成的相。

所相：能被表达或被达成的相。

【今译】（问：）佛陀曾亲自宣说涅槃道，（因）见生灭（而证涅槃）可见生灭非空。（答：）此生灭二者是互相违背的，（因此说生灭非空，而各自具自性的）见解为颠倒见。（问：）如果没有生灭，那涅槃为什么命名为寂灭呢？（回答：本来没有自性），（自然也）没有自性的生灭，亲证此不生不灭的空性，不正是解脱涅槃吗？假如灭（有自性），那应该是断见（即恒灭）。与此相反，则就成了常见（恒生）。涅槃不是"恒常有"或"恒常无"此二性质的事物，因此不存在生灭。

如果灭是常住的（即有自性的），那么应该能离开其它有法或"无"法而独立存在。因不存在离开它法而独立的灭，自然更不可能存在离开"无"法，而独立的"灭"，因此灭无自性。（因为）能相与所相二者是相互观待而成立的，并非是自己单独就能成立，也不是辗转互相成立的（即不能循环论证，以所相成立能相，再以能相成立所相）。因为二者不能单独成立，因而也就不能成立（其他诸法）了。（与之类似的）因和果、受和受者、能见和所见等，所有与此类似的，成对互相观待成立的事物，按照此处的论述来看，都应当与能相和所相一样（不能单独成立，亦不能成立它法）。

【解析】前文论述胜义与世间不相违。此五颂则通过阐述生灭无自性与涅槃的关系，说明涅槃中无生无灭，因而世间生灭无自性，与涅槃也不相违。此处，关于生灭无自性的论述以"性"和"相"的辨析始，但实际则侧重在"用"的层面。

相对上文来说，此处的论述存在三个特点：

一、以涅槃作为参考物，证明生灭无自性，同时也反过来说明了涅槃与世间生灭无自性，并没有矛盾和冲突之处，二者是完全不同的两个层面，实际不具可比性。

二、对于生灭自性的关注，更侧重灭的层面。这可能一方面是因为当反复宣说诸法无自性、万法自性空之后，人们又容易走向另一个极端，把"灭"执着为实有，认为"灭"是解脱的终极状态，这实际上与"无见"和恶取空有类似之处。这也反证了世人实执的惯性之强。

另一方面则是因为在实际观禅禅修逐步深入的过程里，随着观智地深入，可能会出现观察到的现象不再呈现出生灭同时，而是不断灭去的禅修状态，甚至可能会只观察到一个接着一个地灭去，而不会再观察到生。此种状态的出现，使得行者对于无常的领悟不断加深，从此角度来说，这种状态实际上是在不断观察深细生灭的"功用"。即随生随灭地现象里，生的功用似乎就是灭，因此行者的观察就开始侧重在观灭的功用了。但如果就此停顿下来，把"灭"执着为实有，则会出现对进一步深入的观智的障碍。因而，此处就特别针对"灭"，说明其"用"本身，亦无自性，并以此来再次强调灭无自性，无真实自体的事实。

另外，对生灭之"用"的关注，也体现在了提问者的问题中，即提问者所说的"佛见生灭则涅槃"，实际暗含着生灭具有可引生涅槃之功用的误解。此误解本身就反应出了，部分行者的确可能存在着"生灭功用应该具有真实自性"的偏差性观点。所以，本论就以问答形式，通过回复说明了生灭之"用"，亦无自性的真理。

三、由生灭无自性的论证，扩展到了能相和所相及所有互相观待而成立的事物皆无自性的论述，来证成所有此类事物的普遍无真实本性特点。

另外，本段问答中，所涉及到的提问里，都明显不仅仅是教法层面的问题，而是存在与语言的局限性有关的认知问题的。因此，下面再分别针对此类问题，作以说明：

一、提问者对"佛见生灭"和"说涅槃道"这两个短语，存在歧义性理解。也就是说，"佛见生灭"和"说涅槃道"，这两个短语本身表意都是不完全的——世人都能观察到宏观粗显的生灭现象，何况佛陀？所以，"佛见生灭"这句话或者短语本身，说明不了任何完整的意思。而"佛见生灭"与"说涅槃道"之间的关系，仅从两个短语来看，也不能够确定。

而提问者所犯的语言类错误则在于，没能够把句子或短语还原到具体的上下文语境中去仔细进行考据查证，从而产生综合性理解，却仅凭自己的习惯或主观倾向进行猜测，凭空添加了其中未完整说明的部分：一种是填补为"佛见生灭而得涅槃，故说涅槃道"。这就与佛经和历史、以及现实，皆不相符。如前所述，没有世人不能观察到世间的宏观生灭现象，但显然并非世人都涅槃了。而佛陀是见生灭而对尘世生厌离心，从而走上了寻求正法的解脱道，并逐渐亲证真理的。此过程不能被简化为"佛见生灭而涅槃"，这有违于真实情况。另一种是填补为："佛见生灭性而得涅槃，依此说涅槃道"。这是把涅槃和生灭二者的自性联系在一起了。这是误以为，佛陀是因为亲见亲证了生灭的自性，而获得涅槃解脱，并依据此而宣说涅槃道的。所以说，这是对所谓的生灭性产生了功用层面的误解。实际上，生灭皆无自性，是前文已经反复说明的事实，而无自性之法，也不可能具备有自性的功用。因为，所谓功用就必定是依缘起的，而不可能是恒常、纯一和自主的。

由此可知，上述二者都是对"生灭"之"用"存在误解的表现，其依据又都与语言层面的片面解读有关。可见，如果对佛经中有些话语，感觉难以理解，那么至少可以尝试把它们还原到具体的语境中去，体会一下上下文综合所表达的意思，这样再去进行分析辨别，就可能对其产生融汇性的体会了。而抓着一两个短语，任凭自己的习气去妄自揣测，再以其出自佛经为由，来宣称必然正确。这种原教旨主义，恰恰是对"原本"的教旨的公然违背，也是修学过程的懒惰和不负责任，因此是不足取的。

"若无有生灭，何灭名涅槃"，此处提问的语言问题出在了以下三方面：

　　首先，并非词语中的每个字，都是实指，更并非都是实指当下存在的状态。这点在前文关于语言局限性的分析和论述中，也曾经提到过。当时曾举病愈一词为例，与此处对比，则可做出进一步理解。比如，如果说："病愈的状态里，肯定还有病的存在，否则怎么会加个'病'字呢？"那么，行者显然可以认出来，这种说法与现实不符。而与此类似的，寂灭一词，也是一样的。灭是指轮回已经彻底断除，加在词语里也存在一定的过去的指向，而并非指当下总是有什么在灭去。所以，不能说"因为寂灭里还有灭字，就说明寂灭里应该还存在什么在灭去或者存在着灭性。既然寂灭里都存在着灭，这就说明灭肯定有自性，进而说明生也有自性。"这是把名言里的字词，都当作了"真实有"，而产生的辨析，但其与现实完全无关。

　　其次，生灭、寂灭，二词里虽然都有灭字。但此灭字仅为假立之名言。而其实际所指一在世间，指诸法从有到无的过程。一在出世间指轮回永断之不生不灭。因而，此二"灭"从世间与出世间的角度来看，也可以说，是无法公度的。而认为"既然寂灭里都还有灭，那生灭中的灭也应该有自性"，这种想法实际上是在把不相关的两种事物强行做比较和替代，因而是不合理的。

　　再者，词义理解不清，望文生义。即便不能了知不可公度性，也不能明了词义指向。但如果仔细听闻与阅读，并辨析生灭与寂灭二者的词义，也能发现其具体所指各有不同。生灭之灭，都与世间坏灭有关。而寂灭是无生无灭，本然空性的，此处之灭显然无法与坏灭联系起来。能作此基本词义的辨析，便不会为上述提问的烦恼所困惑了。

　　总之，此提问发生在约近两千年前左右的古人身上，是完全可以理解的。因为在当时的社会环境下，教育普及率非常低，且可参考之书籍又非常稀少珍贵，因而众生听闻正法之机会就极其稀有难得了。但对于现代人的佛法学习过程来说，此类问题却明显是可以通过自身努力来尽量得以减少的。这样，才不辜负现代人得天独厚的资源占有度与更多形式、更大可能的听闻正法的机会。因而，我等后学，在闻思佛法层面，也更应该用心体会反复辨析，如此才不至于为不必要的问题而烦恼，也会收获更大，而能够与实修结合和互相印证了。

　　【论】诤言：诸时论者说有三世，故时应有。答云：

不住相待故，乱故无体故，无性故三时，非有唯分别。(29)

　　【论】时不成，何以故？不安住故。时不安住，作不住想。若不住者，则不可取。不可取者，云何施设？故时不成。又相待故，谓互相观待而立：由依过去成立现、未，依待现在成立过、未，依待未来成立过、现：由是相依而立故时不成。又即此时观待现在说名现在，观待未来则是过去，观待过去则是未来；如是杂乱故时不成。又无自体故，由自体不成故时亦不成。又无性故，时亦非有。要先有性，其时乃成，遍求彼性全无自体，故时亦非有性，唯分别耳。

　　【论】诤言：如说一切有为皆具生、住、灭三相，与此相违是名无为，故有、无为皆应是有。

　　答云：

由无生住灭，三种有为相，是故为无为，一切皆非有。(30)

所说生、住、灭诸有为相，若审观察皆不应理，故彼非有。由彼无故，有为、无为都无所有。纵许有为，若审观察，不应理故，说为非有。何以故？

灭未灭不灭，已住则不住，未住亦不住，生未生不生。(31)

【论】此当问彼：为已生者生？抑未生者生？若已生者是则不生，何以故？已生故。未生者亦不生，何以故？尚未生故。即此生法为已住者住？抑未住者住？若已住者是则不住，已住故。未住者亦不住，何以故？未安住故。又彼为已灭者灭？抑未灭者灭？俱不应理。设许有为，若以此三次第观察皆不应理，故无有为。有为无故，无为亦无。

【论】复次：

有为与无为，非多亦非一，非有无二俱，此摄一切相。(32)

【论】若审观察，有为与无为非多、非一、非有、非无、非亦有亦无。应知此中此二法之一切相悉已尽摄。

【注释】

有为法：即因缘法。

无为法：此处指与有为相对的法。

【今译】（三时）不住，因为是彼此互相相待而成立的缘故。（现在也可划分为无数刹那，则又成了过去、现在、和未来）关系错乱，因而没有真实体性。三时均没有实体，因此只是依据人们的妄想分别而成立的。

由于前文已经论述了生、住、灭三种有为相无自性，因此有为法和与之相对的无为法，一切也都并非真实有（因为生、住、灭是能相，有为法是所相，依前文论述，能所二相无自性，而有为法和无为法又是一对世间相对的概念，因而也无自性）。以灭为例，在已灭时，没有灭相（因为已经过去）；在未灭时，也没有灭相（因为还未发生）。以住为例，在已住时，则没有住相（此处的住相为特指众生颠倒认知的住那一刻的相）。未住时，亦没有住相。以生为例，在已生时，没有生相（已经过去）；在未生时，也没有生相（还未发生）。

有为法与无为法，即非异（因二者互相观待而成立）也非一（因二者存在差别）。并非是实有，也并非是毕竟无，也不是有无二俱的即有即无，以上几种情况（多、一、有、无、有无二俱），实际上已经包括了一切诸法之相状。

【解析】此处四颂是承接本节前文所有内容，从三时、三有为相、有为法和无为法三个角度，把余下的世间未说之现象，概况而尽说，并由此说明，所有世间现象皆无自性。

首先，三时无自性。三时，即过去、现在、未来。此线性关系是相对而言，且各自均无实体——即便是现在也可划分为无数刹那，则又成了过去、现在、和未来，因而必然无自性。这是从线性时间流的角度，来阐述时间的无自性。

从现代科学的角度来说，时间本身亦不符合自性的定义，因为从狭义相对论和广义相对论来看，从根本上来说时间是受制于空间的，而且也会受到物质因素的影响，例如太阳周围的时空弯曲，要比地球周围明显，因为太阳的体积和质量都远大于地球。因而，时间与空间相关，与物质体也存在相互作用，故根据自性的定义来作对比，可得出时间无自性的结论。

其次，生、住、灭此三有为相的无自性，本论中已经反复说明过了，此处论述的侧重点在生、住、灭的"相"无自性层面。至此，三有为相之"体"、"性"、"用"及"相"，在本论中都完成了无自性的论证。对于实际禅修来说，这则是从不同角度提醒行者，切勿从任何角度或层面执着生灭为实有，此类执着无一不是禅修之障碍。

再者，关于有为法和无为法的论述。因为，法界之内，只存在有为法和无为法两类，再不可能存在第三类法了。所以，本段最后的结语，是尽说法界本质空性。

要想理解此处内容，则需要了解无为法的定义。按照《杂阿含经》第890经的定义："云何无为法？谓贪欲永尽，瞋恚、愚痴永尽，一切烦恼永尽，是无为法。"此为原始佛教早期所记录的佛陀所宣说的关于无为法的定义，可看出，此定义是与世间是互相观待而立的。那么，大乘佛教关于无为法的定义是什么呢？大乘佛教又认为无为法包括哪些部分呢？下面就按照大乘内部对此定义最为完备的唯识学的观点列出如下：

①虚空无为。指真如为显现空无的真理，真空寂灭，远离各种障碍，犹如虚空。

②择灭无为。指凭借无漏智慧的简择力，断灭一切烦恼而证得真如。

③非择灭无为，简称"非择灭"。指真如本性清净，不因人的智慧简择力达到寂灭后才显现出来。

④不动无为。指禅定进入色界第四静虑时，不为苦乐所动的实证境界。

⑤想受灭无为，又称"灭尽定无为"。指禅定进入无色定的无所有处境界，一切染污心想及苦乐二受俱灭，但仍然是不

究竟的境界。

⑥真如无为。即佛所讲的能出生三界所有法的本体的无为性，如如性。唯识学认为前五种无为都是因"真如无为"的不同显现。

也就是说，此广义的无为法定义中，区分出了相对层面的无为法与究竟层面的无为法，并作以分类。从上述定义可以看出，与原始佛教无为法一样，大乘佛教前五种无为法，都是相对无为，是与世间有为法相互观待而成立的。因而，其与有为法非一非异，不即不离，亦无自性。至此，证成法界空性。

但需要注意的是，最后一种无为，是究竟无为法，不需要观待其他事物才能成立的，因而是涅槃解脱所要达成的境界，所以，其与世间万物并非是同类事物。对比此处论述方式及涉及内容，与《六十正理论》中关于"涅槃无自性"的论述是类似的。即指出原始佛教中的涅槃和无为法不是究竟解脱的最终含义，而是相对世俗而成立的，亦非真实有，其自性亦为空性。从而，引出大乘佛教的究竟涅槃与真如无为的观点。

但值得注意的是，涅槃解脱后依真如智慧所见的实相究竟如何，是未解脱者无法理解、不能经验，更不可能经由此世间语言描述而说明的，因此，佛陀才仅以"空性"这个世间概念作指代，而不具体对其进行徒劳无益的繁复说明。而龙树菩萨建立中观思想，则是再针对世人实执顽固的情况，指明万物的缘起本质和背后的空性之理，强调无自性与空性的同时，也说明了，涅槃不是断灭，无为法也不是虚无，即究竟涅槃和真如无为，既非众生于无明遮蔽中执着的实有，亦非任何形式的断灭或"完全不存在的无"，从而避免了有无两类虚妄见解。

　　由此，亦可再次说明，此行文脉络为龙树菩萨一贯坚持的原则，即对原始佛教继承，而后再拓展与发扬大乘思想，宣说更深层胜义。

　　总之，本节主要包含以下内容：一、说明胜义与世间法不相违背，相反是使得世间现象得以流转生灭的根本。二、针对世间可亲见、亲闻、亲触的种种现象，从生、住、灭的性、用、相到一切能所二相，再到三时和一切有为法、无为法，来说明其空性本质。

　　从禅修的角度来说，本节与上一节都是对诸法及其相关的世间现象的观修指导，因此，其中难免存在互相存在交叉的部分。但总体来说，上述论述都与禅修中会实际遇到的不明晰之处关联密切。而通过论述加以详细论述和说明，则使得修学者对于诸法及其相关现象的空性本质不但能够在闻思层面有所了解，还能够在禅修实践中，通过修习加以对比和印证。

第四节　修证空性

　　从此处开始，本节将回归主线，在从理路方面，多角度多层面地论证了十二因缘法无自性并给出断除次第。之后，再回到实修层面，继续进行关于十二因缘法的实修断除过程说明。

4.1 业证空性

【论】诤言：

世尊说业住，复说业及果，有情受自业，诸业不失亡。（33）

【论】世尊于经中多门宣说业及业果，复说诸业非无有果，更说诸业皆不失坏，及说有情各受自业：故业及业果决定是有。

答云：

> 已说无自性，故业无生灭，由我执造业，执从分别起。(34)

【论】如前已说业无自性，故彼无生亦无有灭。颂言由我执造业，故业是我执所起。此执复从分别而生。

【论】复次：

> 业若有自性，所感身应常，应无苦异熟，故业应成我。(35)

【论】若业是有自性，则从彼业所感之身应是真实，应成恒常自性。彼业应无苦异熟果，彼业常住，故应成我；以无常为苦，苦即无我故。由业无自性，故业无生，由无生故，即无有失。

【论】复次：

> 业缘生非有，非缘亦无有，诸行如幻事，阳焰寻香城。(36)

【论】业从缘生，即非是有；从非缘生，更不得有。何以故？由诸行如寻香城、幻事、阳焰，故业无自性。

【论】复次：

> 业以惑为因，行体为惑业，身以业为因，此三皆性空。(37)

【论】业从烦恼因生，诸行从业及烦恼为因而生，身从业因而生，是故此三皆自性空。

> 无业无作者，无二故无果，无果无受者，是故皆远离。(38)

【论】如是，若以正理观察：果无自性，则业非有；若无有业，作者亦无；若无业及作者，则亦无果；若无有果，即无受者：是故皆成远离。

【注释】住：存在。

异熟：业因必须在后世才能得到果报。

阳焰：即海市蜃楼。详细注释见前一章。

寻香城：即干闼婆城。详细注释见前一章。

惑：无明。

【今译】（问：）世尊说业力是存在坚住的，又说有业行和业果，众生要承受自作业的果报，一切业力都不会亡失的。

（答：）前已言明（诸法及各种现象都）无自性，（众生）由于执着"我"为实有而造业，此执着就是从妄想分别而生起的。业力如果有真实自性，那么感业之身应该也是常存的，也就应该不会有异熟的苦果和相关觉受产生了。那么，此业就应该可成就为"我"了。业要缘它法而生，并非真实有。（如果）没有缘，（那么）业也就没有了。（众生）各种各样的业行都如同幻化之事，就像阳焰和寻香城（看起来存在，实际无体也无自性）。业是以无明为因的，业行以无明和业为体，身又以业为因，此业、行、身三者之本质都是空性。（因为）没有真实的业，也没有真实的作业者，此二者皆无真实性，因此也无业果而言。没有业果，自然也就没有承受此果的受业者，因此上述三者都非真实有。

【解析】本小节主旨在于论述业及相关事物的本质为空性，作为后文之修证空性部分的基础。此处六颂，作为开篇，以业力是否为实有的问题作为引子，导出下文的论述。其论述内容主要包括：业力、业行和身（业果）三者俱为无自性，本质为空性；进而论证造业者、业果和受业者，此三者亦俱无真实性，本质为空。

要想对本段所论述之内容产生更清晰的理解，就需要先清晰什么是世间层面的"业"和"业力"。业力的梵语叫做 Karma，Karma 的字根是 Kar，即"去做"或"去行"之义。也就是说，业力的"业"原是"作业"或"行为"的意思。所以，业指造作，而力则指力量、功用。即由造作而产生的力量和作用，就叫作"业力"。

由此可知，业力本身是中性的，它在世间的作用，与因缘法存在密切的关系。从因缘法来看，世间诸法本身均无自性，是依托因缘具足而生起或灭去。也就是说，缘起会引发一连串的因缘作用，而只要因缘具足了，因缘所生法就会在此基础上而出现。这类似于一种客观存在于此世间的规律，是在人类以"我"为中心的主观因素之外而自发运作的。

而业力之所以会起作用，是因为实际上业力本身就是因缘的一部分。即业既可能是此世间因缘法的起因，再结合其他缘的具足，而呈现具体的果。业也可能是此世间因缘法的缘，此业的具足会带来缘的成熟，从而结合并促使因，生起具体的果。因而，业力运作所产生的业力法则即因果律。因此，也可以说，实际上，业力法则就是因缘法的衍生规律，其本身是不离因缘法而独立存在的。

所以，业力及其因果法则的运作，也就对应着轮回的流转，引生六趣等具体现行方式了。这实际上，这是因缘法在多期生命关联的更广义时间层面上的累积作用，只是因为所涉及的面向比较广，时间跨度也比较大，而在对其进行佛法宣说的时候，选取了作用表现更直接和强生的业力法则，来作为直接的解释方式。也就是说，虽然世俗表达里，人们多基于佛教在世俗层面的流传所带来的认知惯性，而认为轮回流转与业力直接相关。但从更根本的层面来说，实际上是十二因缘法的循环往复，直接推动了轮回的运转。即因缘法既是世间存在的根本，同时，也是轮回的根本。

而关于因缘法累积的作用，佛教中也广泛存在"积习成业"的说法，这是指由于无明而不断累积的习气，会逐渐沉淀成为具备更大推动力的业力的意思。也就是说，因为无明中的众生，不断随因缘推动而去积累自身的习气，从而创造出更大的身语意的惯性。而身语意的惯性又会带来更多的或重复或相似或相关的诸行层面的造作和现行。而此类造作和现行，又会反过来再加重身语意的惯性，进而再加重自身的习气，再加重无明的程度。如此循环不息，则无明深重，而累积的习气也越来越重。因此，相关习气所具备的势能和动力，都已经越来越多也越来越大了，所以，也就逐渐成为了能够具足更大的因和更多的缘的业力，也就可造作越来越多也越来越严重的身语意诸行了。所以，也可以说，无明习气的累积，会造成负面业力的往复循环模式。

而如果是善习的累积，则具体可分为两种情况进行探讨和说明。一是累积世间善习，创造出更多的身语意的善行，从而可聚集世间善业，并在轮回中获得善果的情况。但行者需要注意的是，此善是相对世俗层面来说的，因而不出轮回，也不能导致出世间的涅槃解脱。二是众生也可能累积越来越多的与真理相关的惯性，从而使得身语意的习惯性现行，更多地与真理相关，并创造更多的基于真理的身语意的业行。从而循环往复，创造出越来越多与清明和智慧有关的惯性，并进一步减轻无明对心智的迷惑。这个过程就如同逐渐拨开迷雾而见青空一般，也可以积聚更大势能和动力，成为推动解脱的善业。这种情况也是渐道解脱道的一部分修行内容。虽然此类善业累积仍是在世间所作，并未直指空性，但此种与真理相关的善业积聚，在很多情况下，对于步入解脱道来说都既是切入点，也是必备资粮，因而是很重要的。

换句话说，习气的积累，就是众生在自己的身语意中所不断创造的相关的缘，并在累积与创造过程中塑造更多的"因"的运作过程。而等到自己身语意里聚集的因缘都相对充足的时候，再结合共业显化的种种外部缘起等现象的呈现，也带来了业力显现为果报的时机。所以，习气或业力，其本身都是中性的。而最后具体会表现为善业还是恶业，或无记业，都是依据人的身语意的状态而依据因缘作用的规律而得以呈现的。

由此看来，业力法则并不是什么神秘主宰所决定的不爽的"因果报应"，轮回也是因缘法所呈现出的必然结果而已。具体来说，依文本考据来看，"报应"一词，语出《汉书·成帝纪》："朕亲饬躬，郊祀上帝。皇天报应，神光并见。"即古人信奉天人感应之说，把日月星辰等自然界的变化，都说成是对人事治乱的反应或预示，并称之为报应。换句话说，报应是汉文化的本土产物，在佛教诞生的印度是没有"报应"一词存在的，当然，也没有与之相对的报应论的存在。因此，原始佛教教义当中也不可能存在此类说法。报应论渗入部分世俗佛教教义，此情况很可能为北传汉地始发，这与译经过程中出现的对本土文化的吸收与融合有关。因而，报应论实非佛教产物，亦与佛法理念不符。

因为佛法始终宣说的是世间表象背后的深层规律以及出世间胜义，佛陀及其后传承佛法的诸多圣贤，皆从未以造物主的身份出现，也从未按照任何世间道德律或神秘主义，来给众生立下必须遵循之"法"。佛教中的"法"按照《法集义注》注为"任持自性、轨生物解"，即每一事物必然保持它自己特有的性质和相状，有它一定轨则，使人看到便可以了解是何物。引申含义，即指代世间事物、现象、以及背后规律。所以，业力本身并非某种实存的"执法者"。而"业力随时在监督所有众生的言行，不断记录善恶以待后报"等类似观点，都只是基于实执蒙蔽而生起的世俗迷信，与真正的业力及其相关法则，不存在任何直接联系。

实际上，业力是众生身、语、意在参与到因缘法作用的过程中，所必然会呈现出来的状态，而业力法则也只是因缘法在轮回中所表现出的具象规律，或者说，轮回实际上就是因缘法作用所产生的累积效应。因而，无论是业、还是业力、或业力法则，它们成立的根本，都是不可能离开因缘而独立存在的。而如前所证，因缘法本身已经是无自性的。那么，由此可知，依托因缘法而运转的业力法则，包括其中的业或业力，当然也都没有自性。

而如果业力没有自性，那么依托业力而显现的业行，也就不可能有自性。呈现业力的载体，以业为因的业身，同样也不可能有自性。以此类推，则造业者、业果和受业者三者也无自性。

也就是说，业力是依托于因缘法而存在的世间现象的一部分，其所呈现出的业力法则，则是依托因缘法而衍生出的运作规律与模式，其根本并不脱离因缘法，也并非于因缘之外另立的法则。所以，业力及其法则也是此世间缘起有的一部分，而并非是胜义。

【论】复次：

若善知业空，见真不造业，若无所造业，业所生非有。(39)

【论】由见真故，善能了知业自性空，不复造诸业。若无彼业，则从业所生者亦悉非有。

【论】问：为全无耶？抑少有耶？答：可有。如何而有？

如佛薄伽梵，神通示化身，其所现化身，复现余变化。(40)

佛所化且空，何况化所化，一切唯分别，彼二可名有。(41)

作者如化身，业同化所化，一切自性空，唯以分别有。(42)

【论】如佛世尊以神通力示现化身，其所化身复现其余之化身。当知业亦如是。如来所化自性且空，况彼化身所化余身耶？如是二事唯以分别可名为有。其业亦尔。

【论】复次：

若业有自性，无涅槃作者，无则业所感，爱非爱果无。(43)

【论】若谓业有自性者，有自性则定无涅槃。亦应无作业者，何以故？即无作者，亦有业故。若有自性者，则业所感之爱非爱果亦皆非有。

【论】问：经广说有，云何言无耶？答：

说有或说无，或说亦有无，诸佛密意说，此难可通达。(44)

【论】经中有处说有，有处说无，亦有处说亦有亦无。诸佛密意语言，于一切种不易通达。

【注释】善：即正确，佛经中的"善"广作"依真实义"解。

【今译】如果能够正确了知业的本质为空性，亲见真实义，就不再造业了。如果不再造作业行，那么业所生的果等自然也就并非真实有了。

就像佛陀以神通而示现化身。其所示现的化身，又可示现其他各种变化相。佛陀所示现的化身尚且是空性，何况化身所示现的化身呢？一切只是众生依据虚妄而分别罢了。（依据此虚妄分别）这二者，就可建立名称"化身"与"化所化"而说为有。造业者，如同佛陀的化身，业就如同化身的变化，这一切自性都是空，只是以世间虚妄分别而成立假名"有"。

如果业有自性（且恒常），（那么）就没有可亲证涅槃者的存在了（也就是众生不存在了）。（而如果众生）不存在，则业所感的果无论是可贪爱的还是不可贪爱的，也就都不存在了。诸佛曾说到有或无，或者说到亦有亦无，实际上是（根据不同情况的条件下，针对不同受闻法众）密意而说，此中（存在）难点，但（经由对具体说法状况的了知而反复对比文义体会辨析，再结合禅修实证）可（逐渐）通达。

【解析】此处六颂旨在承接上文，继续说明如果经由禅修实证能够亲身认知业及相关事物的空性本质，则不会再继续造作业力，由此与业相关的种种事物，自然也就不复存在了。再以佛陀之化身作为类比，说明造业者与业，都是依据世间分别而成立的假名，属于世间幻相，并不具有真实本性。此处依然是为后文之修证空性的部分打基础。

在此基础上，进一步对诸佛说法中提到"有"、"无"以及"亦有亦无"的密意加以总结，说明佛法中存在"有"字或"无"字，不足以说明佛陀究竟本义。因为佛法经典并非佛陀本人所著，而是后人根据佛陀在不同情况下，针对不同受众所说之法，而做出的不同版本的素材整理。因而，佛典前后并无统一的逻辑编排，同时因具体针对情况与受众不同，佛典之中肯定也会存在"说有或说无，或说亦有无"的情况。

具体来说，这是指佛陀说法是因材施教而进行的，即按照当时所处的环境、具备的条件，以及众生所处的状态，来选择适合的切入点。例如，如果受众实执过重，则须强调空性，作以警醒。而如果受众已然入恶取空，那么就要强调缘起有来作以平衡。如果受众需要从空有两个方面对比，方可产生更深入的理解，则须说世间有与胜义空此二者同时存在于不同层面。而具体情况一定又会存在更多变化，比如，实执过重者，也不见得能得进去空性的义理，还可能需要先从缘起有说起等等等等。因而，佛陀是随时根据众生的具体情况，而调整说法内容的，这是一种优异的教育方式，但也给后人整理佛典和理解佛所说法留下了难点。

因此，修学者阅读佛典，是需要了解上述基本情况的，然后把佛所说之语言，还原到当时的背景当中去，理解佛陀此番说法是针对何种情况而作，多加辨析体会，而后再结合自身禅修实践经验与文本反复印证，才能逐步多佛法的多重密意逐渐有所领悟。

4.2 根境识空

【论】诤言：此中说色是大种生故有，余非色诸法亦应是有。答云：

色从大种生，则从非真生，非从自性生。

【论】若说色是大种所造，色则从非真实生。从非真者，谓非从自，是故色非从自性生。

彼无非他生。（45）

【论】诤言：是事实尔，非从自性生，是从他生，以诸大种是他故。破曰：彼无非他生，谓色非从他生。何以故？以彼无故。彼无，即他无。云何他无？谓自性不成故从他非理；说无从他生固非理，说无之他亦非理故。

【论】复次：大种非有故。若说大种从相生，彼相在大种前，不应正理。若无能相，则所依之大种亦不得成。复次：

一中非有四，四中亦无一，依无四大种，其色云何有。（46）

【论】由四中无一、一中无四故，依止无体之四大种，其色如何得有耶？无者，谓非有也。

【注释】大种：又称四大种即地、水、火、风四大，印度文化中世界的基本元素。

五蕴：蕴又作阴，集聚、覆盖之义；五蕴即色、受、想、行、识。

【今译】色法是从四大种中产生的，即并非从真实自性而生。既然不是从真实自性而生，色法也无非是依他生起（的事物）。一色法中不存在四大种；四大种中，也没有一色法。依托并非真实存在的四大种，此色法又怎么能够说为真实有呢？

【解析】自此二颂始，本小节开始论述根、境、识的空性本质，并以此作为后文之修证空性部分的基础。此处是从与根和境都直接相关的色法并非真实有，开始作论述。论述方式是，以构成色法的基本元素四大种来作以对比说明，从而证成四大种与色法均无自性的结论。

四大种是古印度文化中所认为的构成世界所有物质的最基本元素，即地、水、火、风。"大"义为可周遍色法此世界；"种"义为可生色法。从此角度看，色法为四大聚集而成，肯定不符合自性的定义，因而可证明色法无自性。

从大乘唯识学的角度来看，四大种可引生色法，但色法并非是四大种聚集而成，或者也可以说四大种并非是组成色法的微细物，而是类似于四种化合作用的方式，奠定了色法形成的基础。所以，色法是在此四大的化合作用之基础上，由色法自身的种子为因，再配合具足之缘而生起的。此种说法里，色法皆是依自种子为因再具足缘而生，因此也不符合自性的定义，故色法依然无自性。

从现代科学的角度来看，色法即世间物质，都是由不同的原子排列组合而成的。而原子亦可再分为原子核和电子。原子核一般又可再分为质子和中子。质子和中子则可再分为六种夸克。夸克依现代科学手段无法再分，但此不可分的夸克之间以及夸克与起连接作用的胶子之间都是相互依存的关系，即夸克是不能单独存在的。所以，夸克不具自性，以此类推，则质子中子无自性，原子核无自性。而电子为轻子，本身具量子特性，即依作用不同而呈现波粒二象性，因此电子非恒常、纯一之物，且需要依他而起，肯定不满足自性定义，即电子无自性。由此再回推，则所有组成世间共许的物质的基本微粒，如前所述均无自性。即世间共许的所有物质，实际上，均无自性。

再由电子作为一种量子态存在的无自性，推而广之，所有量子皆非可独立存在之依他起性事物，因此亦无自性。由此则可推导出此世间所有微细物质，包括光等及其构成的场，包括电磁场、引力场等等，其本质均为某种形式上的量子聚集物和作用物，因此亦无自性。由此再回推，则世间所有非宏观之精微物质亦无自性。

综上可知，此世间所有形式的物质均无法满足自性定义。此世间物质无自性，即色法无自性。总之，无论从哪个层面论证，世间色法之无自性特点都是毫无疑问的。

【论】复次：

最不可取故。

【论】最不可取故，色即非有。何以故？由最不可取故。色是最不可取，若无可取，云何是有。

由因因亦无，从因缘生故。

【论】若谓由因，因即缘色之心。若有缘色之心，则能成彼色，以若无境，则心不生，由此心为因，故知有色。答：由因，因亦无。因亦无者，因非有也。何以故？从因缘生故。其为因之心从因缘生，故彼非有。

有无因非理。（47）

【论】又：有、无因，非理。若谓色是有，而无成立有色之因，亦非正理。谓因非有，非正理也。

【论】复次：

若谓能取色，则应取自体，缘生心无故，云何能取色。（48）

【论】若说能取色者，则应取自体。然以自体能取自体，未见此事。从缘所生之心由自性空故无体，彼云何能取无色？

【论】诤言：经说过去色、未来色，故取色应有。答云：

若刹那生心，不取刹那色，云何能通达，过去未来色。（49）

【论】此约刹那色心而破。刹那生心尚不能取刹那生色，况能通达过去及未来之色。以非有故，不应通达。云何者，是除遣义。由此理趣，色最不可取。

【论】又虽许显色、形色，然说取色亦不应理。何以故？

显色与形色，异性终非有，不应取彼异，许同是色故。（50）

【论】若显色、形色有异者，取彼二为异，容应正理。然许显、形同是色法，故不应理。

【注释】取：第47颂中的"取"为执取义。第48颂中的"取"为缘取义。

显色：主要指颜色明暗层面的显现。

形色：主要指形状大小层面的显现。

【今译】色法是最不可被执取为实有的，因为从色法之因来看，此因也不存在真实性。（世间共许色法实有，是因世人可直接感知色法的心念是共通的，然而）此心念亦是从依托世间对境即依托其所感知的色法作为缘（还需以自身为缘），才能生起的。故此因即心念无自性，（那么，说色法有自性）并非正理。

如果说有自性之心能够缘取色法，则此自性心也应该可以缘取自体（但实际上，心不能以自身为缘取对象，即心不能直接认识自己，这说明此心无自性）。依缘生的心，不存在自性，怎么能说它可以真实地缘取同样无自性的色法呢？如果说刹那生起的心，不能真实缘取刹那生起的色法。那么怎么能说心能够通达过去、未来而真正缘取地色法呢？

（如果说显色和形色表征了色法的自性，但）显色和形色，是不同性质的概念，因而（不可能二者都有自性，且都是色法的自性）色法还是无自性的。不应该把这存在差别的两种事物都当作色法的本质，因为它们都是色法（的不同呈现）。

【解析】此四颂是继续从认识色法的心与色法的现实表达两个层面来论述色法无自性。关于色法的现实表达层面，此处以显色和形色为例，说明这些特性为世间所有，因而可彼此差别而同时存在，因此非是真实自性。由此亦可推断色法于现实中呈现的其他特性如气味等，也应具有类似性质，俱非真实性。从而也间接论证了色法无自性。

而认识色法的心，则需要从多个角度加以说明。首先，心认识色法，需要因缘和合，如果对境之缘不具足，如无灯之静夜等，心也无法很清晰地认识周围的色法，甚至可能根本无法认知。而如果心的因缘不足，如困顿欲睡或无梦睡眠等，此时，心对于周围的色法，也同样可能没有清晰的认知或根本无认知。也就是说，认识色法之心，实际上也需依对境且依自身才能生起，因此心本身即为依缘起，而非自性有。从而间接论证色法亦非实有。

其次，假设心若有自性，则此心应恒常、纯一且独立不依他起，那么此类事物也应该可以成为自身的缘取对象。而世间事实正好相反，心不能认知自身，如同眼不能直接观自身一样。从而反证不存在自性心。此处需要注意的是，满足自性定义的事物究竟是什么样子的，在此世间是不得见的。因而，世人也无法了知。所以，自性心是否就应该能够以自身为所缘，这点实际上此世间之内无人知晓。

所以，此处只能说，按照自性的定义推测，自性心应该具有恒常性、纯一性、完全独立自主性，不与任何缘作用，也不须任何缘的辅助。那么，它应该也不需要任何缘的辅助就能够完全独立自主地认识自身。所以，对于修学者来说，未曾亲证此遍知的佛性，则只能以推测来理解此论证。但从推测的角度来说，此论证还是基本符合逻辑推理的。

再次，综上，下一颂中得出"依缘生的无自性心，不可能真实缘取同样无自性的色法"之结论。这并非否认此世间心缘取对境进行认识的现象，而是重点强调非"真实"缘取。从唯识学的角度来说，心的确不能真实缘取对境，而只能缘取自身依据对境而变现的与对境相关的"相分"。此说法与现代神经科学的研究也是一致的。以视觉为例，人并不是直接看到外境，而是根据外境不同程度的光学刺激，而在大脑中"成像"，然后缘取这个"像"进行了别。因而，也可以说，唯识学和现代科学都从不同层面为此句颂文提供了解析。

再进一步地，如果刹那生起的心，实际上并没有真实地缘起同样刹那生起的色法。那么，实际上，当下这一刹那的心，自然也不可能真实地缘取过去、未来的色法了。从上述唯识学和神经科学的观点来看，也可为此说法提供解析：即对于过去与未来而言，心实际上是对根据记忆或想象而变现的相分（像）进行缘取和认知的。

因此，刹那、刹那相续的心，本身并非有自性的存在。而以此为因，来证明色法实有，这种论证方式是没有根据的，也是不合理的。从而间接证明了色法无自性。

从禅修的角度来说，上述两个层面的论证实际上是存在一定次第性的，即先普遍观色法无自性，再进一步观认识色法的心法亦无自性，再对照心法与色法进一步观见刹那刹那生灭的心，及其缘取过去、未来的真实方式，从而使得观修进一步深入。由此可见，此处依然在为后文之修证空性部分的作铺垫。

【论】复次：

眼识非在眼，非色非中间，彼依眼及色，遍计即颠倒。(51)

【论】若审观察：眼识非眼中有，非色中有，亦非彼二中间而有。遍计依眼及色有彼生者，即是颠倒。

【论】净言：眼等诸处是有，眼所见等亦有，谓眼见色、耳闻声等。答云：

若眼不自见，云何能见色，故眼色无我，余处亦同尔。(52)

【论】若眼不见自性，云何能见于色？由不自见，亦不见色，故说眼无我，即无自性。又色亦无我，如不可见，即非是色。余处亦尔。以此次第，则余诸处皆成无我，即无自性。

【论】诤言：眼能自见，非是识见。何以故？识是能取故。由能取细色等，故名曰识。眼能自见，眼以清净大种为体，此即眼之自性。能取此者，是识；如是能见显色、形色等诸色差别者亦唯是识。是故汝说若眼不自见云何能见色，不应正理。答：是事不然。何以故？

眼由自性空，复由他性空。色亦如是空。余处空亦尔。(53)

【论】眼由依他起故名空，即眼是依他而成，凡依他成者即自性不成，故眼是自性空；眼由自性空者，自性即自体也。若许有他性，亦非正理。何以故？自性若无，岂复有他性？他性亦无，故是他性空。又言他性空者，他即是识，即是眼由识空之异名。何以故？以眼无知故，若无知者，则不应有识性，故亦是他性空。又识亦即是空也。由何知空？以识是依他起故。云何依他？谓识依所知等而有。凡是依他有者即无自性，故识无自性；是故说识能取细色等，不应正理。

色亦如是者，谓与彼相同。如眼是自性、他性空，色亦是自性、他性空。云何色是自性、他性空耶？如前已说一切法自性于一切非有；若审观察， 一切法皆非有，即是一切诸法皆无自性之异名。空者，即不可得之异名也。又由缘起故，亦说名空。如色由大种为因而成，是依他成，凡依他成者，则非自性成，故色是自性空。亦是他性空：色之他为眼及识，眼与识是有境，色即是境，境非有境，故他性空。又识属内，色是所行是外非内，故亦是他性空。亦尔者，谓如色由自性、他性空，如是余处亦由自性、他性空。

【论】复次：

若触俱一起，则余者皆空，空不依不空，不空不依空。（54）

【论】若时一处与触俱起，则余者皆空。是空则不依不空，不空亦不依空。

【论】复次：

三非有自性，不住无和合，则无彼性触，是故受亦无。（55）

【论】三非有者，谓彼无。于不住自性中则无和合。和合无故，则无彼性触，谓无从彼所生之触。由无触故，受亦无。

【论】复次：

依止内外处，而有心识生，是故识非有，如幻如焰空。（56）

【论】由依内外处而有识生，故识非有。如幻事、如阳焰，其性本空。若作是念：有识、有识者。亦不应理。何以故？

由依所识生，是故识非有，识所识无故，亦无有识者。（57）

【论】识依所识而生，故识非有。由所识、能识俱非有故，识者亦无。

【注释】眼识：眼根与对应的法尘和合所现起的了别。其他耳、鼻、舌、身、意之识，概念可以此类推。但需要注意的是意识包含的范围更广，除了意根与法尘和合现起的基本了别功能之外，意识还包括记忆、推理、思维、判断等高级功能。

眼：51 颂中指眼根。

色：色境，眼识的对境。

处：十二处，即六根：眼耳鼻舌身意，与六境：色声香味触法。

触：指十二支缘起中的"触"，缘六入而生。六入包括：内六入即六根和外六入即六境，总体即为十二处。另外，根境识和合可生触心所。

所识：即识了别的对象，如六境。

【今译】眼识并不在眼根，它也不是色境，也不在眼根和色境之间。眼识是依托眼根和色境而生起的（因而不可能具有真实自性），遍计（其与世间诸法存在真实自性）则是颠倒见。

如果眼识不能见自身有自性，那么又如何能见诸法自性呢？（所以，不可认为"眼见为实"，即为有自性。实际上，眼识与诸法都无自性。）因此，眼识和色境中都无我、无自性（而只是世间流转的现象），其他处（耳鼻舌身意、声香味触法）自然也是一样。眼根为依他起，故自性空，它所依托的事物，自然也是自性空。色境也一样自性为空，其他处（耳鼻舌身意、声香味触法）自然也是一样的。

（缘内外六入而生"触"）如果触与六入中的一对俱起，那么其他的处就都暂时无作用（所以按照暂时无作用而说为空性）。此空性的其他五对根境，不依所起的"不空"的根境（以眼识现起为例，则未起之耳鼻舌身意根，不依眼根；声香味触法境不依色境）。此"不空"的现起根境，也不依未起的五对空性的根境（以眼识现起为例，眼根不依其他未起之耳鼻舌身意根；色境不依声香味触法境）（即内六入中，六种互不相依，外六处中，六种互不相依）。根、境、识三者的性无住，因为此三者本身就没有真实义。根、境、识三者都无自性，因此根境识和合而生的触，也没有自性。因此，受也没有自性。

依止内外六处，刹那识才生起，依触、受等心所与己共同作用，才能进一步了别，因此识也是依他起而非真实有，如同幻像和阳焰一般是虚幻不实的。识要依托所了别的对象才能生起此刹那识，而其所了别的对象，也并非真实有。识和所识都无真实自性，因此"识者"也非自性真实有。

【解析】此七颂是论证眼识、眼根、色境无自性，从而推及类似的六根、六境与六识，实际上均无自性的结论。论证方式是先直接论证根、境、识无自性，后以其与十二因缘法的关系切入，再根据根、境、识与十二因缘法互相依托的性质，进行无自性的论证，从而说明所有根、境、识俱无自性。同时，根、境、识与十二因缘法的关系也说明了，其在实践禅修直至断除无明的过程中的关联性。

具体论述过程是，先从眼识与眼根和色境的关系说起。眼识为依眼根、色境而生起者，故不可能存在自性。而眼根和色境显然都是色法，上文已经证成其无自性。如此，与眼相关的根、境、识三者，俱无自性，得以论证完毕。而十二处中余下的五对根、境与识的关系，以及各自的性质，与此类似。由此可知，其余的根、境、识亦皆无自性。

到此处，其实已经完成了所有根、境、识无自性的论证。那么，下面四颂意义何在呢？下面就详细加以解析。

一、以"触"作为切入点，进行论证的原因，可以从两个方面来说，第一种理解方式是，上述证明里，只说明了识与根和境的关系，而内六入内部各根之间的关系，以及外六入内部各境之间的关系，却未作说明。从禅修实证的角度来说，此论证不够完善。因而再以"触"引入关于心所有法（简称心所），来切入到六对根境之间的关系，并证实它们俱无自性，由此再反过来强化心无自性的结论。

而"触"缘六入中的一对根、境而与之俱起，此时其他根境暂时是不起作用的，也就是说，处在未现起的蛰伏状态之中。这是禅修中经常可能会出现的状态，例如心一境性，就是把心系于一境之上而专注。如果没有这样的禅修体验，可以回忆日常生活中的类似现象，例如，特别投入地打球的时候，好像时间凝固了，听不到声音，没有任何其他感受，就只关注在球的移动上。所以，日常生活里，这种触俱一对根境而起，其他根境则暂时不作用的状态，也是存在的。处在此状态下，就仿佛其他根和境，不存在了一般。因而，此处说"余者皆空"。

既然余者暂时都处于蛰伏状态，呈现空性了，而此状况并不影响正在现起的根、境、识的作用。那么，就可知"空不依不空，不空不依空"。这是说，眼、耳、鼻、舌、身、意彼此之间是互不相依的，色、声、香、味、触、法彼此之间也是互不相依的。简单地说，如果你想要看，不需要耳朵来辅助完成。你想闻味道，也不需要色境来辅助，闭上眼睛，反而可能对味道的感知更加清晰灵敏。所以，这个部分对应到生活里，实际上是很容易理解的。由此可以证得每一对根境都是无自性的，识和心所，也无自性。

而另一种理解方式是，"触"缘六入中的一对根、境而俱起，此时其他根、境暂时不起作用，处于空性状态。这也说明，世间事物的存在方式即是空性和现起的交替作用。如果因缘和合，则现起；如果因缘不足，实际上就处于空性中。就像当触与眼根、色境俱起时，生起的是眼识。此时其他的根和境，都无法被心所注意到。如同上文提到的，特别专注于看的时候，听不到声音。此时，从世间现实层面来说，耳根自然还在，可听的境也存在，但实际上耳根、声境、耳识三者的功能却都处于空性中，而未真正现起成为可以了别事物的总体功用。因而，由此颂可知，于人而言，世间无自性的诸法之功用，都处在此"空性-现起"的两种状态的切换之中。

以此关于空性的理解作为出发点，则"空不依不空，不空不依空"还具有扩展层面的一层深义，即触缘取他物而生起，故触无自性。空无自性的事物，不能依有自性的事物而生起，故触所依的十二处应皆无自性。有自性的事物也不能依空无自性的事物而生起，故受也无自性。因为如果受有自性，则触有自性，触有自性，则触与六入中的一对俱起时，则此根境也成立有自性，如此就恒常了。那么，其他根境，就永不可能再得到现起机会了——这显然与现实相违，故不可能成立。

由此也可证明"空不依不空，不空不依空"这个结论是正确的。所以，按照此理解方式，则单此颂即可证成十二处、触和受均无自性，即间接论证了禅修中，若可达成此认知，那么此时即可初证十二因缘法均无自性之真实理。这种理解方式，前后也都可说得通，且关于受的延伸性理解，可作为下一颂直接证成受无自性的铺垫。

二、后面三颂实际上也是在补充前面未曾提到的关系，如第五十五颂，转到根、境、识三者和合可生触的角度，论述此四者的关系。说明只有当此四种事物均无自性的时候，才可产生不断流转变化的认知现象，否则将于现实相违。而五十六和五十七颂，则从识与所依（依根、境起，依触、受了别）及识与所识（境之形相）的关系角度来考察，根、境、识、触、受等，俱无自性。

综上，本论的论述是十分全面而严谨的。到五十三颂止，已经证明了根、境、识俱无自性的结论。但由于根、境、识与十二因缘关系密切，是十二因缘的世间所依，所以，又在后续继续补充说明了根、境、识与触的关系，以及六对根、境、识彼此间的关系，从而间接论证了实修进入到对根、境、识的无自性体证阶段，已经正式开始了对十二因缘法的断除过程。而，本论之所以要分门别类不厌其烦地加以具体分析，是因为这些论述都是与禅修次第和实证有关的，尤其是本节开始至此的论述，实际上，都是在为后续实证空性做出铺垫。

4.3 无常空性

【论】诤言：如说一切无常，以说一切无常故，即显不空。答云：

一切无常者，非常无有常，常无常依性，其性岂能有。(58)

【论】一切无常者，当知意说非常或无有常。若有性者，可说常或无常。其性岂能有，谓无有也。

【今译】所有一切无常的诸法，说它们的性质都不是恒常的，也就是"无有常"。常和无常是相依成立的关系（故无常本身也是无常的，而非"无常"反而是"恒常"），那么此自性怎么可能存在呢？

【解析】本小节开始重点论述无常亦无自性，其本质亦为空性，以此继续作为后续修证空性部分的铺垫。

关于此节论述，有两点值得说明之处：第一，从语言层面来说，无常是针对"常"而安立的概念，其含义是说诸法都有生、住、灭的变化，皆非恒常之物。因此，"无常"这个名词的组成，与上文详细讨论过的寂灭的组成是有类似之处的。即"无常"当中的"常"本身并无当下的具体所指之物，而是与"无"组合在一起共同描述一种状态：即诸法都处在刹那变化里，依缘生灭中。

认识到上述状态，就是佛法里所说的无常，那么就会发现这其中并没有什么东西是恒常不变的。"无常"本身只是一个名言，表达的是对一种现象的概况，因而其并不具实体，也不具备自性。所以，谈论无常是否恒常，就类似说"唯一不变的是变化"一样，实际上都是名言层面的游戏。虽然从逻辑上来说，没有错误，但却也没有现实层面的真实义。因为在现实层面，没有"不变的变化"这种事物存在，也没有"无常"这种事物存在。

第二，常与无常的相依关系，具体说是什么意思呢？就是说无常是针对常而安立的，因而无常不能离开"常"而单独存在，因为它被安立的目的就是为了破除"常"，因而只有与"常"相对比才有意义。而且无常和常必须同时出现，也就是说，只有在世人存在实执，执取世间诸法为"常"的前提下，谈论无常才有意义。否则，莫说谈论无常，安立无常这个概念本身就是不必要的。因而，无常此概念是紧紧依附在"常见"即实执上而存在的。

综上，无常本身只是对世间现象的一种描述，是一种世间规律的概括，然后，针对"常见"而安立其假名。它既无体，也无用，亦无性，甚至所谓的"无常相"也是世间诸法呈现的生、住、灭相的另一种说法，而无常是没有实际的自身相的。所以，无常也不可能存在自性。

　　本论中，在此处强调这一点，是很有必要的。因为实际修学过程中，很多人会在初步了解佛法之后，把无常执着为真实有，因而消极怠惰，以为这就是佛法传递的内容甚至真谛。这就是对"实执于无常"与"真正的出离心"产生了混淆性认知，而不能清晰明确地分辨出二者之间的差别了。那么，带着这种对无常的实执去禅修，对于禅修的实际进展来说，显然是存在诸多不利之处的——修学者会更容易陷入昏沉等五盖之中，而难以生起精进之心，也难以建立清明觉知。因而，这种对无常的实执是需要被打破的，如此禅修才能够真正深入下去。

4.4　贪嗔痴空

　　【论】诤言：贪、嗔、痴应有，经中广说故。答云：

　　爱非爱颠倒，缘生贪嗔痴，是故贪嗔痴，非由自性有。(59)

　　【论】从爱缘、非爱缘、颠倒缘生贪、嗔、痴，故贪、嗔、痴非由自性而有。

　　复次：于彼起贪欲，嗔恚或愚痴，皆由分别生，分别非实有。(60)

　　【论】于一境上起贪、嗔、痴，故贪、嗔、痴并由分别而生。分别非实有故，分别所生贪、嗔、痴等亦非实有。云何非实？

所分别无故，岂有能分别，以是缘生故，能所别皆空。(61)

【论】所分别全无。若无所分别，岂有能分别？由缘生故，所分别自性空，能分别亦自性空。

【今译】以贪爱，不可贪爱及颠倒为缘，生起贪、嗔、痴。因此贪、嗔、痴，皆无自性，也不是由有自性的事物而生起的。对某些事物生起贪欲、嗔恚或愚痴，都是由虚妄分别而生起，虚妄分别并非是真实有自性的事物。所分别的"贪、嗔、痴"既然无自性，那么"能分别"的，又怎么会是有自性的呢？分别本身就是依缘生的法，因此，能分别和所分别都无自性，都是空性。

【解析】此小节三颂是论述贪、嗔、痴等烦恼无自性，此部分为修证过程中，很重要的环节。因而，须先详细探讨。众所周知，贪、嗔、痴在佛法中广泛地被称为三毒、三垢、三火等，可见此烦恼炽盛对世人的影响之大。证成贪、嗔、痴无自性并不难。难点在于如何不对贪、嗔、痴起实执。

首先，"痴"指愚痴，即无明，此为《俱舍论》所给出的关于"痴"的定义。因而，此烦恼实际上几乎是与人共生的，它深细且难以觉察。在人们对事物无法生起清明认知与见解的所有晦暗状态里，背后都隐藏着"痴"的影子。当然，这并非暗指"痴"为恒常，而是说众生的身语意之中，绝大多数时刻都能够轻易具足生起"痴"的因缘，因此，无明总是如影随形。也因此，要断除"痴"烦恼是很困难的。

世人对"痴"的实执表现，也常常都是很深细的。理智上，人们从不会认为，自己对无明有所执持——谁会愿意说自己很"无明"呢，是吧？然而，对应到现实生活中，人们却又往往对自己为无明所障蔽所产生的偏见和错觉等，深信不疑。

比如，人们会普遍认为："把现实看作真实有，并没有错啊。就算是佛法老师也要把手里的杯子当作真实的，否则，就会被烫到，不是吗？"也就是说，即便真的有一天发现自己所持的某种观念是错误的，大多数情况下，人们也本能地不会愿意改变已有的偏见和错觉，而是会为此寻找各种基于现实的似乎合理的缘由来辩解。甚至，有些人会认为自己所持的见解、观点或更深一层的人生观、世界观、价值观等，就像是自己的一部分，因而就像照顾自己的身心一样，对这些观念时时在意，小心维护，宁肯在现实中承受损失，也要坚持对这些见解的正确性的执着。

这些实际上都是对无明的实执所表现出来的状态，只是因为相对隐微，而不容易在日常生活中被人们所直接观察到罢了。但如果行者经由佛法学习已经了知了，这种现象属于对于愚痴和无明的实执，那么再去观察世间，则会发现此其普遍存在性了。

另外，"痴"还是引发贪、嗔的根由。即只有在"痴"的作用之下，世人才会对某些事物生起贪或嗔。而如果没有了"痴"，即无明散尽，自然不会再对世间种种幻相生贪或嗔了。可见，"痴"对于世人的影响是怎样巨大的。

其次，《大乘义章》卷五说："于外五欲染爱名贪。"即"贪"是指对色、声、香、味、触、法，生起贪爱，欲求得到的状态。而"嗔"则与"贪"相反。《成唯识论》中说："嗔者，于苦、苦具，憎恚为性，能障无嗔，不安稳性，恶行所依为业。"也就是说，"嗔"是指对不合心意的外界人事物的排斥、厌恶、忿恨和恼怒等。

通常情况下，贪嗔二者在世俗中的表现要比痴更直接，也更粗显。这往往与贪爱和嗔恚会引发明显的情绪反应有关，比如，贪爱满足的兴奋、狂喜，嗔恚发作的恼羞成怒、大发雷霆、嗤之以鼻，等等。因而，人们无须特别的心性训练，也能够在日常生活中明显地在自他身上观察到显现出的贪爱或嗔恚。

但实际上贪、嗔的作用远不止如此。除了粗显的部分之外，深细的贪、嗔也是广泛存在，且影响深远的。例如，开篇第一颂的解析里，曾讨论过"劣等胜"的分别评判属于生物最基础的本能性心理。而贪、嗔的作用在深细层面也与这种本能性心理有关。也就是说，在遇到任何人、事、物的第一刹那，本能性地分别评判就已经在运作了。而在此基础上，几乎同时产生的就是对胜的贪、对劣的嗔或对等的舍此三类心理反应。大多数情况下，这种贪嗔非常细微，贪可能是一种略微带有正向的感觉，而嗔则是轻微的回避等反应，通常来说，在生活里也不容易直接被观察到。但如前所述，如果行者经由佛法学习，对此种心理状态已经有所了解了，那么再去观察，就往往会发现它们不但存在而且非常普遍。这也反应出闻思佛法的重要意义所在。

另外，因为表现相反，贪和嗔也可以互相转化：贪爱而不得，则转为对自身或他人、他物甚或"求而不得"本身的"嗔"。而对苦等生嗔，也会转为对与苦相反的"人、事、物"或"环境"等的贪。此两者相互转化的情况，在世间生活中，同样是非常常见的。

而对贪、嗔的觉知则与觉察痴一样很难，这一方面与深细的贪、嗔不容易发现有关，人们需要在禅修中不断深入才能逐步加深觉知，并断除此贪、嗔；另一方面也与人们对贪、嗔的认同很深入而且强烈也有直接关联。

从某种角度来说，在不违反法律、法规和基本人伦道德规范的前提下，贪、嗔二者本身就是世间共许为合理状态的一部分。也就是说，从世间的角度来看，上述普遍的细微贪嗔二者，都是再正常不过的事情。因为趋利避害是人的本能，所以，遇到合心意的的事物，就喜爱，而且想拥有，如果得不到会不甘心，会难过；而遇到不喜欢或感觉不安全的事物，就自然会想躲开，躲不开会感觉到紧张、担心、焦虑、不自在；喜欢愉悦，因此不自觉地希望保留和延续它们，不喜欢痛苦，也同样不自觉地排斥、抗拒它们；喜欢舒适便捷轻松的生活环境与状态，不喜欢逼仄、压抑、艰苦等等.......这都是普遍的世间共许的正常反应，也是此世间所有人都会共有的底层心理状态。没有人能够天然地完全避免上述心理——这在此世间几乎可以说是完全不可能存在的。

在上述世间共许贪嗔为正常状态的前提下，自身如果偶尔爆发相对强烈贪、嗔反应，只要不是太过违背世间准则，人们通常也都会对自己的状态产生很深的理解和自我同情。因为人们会本能地觉得这些反应是合理的，是正常的，是基于现实原因的"真实表达"。而且这种情况，在绝大多数人的一期生命中，也会或多或少都可能遇到的。因而，在无意识中，人们都会本能地给相关情绪贴上"真实"的标签。这说明，人们普遍对自身的贪、嗔烦恼，有一种本能的"信任"——相信它们的合理性，也相信它们是保护自己的方式，或相信它们是维护自身权益所必需的选择。进而，连带着地，人们也就认同于，与贪嗔有关的情绪也是真实合理，且值得同情的了。这一连串心理活动，是彼此关联又互相加固的，因而在日常生活中，很难觉察到这其中隐藏着什么问题。

但实际上，这种对贪嗔本能性的"信任"，就是实执的一种变相表达。只是因为这种贪嗔的爆发往往关联着个体基本的安全需求和生存本能被触动的状况，所以，要想认识到贪嗔的危害，及自身对贪嗔的实执，是非常困难的。即便在贪嗔爆发的状态过去之后，再回头试图冷静下来，以理性进行反思和自省，都很容易遭到个体本能的排斥。因为众生本能地信任贪嗔是自我保护方式，所以任何自我反省，都可能被本能指责为自我背叛和自我抛弃。可见，人们对贪嗔的信任有多么强烈。而无论这个信任有多强烈，它背后的实执都会更强烈。

所以，在佛法当中，对贪嗔的觉知也并非是单刀直入式的。相反，佛陀教导行者，要在承认"众生的基本状态里，已经隐含了与贪嗔有关的世间共许存在"的基础上，来进行禅修。

比如，禅修环境的设立，会先允许人们追求基本的舒适，就像通常禅堂或禅修中心，都设立在比较安静的地方一样。禅修者通常都不会在刚接触禅修的时候，就被要求能够在鱼龙混杂的市井受到污言秽语的侵扰时，来进行打坐。同时，禅修者也可以调整自身的坐姿，以及蒲团或坐垫的高度，来使得自身能够感觉相对舒适；同样地，禅修者通常也不必被迫忍受身体不习惯的食物等等。

　　总之，最初的禅修环境的整体安排，基本生都是以随顺世间共许的基本贪嗔为基础的，这是对众生所处的基本状态的接受和承认。因而，这样的安排，可以使得众生在禅修中所受到的来自自身的干扰相对得到减少，从而也就使得趣入禅修这件事，相对更容易达成了。

　　但需要注意的是，禅修也绝不会过度为贪嗔服务，在基本的舒适可以满足的条件下，禅修中的整体环境和条件依然是简单的，满足众生基本生活需求即可的。

　　也就是说，禅修不是硬性地对抗贪嗔痴等无明烦恼，而是循序渐进的。先给予世间共许以接纳，再给予基本的必要随顺。然后，再慢慢培育心的定力和智慧。而在定力和智慧逐步得到提升之后，修行者对于贪嗔的觉察也会提升。对于禅修和生活中浮现出的过往贪嗔留下的印记的反思和自省的能力，也会得到增强。就这样，慢慢地逐渐深入下去，定力和智慧都得到增长，渐渐开始能够觉察到更深细的贪、嗔甚至无明的活动，再逐渐经由禅修与佛法修学的相互印证来逐渐减弱它们的影响力，直至逐渐消除。

　　最后，在禅修当中也可能会由境界而引发贪嗔的反应。例如，遇到深入而安定的禅修境界，就生起贪爱，希望禅修可以一直这样轻安下去，实际上也就已经开始远离单纯的轻安，而是在为变得"贪"的炽盛心理状态，进行培育了。相反，遇到身体躁动热恼频现的禅修境界，就想让这个状态早点过去，这也是轻微的嗔。而如果这个状态还在持续，嗔继续累积也可能变得更明显，内心开始对禅坐还不能结束，而生起焦虑，还可能伴随着对自己没有作好禅修的斥责等等，这些都是"嗔"的反应。

　　所以，禅修当中要培育的基本态度是随遇而安，即尽量减少控制，这个控制并非仅指对外资环境等因素的控制，而更多是指向自身，即对培养自己对自身状态不涉入的观察和觉知。也就是说，轻安来了，很好，允许它。它离开了，也不去抓取，试图让它回来。这就是不试图控制的随遇而安。类似地，热恼来了，允许它，了知这是正常的，是一种现象，不作评判，不去排斥掉它，试图让它离开。这就是不涉入其中的随遇而安。所以，不控制不涉入其中，是对现象一视同仁的接纳。接纳的意思就是允许它来来去去，不评判、不干涉、不控制。

　　综上所述，破除世间事物的自性，的确是比较容易的事情。但了解之所以要去破除万法自性这类认知的背后原因，却并不容易。因此，行者需要了知，本论当中所有提到的内容，实际上都与禅修实证紧密相关，而行文至此已经深入到禅修实证的重要部分了。所以，看更需要认真看待，并仔细体会论述背后的义理，才能获得更多于佛法修学真实有益的收获。

4.5 修证空性

【论】复次：

四倒生无明，见真则非有：此无故行无，余支亦如是。（62）

【论】由见真实故，不复从四倒而生无明。由此无明无故，则不生诸行，如是余支亦不生。

【论】复次：

依彼有此生，彼无此不有，有性及无性，为无为涅槃。（63）

【论】若依彼而生此，则此从彼生，彼无此亦非有。有性、无性寂灭及有为、无为寂灭，即是涅槃。

【论】复次：

诸法因缘生，分别为真实，

【论】谓于缘起法贪着、顾恋、分别、执持。

佛说即无明，发生十二支。 （64）

【论】复次：

见真知法空，则不生无明，此即无明灭，故灭十二支。(65)

行如寻香城、幻事及阳焰、水泡与水沫、梦境旋火轮。(66)

【论】如实了知诸法性空，即不生无明，此即无明灭；无明灭故，十二支悉灭。何以故？若审观察，诸行如幻、如阳焰、如寻香城等，是故性空。善了知此则无明不起，即无明灭，故十二支皆当息灭。

【今译】由于四颠倒进行分别，而生起无明；能亲证真实义，则无明亦无自性，不会再生。无明没有自性，且不再生起，那么，"行"自然也就不再生起，（如此，则）十二支里的其他支分，也是如此。（十二支里的每一支）都是依前一支而生起的，因此前一支没有了，后一支自然也没有了。有自性、无自性是互相观待而成立的，有为、无为也是如此，只有了知并亲证这些事物的本质都是空性，才是寂静的涅槃。

诸法都是依因缘而生，众生虚妄分别才执着为真实。佛说，虚妄分别就是无明，无明又衍生出十二支因缘法。如果能了知世间有法的本质实为空性，亲证真实义，因此就是证成"无痴"，这就是无明已经断灭之义，由此也就可以断灭十二支因缘法了。"行"等本身就像寻香城一样是幻相，又像是阳焰、水泡、水沫，梦境、旋火轮等幻事。

【解析】本小节再次归结到十二因缘法的层面。因为缘起与性空为一真实胜义之两面表达，其中空性为胜义，断绝言路，无法直接描述与论证，所以，就以永断十二因缘法，也即现证空性的世俗层面的直接呈现，来作为空性得证的标志来加以说明。实际上，此论述方式即为兼说缘起有与胜义空的中观道。从论述方式来看，本部分内容依然不偏离以继承原始佛教教义为基础，进而宣说胜义空性的理路，可见龙树菩萨在本论中对于此指导思想也是一以贯之地执行的。

具体来说，对比前文对十二支因缘法无自性的论述而言，前文侧重理论说明，而此处则侧重在实修和证悟。即从此处回看本节内容，从业无自性，根、境、识无自性到无常非实有，贪、嗔、痴无自性，实际上是对不断深入的实证过程的次第描述。且此实证过程，循序渐进，不疾不徐，逐渐深入，清晰透彻，直至归结到最终十二因缘法在实修层面的断除，且断除得彻底而究竟。

另外，此处也与前文呼应，说明四颠倒即实执为无明的根源，而无明则是十二因缘法之所以得以衍生的根源。因而，断灭无明，即可断除十二因缘法，永断轮回并彻底出离实执，即真正实现现证空性的真实义。

综上所述，龙树菩萨自理性推理即闻思之慧与实修现证即修慧两个层面，给出了现证空性的次第。两者均汇聚到十二因缘法，因而十二因缘法的理路断除与现量实证断除，是本论的论述核心，也是关联前后的线索与枢纽。了解此思路，则本论之结构与内容安排也就自然更加清晰明了了。

第五节　结论空性

【论】复次：

无少自性法，亦非无有法，以从因缘起，法无法皆空。(67)

【论】若审推求，全无少许有自性法，亦无少许无法。法与无法皆因缘生，故悉是空。复次：

以此一切法，皆是自性空，故佛说诸法，皆从因缘起。(68)

【论】由一切法皆自性空，故佛说诸法皆是缘起。

【论】复次：

胜义唯如是，然佛薄伽梵，依世间名言，施设一切法。(69)

【论】于胜义中，一切缘起诸法皆自性空，唯此而已。然佛世尊依止世间名言如实施设种种一切诸法。

【论】复次：

不坏世间法，真实无可说，不解佛所说，而怖无分别。(70)

【论】于世间诸法不破不坏，于真实中则全无法可说。由未了知缘起胜义，不达如来所说，故诸愚夫于无立、无相、无分别而起恐怖。

【论】复次：

依彼有此生，世间不可坏，缘起即无性，宁有理唯尔。(71)

【论】世间说依于彼法有此法生，此世间理不可破坏。然凡缘生即无自性，若无自性，何能说有？决定如是。

【今译】不存在任何具有少许自性的法，但这也不是说世间诸法都不存在。而是因为世间诸法都是从因缘而生，所以"法"或"无法"的本质都是空性。因为这世间一切诸法，都是空无自性的。所以，佛说诸法都是从因缘而生起。依胜义，则世间诸法皆无自性，本然空性。然而，佛陀（为逐步宣说胜义），而依世间名言方便施设了此世间诸法。但如果完全不破坏任何世间法，那么就无法言说真实义（所以，佛陀也要逐渐宣说空性）。众生不能理解佛陀所说法的真实义，而对无分别之境生起畏怖之心。（但事实上）世间诸法依彼此而有生，（佛陀宣说胜义）并未破坏世间此缘生诸法。依缘起，就是无自性，这个道理也是显而易见的。

【解析】本节是总结，说明世间不存在任何有自性的实法，所有世间法本质都是空性，即破除所有法执相关的实执。

也指出，佛陀说法一方面是对世间共许报以尊重的基本态度，而说"缘起有"相关的义理，并在此过程中为宣说胜义建立并夯实现实基础。另一方面，则是对胜义的宣说，此部分不可能完全依据世间共许，否则胜义的宣说就成为了不可能之事。因而佛陀自然要依胜义而宣说诸法空性的本质。其目的不在于破坏世间法——依缘起的世间万法，在缘起层面依然存在。而是在于为涅槃解脱指明清晰的道路。

因而，世间诸法缘起有与出世间诸法本空性，两者在佛法传承的过程中相辅相成，既不囿于缘起有的局限，又不陷入恶取空的断见，是为中观道。

【论】复次：

正信求真实，于此无依法，以正理随求，离有无寂灭。(72)

【论】若成就正信勤求真实，于此所说都无所依之法，能以正理随求、随欲者，则能远离有性、无性而得寂灭。复次：

了知此缘起，遮遣恶见网，断除贪嗔痴，趋无染涅槃。(73)

【今译】我等后学应当对佛法生起正信，寻求真实义。对于无所依之法，应以正理随顺推求，离有性无性之边见，才可亲证寂灭。明了遍知此缘起性空之真义，能够遮除遣断恶见迷网，断除贪嗔痴等一切烦恼，趣向无染的清净涅槃。

【解析】此二颂为论末结语，旨在勉励后学以正信之心寻求真理，以中观之道行解脱之路。至此《七十空性论》完结。

第六节　空性观的立论脉络解析

上一节完成了《七十空性论》的内容解析。本节将继续探索《七十空性论》的立论脉络及其试图传达的思想内涵。

纵观《七十空性论》前后七十三颂，针对此法界之内包含一切有为法及相对无为法在内的所有事物进行了本质空性的论述。其立论目的明确，即宣说佛法之胜义空性。然而，对空性的论述是困难的，因为空性本身既然属于胜义，就必定是非语言性的事物，只有亲证才能体悟到空性的真实含义。因而，空性是无法直接被描述或进行论述的。

如此，要宣说空性，就需要借助空性在此世间的表现形式即无自性来进行论述。因为无自性属世间现象，是可以通过语言论述来清晰表达的。因此，本论的论述又落在了诸法、现象和规律的无自性上。然而，从论述的角度来说，这又使得本论之阐释变得更加困难了。因为关于世间缘生诸法、相和律的无自性，在《六十正理论》中，几乎都已经全面做过相关证明了。那么，本论该从哪些角度入手进行论证，才能既延续《六十正理论》的缘起观，深入阐述空性，而又不落入与《六十正理论》互相重复的范畴呢？

龙树菩萨在此可谓别出机杼，另辟蹊径，根据缘起与性空二者的关联性，而把不可言说之空性，落实到可言说的因缘法的断除上。而因缘法的彻底断除，实际上也就意味着与之关联的另一面空性的证悟了，此时修行者已经可亲证空性的真实义，自然也就不再需要任何言说的辅助了，从而使得空性论以实证获得了悟的方式，得到了超越语言的最直接也最合适的说明。也就是说，龙树菩萨用此独特的论述方式，实践了缘起有与胜义空的中观道。

具体地说，龙树菩萨对本论主体内容的安排是以十二因缘法作为阐释核心和连接前后文的枢纽来进行的。进而，从理论与实证两个角度出发，分别以十二因缘法的无自性即断除次第来进行理论阐述，再从亲证角度说明十二因缘法在实修中逐步得到断除直至永断的过程。如此，上述两部分，就共同构成了本论的主体。

在此基础上，文首以前三颂为总体性概括，旨在说明世间一切法皆为空性，并进而指出佛法宣说中用到的"名言有"现象，说明此为宣说胜义的善巧之法，此即为第一节概论空性。之后，就层层铺垫，而逐渐引出十二因缘法的无自性证明，及其断除次第的理论说明，此为第二节理证空性。

与此同时，龙树菩萨深知，世人实执，深广细微而难以断除。所以，在听闻上述空性理论之后，必然生起各种疑惑，亦对世间种种可亲见、亲闻、亲手触碰之缘起有与出世间之空性的关系，有所迷惑，不能获得甚深解。因而，在第三节，就直接引入了修学者们的提问，并通过设置问答环节的方式，对上述种种困惑给予了回复，并进行答疑。由此，进一步说明了缘起有与空性观两者非但不相违，空性还是生起此世间诸法的基础。进而，又在此基础上，对世间种种事物、现象与规律进行了总结，说明此世间所有一切有为法与无为法皆是空性，即针对行者之种种疑惑，直接宣说法界空性，再给予答疑之后，进行胜义的强化宣说，使得行者认知能够进一步加强并获得深化性理解。此即第三节空有不违部分。

接下来的第四节，即十二因缘法的修中断除过程，这就是修证空性的部分了。此部分占据了本论将近二分之一的篇幅，从三十三颂始至六十六颂终，可见实为本论的重中之重。这是因为本节是与实修直接相关的内容，对其理解的程度，也可能影响行者禅修实证过程的深入，因而其论述非常具体而详细。

具体来说，本节的论述说明是从实修过程中，会观察到的不同部分如何依次第出现，如何证其空性，分别细致地加以阐述的，从而为最终十二因缘法的现断打下了坚实的基础。即先从比较粗显的业说起，进行空性观修，进而是对在现实中又直接呈现的相对粗显的根境识及其与心的关系进行空性观修，之后到对相对较细的无常修证空观，再到贪嗔痴此三根本烦恼的深细空观。如此，则修学者之体证越来越深细，越来越精微，因而对十二因缘法的断除，也就具备了可行的基础。

此时，再由四颠倒引生无明，而无明又衍生出十二因缘法，进而导致轮回不息的世间现象。说明，十二因缘法是实修中所要断除的关键所在，而无明则是关键中的关键。因而，应致力于此，进行实修，直至无明断除，则无明之因实执也就得到了断除；而其果，即十二因缘法亦得到断除，因此，轮回也无可生处，而自然止息。如此湛然空性，不生不灭，即是涅槃。至此，十二因缘法的实修证断次第就宣说完毕了。

之后的第五节则再次对佛陀说法过程进行了回顾，说明佛陀依世俗而宣说缘起，依胜义宣说空性，不能出离实执无明，则空性中自然生缘起有；得以解脱实执无明系缚，则空性本然寂静。因而，佛陀所说之空有间，本不冲突，是世人不解此意加上贪、嗔、痴等烦恼习气作祟，才将其认为是冲突的。故而，在此基础上，勉励后学不必为此本不存在之冲突而落入恶见之迷网，而应以正信之心了知缘起性空的中观道，坚定地在解脱道上实修前行，进而证悟空性涅槃。此为结论空性。

以上，是关于《七十空性论》的立论脉络梳理，其内涵则蕴含在此脉络之中。此立论延续了《六十正理论》的目的，旨在承续原始佛教教义经典，进而指出缘起有的局限性，并阐述佛法胜义空性观。

因而，此二论洋洋洒洒千言，都旨在统合佛陀前后依不同情况而留下的不同层面的说法，为其安立世间可理解的逻辑顺序和各自适用的不同情况。从而，以期教内实有与空无两种过度偏激的倾向，能够得到有效的纠正，修学者们能够对缘起有和胜义空的佛法义理生起贯通的理解，进而弥合教内分歧。当然，更寄望于修学者们还能够在此基础上，进一步于实修中获得切身的真正益处，于解脱道上有所成就，亲证解脱涅槃。

深观本论，龙树菩萨正是以中观之道，将对空性之不能言传，落实在了十二因缘法的可理论阐述与可实修断除层面上。这就使得空性的世间呈现之现象，在理论上成为了可经由基本逻辑思惟与推导而产生基础理解的事物；也使得空性本身，在实践上则成为了行者切实可循序渐进地逐步获得亲证的可行方向。同时，亦使得《七十空性论》本身成为了一个"中观"思想在世间得以呈现的真实范本。进一步地，此范本的问世和流传，也使得以此论为修行指导的后学们成为了在自身的言行与修证中实践着的鲜活的"中观"思想的传承者。

因而，也可以说，每一个理解此论真实义之行者本身，都已经成为了一条此世间活着的可宣说、可行走、可实践的"中观"之路——这些路从不同的地方开始，以不同的状态延伸，但最终都指向了佛法之究竟胜义，指向了解脱道与涅槃道。

综上可知，此二论已经阐明了龙树菩萨进行中观思想著述的根本原因：概括来说，仅为承佛陀之原始教法，扬佛陀之胜义教法，于此世间为众生宣说涅槃解脱道。其言语论述，能够融缘起与性空于一论，实因佛法早已融于自心。而其心纯然，不落缘起有，不偏空性见；其行景然，不落宗见，广利世间。如此，亦正是真正的佛法"中观"道，在此世间的智慧显现。

第三章　佛教诞生历史背景

前两章从文本角度考察了在中观思想的起源时期，龙树菩萨所表达的本义和指向。此处，再总结如下：

首先，从文本的角度来看，在前两章关于《六十正理论》和《七十空性论》的文本考察中，存在以下三方面的共同特点：

一、龙树菩萨之论典与后世大乘佛法的交集主要在胜义空性层面。而文本内容，则是建立在广泛而深入地对原始佛教之继承基础上，进行宣说的。此观点，可以从上述二论中广泛使用原始佛教经文中的基本概念和理路作为论述基础，来窥见一斑。

具体到文本之词汇与用语层面，此二论中，都未明确出现任何与"大乘"、"小乘"有关的分别字样，类似"般若波罗蜜"、"摩诃衍那"等明显标识出大乘佛教字样的词语，也未曾出现过。

二、在《六十正理论》中明确提出宗见之不可取，勉励教内同仁超越宗派见地，共依佛法胜义教导，才可实证解脱。

再对比龙树菩萨其他论典来看，此三特点也都几乎是统一且始终在延续的。此处，再以《中论》为例加以说明。《中论》本身是以驳斥其他印度教派的实有论而建立的，其内容包括了缘起与性空两个部分在内的中观思想。其文本内容所引用之经论里，唯一明确出现名称的佛典为《迦旃延教诫经》。而这部经正源自原始佛教之经典《杂阿含经》。类似的，其余虽未直接出现经论名称，但进行了引用的《阿含经》内容，更是相当广泛，而对共许之大乘经典几乎无确切可查明之引用。同时，《中论》原文二十七品共计四百余颂内容中，亦从未用到大小乘等分别字样，来看待佛法教义。

即使聚焦细节，也仅在第二十四品第三十二颂"虽复勤精进，修行菩提道，若先非佛性，不应得成佛"中，提及了菩提道。但根据上下文贯通意思来看，此处的菩提道含义是指遵循四圣谛的佛法修行道路，与后世大乘执持的悲智双运之菩提心与菩提道，依然存在一定差别。

综上，依据龙树菩萨现存世之文本考察来看，中观思想本身就是以原始佛教所整理之经教内容为根本基础，并在此基础上，通过对缘起有和胜义空性的系统性论述共同建构起了清晰的世俗与胜义二谛并行的佛法宣说脉络和框架。其中，未见任何关于佛经内部部派或三乘的宗见性区分，而是立足于整体佛教观，所进行的综合性和框架性诠释。

那么，上述文本考察，是否能够与历史当中曾发生过的现实相互印证呢？回到佛教的发展史层面，中观思想在其中所扮演的又是怎样的角色呢？为了对此能够进行全面阐述与说明，本章就将回归历史角度继续考察中观思想诞生的时代背景。并尝试把最原初与最根本的中观思想，重新放回到它得以被宣说的时代中去，考察中观思想如何承前原始佛教之经论教导，又如何启后被后世认定为大乘中兴之关键的具体脉络。

第一节　印度次大陆的文化与历史背景

要想更清晰地还原中观思想的发源历史与文化背景，就需要先了解佛教最初诞生的印度次大陆的整体历史背景和文化特点。而从地理上来说，印度次大陆，又是一片地理环境多样的地区，它不止包括今天的印度共和国，还包括了巴基斯坦、斯里兰卡、尼泊尔等七个南亚国家，另外，还包括了阿富汗南部和一部分缅甸地区。而南亚地区也恰恰是佛教较为早期的传播地，且至今其中部分地区仍是南传佛教的集中地，也仍存在不丹等以佛教作为立国之教的国家。

因而，了解古代印度次大陆的基本历史与文化特征，对于行者深入认知佛教与佛学之诞生背景来说，是很重要的。然而，要了解上述历史与文化，却面临着两个明显的印度次大陆文明所特有的难题。

第一，印度次大陆的一个明显的文化特征，是其不具备文字记载的习惯。此习惯不止是说历史上大大小小的印度各国均不擅长修史，而是指自公元前开始直至近代，整个印度文化的方方面面，都鲜少存在文字记载的习惯。不止官方史料缺失，民间从不同角度、不同层面对当时的社会形态以及民众生活等具体形貌的相关记载，也几乎是完全缺失的。因而，这种特点也使得相关考据，变得相对困难——鲜少有出土之文字记录可供考古学进行研究。

第二，印度次大陆文化圈内，神学与宗教氛围浓厚，并形成了独特的文化特质，这导致即使有文字记载传世，往往也与神话交织融合，不可分割，难以将其中的真实历史成分与幻想和神话进行区分考察，甚至年代亦难以具体考证和采信。

以印度最早的史诗之一《摩诃婆罗多》为例，其最初就是由伶工歌唱的叙事诗和抒情短诗所组成，而后以口耳相传的形式传颂的。而这些诗歌在传颂过程中，又会发生流变——不同的传唱者会不断地加入新的素材和支分性的故事，同样也会基于各种原因而删减掉原本的一些旧有内容。但总体来说，增多于删——传说中《摩诃婆罗多》的作者毗耶娑的名字，就是"扩大者"的意思。因而，整个史诗就演变得越来越长，风格也越来越驳杂多样。据印度文化研究者推测，从《摩诃婆罗多》的故事初具雏形开始传播，到开始出现相对固定的文本内容，期间可能经历了八百多年的时间。

而根据季羡林的考据，与之齐名的另一部史诗《罗摩衍那》也是如此。其中，第二到第六篇文体原始且连贯，似在传唱过程中，经历过同一人之手的整理，此整理者在传说中叫做"蚁垤"。而关于蚁垤其人的传说，就更多了。其中一个传说是，他打坐修行，数年不动，因而蚁垤生身，遂以为名。还有一个传说认为，他是金翅鸟的儿子。另一个传说是，他出生于婆罗门家庭，自幼被父母抛弃，而遇强盗收养，因而以此为生。后遇仙而不能识，所以被仙人施法，反复念诵"罗摩"倒置的"摩罗"一词，不得动弹，以致身上堆满了蚁垤。过后受此仙点化，而对盗行深恶痛绝，后成道，即名"蚁垤仙人"。成仙后，又得梵天亲许，而吟诵《罗摩衍那》。可见，印度文化中混合现实和神话的因素随处可见，不止在史诗传说内部存在，还延伸到了现实的作者层面。

　　而《罗摩衍那》最初被传颂的时代，国际学者公认为公元前 800 年到公元前 600 年，而季羡林的考据则认为《罗摩衍那》的修订编撰约在公元前三到四世纪。到了公元二世纪，即五六百年后，整部书才初具了类似现代版本的雏形，但总体颂文可能仅为现存数量之一半左右，此看法基本与印度传统与国际研究相一致。

　　且值得一提的是，直至唐代，玄奘入天竺求法时，即公元七世纪，其所见闻之《罗摩衍那》颂文数量还保持着二世纪的样子，也就是说，或者存在版本相差巨大的两种《罗摩衍那》，或者在七世纪以后的某个或某些时代，印度民众又在《罗摩衍那》已经成熟的故事里，添加了几乎与原文等量的颂文上去。

　　以上就是以《摩诃婆罗多》和《罗摩衍那》为例说明的印度传世文字背后的实际状态，这是与大多数文明和文化，都存在较大差别的情况。那么，在这样的状态下，即便有些历史事件存在文字记述，其可信程度也必然大打折扣，而且要在其文本内容里，摘除掉其中的神话虚构成分，还原历史本貌，也是相当困难，甚至根本不可能的事情。

　　与此同时，研究者也会面对来自自身的难题。众所周知，很多自然科学研究工作，都必须注意研究者作为"观察者"的观察角度、观察位置、观察所带有的有意无意的预期和个人学术思想的倾向性，以及"观察者"本身对于观察对象所产生的影响。而实际上，这种观察者自身对所观察的事物所产生的影响，在考古学、历史学或人类学等社科类研究中，也同样不可避免地存在着。因而，在人文研究中，同样需要注意研究者作为"观察者"自身的位置，以及其长久以来所受到的文化熏陶和浸染，所带来的无意识的倾向性。

因此，观察者是在所观察的文明之外，还是之内，实际上就是两种不同的需要加以辨别的情况了。在此文明之内者，可能对此文明的精神内核存在更深入地个人感知和理解，因而更能产生直观性地把握，但也可能带有相对明显的无意识共业性文化倾向和价值取向。从心理学层面来说，这是一种常见的个人自利偏差向集体层面的扩展性结果，即人们可能无意识地对自身所在的集体，包括文化与文明，做出自利性判断，"好"的部分归因于自文化共同体之努力和智慧，"坏"的部分则归因于自文化共同体之外的环境或他者的破坏等。

而在此文明之外的研究者，又是把自身放在何种文明之内，来打量和审视其所考察的文明的呢？这种打量和审视，是否已经预置了一定的文化倾向色彩，是否也无意识地带有了自身所在文明集体共有的某些价值取向和文化倾向呢？而即使是带着相对隐微的文化倾向烙印和价值取向，去看待其他文明，依然可能会影响到所观察的结果。

例如，在佛学研究中，学院派研究者看待佛学及其发生、发展等脉络，往往更具备客观性，也会给出更符合现代人理性认知的逻辑梳理与教义整理和说明等。而教内修行者的相关研究，则往往更容易看到教法背后所指的实修引领部分，以及其对于当时教团的指导意义，也更能看到不同教法之间相关的内在联系等。这是两者各自的优势，但反过来两者也各有劣势。

前者因大多不具备实修经验，而往往容易把佛学理解为一种古代哲学，因此也就容易产生偏形而上倾向性的理解偏差。

而且，少部分现当代学者，还可能带有某种"现代文明的独特优越感"来进行观察和梳理，因而其研究结果，也必然会偏差更大，且不足为提了。而后者则容易因自身已于实修多少有所体证，而沉浸在历代高僧大德的光环里，延续古旧的论述模式，却难以发现作为当代修行者的自身，对教法的理解与阐释的不足之处。而且，少部分行者，也可能带有某种"修习佛法者比世间一切都更为高级的优越感"来进行观察和梳理，因而其修学结果，也必然会偏差很大，且很可能对实修产生误导了。

所以，这是一个两难的选题，而个人色彩在研究中，也是无法完全避免的。用佛学的视角来看，这是因为此世间所有事物本就是彼此相依而起的，因此不存在百分百的客观性。所以，相对客观但基于不同出发点的研究结果，既可能意味着各说各话，各增各执；也可能意味着不同视角阐述不同的观察所得，从而为全面而整体地理解事物，带来彼此多方互补的机会。

也就是说，无法完全避免个人倾向性和局限性，不意味着就要对其视而不见，或认定为理所当然。一个合格的人文科学研究者，无论是对待自身所在的文明，或不在其中的文明，都起码可以尝试在一定范围内，尽量去突破个人的民族性与文化性的狭隘之处，站在其他文明的视角，或更广阔的人类共性的层面，去作一些观察、理解和思考。那么，其研究成果本身就可能获得更多角度、或更多层面、或更具深度与广度的呈现，因而对于人类整体的益处也可能更为深远。而对于研究者个人来说，这很可能也意味着对原有思想疆界的一种突破和超越。所以，这种突破，对于科学研究、研究者和人类整体来说，都是有益的。

　　佛学研究也同样如此。作为佛法实修者和佛学研究者，我们也需要更开阔的视角，突破个人所携带的文化倾向性等桎梏和枷锁，才可能自其他不同的文明，以及人类共性的层面，来看待佛法的诞生、发展与延续，及其意义所在。另外，我们还需要突破佛教在几千年的传承过程中，为得以存续所形成的保护性外壳、及部分传承者自身不可避免的历史局限性，才能逐步还原佛法本身的真义，回归佛陀本怀。同时，我们还需要回到自身，逐步深入地了解作为今日之佛法实修者与佛学研究者，我们自身也必然存在着的种种局限性。

　　尽管上述种种局限，可能都非常难以认知和辨别，但了知这种个人与历史的双重局限性的存在本身，就能够部分减少其所带来的干扰，而且随着自身修为的深入，我们能够获得的认知，也会更加精微细致。同时，秉持这种对个人与历史的双重局限性的警惕，还可以有助于我们把精力集中于抽丝剥茧地还原佛法本真的理论阐述与实修层面。

　　综上，本节就将主要从近现代考古证据、人类文化学及比较语言学三个层面，来配合印度次大陆流传之文本，对佛教诞生的文化与历史背景，进行对比说明。

1.1 印度河文明

　　简而言之，佛教诞生之前的早期印度次大陆，可分为：印度河文明时期、前吠陀时期、后吠陀时期三个阶段，下面将逐步探讨其中每个阶段不同的文化特征与宗教特点，及其与佛教之间的隐藏联系。

　　在很长时间里，印度河文明都曾一度被淹没在历史的尘埃与风烟之下，不但消失在了人们的视野之中，甚至连久远的传说与故事的遗迹，都淡漠得几乎不着一缕印痕了。这种情况，一直持续到公元 19 世纪初期，英国殖民者在巴基斯坦信德省修建铁路的过程中，拆除了哈拉帕遗址上的砖块用以铺设路基，随后考古学家才发现这些砖块属于某个未知的早期文明，这一发现以及之后的一系列考古发掘工作，才使印度河文明逐渐获得了重见天日的机会。

然而，考古发掘的过程是缓慢的。直到 19 世纪五十年代，印度考古学之父亚历山大.甘宁汉对哈拉帕出土的砖块进行了专门研究，才逐渐意识到，这些具有特殊形制的火烧砖，要早于佛教时代，而出土的部分印章上的文字则至今仍无法破译和释读。而直到二十世纪初期，Daya Ram Sahni 才带领团队系统地发掘了哈拉帕遗址。然而，先前的铁路建设，却导致遗址已遭到严重破坏，失去了大部分文物参考价值。而后，又要到 1921 年，R.D. Bernerji 团队才考察发掘了未被破坏的摩亨佐.达罗遗址，至此才相对完整地重现了印度河文明的特色。

后来，在喀拉蚩以西 480 公里，靠近阿拉伯海岸的苏特克根多尔，喀拉蚩东北 1600 公里西姆拉山麓的鲁伯尔，距喀拉蚩东南 800 公里西海岸南部的坎贝湾，以及离德里北边 50 公里的亚穆纳河盆地，考古学家们又进一步发现了这一文明的遗迹。并通过科学探测,证实其出现时间大约在公元前 2500 年前左右。另外，俾路支省的北部和南部，也分别发现了兹霍布文化和库里文化的遗迹，其出现时间被大约断代在公元前 2700-2400 年前。这些陆续发现的遗址都显示，此文明与美索不达米亚文明和古埃及文明大约在同一时代，但分布要更广。

　　之后，考古学家逐渐证实，此文明于公元前三千纪中叶至前二千纪初叶，曾在印度河流域广泛存在。下面，就以资料更为详实的哈拉帕和摩亨佐.达罗文明为例，对其进行分析和探讨。

　　具体来说，此文明相当发达，不但已经发展出了城邦，拥有沿着印度河星罗棋布的小城镇，另外还存在中心性城镇，其城市更是规划严整，且街道井然。以摩亨佐.达罗为例，此城市呈长方形，周围约 5 千米，分为卫城和下城两区域：卫城是管理中心，有"议事厅"和大型的"大浴池"；下城是居民区，有宽阔的街道和相当完备的下水设施，沿街是工商业区。而哈拉帕遗址虽然遭到了铁路修建的破坏，但从残存遗迹来看，其城市规划等基本建设，与摩亨佐.达罗基本一致。这都说明，生活在其中的先民已经具备了相当发达的经济、文化和管理水平。那么，具体来说，印度河文明具有哪些文化特征呢？

　　一、无王权性。历史学家对印度河文明与美索不达米亚和埃及文明进行了多方面、多层次地对比研究，从而认识到，印度河文明没有出现宫殿建筑、大型墓葬、纪念碑等遗址，也没有发展出类似两河流域的专制王权，即此文明不存在中央集权的特征。

　　二、无明显战争。经考察，印度河文明遗址不存在军事要塞、防御工事等遗址，而发掘出的武器数量稀少，且质量低劣。由此历史学家认为，这说明，印度河文明不存在明显的战争危机和战争必要性。

　　三、与周边地区存在大量贸易往来。正如葛维钧等人在《印度文明》一书指出的："印度河流域文明时代的商业十分发达。莫亨佐达罗和哈拉帕等都是重要的贸易中心，同中亚、波斯、阿富汗、古吉拉特、南印等地有着广泛的商业联系……在印章和陶片上出现过船的图形，意味着可能有过航运贸易。船的两头明显上翘，与克里特、埃及、苏美尔的极为相似……有人推断它们曾被用于海上航行。罗塔尔有一个考古学家认为是船坞的建筑。在美索不达米亚发现过形制与莫亨佐达罗完全相同的印章，而在莫佐达罗又发现过美索不达米亚风格的盒子，这些证据都支持了当时印度河流域城市与西亚、埃及有过海上贸易的说法。"

在此贸易往来频繁的情况下，商人的作用自然是重要的。但与商人在美索不达米亚占据的较高地位不同的是，从出土情况来看，印度河文明中，商人赋税较轻，利润较高，因而可相对积聚一定的财富，但却不能占有土地。这是从商人的财富只能在自家内部呈现，却不可以演变成鹤立鸡群的豪宅、或金碧辉煌的宫殿的考古证据中，得出的推论。另外，商人也必须要遵守城市的统一规格与标准，与其他居民一样享有同等住房条件及相关配套设施。

四、印度河文明的治理方式：宗教统治，宗教总体信仰应以母神崇拜为主。依据上述诸多考古发现，印度历史学家高善必在《印度古代文化与文明史纲》一书中，曾就印度河文明与美索不达米亚文明和古埃及文明，进行了多角度多层面的比较研究。他认为，印度河文明与上述二者的最大差异是，印度河文明是由宗教进行直接统治的文明。其支持论据存在以下四点：

1、印度河文明与其他地区贸易的证据已经得到了多方面证实且获得了广泛认可，但印度河文明，却没有效法幼发拉底河沿岸的沟渠灌溉和深耕作业的农业模式，对本地农业作任何改良，这是印度河文明中存在的一个谜题。

2、印度河商人没有采用贸易中可以获得的更先进的生产等层面的工具，也没有学习与之贸易者已经广泛采用的泥板记账等书写方式。

上述两点说明，印度河文明的社会结构很可能不支持改革，而商人不但无法自改革中获利，还可能被当局所排斥，那么其他文明的先进工具和模式，就不太可能会被带回到本文明之内。

3、从宗教本身来说，在摩亨佐.达罗遗址中，卫城里有座规模巨大底部铺有防水沥青的浴池，水池周围有一个个门不对着开的房间，有些房间还遗留有楼梯显示可通往楼上一层或几层。因居民住所都存在独立浴室和水井，研究者们普遍认为此浴池不仅为洗浴之用，而是一个宗教场所。

高善必则根据此浴池与后续印度文化的对比，而认为其为印度河时期的古"莲花池"，功用除了宗教仪式性洁身沐浴之外，还是灌顶仪式所必备的场所。另外，水池也可能隐喻子宫，因而还兼具生育崇拜与女神崇拜的可能。据此高善必将水池周围的小房间推测为女神的世间代表即女祭司，与前来祭祀的男性交合，并诞下继承人之所。这种推测与摩亨佐.达罗和哈拉帕出土的大量母神陶俑、石像、铜像的情况，是可以吻合的。而在哈拉帕遗址，还另外发掘出了火祭神坛。

因此，研究者认为，如果依据哈拉帕和摩亨佐.达罗这两座大型城镇如出一辙的设计模式来看，那么，一种可能性是，它们从属于同一统治范围，也属于相关寺庙和僧伽的统一管辖，那么，这两座城市中的标志性宗教场所，就可能是为不同层面的宗教仪式而设立的，其功用各有侧重、互为辅助。另一种可能性则是，这两座城市，是由同一文明按照同样方式建立起来的，但却可能在发展过程中，发生了信仰上的分裂，一个偏重火祭，可能存在与火相关的信仰——这说明南亚地区对火的崇拜很可能不止一个发源地，也不止雅利安人一支；另一个则偏重对水的崇拜，这与后期印度教洁身灌顶等宗教传统可谓一脉相承。但无论上述哪种情况与真实发生过的历史更为相吻合，母神崇拜和宗教统治，应该都是印度河文明的普遍特点，因为南北两座中心性城市都存在明显的此类特征。

4、根据莫亨佐.达罗、哈拉帕古城及其他遗址中出土的文物来看，其中存在一个不同于其他文明的独特之处是，印度河文明的印章文化。据推测，印章可能是印度河文明中的一种身份象征。人们把这种标志刻在章上，需要时就盖章或随身携带显示身份；因为较为珍贵，有时也可能会作为纪念物赠予他人。因而，才由于存在彼此之间的贸易往来，而使得两河流域在美索不达米亚和古埃及时期，也都留下了印度河印章的踪迹。如前文引用的《印度文明》一书所述，这些遗留在他乡的印度河印章也在近现代考古中，得到了出土和重新发现。

此类印度河印章的形制是，背面有孔，可以穿绳佩戴，正面则刻有字和图案。其中的文字有接近于象形文字的部分，也有在象形向表音转化的部分，不同于后世的任何印度次大陆文字，且至今未获破译和诠释。而图案则包括了各种图腾崇拜的符号，例如，女神、菩提树神、独角兽、牛、象、半人半兽等等，种类非常丰富，但其中很大一部分都与宗教信仰有关。

例如，在新德里博物馆收藏着一块印度河文明的印章，上面有一菩提树，一女神站在菩提树杈上，她面前半跪着一位崇拜者，女神和崇拜者都戴着一个牛角头饰。而另一枚从哈拉帕出土的一枚印章正面，有一头朝下的裸女像。她双腿向上伸展，其子宫处长出一株植物。据研究人员推测，这可能是地母阁迦姆婆里的原型，即印度河文明时期的大母神。此类印章还存在很多，因而也可以说明，大部分印章的内容与女神信仰有关。

因此，可以总结说印度河文明总体具有明显的女神崇拜特点，很可能带有一定程度的母系氏族性特征。但同时在商人的印章上也开始发展出了男性神祇和雄性动物的图案，这说明该文明，也可能出现了男权、父权一类的萌芽，或者该社会可能具备女神崇拜与母权父权并存的状态。但尽管商人才是贸易的主体，女神与宗教类印章还是随着商人的脚步走向了本文明之外，这也说明宗教信仰和相关的女神崇拜，在当时应该无疑具备很大的社会影响力。

综上所述，在不存在专制政权的情况下，宗教及大寺庙和祭司，就在此社会中实行了统治权，这种推测，相对来说是合理的。即所有的土地都是大寺庙及祭祀的财产，并为她们所直接经管，相应地，土地的产出——谷物也由寺庙及僧伽统一收集分配等。谷仓周围房舍相对粗陋，这说明寺庙可能拥有作为农业劳力的奴隶或奴工居住在此。因而，对其管理者来说，整个社会安定而有序，改革是没有必要的，维持稳定则要显得更加有意义。

对此高善必总结说："（对于印度河文明来说）王权不是不可缺少的，原始的生产者没有使用很多武力，就生产出了余粮。是宗教，而非武力和暴力，才是印度河社会的基本思想力量"。当然，这种宗教式统治所带来的生产力的停滞不前，也很可能为后续文明的覆灭埋下了隐患性伏笔。

　　但也有学者认为印度河文明内可能实行的是寡头政治，即由强大的部落或家族发展成为统治者，而各大城市与地区间则实行联邦制的管理方式。根据考古情况来看，这种说法存在一定的合理性。但从另一方面来说，寡头统治，也很难解释上述两个拒绝改革层面的疑点。既然寡头来自强大的部落，那么就必然希望自身更强大，从而保持优势地位。而其他部落作为联邦成员，也难免会希望本部落可以变得更加强大。因而不同部落都会希望自身的生产力水平能够得到提高，那么，在贸易广泛存在的前提下，美索不达米亚和古埃及的先进农业生产模式，就不可能得不到引进，而被拒之门外。而且对比当时的印度次大陆，及与其同时期的美索不达米亚和古埃及的情况来看，后两者虽然并非完全以宗教进行统治，但神学统治的色彩也较为鲜明。据此推断，寡头与联邦的模式，在印度河文明存在的可能性似乎不大。在印度次大陆，宗教统治的可能性要明显大于寡头政治的可能性。

　　而对于印度河文明的灭亡，学界前后曾存在两种不同的看法，一是认为印度河文明的消失与雅利安人入侵有关，这与《梨俱吠陀》中大量记载的对城市的焚毁等描述也比较吻合。曾参与考古发掘的莫蒂默.惠勒及上文提到的印度历史学家高善必都持与此类似观点。同时，也有学者认为印度河文明的灭亡也可能与河流改道造成的干旱或洪水爆发所导致的农业生产受重创有关。而持此类观点的学者，也倾向于认为《梨俱吠陀》中大量出现的因陀罗摧毁城堡等描述，很有可能发生在雅利安人早期在今阿富汗的基地，而不是后期的印度河流域。

　　而 T.伯罗和巴沙姆等人则综合上述两种观点认为，印度河文明部分城市是因洪水而覆灭，如摩亨.佐达罗。而这些城市覆灭之后，印度河文明整体也在走向衰落。部分民众生活无法得到有效保障，而不得不放弃城市，逐步退化和回归相对原始的村落生活。同时，农业种植物的改变，也可能为村落提供了更大的存续可能。而后百年左右，又逢雅利安人入侵，因而整个文明就最终全部覆灭了。这与一些印度河文明遗迹存在火焚的痕迹也相符合。依据此推测，随着文明的覆灭，虽然文字、印章等相对高等的文化特征都在退化中逐步遗失了，但民众的整体文化特点，包括信仰和崇拜等等，应该并未完全断层。

　　最后，需要特别说明的是，无论是上述遗址内所发掘的印章，还是两河流域出土的印度河印章中，都已经出现了类似瑜伽行盘坐禅修冥想的图像。且在摩亨约.达罗遗址出土的一个印章上刻有一个坐像，被广泛视为瑜伽师的瑜伽趺坐姿态。他有三面看得见的脸、三只眼，头上长有两只角，手持三叉戟，四周有象、虎、犀牛、水牛、鹿等动物围绕。三只眼与两只角显示其神通力，而动物的伴随表明其在森林中，已成百兽之王。这与后来印度教中的湿婆像也颇为相似。

　　这说明虽然具体关系无法完全考证，但在古印度河文明的宗教体系中，的确已经存在瑜伽行类修行方式了，且从印章远流其他文明的角度来看，此方式应该已经具备了较高的社会认可度和尊崇性。同时，此情况也说明，虽然印度次大陆的不同文化往往是各自独立保存与延续的，但雅利安人入侵后，还是很可能在与先民文化的彼此渗透过程中，逐渐吸收了来自印度河文明的部分残余文化，并将其部分纳入到了吠陀范畴。

综上所述，根据考古发掘之现有证据来看，印度河文明的部分基础特点与后世印度文化之间，是存在诸多潜在关联性的。其中，最大的关联性，可能来自于民众的文化烙印——虽然文明覆灭了，社会结构崩塌了，文化和经济倒退了，但民众依然保有着在长期的宗教统治下，所形成的某种共业性心理惯性。即相比于世界上的其他民族，印度河流域的原始居民有着更高、更广泛、也更深入的宗教热忱和宗教信任，所以，在印度河文明在消亡和逐步遗失的过程里，与宗教和信仰等层面相关的痕迹，也更可能被民众以自发的方式代代牢记而得以残存，而直接关系到世间民生的部分，却反而几乎没能得到保存。

这种状态本身，实际上，就是一种独特的文化特征。而从某种程度上来说，也正是这种古文化，奠定了其后的印度次大陆文化走向。同时，广泛存在于先民中的瑜伽禅坐的修行方式，也因此得以流传了下来，并逐步发展，为后世的吠陀文明以及佛教、印度教等宗教，提供了实修方法的原始基础，即提供了虽不完善但至关重要的修行路径之基础原型。因而，这也成为了印度河文明与后世之间的另一个深远的联系。

1.2 早期吠陀时代

据历史考据来说，雅利安人是印欧游牧民族中的一支。但关于雅利安人的早期居住地和活动，却并无文字等相关资料可考，且由于早期雅利安为游牧民族，具有经常迁徙、不建立城市等特点，因而研究者们认为，关于直接而早期的雅利安文化考古资料是很难获取的。这就使得对于早期雅利安人的活动地点及情况的研究，大多只能来自比较语言学考据。

　　在巴沙姆等人合著的《印度文化史》中，根据比较语言学考据，研究者指出，在所有印欧语系语言里，波罗的-斯拉夫语族与印度-伊朗语族有着最密切的关系，并因为都具有早期颚音化特征，而被称为萨塔姆语族。据此研究者也推断，公元前三千年左右的早期雅利安人，很可能居住在伏尔加河和乌拉尔山脉以西的地区。到了前两千年左右，雅利安人发展成为了单独的社团，并开始了逐步向中亚和南亚趋近迁徙的征程。

　　在大约公元前 1500 年前后，记录雅利安人活动的一些资料开始陆续出现了。在近东的胡里地区，发现了记录有雅利安人独特神灵与数字的文字资料。这说明，有一支雅利安人曾经在此活动，后逐渐与土著融合，而不再可分。由于这批雅利安人出现在近东的可考据时间，与雅利安人移居印度的时间是基本上一致的，因此有学者推测他们可能都来自更早的位于今伊朗东北部的同一雅利安人基地。

　　但后期随着考古技术的发展，关于雅利安人文化遗址的发掘出现了。拉尔在象城考古报告中把约公元前 1200 年土层的灰色彩陶认定为"雅利安人"的遗物。这些遗物包括大米、泥巴筑成的小屋、铁及牛、猪、绵羊、马等家畜的骨头，但没有马匹。而没有马匹，正是印度河流域雅利安文化的特征。

　　同时，象城与《摩诃婆罗多》中般度族的都城的名称一致，且埋藏遗物的土层与关于其记载的时间也一致。因此拉尔有步骤地考察了《摩诃婆罗多》及其他传说中列举的三十多个地方，在几乎每一处的较下土层中都发现了灰色彩陶，由此恒河平原上位于瓦纳拉西至鲁帕尔这一范围内的许多灰色彩陶遗址都得到了有序发掘，并认定为雅利安文化。

在此之后，艾哈默德.哈桑.达尼在铁木耳城发现了雅利安人的"犍陀罗墓穴文化"，其彩陶等特点与瓦纳拉西遗址存在相似性。同时，达尼还发现此处雅利安墓穴存在不同类型，证明为不同批次迁徙的雅利安人所遗留。

此说法得到了比较语言学的支持。语言学家帕尔波拉认为经过犍陀罗平原进入印度的雅利安人分为三个语言集团：早期雅利安人、早期南雅利安人和早期北雅利安人。

早期雅利安人被认为属伊朗灰色彩陶文化。分布地区从希萨延伸到印度，公元前2000年以后的那些最早的犍陀罗墓穴证明他们确曾居住在这个地区。早期南雅利安人是在萨摩崇拜产生以前与早期雅利安人分道扬镳。在阿维斯塔、犍陀罗俗语和摩揭陀语中可看到他们的语言特性。早期北雅利安人被认为属于哈特墓穴文化，在吠陀、阿维斯塔和古波斯语中可以看出他们的语言特征。晚期犍陀罗墓穴、青铜匕首及在整个西北部出土的类似遗物表明，早期北雅利安人中的一支即早期吠陀时期雅利安人曾出现在印度。这都说明雅利安人并非是统一和一次性进入到印度次大陆的。

由此说明，在研究早期，历史学家们根据其在印度和伊朗文献中，所发现的极大相似性，而把这种有共性的早期文化视为雅利安文明的直接产物。由此也认为，此雅利安文明正是在上述伊朗东北部的基地内，于公元前1500年以前的几个世纪中发展起来的。但后续研究则认为，上述看法并不完全符合历史事实。因此，根据早期研究说法，而认为在《梨俱吠陀》中出现的雅利安吠陀文化，并非是在印度成长起来的文化形式，完全是一种外来文化的输入的说法，也就值得商榷了。

　　本文认为，无论是对于雅利安人文化，还是《梨俱吠陀》的记载内容，都应以流动性地眼光来看待。《梨俱吠陀》这部印度雅利安人最早的吠陀经，其公认的大约成书时间在公元前12-前9世纪，此时期也称早期吠陀时代。而此书跟其他印度早期文化作品一样，成书时间非常漫长，且在成书后相当长一段时间里，依然存在大量增删的情况。同时，雅利安人的不同迁徙部族，也存在不完全一致的文化特征，这些都可能或多或少地被记载于其中。

　　因而，《梨俱吠陀》的内容，可能包含了不同雅利安人的文化记载，后期还可能包括了其与印度河流域原住民之间的融合（注意，此处的先后是指时间上的，而非《梨俱吠陀》一书的前后文顺序）。《梨俱吠陀》内容经常出现彼此矛盾的情况，也可以证明这种现象的存在。那么，依据《梨俱吠陀》来看，早期吠陀文化大体具备哪些明确的特点呢？下文就将对此进行详细探讨。

　　一、采取氏族部落制度，没有形成大的民众生活聚集地，没有砖石砌等可被考古所发现的房屋或城墙等设施。雅利安人称散居之村落为"哥罗摩"，由父权制的大家族组成。部落和氏族有公民大会"维达塔"，由全体成员参加，负责军事、祭祀、战利品分配等问题。此外，氏族部落中还有"萨巴"和"萨米提"，即部落长老会议和部落民众大会，由全体成年男子参加。同时，还存在着名义上统治多个部落的"王"，各王统治部落多少不一，且即使效忠同一个王的各个部落之间，也各自为政，没有统一的治理方式。

　　在不对原住民发动战争期间，部落之间互相亦存在矛盾、冲突，甚至战争，而不同部落所效忠的不同的"王"之间，也存在彼此战争。《梨俱吠陀》中记载的著名的"十王战争"，就是雅利安人的内战，最终由婆罗多部取胜。同时《梨俱吠陀》中，既包含了对这些不同部落的赞美诗，也包括战争导致的彼此间的攻击。可见，此时的雅利安人，已经具备了基本的种族认同，对于雅利安人内部的战争和雅利安与非雅利安人之间的战争，存在明显立场区分，但并未分化出国家概念。

二、采取军事民主制度，负责军事的首领"罗阇"是主要的权力管理者之一。雅利安人，重视军事，擅长战争，但轻视城市且无城市管理经验。因此，在占领城市后，一般只能废弃。这与盎格鲁撒克逊人入侵不列颠，终止罗马-不列颠的城市的使用，是几乎如出一辙的。

三、大部分雅利安部族蔑视农耕，不事稼穑。他们最初聚集在印度河上游地区，主要在旁遮普附近，由占有大片可供放牧的多雨草场而获得稳定居住点。而后，通过多批次迁徙聚集了大量民众，并随着人数增加而不断地扩张其占有地区。这就使得其对于占有地区的统治，要比同时期的迁往近东的同族政权更加稳定。同时，也决定了分不同批次进入不同印度地区的雅利安人，与原住民的融合程度可能存在较大差别。

四、在《梨俱吠陀》中，种姓存在，但区别不明显，显著的矛盾一般都集中在对雅利安人和非雅利安人的差别对待上。因此，基于职业差别而划分种姓的情况，也不明显。僧伽等高阶职业，也并未被特定种姓所完全垄断。

五、多神的吠陀教宗教信仰。据二十世纪初期麦唐纳所著的《印度文化史》中考据称：吠陀即 Veda，本义为"明"，由词根 vid 而来，义为"求知"。用作宗教名，则表示"圣明"之意，即包含了"此一词已经涵盖了所有宗教特性"的意味。

而在早期吠陀时代，雅利安人就已经信奉相对较为原始的吠陀教了。在这类原始吠陀信仰中，包含了很多与其他原始社会类似的自然崇拜，但泛神性更加明显，据说大大小小神灵共多达 3399 位，其中可进入吠陀神殿的主神也有三十多位。一般来说，此时的吠陀教中，因陀罗地位最高，他既是战神，又是施予财富之神。其次是火神阿耆尼，他是家庭主祭司以及祭典监制者。总之，吠陀教义认为，这些神灵具有巨大的权威和力量，可规制自然秩序，主宰俗世生灵。

至此，上述特征，都可与其亲缘关系最近的古伊朗文化，进行对比印证，也几乎可以肯定是属于雅利安人的文化属性的。下面，则需要以流动的观点来看待变化的《梨俱吠陀》。其具体特点可再详述如下：

一、与印度河文明相比，雅利安人的游牧社会具有明显的父权社会特点，但这并不能说明雅利安人从更古老的时代走来，始终都是父权制占据绝对主导地位的。而早期吠陀经《梨俱吠陀》中，则刚好在宗教信仰层面反应出了，雅利安人从母系转向父系的崇拜趋势。

例如，《梨俱吠陀》中前后八十次提到了阿底多群神之母阿底提，此处的"群神"，在最初说明里，包括众神之王因陀罗，及伐楼拿、密多罗、阿厘耶门、跋婆、达刹等诸多伟大天神。这说明，最初阿底提大母神的身份应该是非常尊贵的。而到了《梨俱吠陀》中期添加的内容里，阿底提虽然还保有着众神之母的名号，然而不再被单独提起了。等到《梨俱吠陀》晚期，众神中的达刹则变成了创世主，阿底提则不再被提及。而在更后世的往世书和两部史诗里，阿底提则演变成了生主达刹的女儿。可见，母神地位让位于父神的过程，是逐步发生的。

再比如《梨俱吠陀》中赞美诗最多的黎明女神乌莎斯，在前期的描述是"女神今日亦给我们带来光明，并赋予我们无穷的财富。她每日照耀昼之来临；永生诸神，她以己力使万物运动，而不衰败。""太阳生于朝霞之腹，一轮红日，伴随歌声之抑扬而冉冉升起。朝霞每日重生，使太阳出生，并'永生诸神'"。这些描述无不说明，乌莎斯也隐含着诸神之母的色彩。

然而，在《梨俱吠陀》后期，却多次出现了众神之王战败乌莎斯的歌颂篇章，其中称乌莎斯为"趾高气昂的天之女儿"、"一心作恶之人"，并宣称乌莎斯从此落荒而逃，失去踪迹了。的确，在之后的吠陀和印度宗教史上，乌莎斯真的就全无音讯了。

这也说明，由母神崇拜到父神崇拜，是一个循序渐进地发展过程，而非是一蹴而就的宗教改革。而在远古时期，母神崇拜在雅利安人当中，很可能也是广泛存在的。《梨俱吠陀》的流动性，则使得其恰好记录了，这个人类历史经由母系崇拜向父系主导转变的过程中，宗教信仰所发生的显著变化过程，因而仅从此角度来看《梨俱吠陀》的历史价值也是明显的。

二、业与轮回思想的萌芽概念开始出现。这可能与吠陀文化和印度河文化的融合有关。下面再具体加以说明。

1、业的思想萌芽。据统计，"业"（karma）一词在《梨俱吠陀》约出现四十多次，除单独运用外，也与其它词语构成复合词，例如 vrsakarma（勇敢的行为）、vīrakarma（英雄的行为）、mahikarma（伟大的工作）、sukarma（美好的工作）等。也就是说，该词在此时代，很多时候，都是用来表达神明的活动，其作为词根，也似乎具有偏褒义的倾向。而且众神之一名 Vis'vakarma 者，就是指"万物创造者"之意。

　　另外，据《对照大辞典》所说，业也可用以指称献祭一类的活动。此义在《梨俱吠陀》中亦存在多处表现。例如，在指出因陀罗是神圣仪式的支撑者、人要改善仪式、噬者仙人（Atri）作仪式、奴隶不作仪式时，使用的都是"业"一词。

　　且值得注意的是，《梨俱吠陀》所说的献祭与被献祭是一种相互作用的关系，即人类通过献祭来获得神明祜佑，而神明也通过人类的献祭来获得更大力量。例如，祷文和苏摩等供品可增强因陀罗的威力。而"圣歌功德力"则可加强阿耆尼的实力等。因而，引申的"业"也包含了类似的相互作用的意思在内。

　　2、轮回的思想萌芽。《梨俱吠陀》所用 istāpūrta 一词，义为善行，由 istā（献祭、布施）和 pūrta（填满、报酬、功绩）两部分构成，而与此相关的内容有："在最高的天上；随汝善行故"的说法，还有"汝之末那，已经离开，到达遥远，阎摩境内"的说法等。这说明，在《梨俱吠陀》经中，就存在人类死亡之后，意识会随善恶行，而去往不同之处的观点。这种观点，也与《梨俱吠陀》中经常提到的 rta 即自然规律秩序、仪轨、规范等有关。该词对应到后世的汉译佛经中，指仪式、天则、真理、正义等。其中有诗颂说："秩序（rta）之法则（vrata），应为诸神所跟从"。其中，Vrata，则指命令、法则，对应汉译为戒、禁、善行等。

而且此处的善恶意涵，也与后世通常意义上由道德规范的善恶不同。此处的善恶，是指与神和自然的关系——顺应神者即为善，逆神者则为恶；对神恭敬献祭，即为善，不献祭作业，即为恶。因此，因陀罗才能作为战神大肆烧杀掠夺依然享有祭祀，而他所代表的雅利安部族也会得到神的帮助。

而《梨俱吠陀》所说之轮回，也是随此是否顺应诸神而转起，而并非依世间道德而善恶有报。其延伸含义，是指顺应自然为善，逆自然为恶，但在此经中，此扩展成分占据比例不大。

此外，《梨俱吠陀》中还谈到，死者的生命会凭其内在的习惯和力量而移动，朝暮神把连续的生命赐予人，虔诚礼敬神明者可再获得出生等。此类诗歌颂文，都是轮回思想萌芽的体现。

那么，为何说业和轮回思想的萌芽部分，可能是吠陀文化与印度河文化的融合呢？下面再继续分步骤地加以探讨。

首先，在雅利安人的信仰是否与印度河文明有所融合层面，学界一直没有统一看法。因为，据《梨俱吠陀》所说，被称为达萨或达休的原住民被雅利安人彻底打败，且雅利安人对待原住民的态度是具有明显敌意和不妥协的性质的。因而，根据《梨俱吠陀》的表面所指来看，其宗教也丝毫未受当地原住民的影响。

然而，上述说法毕竟是部分雅利安人的一面之词，不同的声音也一直存在。印度历史学家高善必在《印度古代文明与文化史纲》中，即持有不同观点。他认为早在雅利安人征服印度河的最初阶段，融合就开始发生了，其后也始终在进行。而他观点的依据，主要是《梨俱吠陀》中神话背后的隐喻。

在《梨俱吠陀》中歌颂十王的篇章里，提到一个名为瓦西施德的部落和祭司，据说他是神明密多罗和伐楼拿的种子共同孕育所生，而他的母亲却未被提及。而另一篇咒文里则说，他是在上述两位神的混合精液的陶罐里而生，又说他是由"女水神的脑子所生"，且在一个水池里"穿着闪电"被发现。与前文印度河文明中的生育崇拜现象类似，此处的陶罐也很可能是女性子宫的指代。而以陶罐取代母亲，似乎也隐含着其母身份不可指明的意思。因而，高善必认为这种陶罐替母的现象，很可能是早期吠陀时代，对雅利安人与原住民女性结合的隐晦表达——以雅利安神与模糊化的原始母神的方式出现在《梨俱吠陀》中。

类似地，高善必认为，此情况在八大婆罗门中的七氏，可能都存在。传说，婆罗门七氏为雅利安人与古印度七大仙，共同共育之后代。而这七大仙的姓氏，却没有记载在婆罗门经典的任何名单里。由此他推断，这是雅利安人与原住民中的宗教统治者达成的一项协议：由双方结合来创造一个新的宗教统治阶级——婆罗门。

这是一个创新性观点，也存在一定的历史合理性。然而，其所涉及的婆罗门身世问题毕竟太过复杂，距离现今的时代又太过遥远，缺少了可以进一步考据的其他辅助证据。因此，只能作为一家之言来看，而并不具有完全的说服力。因而，此处提及也仅为参考之用。

综合来看，本书认为《梨俱吠陀》中已经存在雅利安人与印度河文化的融合，主要是基于文化对比的层面进行考证的。

其中最主要的证据，恰恰来自古代印度伊朗语居民是一个公认的文化共同体的事实。既然两者为文化共同体，那么在印度雅利安人和伊朗雅利安人分开占领不同的地区之前，他们的文化应该除了少许可能存在的方言之外，大体基本是一致的。而这个具有一致性的文化，也必然随着他们的迁徙，而被带往了不同地区。这从前文提到的两者的语言相似性、共有的神灵及种姓制度即可获得证实。那么，如果业和轮回的思想，是雅利安文明本有的成分，在伊朗早期的文化当中，也应该至少存在部分痕迹残留。但实际上，古代伊朗文化中，从未提及与此相关的内容。这就说明，业与轮回的思想最初很可能并非雅利安吠陀文明所有。

其次，考察《梨俱吠陀》当中的主干信仰体系，大部分来自原始的自然崇拜，这与全世界的原始部落文化相差都不大。而其关于创世主以及人类死亡之后上升天堂或下到地狱的描绘，也与其他或远或近的印欧语系亲族的信仰体系内容基本一致。

需要注意的是，发源于波斯的祆教之善恶有报思想，在其他宗教中实际上是广泛存在的，其本质与业和轮回思想并不相同。而由《梨俱吠陀》来反观业和轮回的思想，业指献祭，因而关联着人神的相互作用关系，轮回则是此人神相互作用关系在更广阔的时间层面的体现。因而业和轮回暗含了"某种人神互动关系决定了下一期生命的走向"类意涵，而非由崇拜的神来决定人类是上天堂，还是下地狱。这就与其他宗教开始有了初步差别。而其扩展性表达"人与自然的关系决定了下一期生命的走向"，则在此世间从古至今都几乎不存在与之相似的其他宗教内容。这恰恰说明，这种思想的痕迹，很可能来自于由覆灭而失传的印度河文化。

再次，对比《梨俱吠陀》与后期的吠陀经，会发现，在对待原住民的问题上，雅利安人存在前后不同时期的明显差别。《梨俱吠陀》中存在大量与达萨或达休的战争描写，早期表达为战神因陀罗对妖魔化的达萨或达休的攻击与获胜，稍后则直接变成各类部落之"王"对达萨或达休的攻击与获胜。这种战争描写占据了《梨俱吠陀》的大量篇幅，这说明雅利安人与原住民之间的战争是持久的，即使在雅利安人不断得到后续加入的本族移民扩充军队的情况下，也并非是轻易获胜。而后期吠陀经中，则基本上不存在此类战争的描写了。

这说明，在雅利安人进入印度河区域时，印度河文明虽然已经整体走向衰落和退化，甚至可能部分城市已经覆灭了，但其原住民应该还存在一定的组织和规模，能够对雅利安人给予一定的抵抗。而且这种抵抗力量，与后期吠陀中提到的当地部落如"尼沙德"是存在云泥之别的，这是一股能够与雅利安人进行较长时间对峙，而不分轩轾的力量。而能够在印度河流域组织起此种规模的反抗力量者，根据目前可考据的考古资料来看，基本上仅有印度河文明处于衰退中的残余势力了。这种观点与巴沙姆等人的研究结果也是一致的。

如果印度河文明并非是一夕之间完全覆灭的，那么上述情况就很可能会发生。而如果这种情况存在，那么印度河文明的统治宗教，就可能并未完全随文字等其他文明特征一起失传，而是部分退居南部，部分则融入在雅利安人信仰体系中了。

事实上，在《梨俱吠陀》的一首诗中，也曾描绘了一种叫做"牟尼"的人，蓄长发，着脏衣，外衣是褐色的，飞行空中，喝饮毒汁。根据其描述分析，这很可能是印度河文明遗留的修行者。这也说明印度河文明的瑜伽禅修很可能是全部或部分地与苦行结合在一起的，这也为后续婆罗门教出现的苦行倾向，给出了文化来源。同时，也再次说明了，印度河文明的确并未完全消失，尤其是宗教部分，很可能已经被不同的雅利安部族或多或少地逐步接受了。

因而，从上述三个角度分析，《梨俱吠陀》中关于业与轮回的思想，很可能来自于雅利安人到达印度之后，所发生的转变。当然，这并非是指与业和轮回有关的思想在《梨俱吠陀》中的呈现，完全来自印度河文明。而是说业和轮回的思想，最初更可能来自失落的印度河文明，而被雅利安人逐渐吸收，并与自身吠陀信仰的神明体系相结合而进行使用了。因而，在《梨俱吠陀》后期，与此相关的内容就被整合增添到了文本当中，成为了吠陀经的一部分。

综上所述，本书认为，印度河文明虽然由于文字等重要文化符号尽失，而几乎完全覆灭了，但其宗教相关的部分内容很可能通过代代口耳相传的方式，得到了部分保存，并与吠陀文化发生了融合。而融合之后的吠陀文化，又与后世之婆罗门教、印度教、耆那教、佛教等宗教之间存在着千丝万缕的联系，也存在着后文将继续探讨的区别。

1.3 后吠陀时代

后吠陀时代，即《娑摩吠陀》、《耶柔吠陀》、《阿闼婆吠陀》的时代。此三吠陀经大约成书于公元前 900 年-前 600 年左右，且出现了解释吠陀经的《梵书》、《森林书》和古《奥义书》。因而，后吠陀时代，所指范围大约也在此时间段内。

到公元六世纪末，雅利安人的国家基本上有了疆界范围：北抵喜马拉雅山，南达文底亚山，东西濒临大洋。此时，雅利安人的主要扩张路线之一位于西南方，它包括了阿槃底及其附近地区，并远至戈达瓦里河上游地区的阿湿波卡和穆拉卡。同时，雅利安人也继续向东推进，占领了孟加拉大部分地区（奔那、苏马、文加等等）和奥里萨（羯陵伽）。恒河以南与这两条前进路线相连的地区，也都逐步被纳入了雅利安人的统治之下。因此，后期，梵书中也开始提到了安陀罗人、奔那人、穆蒂巴人、普林陀人、沙巴拉人等更多的外族人。

这个阶段中，大部分雅利安人的生活模式也发生了根本性变化——从原来的少部分部族从事农业生产，变成了农业生产为主。因此，大面积的森林和沼泽，在几个世纪里，陆续得到了开垦，农业逐渐成为了人们的主要经济来源。

而在开垦森林和沼泽的过程中，吠陀经已经也不再提到达萨和达休等初期原住民了，取而代之的是"尼沙德"。根据描述来看，尼沙德更像是原始部落居民，随着森林的消失，这些部落的活动范围也越来越狭窄，他们中的一部分不得不以普克萨与旃荼罗这样的名称依附在完全雅利安化的社会边缘，后续逐渐成为了雅利安社会的最底层种姓。

同时，此阶段内，雅利安人已经开始使用重犁，并按节令来种植作物。除了麦、豆外，水稻、棉花也开始逐渐出现被种植的记录。与农业逐渐繁荣相匹配的是，手工业也有了较大的发展，出现了大批专业的工作部门和职业。而后随着手工业和农业的发展，商业也开始兴盛起来，牛车、马车和象驮开始成为运输的主要承担者。黄金成为了主要的支付货币，另外，高利贷等借贷方式也开始出现了。

而社会经济的总体发展带来的则是小规模的城市又开始出现在了印度河流域，国家也取代部落成为了统治机构。而随着城市的出现，雅利安人与印度次大陆的各种不同的其他种族的混居情况，也更加广泛了。尤其是鸯伽国和摩揭陀国等早期南部雅利安人进入的区域，都只是部分地发生了雅利安化，而这些雅利安人也似乎更多地接受了原住民的融合。

据《波迭衍那法经》记载，阿槃底、鸯伽、摩揭陀、苏刺陀、达克辛那巴塔、乌巴弗利特、信度和索维腊等地的人，都是混杂血统。而且当时的社会统治阶级，还规定了为其他部族，如去阿拉塔人、加勒斯格勒人、奔那人、索维腊人、文加人、羯陵伽人和普拉努那人等赎罪的供品。这说明上述地区都只是部分雅利安化，而同时保有了其原有的部分文化特征的。

那么，后吠陀时代的鲜明文化特点有哪些呢？

一、到公元前六世纪末期，雅利安人占据的土地已经与之前相比大大增加了，印度-雅利安语的通用范围，也已经基本与现代语言分布图上印度-雅利安语的界限大体一致了。

二、婆罗门教形成，并出现了明显的种姓分化。婆罗门教接受了早期吠陀时代的众神，但对诸神的地位、性质和作用，进行了明显的调整性改良。首先，婆罗门教内也开始出现了繁琐、系统而富有哲理性的人神关系论，并出现了哲学化倾向。

其次，在此阶段，婆罗门教还提出了梵的概念，并将梵的领悟、追求、崇拜，作为该教的核心教义。简而言之，梵即是神，即是"生主"，是"全世界之主"、"天地万物的护持者"，但它无形无状、无语无言，又为宇宙万物之主。与梵相联系的则是有形有像的三大主神：梵天、毗湿奴和湿婆。其中，梵天神是由梵的概念衍化出来的创造之神，毗湿奴是由太阳神衍化来的保护之神，湿婆则是毁灭之神。此外，还有为数众多的次神被信仰和供奉，例如早期吠陀时代的战神因陀罗等，就已经退居次神位置了。

而在重新确立主神之后，婆罗门教又利用《摩奴法典》进一步确立了种姓制度：此法典说，梵天是分别用自己的口、双手、双腿和双脚创造了婆罗门、刹帝利、吠舍和首陀罗四种姓。因此，由梵天之子摩奴编制法典，确定"应有次序"，要求人们遵守。

具体地说，婆罗门主要掌管宗教祭祀等相关活动，并充任不同层级的祭司。其中部分人也享有很大政治权力，参与政治决策。而刹帝利是掌握军事和政治大权的等级。但大多此阶层人员的基本职业是充当武士。吠舍则是平民，主要从事农业、牧业和商业活动，其中也存在富人，但没有政治特权，须以布施和纳税等形式供养婆罗门和刹帝利。但吠舍也是雅利安人氏族部落公社的成员，可参加宗教仪礼，因而和婆罗门、刹帝利同样属于"再生族"。首陀罗的前身则是达萨瓦尔那，不在雅利安人公社以内，不能参加宗教礼仪，失去了在政治、法律、宗教等方面受保护的权利，是非再生族。首陀罗从事农、牧、渔、猎及当时被认为低贱的各种职业，也有人会沦为雇工甚至奴隶。首陀罗中大部分是非雅利安人，但其中也包含失去公社成员身份的少量雅利安人。而四种姓之外，还有达利特，即所谓的贱民，印度语义为"不可接触者"。

至此，实际上，婆罗门教已经用自己的神学体系，涵盖了从政治、法律、伦理、道德等社会层面的规范，到哲学、信仰等精神层面的规范。也就是说，婆罗门教试图用自身容纳和规范全部的社会意识形态范畴。

这种以宗教进行统治的方式，也可能来自雅利安文化中的种姓制度与印度河文明的融合。而值得注意的是，种姓制度，在印度雅利安人的文化共同体古伊朗所实际得以真正运行的时间非常短暂，占据统治地位的实际时间更是难以考据。这可能与雅利安人在古伊朗和印度河流域所面对的社会情况不同，有着明显关系。古伊朗的国民除了雅利安人之外，国土广大，国民民族成分众多，难以用简单地种姓划分，而且受到两河流域等其他文明的发展影响，也使得种姓不再适合于伊朗的政治舞台。这说明古伊朗的其他民族，是占有一定的政治话语权的。而印度河流域自达萨或达休人被雅利安人完全打败之后，这种可与雅利安人抗衡的话语权就几乎完全不存在了，这可能是印度种姓制度得以长期延续的一个主要原因。

另一个可能的原因是，印度河文明在该区域持续几千年的统治，给其民众打下了明显的宗教烙印。而从吠陀教到婆罗门教的改革，则说明雅利安人发现、熟悉并利用了这一点，从而通过宗教改革，把种姓制度彻底嵌入到了信仰体系之中，赋予了其不可动摇的神圣性。这很可能是为了使得习惯于宗教统治的民众，更易于接受这种差别性统治，而且随着信仰的加深，逐渐发展出自觉遵守种姓制度的新习惯。如果他们中的一部分在印度河文明时期，甘愿住在谷仓附近简陋的小房子里从事农业劳动，而不是住在沿街拥有良好排水设施统一规划的居民住宅里，那么他们也更可能同样甘于被叫做"首陀罗"。这个原因也反过来说明了，雅利安人从吠陀教信仰，转变到创立婆罗门教的一个政治与社会现实原因。

而从历史发展的角度来看，雅利安人的策略是获得了成功的。即便是完全雅利安化的印度社会内部自然也不会是铁板一块，民众不会完全遵守婆罗门的规定，但是其矛盾一般都是集中在婆罗门教给出的前提限定范围内，而非直接针对种姓制度提出异议及进行明确的反抗。

例如，史诗《罗摩衍那》中出现了各种各样的不同种姓的人物，也存在大量低种姓挑战高种姓的案例：比如，罗摩作为刹帝利可能会与妖魔化的婆罗门决斗。比如，有些人可能属于吠舍或首陀罗种姓，但却自称是婆罗门或刹帝利等等——通常，他们会编撰一段家族沦落的故事，以使自身及后代重回高种姓，获得更高的社会地位。再比如，也有描写原住民依据家族一贯的职业，而自动将自己归属为某一种姓，以示自身相比他人更为高贵的情况，等等等等。这都说明，此类所谓的反抗，实际上是微不足道的，因为其本身就是对种姓制度的认同。因此，不但不会动摇种姓制度的根基，而且还是一种变相的强化。

当然，上述宗教统治得以实行的背后原因，仅来自于基于已知历史的推测，其合理性无法得到确切验证，但这种可能性的确是存在的。一个关键辅助证据是，婆罗门教的四行期明显融合了印度河文明的苦行色彩，而早期的吠陀教诸神却是以纵情享乐为主，以服从者为善不服从者为恶并"惩恶扬善"的，因此并不具备基本的苦行特征。

　　具体地说，婆罗门教把教徒的一生分为四个时期，并为每个时期规定了非常详细的修行内容。四行期即：梵行期，从儿童到成年前，辞别父母从师学习吠陀和各种仪礼。家居期，成年后结婚育子，履行世俗义务。林栖期，老年时弃家隐居森林，从事各种修行，为解脱作准备。遁世期，晚年舍弃一切财富，云游四方，以期早日解脱。其中，除家居期之外的三个行期，都与修行密切相关，且后二行期，直接与舍弃世间的苦行密不可分。这说明，婆罗门对印度河宗教的接受，并非仅仅是一种政治妥协手段，而是发自内心地接受了其价值所在的。

　　这个结论，可以从婆罗门这一种姓的另一个生活状态中，获得侧面辅证：随着婆罗门教的建立和普及，该最高种姓也被明确的教规限定，必须以素食为生来保持洁净了。但从社会现实的角度来考察，对于游牧民族出身的雅利安人来说，在长达上千年的流浪和迁徙过程中，要保持素食，是不可能的——根本不具备相应的物质基础来支持这种宗教倾向。而从相似文明的普遍特性角度来说，世界上任何地域、任何时期的游牧民族中，都不存在大量的素食者。因而，雅利安人也根本不具备相应的文化基础来支持素食的宗教倾向。但以农业为主的印度河文明，却完全具备上述的物质和文化两个层面的基础。

　　另外，雅利安人本身就出自游牧民族，并且在到达印度河流域之后，还持续了相当长时间的游牧生活，这是可考据的历史事实。但婆罗门教内，却有教义认为游牧民族是不净的，宰食牛肉是罪大恶极的等等类似说法。凡此种种表现，都不可能来自最初的雅利安人文化，而只可能是融入吠陀的其他文化的间接或变相表达。

　　另一个辅助证据则是前文所提到的，湿婆神曾以瑜伽静修的形象，出现在印度河文明的印章里。而毗湿奴在《梨俱吠陀》中只被视为太阳神的一个助手，早上从东方出现，达于天顶，最后在西方落下。而且最初毗湿奴呈现的形象是黑皮肤的年轻人，湿婆则是红褐色，因而他们都具有一定程度的明显的原住民特质。但在婆罗门时代，他们都成为了主神。另外，难近母、迦梨女神、安比迦、乌玛等重要女神，也在往世书中再次复现了，但她们实际上都并非早期吠陀信仰中所崇拜的女神。因而，这也可以间接说明，印度河文明的女神，在融合了一定的吠陀信仰特征之后，进入到了婆罗门教崇拜之中。

　　从上述种种表现可以看出，婆罗门教对于印度河宗教的接纳，很难完全以社会政治现实需求和利用角度来进行全面解释。事实上，雅利安人在婆罗门教的教义与规条设定中的表现，更像是隐含着吠陀信仰与印度河宗教的明显融合，甚至可以，印度河宗教是占据了相对主导的精神地位，深入到了雅利安人的信仰体系的。

　　比较合理的推测是，在进入印度河流域的几百年时间里，不同部族的雅利安人中，开始逐渐出现了吠陀信仰类行者，尝试运用印度河宗教的方式进行禅修冥想的情况，而且逐渐获得了某些体悟，因而此类修行方式也逐渐普及开来，从而潜移默化地改变了雅利安人的基本宗教态度和信仰体系。而此类转变的宗教需求，又与社会现实的变化相结合，就最终共同推动了婆罗门教的宗教统治方式的诞生。

　　从瑜伽静修的角度来看，这是有可能的。瑜伽修行的相应境界本身就是自心所现，而进入深度的冥想状态，则总是会出现各种各样的境界的——这与佛法中所说的涅槃解脱无关，但不了解其现行背后的真义，却可能停留在此阶段，反复引发并收获一系列的神秘体验。

而如果修行者在进入瑜伽静修之前，已经按照吠陀教义，深信各种神明的实存了，那么自然也就更容易在修行境界中，呈现出这些神明和相应的神通来。如此"认为神明实存"与"瑜伽境界出现神明"两者互相反复强化，修行者当然也就可能认为自己得到了"天启"。甚至某些道行高深的修行者，还可能显现"婆罗门可以通过某些方式在一定程度上驱动或驭使诸神"的经验。这种体验在感受上是如此真实，而且对于修行者来说，这也意味着他们超越了对诸神俯首听命的吠陀教义，进入到了更高的境界，迈向了更高的神性。因而，当此类经验在行者中普遍出现时，雅利安人对吠陀教义的尊崇就必定会随之动摇，而对印度河宗教的接纳度也必定会逐步提升。因此，改变吠陀教信仰体系和基本教义，就势在必行了。当然，这一切仍然需要在不影响民族情绪和社会稳定的前提下进行，所以，雅利安人不可能对印度河宗教的进行直接的全盘接受，而是需要对其改头换面，以大众更容易接受，也更容易被统治的方式，来落实这种改革。婆罗门教也就应运而生了。

从此角度来看，在后吠陀时期，雅利安人的记载里不再提到达萨或达休，也很可能是因为大批的印度河文明残部，已经转化成为了广义雅利安人的一部分。而雅利安人也逐渐接纳了他们的部分宗教信仰，完成了彼此的融合，因而相对稳定，相安无事了。此类源于宗教的种族与民族融合，在现代人看来，可能是不可思议的。然而，研究印度次大陆文明的特征，需要从印度次大陆的特殊性入手看待，在经历过数千年宗教统治的此地区，这种情况还是存在其自身的合理性的。

但需要指出的是，从种姓制度等诸多层面来看，上述两种文化烙印的矛盾和冲突，也始终是与融合并存的。关于种姓制度，从现代人权的角度来看，肯定是不合理的。但世间事物都具有两面性，所以，如果以某种倾向的政治观念正确，来占据理性的绝对主导地位，而不允许对其他差异性观点进行探讨和比对，那么，无论看似多么正确的观念，也会演变成另一种明显的专制和"政治不正确"。

而客观来看，婆罗门教在当时的历史时期和发展状况下，采取了融合在宗教信仰体系中的种姓制度来进行统治。从一方面来看，这种统治方式，在推动自身教徒内部的鄙视链的同时，也推动了对其他民族和宗教徒的歧视链。因而，为无数世代的民众，带来了基本权利层面的剥夺和压迫；也在一定程度上造成了社会发展的固化和停滞。

但从另一个层面来看，在婆罗门教诞生后的印度次大陆上，归属于不同种姓的人群，就基本不再进行进一步的深度融合，而是保持了互相忍耐但互不接受的相处方式：即彼此尽量不通婚，也少有直接往来，但会共存于同一社会结构当中，各自完成自身的功用和职责。这种社会模式在无形中塑造了不同文化之间的明显而有效的隔离带，因而也使得多种印度河流域的边缘文化在相当长的历史时期里，都处在互相独立，各自发展的状态里，从而间接起到了保存文化差异性的作用。这大概也可以算是臭名昭著的种姓制度，在无意当中，对世界文化所做出的一点贡献了。

三、业与轮回思想，在婆罗门教中的呈现。

首先，在婆罗门教中，"业"主要所指还是献祭的意思。婆罗门教主张以吠陀天启、祭祀万能和婆罗门至上为主的三大宗旨。因而，神明是经由献祭而获得力量的，这也意味着，献祭的力量，在某种程度上就要比神明更为高等了。进而，掌握献祭操作权力和知识的婆罗门，也就可以一定程度地驱使和驾驭神明了。

在《百道梵书》对此有详细说明，其中指出献祭是业、是最好最上之业；诸神杀了妖魔弗栗多，才可作"业"献祭；火祭既是知识是吠陀，也是业，凡夫要逃过死亡，不通过吠陀知识，就要通过作"业"。如果有这样的吠陀知识，或做火祭，死后就会得到永生，否则多次成为死亡的饵食，亦即会重复死亡。

由此可见，在婆罗门教中，业基本上保持了《梨俱吠陀》中的含义，但相对《梨俱吠陀》中业的多种指向，婆罗门教对献祭更为重视，这也说明婆罗门与神的关系改变了。

其次，基本的轮回转世思路，在《百道梵书》、《爱多雷耶梵书》和《泰帝利耶梵书》等文献中都有所描述。而《百道梵书》还提出亡灵转生时会受到审查：通往诸神或祖先世界的，是同一条道路，两边一直着火，亡灵经过时，应受燃烧者，便会被燃烧；应允许通过者，便得通过。人死后到其它世界，亡灵会放在天秤上，沉落那一边，不论是善是恶，亡灵都要跟从。但需要注意的是，此处的善恶依然并非指世间道德，而是指与"梵"的相合程度。

再次，《百道梵书》还提到了业和轮回的关联性，发展了业和轮回的萌芽思想。即根据对梵了解之多寡深浅而决定生命的投生去处。此种说法似乎是将业和轮回作了联系，使得生命的走向，与所作之业联系了起来，从而使得更多权利回到了生命自身的手中。也就是说，下一期生命的走向，不再取决于人神关系，而是决定于前一期生命对梵的理解与相合程度。显然，这与其他东西方宗教的善恶有报思想是存在本质性差别的。

之后的《森林书》和《奥义书》，也存在对此发展了的业和轮回的探讨，尤其是以哲学思辨为基础内容的《奥义书》，对此探讨更多。这也说明，到奥义书的时代，婆罗门行者自瑜伽禅修之中，对生命与宇宙产生了更多不同境界地体验，因而开始了对其本质的追问。所以，也可以说，奥义书思辨性逐步增强的状态，恰恰反应了吠陀文化在吸收苦行文化的过程中，同时试图通过理性思辨保持自身独立性的状态。因而，婆罗门文化当中此两种对立性印记，也时常在奥义书的各种相关文字中得以体现。

具体而言，现存奥义书多达两百多种，公认属于后吠陀及列国时期的大约有十三种。其中《大森林奥义书》、《歌者奥义书》、《泰帝利耶奥义书》、《爱多雷耶奥义书》、《憍尸多基奥义书》这五种奥义书是散文体，年代约在公元前七、八世纪至公元前五、六世纪之间，属于后吠陀时期。《由谁奥义书》、《伽陀奥义书》、《自在奥义书》、《白骡奥义书》、《剃发奥义书》这五种奥义书主要是诗体，年代约在公元前五、六世纪至公元前一世纪之间。《疑问奥义书》、《蛙氏奥义书》、《弥勒奥义书》这三种奥义书是散文体，年代约在公元初，其中后两组属于列国时期。这些奥义书大多主张梵跟人一体无二，认识并达到"梵我同一"的境界是人生的终极目标。

到了这个时期，"业"在《奥义书》中除了献祭之外，就开始演化出现了"苦行、自制和行动"的意思，并说"此是梵的基础"。《大森林奥义书》也对业和吠陀即知识做了区分："凡人世界依靠儿子……祖先世界依靠献祭（即业）。天神世界依靠知识"。

《大森林奥义书》还指出，"因善业而成为善人，因恶业而成为恶人"。"一个人变成什么，按照他的所作所为。行善者成为善人，行恶者变成恶人。因善行变成有德之人，因恶行变为有罪之人"。由此可见，婆罗门行者已经开始探索业和轮回的关系问题了。

关于轮回，《大森林奥义书》是谈论业和轮回较多的一部奥义书，其中提到凡夫有"神道"和"祖道"两条路：知道五种火祭知识以及"在森林中崇拜和信仰真理"者，死后入神道，顺序为：火葬之火焰、白昼、白半月、太阳北行的六个月、天神、太阳、闪电，然后由一位"思想构成的原人"引导，得以在"梵界长久居住，不再返回"。

另"依靠祭祀、布施和苦行赢得世界"者，死后入祖道，顺序为：火葬之烟、黑夜、黑半月、太阳南行的六个月、祖先世界、月亮，变成食物，为诸神享用，当"剩余的功德耗尽"时，则原路返回，依次进入虚空、风、烟、雾、云、雨、大地，生为稻、麦、草木、芝麻、豆，男子吃了化成精液，入女体而出生。出生形态由行为的优劣决定："行为可爱"者，转生为婆罗门、刹帝利，或吠舍；"行为卑污"者，转生为狗、猪，或旃陀罗。凡夫之"我"即如是"不断准备进入这些世界，循环不已"。此段描述，亦见于《歌者奥义书》。

而大多数《奥义书》都认为人之所以会走祖道，而非入神道与梵合一，其原因在于"欲望"。而去除欲望，就可以成就梵我合一的状态。具体作法，除祭祀、苦行等传统方式外，《大森林奥义书》还提出了布施、正直、不杀生、说真话、自制、仁慈、数论、瑜伽等多种办法。数论，此处意指分析人体的构成因素，以认知真我的方式。瑜伽义为联系、手段，引伸为修炼身心的方法。这说明到初期《奥义书》的年代，瑜伽静修等方式不但受到广泛重视，而且开始呈现出了超越献祭等原始吠陀教作用的倾向。

当然，奥义书中也存在很多带有迷信色彩的业报转移手段，例如《憍尸多基奥义书》说父亲可以在临死前利用火祭把"梵"转移到儿子身上。《大森林奥义书》说男女交合时，可利用咒语转移对方的功德到自己身上。还可用火祭咒语等方式夺取情敌的生命力等等。此类例子不胜枚举，都说明奥义书中所认为的"业"似乎为某种虽不具世间可见之形质，但依然具有微细的实物性特征，因而可产生转移或挪用。

以上即为佛教诞生之前的印度次大陆文化概况。综上所述，印度河文明为后世提供了瑜伽静修的古老修行方式，而业和轮回思想也有可能与之有关，因此，这是一段虽然被遗失，但却至关重要的文明。而吠陀经及其附属作品，对于佛教的意义，则更多地在于它对知识的强调和对真理反复思辨的理性特质。抛开具体内容而言，此理性的思辨特质本身，对于修行来说，同样是非常重要的。与此相关的内容，下文中将继续探讨。

第二节　佛陀住世年代考据

佛法传承始于佛陀，而佛陀于公元前诞生于古印度次大陆，这是众所周知的事实。然而，如果要具体地谈到佛陀的住世时间，以及在人种丰富而多样的古印度次大陆上诞生的佛陀，究竟是何种肤色属于何种民族，却又似乎成了一个在很多层面可能引起不同人群敏感性反应的话题。正如本节开头所指出的，人文研究同样要面对观察者与所观察的事物的关系，以及研究者对于研究对象的潜在态度问题，所带来的影响一样。

因而，此处需要说明的是，作为佛学研究者与佛法实修者，写作本书的目的，在于尽可能地还原佛法及中观思想的原貌，以便为实修带来切实有益的指导。在这样的大前提下，首先，本书不会对佛陀本人的种族问题进行考据，因其与佛法传承无关。相反，本书认为在此问题上，存在不确定性，或许对于我等实执炽盛的凡夫来说，反而是一件值得庆幸的好事。不为任何凡夫之我执增添荣耀，亦是不强化任何凡夫之轮回因缘——佛陀从来不在此分别之中，在分别与执取的只是众生罢了。

其次，本书亦不赞同文献考据界与某些宗教界普遍存在的"越古老越好"的迷思，原因一方面是，从世俗角度来说，古老本身只能代表年代久远，而不意味着其他隐含意义。诸如，原始图腾与生殖崇拜显然古老，然而并不代表其存在潜在优越性。再如，早在公元前几千年时代的，美索不达米亚、古埃及和古印度河等已知文明也都出现了宗教，但并不意味着这些宗教一定揭示了宇宙和生命的真理。

另一方面，佛陀化身能够在此世间显现，也必定需要相关因缘的具足；佛法真理教导能够在此世间得以传承，也必定需要相关因缘的具足。因此，佛陀化身当然不可能在蛮荒时代显现在此世间，此世间的众生也不具备基本的听闻佛法并善加思惟的能力，所以佛陀化身显现在此世间的时间，必定是因缘具足的结果。

另外，从出世间的角度来说，佛法真理本身与佛陀之住世时间早晚无关，佛法修行的目的是为了亲证解脱涅槃，亦与佛陀住世的具体时间无关。因此，对佛陀住世时间，应以因缘观的角度来看待，而非执着于其古老与否。

再者，求学佛法，原因在于对生命存在真实涅槃解脱的愿望，对真理存在坚持不懈的向往和追求。而传说中，佛陀传八万四千法门，却说自己一字未说。也许这正是因为亲证佛法，涅槃解脱，要远比凡此种种差别性法门的"劣等胜"类比较要重要得多。而持续至今的种种教内差别，也都是佛法在此世间的不同传承渠道，适用于不同众生听闻，并依此修行。最终目的，依然还是亲证佛法，涅槃解脱。因而，本书认为，任何法门都应为证悟佛法服务，而非反其道而行之。如此，才不负佛陀教诲。

所以，本书所有内容仅来自于依据尽可能多层面、多角度的可考资料而进行的梳理整合、归纳分析和推理论述。不完美与不周全之处，虽然势必难以避免，但必定坚持从主观与客观两个层面，对各教派一视同仁的态度，也肯定不会因照顾不同教派各自的权威性需求等，而改写考据内容。如此，也只为不负佛陀之教诲。

综上所述，本书会对于佛陀住世时间进行对比语言学与考古及相关历史层面的梳理，其原因在于：佛陀住世时间的大致确定，对于后世佛法的传承形式与经教典籍的分布情况，都至关重要。而这些部分又直接影响到了不同教法之间的关系，诸如世俗谛与胜义谛之宣说次第考察、缘起有与胜义空最初的宣说情况考察等等。因此，对于还原佛法最初的传承情况来说，佛陀的住世时间相对是重要的。

2.1 历史考古发掘考据

关于佛陀的诞生年代，从古至今一直存在不同的观点，据吕澂先生考据，前后多达六十余种说法，其各自所指时间则相差七百余年。事实上，印度历史人物的生卒年限大多模糊不清，不同记录相差几百年是很普遍的现象。例如，耆那教著名哲学家乌玛斯伐蒂的生活年代，据天衣派说法，其约在公元 135-219 年之间。而白衣派却认为他是公元 8-9 世纪人，两者相差也近七百余年。这说明，现代研究者不能以自身与自文明对待时间的态度来衡量印度次大陆的时间观，就像不能以自文明的宗教态度，来衡量印度次大陆的宗教观一样，否则都会产生偏差性理解。

考古学的发展，是近现代历史学研究的重点，它为"没有历史记录习惯"的印度次大陆带来了诸多历史学转机。因而本小节也将从考古发现的角度进行梳理，试图对佛陀的诞生年代作以基本的还原。

一、蓝毗尼考古

关于佛陀的诞生地蓝毗尼，历史上曾有过争议，印度和尼泊尔两地都有名称是蓝毗尼的地方，而佛陀诞生又已经年代过于久远，因而无法产生究竟哪一处才是佛陀出生地的定论。直到考古学发掘出一系列历史遗迹，佛陀的出生地才得以逐渐被确认。

1896 年，尼泊尔西部城镇的官员克哈德卡（Gen. Khadga Shumsher）和德国著名考古学家费约赫尔（Dr. A. A. Fuhrer）在蓝毗尼发现了"阿育王石柱"。他们根据玄奘法师《大唐西域记》的所载，经多次勘查发掘，证实了蓝毗尼园的地点。当时，石柱柱头马像已失，柱体还有一道裂缝。在石柱的下部铭刻有古印度北部方言普拉克利语的阿育王敕文，后经破译，内容为："天爱喜见王（即阿育王）灌顶登基二十年，亲自来此朝拜。因此处乃是释迦牟尼佛诞生之地，兹在此造马像、立石柱，以纪念释尊于此地诞生。并特谕蓝毗尼村为宗教免税地，仅需缴纳收入的八分之一作为税赋。"

1899 年，印度考古学家 P. C. Mukherji 对蓝毗尼作了进一步的考古和发掘和确认，并于此发现了孔雀王朝、贵霜王朝、笈多王朝时期的诸多遗物。另外，还在阿育王石柱东部的勘测过程中，发现了摩耶庙，庙内有释迦太子诞生浮雕，基本轮廓尚可辨认，但亦存在不同程度的毁坏，庙南是一长方形水池，池旁有一颗菩提树。但是在摩耶庙内也有后世的印度教神像，说明此处信仰逐渐失落，寺庙等逐渐荒废的情况。

1932 年到 1939 年的 8 年的时间里，印度的考古学家 Keshar Sumsher J. B. Rana 长住在蓝毗尼园内，对蓝毗尼园的建筑结构作了仔细的研究和挖掘。至此，尼泊尔蓝毗尼的佛陀诞生地才得以完全确认，可见这一系列考古工作的谨慎。

再次出现考古突破，是在 2013 年。2013 年 11 月 26 日，《纽约时报》报道，以英格兰杜伦大学罗宾.A.E.科宁厄姆为首的考古学家在国际期刊《文物》12月刊在线发表了一篇文章，公布了他们的考古发现，并将其称为"首个有关佛陀生平年月的考古学证据"。

文章说明，考古学家新近在蓝毗尼进行的发掘工作显示，被联合国教科文组织认定为世界遗产的寺庙之下，曾有一座年代久远得多的木构神祠和砖石建筑。根据沙粒和木炭的断代结果，研究人员断定，下部建筑最早是在公元前六世纪搭建的。下部建筑的格局与年代更近的寺庙相同。木构神祠的中心地带有一片敞开的空间，位于中心地带存在深埋的树根，表明此地曾有一座围绕一棵树建成的寺庙，这与佛陀诞生的传说是吻合的。

在文章结尾，科宁厄姆博士团队说，"蓝毗尼的建造顺序是佛教从一个地方性宗教团体发展成一个全球性宗教的缩影。"比如，该寺曾是一座地方性的木构神庙，后来转化成了"一座阿育王时期的宏伟寺庙，配有显示它是一处帝国圣地的柱子"。

关于佛陀出生的传说是，迦毗罗卫国的王后摩耶夫人，怀胎十月即将分娩，就按照释迦族人的习俗，启程返回娘家待产。出王城向东行不久到蓝毗尼园休息。此时正值旱季，月圆之夜，天空幽蓝，清亮的月光下无忧树美丽而芬芳，摩耶夫人被花朵吸引而攀折花枝，就在此时，王子悉达多降临人间。

对比此考古发现与历史传说，可以大致了解的是，在佛陀出生时，蓝毗尼是私家花园，而非神庙。此两者之建筑学结构差别较大。之后，在公元前六世纪，出现了围绕一棵树建成的寺庙，那么判断其与佛陀存在关联，是较为合理的推测。

二、艾娜克佛教遗址考古发掘

2010 年 11 月 15 日，英国《每日邮报》报道，一家中国公司在阿富汗中部地区的 Mes Aynak 铜矿开采时意外发现一座建在古丝绸之路上的 2600 年前的佛教寺庙，始建于公元前 7 世纪，成为又一项重大考古发现。根据报道来看，此寺庙的断代结果显示，其地下基本建筑最初始建于公元前七世纪左右。而据其出土的大量佛教雕塑、文书写本和其他古代遗物判断，该遗址繁盛时期应在犍陀罗国与贵霜时期。矿产开采和寺院活动约在公元八世纪左右结束，荒废原因很可能与古代丝绸之路中断有关系。但关于此考古项目之内的不同建筑的断代时间，以及不同造像和其他遗物的考据时间，均未进一步详细公布，尚无详细资料可查。

按照公认的历史观点来看，犍陀罗地区佛教文化兴盛，应在阿育王大力弘扬佛教之后，且直接持续到丝绸之路因战争中断，即上述公元八世纪左右。期间，犍陀罗文明圈文化艺术发展迅速，佛教造像即始于此。

这是佛陀本身不主张偶像崇拜，佛陀在世时，并没有任何造像。此状况一直持续到佛灭后至少一到两百年，甚至更长的时间里。当时，人们纪念佛陀的一般方式，是用佛的脚印或菩提树等做标记。

考古发现的最早佛像，是约公元前一百年，南印度特那地方出现的立佛像，但此时佛像依然很稀少。约公元 100—200 年，腻色迦王朝时代，印度西北即犍陀罗地区，遭受了希腊人和月氏族的入侵。而这两个民族都崇拜神像，因此在他们接受佛教信仰后，便产生了崇拜佛像的需求。所以，才开始逐渐出现了较为广泛地为佛造像类活动。早期南印度的佛像是仿照夜叉像而造的，顶上没有肉髻，以狮子为座，而北印度的佛像则效仿希腊神像而塑造，顶上有肉髻、有须发，以莲花为座。

那么，如果艾娜克佛教遗址考古没有发生基本断代错误——这种错误在现代发达的科学技术下，相对罕见，且其公元前七世纪的断代说明，的确是指寺庙等早期遗址，而非铜矿矿坑及相关设施等——这种基础错误发生的可能性也很低。那么，这就说明在近代历史学称为列国时期之前的后吠陀时代，佛教已经在犍陀罗国出现早期寺庙了。那么，古犍陀罗国的佛教历史也就比之前历史学家执持的观点要更古老也更漫长。

而根据其他国家的历史记载来看，公元前六世纪，波斯国居鲁士侵占犍陀罗地区；公元前五世纪，波斯国大流士侵占犍陀罗地区；公元前三世纪，亚历山大又入侵该地区。因而，此寺庙始建于公元前七世纪的断代说法，刚好发生在上述战乱之前，其可能性还是相对较高，可谨慎采信的。

下面再来对比考古发现与关于佛陀住世期间的各种文本记录和历史传说来核查上述寺庙的存在情况。

根据经律记载，最初，佛陀和他的弟子并没有固定的住所，而是云游说法。经律中，多有记载佛陀曾在云游中于森林、园林或茅棚、公所暂住的情况，如王舍城的安婆拉就是云游的行者们经常造访之处。后由于民众反应，雨季出行可能无意中踩踏秧苗妨碍农人生产，因而佛陀订立了雨安居制度，僧伽开始在雨季暂搭茅棚居住，但雨安居结束后，僧伽必须拆除茅棚，继续云游。

再后来，开始出现商人等捐建寺院的情况。但需要注意的是，此时的寺院仅为说法之处和僧伽居所，与后世供奉佛像进行法事活动的寺庙是不同的。且佛陀规定，建寺不得妨碍植物的生长，不得毁坏其它宗教的活动场所，并且在寺院的周围应留有空地，且僧舍不得超过定制大小。且明确要求，除年老和生病不能云游的僧伽外，其他人除雨安居时间外，依旧必须保持云游惯例，寺庙内则仅留看守人员。也就是说，最初的寺庙，实际上是僧伽行脚路过时的暂居处，而并非定居处——当行脚僧来到一座寺院时，看管者便给来访僧伽分配住处。而云游则是佛陀在世时的主要生活方式。

著名佛教学者拉毛特（Lamotte）曾考据指出，佛陀在世时，僧团拥有二十九座大的寺院：八座在王舍城，四座在卫舍离，三座在舍卫城、四座在骄娑罗。另外，净饭王曾在迦毗罗卫国内为佛陀修建说法的尼拘律园，但并非正式的寺庙。其他不可考非正式寺庙和僧伽暂居之地，应该也存在。但并无明确文献记载和历史传说提到，佛陀灭度前，蓝毗尼已存有与后世阿育王时期同等规格的寺庙的情况，更没有记载提到佛陀生前已经在犍陀罗地区建立寺庙。由此推论，蓝毗尼和犍陀罗寺庙，初建时间很可能在佛陀灭度之后，由后人陆续兴建。

从上述两个考古学证据来看，蓝毗尼考古史料相对详细完备，且围绕一棵树建立寺庙的断代考证，基本排除了该地初为其他宗教或其他用途遗址的可能性，因而可信度更高。而艾娜克佛寺遗址后续报道基本都集中在佛像雕塑等如何精美之上，关于断代情况则鲜有继续说明。因而本文又根据该地区有明确外族记载的历史事件进行了核查。总体判断，其可信度无法完全确定，但相对来说也存在一定的参考价值。那么，依上述所有考古证据推断，佛陀灭度时间，应该要在公元前六-七世纪再向前推演至少一百到两百年，即佛陀住世时间，至少是在公元前八-九世纪，具体不详，但可能要更早一些。因此，依上述考古证据来看，佛陀灭度有可能是在后吠陀时代晚期或列国时代初期。

当然，这并非定论，而仅仅是考古学上可相对采信的说法。那么，下面再从比较语言学的角度进一步进行考察。

2.2 语言学考据

上文提到，印度次大陆文明的一个显著特点就是无文字记录。因而其历史人物生平相差数百年的不同说法，屡见不鲜。印度次大陆民众，也普遍对此巨大的时间差，习以为常，没有明确概念。

从语言和文字的角度来说，印度次大陆呈现出的此种时间模糊的文化状态，可能与雅利安人有语言、无文字的独特文化有关，反过来又可能表现在雅利安人对待对待语言和文字的态度上，影响他们的历史文字记录。很多国际学者都对此曾进行过多方面研究，尤以日本学者辛岛静志的研究最为详尽细致，其《佛典语言及传承》一书中，对佛典语言及文献研究所取得的显著成绩，也得到了海内外东西方学者的公认。下面就以前人的研究成果为基础，从考古学和比较语言学的角度，来探索雅利安人达到印度次大陆之后的语言文字流变过程，以及在此文化中诞生和传承的佛典的相应流变过程。

1、早期雅利安人没有文字。吠陀文献，都是口传。这一方面是因为此时雅利安人还没有发明和创造文字，另一方面也因为雅利安人对"文字"这类记载性的事物，持有一种抵抗的态度——因为口传，文化资源才能为特殊阶层所占用，而不流失到其他人群中去。所以，雅利安人对于创造文字似乎没有其他民族的相应动力。

2、梵语被创造的契机是在公元前 519 年，阿契美尼德王朝波斯帝国征服西北印度（犍陀罗）后，引入了亚拉姆语作为当地官方公用语言。而后，最迟在公元前四世纪，人们以该语言为基础，创造了佉卢瑟底文字。此后，犍陀罗地区吠陀传承日益兴盛，语法学家辈出，犍陀罗地区成为了雅利安人的传统学问中心。巴利语《生经》就记载了，许多孩子前往犍陀罗中心塔西克拉求学的故事。

因此，到了公元前四世纪中叶，语法学家帕尼尼就在此基础上，以不同的吠陀语为基础，创造出了梵语的语言和文字。梵语 Samskrta 义为"精炼的、人造的"。同时，梵语语法书也以背诵为前提基础。这就意味着，梵语的创造，依然是为婆罗门和统治阶级及知识分子进行高级交流所用的雅语。也就是说，世界上，没有任何人出生后就是以梵语为母语的。梵语，最初仅仅是一种为彰显高等身份而存在的语言。

而且婆罗门对于文字的抵触习惯，也依旧强烈，如《摩诃婆罗多》里就记载有"书写吠陀者入地狱"的说法。而其他社会公共事务，要能够运用梵语进行书写记录，也存在困难，因为民众都不懂梵语。所以，印度地区出土的所有铭文，直到公元一世纪以前，都是运用与梵语大致同期被创造出的口语文字书写的，而梵语铭文则始见于公元二世纪后半叶，且最初也掺杂大量口语，直到四世纪，才出现了正规梵语书写的铭文。

而对吠陀的书写，则要更晚。十一世纪初，波斯大学问家阿尔.比鲁尼，在《印度志》中提到，近来克什米尔婆罗门担心人们日渐堕落，吠陀失传，才开始用文字记录。这是较早提到，吠陀经典开始出现文字记录的情况。

婆罗门对待文字记载的这种态度，也影响了整个印度次大陆民众的文字认知态度——即便是商人也很少作账本记录，甚至直到至近现代，印度次大陆都依然保有很强的口头协议即为可采信定论的习俗。这点在印度文化史上，已有诸多考据记载。

3、与梵语相对的，日常使用的吠陀语被称为"泼拉克里特（prakrata，义为自然的本来的）"，是一般民众使用的语言，即口语。一般来说，印度的常用口语包括：古摩揭陀语（世尊说法用语），巴利语、半摩揭陀语、犍陀罗语、马哈拉施特拉语、索拉塞纳语、摩揭陀语、毗舍遮语——以上语言大致使用于公元前四世纪到七八世纪之间，以及自公元六世纪使用的阿波布朗舍语（Apabhramsa，义为俗语，9-13 世纪的口语总称）。其中，巴利语不包括在泼拉克里特语里。

且如前所述，绝大多数印度民众不懂梵语。而大多数口语文字都是与梵语同期被创造的。流传至今的最古老的印度口语资料仅有巴利语佛典、半摩揭陀语耆那教经典，以及用各种方言书写的阿育王铭文（前三世纪）。

另外，公元前三世纪，孔雀王朝还创造出了婆罗迷文字。阿育王铭文文字自西北印度至阿富汗的区域，分别使用希腊文、亚拉姆文、佉卢文，其他地区仅用婆罗迷文。以后，佉卢文字使用范围仅限于犍陀罗文化圈，而婆罗迷文字则广泛使用于印度整土和受印度文化影响的极大区域。

3、世尊时代没有文字，世尊灭度后很长一段时间里，也不存在文字记录的可能，因此佛法传承最初都是依靠背诵僧人，数百年的口传才得以延续的。这也与印度次大陆所有传承文化的普遍现象相一致——无论是吠陀文献、奥义书，还是两大史诗《摩诃婆罗多》和《罗摩衍那》，以及其他宗教如耆那教经典，都是口传方式传承的。而直到七世纪末，唐朝僧人义净留学印度，还描述到了吠陀的口传现象依然普遍的情况。因此，可得出结论，公元前一世纪之前的所有佛典传承，都来自口传。

根据西藏佛教史学家布顿在 1322 年著作的《善逝教法史》的研究来看，部派佛教时期，大众部使用印度口语传教，说一切有部把梵语作为经堂用语，其他部派则大多以印度口语为主，同时也夹杂有不同程度的梵语的混合传教方式。这与辛岛静志近年来的研究也较为吻合。

而佛典的书写记录，则要明显早于吠陀经典和耆那教经典。根据目前考古发现资料来看，巴基斯坦地区，在公元前一世纪开始用犍陀罗语书写佛典，近代以来在该地区发现了众多犍陀罗语佛典写本。斯里兰卡也是自公元前一世纪开始用巴利语书写佛典，最早可考的巴利语写本也是诞生于此阶段。而婆罗迷语文字书写的梵语佛典，最早可考据之写本，是在公元二世纪以后。而耆那教内许多经典，则是在二世纪出现传承中断风险以后，才以文字记录保存的。吠陀经的语言记录则更晚。

但梵语的佛典写本出现时间，要比上述几种口语写本明显滞后。迄今为止，最古老的佛教梵语写本日常诵念经典是在巴米扬发现的公元三世纪前后的《八千颂般若》梵本断简，该写本相当大程度上已经梵语化了，但仍存在混杂口语的现象。

但值得注意的是，在此之前，已经存在了特殊用途的梵语写本——这些是梵本佛典大多是为王室念诵或类似功能等而写作，并非是僧伽日常诵念的经典。例如，德国中亚探险队在克孜尔千佛洞发现的马鸣佛教梵语断简，就被断定书写于公元二世纪中叶的印度某地，后辗转到了克孜尔。而在同一地点还发现了其他梵语论书断简，《阿毗达摩论书》的情况也与此类似。

因此，从写本、铭文、汉语佛典的总体情况可推断，口语是自公元三世纪开始才逐渐被梵语替换的，而到公元四世纪佛典的梵语化过程则产生了较大推进。且无论任何经典，其梵文书写版本，都必然只能在公元三、四世纪之后出现。

总而言之，受早期无文字状态的影响，目前发现的最早之佛教文字记录，依然是公元前三世纪左右的孔雀王朝阿育王时代的各种石刻铭文。而在文字记录出现之前，整个印度次大陆文化，都存在着相当长时间的口传期。佛教及相关的佛法传承，也是如此。

综上所述，由印度次大陆的语言流变情况可知：

1、佛陀诞生年代的考察，单纯依据文字写本进行考据的可能性，基本不存在实操性，仅能作为辅助证据，进行对比使用。因为印度次大陆的所有文字记录之写本，均最早来自公元前四世纪中期文字创立以后，所以依文字的考据，必然受制于此文字本身之历史。

例如，著名佛学家吕澂先生采用"点记说"考据佛陀诞生年代的作法，就值得商榷了。因为点记说，是指根据佛教的雨安居制度，僧伽在一固定的地方安居三月后，举行诵戒，然后在戒本上点上一点以记年。此处仅说"戒本"，可见不是于故定地点凿石记录。那么，这对于早期僧伽来说实际上是无法实现的。

因为在佛陀灭度后，一段时间里，早期僧伽也是以云游生活为主的。雨安居定居三个月，并非定指每年赶往同一寺庙，而是随方便去往就近寺庙落脚安居。那么，首先，在印度次大陆普遍无任何结绳或画点记录的习俗的情况下，僧伽几乎不可能具有某种随身携带"戒本"，且加以记录的习惯。其次，佛陀灭度的时期，印度亦不可能存在造纸术，就算僧伽想要记录，也很难长期携带并储存树叶、纸草或泥板等类似事物作成的"戒本"，且两河流域的泥板也未出现被印度次大陆文明广泛采纳的历史考据。再者，在全体居民几乎无记录习惯的情况下，如果比丘以繁琐的方式世代保存"戒本"，那么这很可能会被写入各种民间传说或歌谣里，但事实上上述情况均不存在。

因此，上述点记考据法，是无意中已经把佛陀灭度年代限定在了印度次大陆诞生文字的公元前四世纪中叶之后，然后，再进行的考察。所以，其考察结果因为前提设置的错误，也就必然不可信了。

3、文献对比考据：对比《罗摩衍那》与佛经，会发现《罗摩衍那》是两部佛经中提到的故事的综合。最先作出此考据的正是前文提到的《罗摩衍那》的汉译者季羡林。他发现，在佛教《杂宝藏经·十奢王缘》里提到，十奢王听了第三夫人的谗言，把太子罗摩流放山林十二年，期满复国，是一个结尾大团圆式的故事。而故事里，也丝毫没有提到悉多被劫。

而《六度集经·国王本生》则讲到，一个国王与王妃逃离本国，处于山林，海里的龙王把王妃劫走。国王在营救王妃的过程中，遇到了猕猴神，得其辅助，而得以除龙救妃。在这个故事进一步的演变中，海龙王变成了十首魔王。

《罗摩衍那》的内容则正是这两个故事的捏合，而之所以说是捏合，正是因为《罗摩衍那》的故事实际上只是上述两个故事的前后叠加，并没有更多的整合性和一体性。

考察上述两佛经出处，《杂宝藏经》属"阿含藏"系统。汉译本最早由元魏吉迦夜与昙曜二人共译（约公元462年前后），全经共计有十卷（亦有八卷或十三卷者）。《六度集经》共八卷，为三国时代吴康僧会在太元元年至天纪四年间（公元251～280）所译出。又称《六度集》、《六度无极经》、《度无极经》、《杂度无极经》，收在《大正藏》第三册。两译本之参照原本与译者都来自于西域，有明确出处可考，属佛经故事无疑。

因此，这个对比可间接说明，很多佛经故事甚至早于史诗《罗摩衍那》——如果这两段佛经是在《罗摩衍那》被广泛传唱之后才出现的，那么他们的创作者势必能够意识到其与《罗摩衍那》之间的联系，从而进行一定程度的整合。但上述两经文一出自"阿含藏"，一出自"大乘经"，实际上两佛经之创作者都没有了解到自身所述之故事与《罗摩衍那》的关系，这说明他们很可能生活在《罗摩衍那》时代之前，其所编撰的故事则来自印度民间，还未汇聚成为浩繁的《罗摩衍那》。而《罗摩衍那》开始传唱的时间，国际学者公认为公元前800年到公元前600年。那么，上述二佛经，应该至少在公元前600年以前，就已经存在口传了。

此间接证据虽然细微，但与蓝毗尼等考古证据相对来说是具有一致性的，佛陀生活的年代应该在公元前八到九世纪。当然，孤例毕竟说服力有限，时间精力充足的专业人士，若能够进行更多类似文献内容的比较考察，则更为有益。

3、即便存在考古学和比较文献的进展，佛陀诞生与灭度之年代考察，可能未来也始终不会存在定论。类似蓝毗尼考古的证实，可能已经是考古证据所能给出的较为准确的依据了，且上文结合早期印度吠陀经典与佛经的文本对比，也支持此观点。但一方面，此依据仅为间接证据，无法完全确定佛陀住世之年代。另一方面因为是间接证据，也必然会存在瑕疵，不同意见和看法也一定会始终存在。如底层寺庙断代年代无法确定说明一定与佛陀有关，围绕一棵树而建，对于完全在佛法信仰之外的人来说，又能确切说明什么呢？

因此，对于佛法实修者来说，只需要确定了知佛陀所住世的大体时间，以及此时间对于佛典传承的影响，依此辅助自身更明确学习佛法的道路，就足够了——过多的世间性争论，对于趣向涅槃解脱来说，是没有意义的。

4、任何早期印度文化的经典，都是在口传变迁之中的，佛典也不例外。因而，"佛陀所说的原本经典"，实际上在此世间并不存在。几百年的口传历史上，经典或多或少都发生了改变。虽然相对来说，宗教性越强的文本，由于其神圣性而使得口传过程变得更为严谨，因而其背诵的偏差也更小。但无论如何，人的记忆都是不可靠的，这一点已经为无数科学实验所证明了——即便是最虔诚的背诵者，也可能存在细微的偏差性记忆。而数代人不断积累的细微偏差，可能造成的文本改变或许依然有可能依然很小，但同样也可能演变得相对较大。

而且即使在文本出现之后，流变也依然在继续。因为手抄文本，依然存在着随眷增删、抄写错误、原稿字迹模糊只能根据自身理解自行重新连贯上下文等等各种引发流变的情况。因而，流变是普遍的，也是长期的。

也就是说，直到印刷术广泛应用，各类文本基本上都才存在真正意义上的所谓"完全定稿"的可能。而这已经是相对比较晚近的事情了——最早雏形是印度佛教晚期出现密乘之后，随着陀罗尼信仰的兴盛而出现的捺印。即由于印度民众并不书写梵文，就只能把捺印佛像的方法，移用于印制梵文陀罗尼经咒上，从而促进了印刷术的雏形得以诞生。

1974 年，在西安郊区出土了目前所发现的人类历史上最早的印刷品实物梵文《陀罗尼经咒》。其出现时间约为唐初，即最早也是在公元六世纪以后了。而且此时的印刷大多为简单地拓印，并没有应用在复杂的文本上。所以说，人类早期语言文字性历史遗产，都处在广泛的流变之中，这是基于现实基础而产生的合理观点。

另外，需要了解的是，上述关于口传和手抄的流变推断，还是建立在没有任何人为有意增添删改，即以最虔诚的态度来看待所有传承者基础上的。事实上，这种完全理想的情况，当然也不可能存在于此世间。无论何种部派，都多少存在增删佛典的行为。而且对"佛说"的定义也多有模糊不清之处，因而即便是有一天，最古老的手抄本真的经由考古发掘而现世了，此经典当中，依然可能会存在种种与佛陀原意不完全相符的瑕疵。例如，造像功德等等；再如上文提到的佛经故事，显然并非都是佛陀亲口所讲，但无论原始佛经还是大乘经中都有出现。所以，认清流变广泛且普遍存在于现今所有佛教传承之中，才是对事实的尊重。

这种说法，对于原教旨主义者或许是个打击。但对于真正想要依循佛法所教授的道路，获得涅槃解脱的人来说，接受此世间之无常，亦包括佛法传承过程里所要经历的种种无常，包括语言与文字的无常，是必须要建立的心理习惯。否则，就也是执取佛法之传承为"具有自性的实有"了，这种执取，对于趣向涅槃解脱来说必然也是障碍，是不符合佛陀的教导的。

而如果能接纳此无常的存在，那么就可以继续进行下一步了。如果"佛陀所说的原本经典"根本不存在，修行者该何以依止？

首先，如果了解并接受佛经在传承过程中，由于口传和手抄，一定会存在或多或少的流变，那么研读不同层面的经典，就可以更注重佛法的精髓，而非拘泥于细节。

从大方向的角度来说，佛法传承的根本是没有动摇的。因而只要可以辨别出来，用以指导实修，那么实际上就已经获得了佛法传承的大部分意义了。

但从细节的角度来说，所有经文从佛陀言说，到佛陀灭度后僧人口传，再从口传到文字，从文字到印刷产生定稿，期间已经是经历过几百代人之口手的传抄了，因此，错漏增删、迁演流变都不可避免，且是正常现象。而换一个角度说，佛典在经历了几千年沧海桑田的巨变后，依然没有遗失，而是传承了下来，今人还能有幸阅读到它们，这已经无异于奇迹了。

其次，修学者也需要去觉知自身的惯性，正如龙树菩萨所说，人类都习惯于本能性地区分事物的"劣等胜"。因而在修学过程中，也是如此。总是免不了想要去比较，"这句话说得好"，"那句话说得不好"，"这是佛说"，"那应该不是佛说"，"这个门派很不错"，"那个门派太狭隘"，如此这般。这样的比较往往会令人迷失在细节里，因为通过比较可以短暂地获得自我满足的快感。但佛教经典浩如烟海，这样的比较是没有尽头的；而人的一生却很有限，能够真正用于修学的时间更加稀少。那么，以这样比较劣等胜的态度来治学，对于从整体角度把握佛法的方向性指引和相关要领，以及辅助实修来说，都是没有益处的。

再次，作为佛法实修者，亦需要"睁开眼睛看世界"。正如前文所说，现代科学已经从量子物理、脑神经科学、生物学、进化心理学等多个领域证实了：此世间所有事物均不存在真正意义上的实体性。也就是说，此世间所有事物均无"无自性"。而"依他起"才是此世界的普遍规律。因而，现代修行者实际上已经具备了前人从未有过的丰富资源，来辅助理解深奥的佛法理路与理念。那么，作为佛法实修者，如果能可以善用此类资源，则根本不必再以复杂的逻辑对上述说法进行繁冗的辩论，而只需要进一步加深理解，并了知三千年多前的古人，能以禅修实证此空性，已经足够说明佛法禅修之意义所在了。

再者，修学佛法，佛理与实修并重是更合适且必须的选择。因为从大方向上看，理解了佛法的精髓，还只是一种知识与智识上的粗浅理解。需要结合实修中越来越深入的精微体证，不断地把佛法中看似刻板的语言和文字，变成亲身体会到的实际内容，才能亲证佛法本身。

而在此过程中，修行者也很可能会发现原本智识上的理解可能是肤浅的，甚至是存在错误的，而实修却可以令行者切身地体会到佛法所述内容的真实含义。整个佛法的内涵变得越来越鲜活，也越来越生动，越来越具有真实义。这是非常重要的，也是不可以其他方式取代的过程。

以上四点，也是下文继续考察佛法传承之理路的出发点。

第三节　佛陀的证悟

3.1 佛陀证悟的时代背景

要想了解佛陀所证悟的佛法真理，以及佛法为何是真理，沙门思潮是不能不提及的一段重要历史。一般学界公认的看法是佛陀住世和传法也是在沙门思潮时期，可见无论如何佛教和沙门思潮各思想流派之间的比较性研究，都在所难免。因而，本小节就先从沙门思潮诞生的历史背景开始进行阐述。

3.1.1 沙门思潮诞生的历史原因

沙门，梵文 Samana，意为勤息、息心、净志，是对非婆罗门教的宗教教派和思想流派的总称。一般传统的印度史学研究，都认为沙门思潮是在列国时代兴起的。然而，这种历史划分只是学术层面上的人为划定。实际上，在吠陀后期的印度次大陆上，现实意义上的不同国家已经在逐步出现了。而依据沙门思潮诞生的历史背景来看，其发生在后吠陀时期，或列国初期的可能性，都是比较大的。因此，本小节将从后吠陀及列国时期的政治、经济和社会生活等层面，来考察沙门思潮所关联的历史时期的具体样貌。

　　一般来说，大多数印度文化史研究者，通常认为沙门思潮的出现，是一种来自社会各层面的消极反应，即沙门思潮源自于修学者阶层对婆罗门独大的种姓制度的一种反抗。也就是说，这些研究者倾向于认为，由于婆罗门教的兴盛，社会广大阶层都因身处中间或底层，而出现了不同程度的厌世等消极情绪，从而走向了森林苦行的生活，因此才出现了各种各样的哲学思想，并进而陆续创立了与此相关的派别，来对抗婆罗门教的统治。但从印度河流域文化发展的情况来看，这种消极的看法并不一定是与历史吻合的。

　　首先，后吠陀时期婆罗门教的主宰的过程，实际上是雅利安人与本土原住民从战争对抗、到部分融合，再到其余部分至少互相忍耐对方存在，但互不往来的一个变化过程。而种姓制度，虽然在现代人看来是广大民众赤裸裸的残酷压迫，但对当时的印度社会来说，却是内在矛盾的明显缓解，而非加剧。

　　因为如前所述，雅利安人，与原住民残部尤其是统治阶层，是明显发生了融合的。关于这一点的文化因素影响，前文已经提及，此处就不再赘述了。值得注意的是，而后，雅利安人对诸如尼沙德等其他原始部落的打压，也随着婆罗门教统治教义的落实，而逐渐从战争和掠夺，转为了更为隐晦的种姓压迫形式。

　　这意味着，相比于战争和血腥残杀来说，将其他原始部族纳入自身所统治的社会结构当中，这种政策转变，实际上为相对比重较为广大的民众，都创造了一个比较稳定的生活环境。因此，婆罗门固然是最大的既得利益者，但其他社会阶层的民众，也未必会如同现代人所设想的那样，产生极端强烈的不满和抵触反应。

其次，从后吠陀时期到列国时期，雅利安人大力发展农业，手工业商业都得到了迅速发展，采矿业和冶炼业也都较之前得到了发展，铁器的应用逐步普遍，也反过来助推了农业的发展。因此，对印度整体社会来说，实际上是进入到了之前很长一段时间里，都未曾有过的更加富足稳定的状态里。

在这个前提下，具有统治力的"国家"形式，才会在印度次大陆上陆续得以出现。而民众生活，也在向着正面在持续得以发展。因而，即便对于婆罗门教的种姓制度存在一定程度的不满，但现实生活的改善，也可能会在一定程度上缓解人们的对抗情绪。

再次，对比此阶段的印度次大陆与哲学思潮爆发时期的古希腊，可明显看到，两者存在着众多相似之处。即哲学思潮时期的古希腊，在经济上，开始普遍使用铁质工具，促进了生产力的提高，带来了工商业的发达，并产生了阶级分化。在政治上，促进了城邦的形成，社会也逐渐趋于稳定。与此同时，又扩大殖民，呈现出了良好的政治发展前景。文化上，城邦间虽然各自独立，却又有统一的民族意识；并确立了文字，形成了统一的宗教，开始以希腊自称。所以，抛开印度次大陆的种姓制度来看，两者背景的相似性是非常高的。

再对比古中国春秋战国时期的"百家争鸣"哲学思潮爆发，其历史背景，实际上也非常类似。这都说明，哲学思潮的产生，与社会的稳定和富足很可能存在一定关系。

对此，诞生于古希腊的哲学大家亚里士多德总结说，哲学产生的三个条件是：惊异（即能够对远古流传而来的神话提出问题）、闲暇（即社会分工开始出现，部分民众能够拥有思考问题的闲暇时间）和自由（即存在允许民众思考的社会与宗教环境）。

从这个角度来看，婆罗门教统治下的印度次大陆，虽然远不如古希腊的政治那么开明，但上述三个条件还是得到了满足的。因而，印度次大陆的沙门思潮爆发，实际上更可能是社会发展和稳定的结果，而不能仅因为种姓制度的存在，就将其统统解读为消极产物。

再者，把对生命本质的探索，归结为逃避现实的"消极性选择"，这一类观点是现代人特有的唯物主义的思想的反应，且这类观点明显是建立在无神论基础上的。而以此类即有思想倾向，来权衡一个完全不同的文明中的人们的行为和选择，则显然是不够客观的。

因为一方面，从婆罗门的角度来，上述消极逃避的看法明显不合理。因为如果仅从唯物主义角度来看，最高统治阶层婆罗门，根本不存在逃避现实的需求。但实际上，从吠陀后期开始，婆罗门就已经把对生命的探索和相关的苦行要求，写入到了其宗教纲领之中了。而且他们还明确要求自阶层，必须在大多数生命时期，把生命重心放在修行上，为解脱作准备。

而如果婆罗门是以现世的权力优势和物质占有为生命的核心与根本追求，那么就应该规定自身祭司职务的终身制，而非做出上述规定了。所以，婆罗门阶层内对于瑜伽苦行的认同与实行，肯定不会是逃避现实的需求所致。

而另一方面，从沙门思潮中，所涌现的各种不同于婆罗门教义的思想来看，上述消极逃避现实的看法也不合理。据平川彰的《印度佛教史》记载，此时期，大量出身良好世家的子弟，竞相步入各种森林禅修的路途，这些人或多或少都放弃了优越的生活环境，而致力于以禅修寻求超越世间的解脱之路。此种情况已成为了当时社会上普遍存在之风气，人们对精神生活的追求和向往也是普遍现象。

而各流派沙门思想，大多数都来自于不同行者于瑜伽静修过程中，所体悟到的不同境界，其更多关系到对人生、自然和宇宙的真理的探索，而不是为反对婆罗门统治这一政治目的，而被刻意催生的政治纲领或类似事务。虽然无法完全排除在长期持续的沙门思潮中，可能有部分观点存在政治目的这一可能性，但政治的确不是沙门思潮的主流导向和目标。这点从沙门思潮留下的各种各样的思想观点记述当中，都可以得到明显印证。

另外，当时的婆罗门教，实际上也选择了在一定程度上容忍各种不同于自身的思想和派别的存在和发展，而并非直接禁言、镇压和杀戮。这一方面反过来说明了沙门思潮的政治目的应该的确不明显，至少还不足以引起统治阶层婆罗门教派的警惕和镇压；同时，另一方面也说明了，当时的印度宗教和思想环境，并没有后世学者所猜测得那么严酷。在基于对生命、自然和宇宙之本质的探索，而非政治目标的前提下，不同流派之间，包括婆罗门教在内，在修行中，互相都是存在着互相交流和学习的可能的。

因此，综合来看，沙门思潮并不是一种消极避世的社会倾向，而更可能是基于印度社会的宗教统治、瑜伽苦行习惯和精神追求，而在稳定和相对物质丰富的环境下，才产生的聚集于精神层面的社会现象。

3.1.2 沙门思潮与哲学之间的区别

前文列举了吠陀晚期及列国初期的印度次大陆与古希腊和古中国对应时期的相似之处，下面则要说明二者的不同。前者是以瑜伽静修的实证为基础，以理性思辨为辅助的理论构建模式。而后两者则是以理性和思辨为基础，以自身独特的见解来构架理论体系，又以理论体系的完备为追求的哲学形式。也就是说，后面的两种哲学思潮，都比较类似于现代的人文科学研究。

而人文科学研究与自然科学研究一样，都是需要独立于他人观点之外的创新点，才能得到成果，并得以发表和被业界所公认的。也就是说，在人文科学领域里，研究者会不断尝试从不同角度去提出不同于他人旧有观点的各种创新说法；或者进行他人所未曾系统性地加以整理和分析的研究；或者从他人未曾注意的视角和方式入手来进行研究，并由此获得独特成果等等。也就是说，无论具体工作存在怎样的差别，但具有某个层面的"创新性"，言他人所未言者，都是人文科学研究的重点，甚至是目的本身。因而，这就注定了哲学研究和实修体系之间是存在根本差别的。

在实修体系里，是不存在"创新性"需求的，因为实修的目的是为了亲证真理，而不是为了追求单纯的理论高度，或者作出不同于他人的研究成果。而且实修大多是与身体的体证存在直接相关性的，身体层面的某种练习往往就是实修的基础。比如禅坐，实际上也是基于身体开始进行基本训练的。所以，在某种程度上来说，实修就好比是练习武术，需要按照一定的章法去学习，逐步打好基础，否则很可能不但武艺没有练好，还破坏了身体的基本功能，这样就得不偿失了。

而这就意味着，实修需要依从前人证实过的可以通行的道路，来确保可靠性和安全性。而自行其是的创新，很大程度上却可能带来误入歧途的危险。而同样类似的是，武术只有达到融会贯通之后，才可能自创新的招式，瑜伽禅修也需要在体证达到一定的境界之后，才可能认识到之前修法的局限性。佛陀就是在亲证了第八禅那之后，才亲证苦行不能真正获得解脱，进而放弃苦行，转行中道的。因此，佛陀改行中道，并非是突发奇想的自行其是，而是基于实修的亲证。同样的，佛陀所言说的教法也都来自于实证经验，而非理论创新。

所以，如果不能了知实修和亲证的意义所在，而是把所有沙门思潮与婆罗门教义，都看作是不同的哲学思想，那么就会进入到将实修体系与人文科学研究盲目进行对比的误区。以是否存在"创新点"以及"创新点是否足够新颖"来衡量沙门思潮各理论的高低上下，这是一种脱离了实修的社科学院派作法，也是脱离沙门思潮的背景现实本身的。

因此，谈论沙门思潮的观点，需要适当地结合其与实修的关系来看，才可能真正对历史给予尊重，对事实给予尊重，也对于实际存在于此世间的各种实修路径和道途给予尊重。

3.1.3 主要沙门派别思想简析

沙门思潮期间，涌现出的思想流派众多。且受此影响，婆罗门教内部为应对社会思想的变化也陆续分化出了诸多派别，并对印度后世文化产生了深刻影响。因此，此处将针对沙门思潮中的四个主要派别以及婆罗门教内部产生的六个主要分支派系，分别加以对比说明。

一、婆罗门教。关于婆罗门教的思想，前文已经详细介绍过了。此处再稍加总结，婆罗门教为泛神教和一神教的综合体，相信各种神明是此世间得以被创造的根本原因。同时相信各神明俱为一体，本质为"梵"，而众生的本质亦来源于此。解脱即恢复梵我合一的整体状态。而在沙门思潮之后，婆罗门教分化出的派系则主要包括以下六种：

1、数论派。数论派是婆罗门教的衍生派别，其所依根本经典是自在黑于四世纪所撰写的《数论颂》，而《金七十论》（真谛译）则是其重要注释之一。具体来说，该派别主张"二元论"，即认为由于纯粹精神与根本物质的相互关系而展开出现象世界，且认定"自性"为世界得以出现、开展、存在和转变的根本因。自性的演化过程为：由自性生出觉；从觉生出我慢；从我慢一方面生出"十一根"，另一方面生出"五唯"；五唯生出"五大"。自性、神我是二元，加上觉、我慢、十一根、五唯、五大，合称二元二十五谛。

2、胜论派。胜论派主张将一切与概念对应之存在，视为实在，并分为六个范畴即句义，用以说明世界上的各种现象。胜论派认为世界的根本物质基础是原子，它是永恒不灭的最小微粒，原子是单一的，不可分割的，它的基本形式是地、水、火、风，且原子各有其特征，互不相同，是独立于人们主观认识之外的一种客观存在。各原子之间的关系是一种机械的并列，但它们可以相互以各种方式结合。

另外，胜论派还以六句义理论来解释原子结合创造世界万物的各种表现。他们主张促使原子运动的动力是所谓"不可见力"，这种"不可见力"操纵着人的生死轮回。同时，也主张一切知识都来自于经验。只有通过学习六句义，修习瑜伽静定，遵守吠陀规定的生活规范，断定这一"不可见力"，才能获得解脱。同时也继承了正统婆罗门思想，重视祭祀，主张生天说。公元 100-200 年左右，羯那陀所编纂的《胜论经》，为其根本经典。

3、正理学派，此一学派主要是从事正确的论证与论理的探求，与胜论派存在较大关联，执持观点也类似。根本经典是编纂于公元 250-350 年间的《正理经》。五、六世纪后，本派与佛教的论理学派屡有关涉。十三世纪，甘吉沙（Gaṅgeśa）曾为《正理经》作注释，甘吉沙之后该学派发生了转变，名为新尼夜耶学派。此后《正理经》之研究逐渐式微。

4、弥曼差学派，此派主要的意图是将《吠陀》中所记载的祭仪，给予论理的解释，并依法（即达磨）而从事正确的实践。其基本理念为《吠陀》非人类或神所造，而是在久远的过去世界即已存在的真理，而由圣者依据神秘力量所感而得。因此，《吠陀》圣典是绝对的，完全没有矛盾或重复无用的语言。此派的根本经典是编纂于公元 100 年左右的《弥曼差经》。

5、吠檀多学派，此学派主要以研究《吠陀》文献中的《奥义书》为主。依该派所述，宇宙的根本只有'梵'，而人类之生命本体"阿特曼"，实际上就是'梵'。若依据圣典而了知此一真理，则即得解脱。因此属一元论，但由于对根本经典的解释不同，又产生了商羯罗的'不二一元论'、罗摩奴阇的'制

限不二一元论'等不同学说。其根本经典是约编纂于公元
400-450 年的《梵经》。

6、瑜伽学派，本派特色在于对'瑜伽'的修行，有极为详尽的说明。二世纪至四世纪间编纂的《瑜伽经》（相传为巴丹阇利所撰）为其根本经典。其执持的其他理论，除了对最高主宰神的看法之外，其余几乎与数论学派相同，主张二元论和自性。

婆罗门六派，对后世影响最大的是数论和胜论两派。在后世佛学著作中，也多见与此二派进行理论辩论的论述。从现代性的角度来说，类似数论派的自性实有论和类似胜论派的机械唯物论，都已经被现代科学证实为不符合自然规律的假说了。

二、耆那教。耆那教是沙门思潮中兴起的一个重要派别。他们认为，世界是永恒的，在时空上也是无限的，且只有形式上的变化，而无本质变化。一切物质都包含两种因子，即物质因子和精神因子，物质因子即非灵魂，精神因子即灵魂。灵魂包括能动和不动的两大类，能动的则根据感觉器官的多少分为六种。不动的灵魂存在于地、水、风、火四大元素之中。所以，耆那教认为动植物和非生物体内均有灵魂存在，不能任意伤害。非灵魂也包括两大类，一类是定形的物质，由原子和原子的复合体组成；另一类是不定形的物质，由时间、空间、法和非法组成。由上述基本理念可知，耆那教相信业力一旦产生，人力就无法控制了。因而必须通过苦行，来减少业力对灵魂的损害，从而才能实现解脱。

三、生活派。生活派的梵文原意为"严格遵守生活法的规定者"，他们认为，宇宙和一切有生命的物类由地、水、火、

风、灵魂、虚空、得、失、苦、乐、生、死此十二个原素构成。各种原素按照一种自然的、机械的、无关系的方式结合。他们相信宿命论，认为世界上一切事物都是受命运支配着的，在命运的锁链中，任何人的意志都是无能为力的，伦理道德也是没有意义的。

相传此派为末伽黎.俱舍罗所创，据南印度发现的碑文记载，与佛陀同时代的"六师"中的婆浮陀.伽那和富兰那.迦叶也属于这个派别。从实修的观点来看，此派别的认知可能停留在了对生灭的观察和人在其中的不自主性上面，而未能有更高层次的超越。

四、顺世论。顺世论认为，世界的基础是物质，构成物质的原素（大）是地、水、风、火四种。一切有情识的生物都由"四大"和合而生。他们认为物质原素不断运动，具有内在的力量，从而推动世间的变化，并由此否定了神和其它推动原因。同时，顺世论反对轮回、业报和祭祀、苦行，其所述之原理虽然与现代科学不同，但属于早期唯物主义观点，注重今生的幸福快乐，与现代无神论思想存在一定相似性。

五、不可知论派，也称为散惹耶派。据记载舍利佛和大目键连原先都是散惹耶的门徒，后皈依佛法。散惹耶宣传一种怀疑论或不可知论，认为对于世界上的一切事物及其真理都是不可遽然断言的。如对于来世化生、因果报应、罪恶是非、如来即人格化的修行完善者，可以说有，可以说无，还可以说亦有亦无，另尚可以说非亦有非亦无。散惹耶这种理论被佛教徒称为"难以捕捉的鱼学说"。不可知论派在印度，虽然很快就销声匿迹了，但它的思想对后世一直有影响，很多学派当中都可以见到不可知论的影子。

综上所述，佛法传承与上述婆罗门和沙门思想的最大差别在于佛法是破除实执的，而其他各派别无论执持断见，还是常见，都是实执的表现。具体来说，婆罗门教是我执和法执并存的，其所说的"梵"具有恒常、纯一、独立，又能生起万物的特点，然后又赋予了"我"与梵同等的特点。这是对人类本能实执的一种随顺和抚慰。而耆那教对灵魂和物质两者亦都存在实执，包括衍生的业力等等，亦都执着为实有。生活派和顺世论虽存在差别，但二者本质是对现世的实执，即执着物质为实有，而否定精神的作用，都存在物质至上的倾向性。而不可知论派，则明显属于断见，而且否定了人类认知事物的可能性，因而在现实层面来说其影响也较为消极。

也就是说，佛法中经常提到，某种思想属于断见或常见，其目的不在于评判对方的劣等胜，而是在于引导修行者"离断常二边"，回到中道。而中道即在世间层面肯定诸法、现象与规律的存在，但于修行中，则专注于对实执的破除，引向对胜义空性的实证。因而，此中道即是佛法修行的基础与核心，也是依此修行最终能够达到超越世间而亲证空性的原因。

3.2 佛陀以中道证悟涅槃

佛陀就是在上述修行氛围浓厚的时代背景下，来到此世间的。佛陀俗姓乔达摩，原名悉达多，生于迦毗罗卫国，父亲是该国国王，称净饭王，母亲则称摩耶夫人。根据佛经记载，悉达多从 8 岁起学习吠陀、武艺，17 岁娶妻，生有一子。29 岁为探索真理而致力于苦行。

　　但佛陀的修行过程并非一帆风顺，他先跟随著名的苦行者阿罗逻和优陀罗学习禅定，而后又修习了六年苦行，逐渐悟出此种方式不能得真正涅槃，证悟真理。遂不顾追随者的唾弃，而自行结束苦行的修法方式，至王舍城外尼连禅河畔伽耶的一棵菩提树下坐禅，经七天七夜的深入禅定，达到"觉悟"境界，证悟了涅槃真义。

　　也就是说，佛陀修行的过程，从世间层面来看，经历了舍弃世俗生活之乐和舍弃梵行之苦两个阶段。这是因为沉溺世俗之乐，就会被愚痴蒙蔽，把世间诸法诸行当作具有真实自性的事物，去追逐而沉迷其中，无法亲证无明背后更高的真相，如此则轮回不止。而试图以苦行来交换解脱，虽不再执着于世间种种，却会不断创造苦相，心就落入了以苦为实有的执着之中，如此则轮回依然不能止息，也不能解脱。

　　而这两种状态，则恰恰可能是当时的修行者中普遍存在的两个极端。一方面，婆罗门在世间时，为最高种姓。由此易为世俗之乐所蒙蔽，其禅修也可能存在沉溺于各种天启与驱使神灵的境界里，这种情况显然无法导向最终的涅槃解脱。而另一方面，森林苦行者们，又过度夸大了苦行的意义，由此苦行也就创造出了相应的执着：以苦行为高贵而生傲慢，以苦行为真实而落虚妄，以苦行为解脱路，而失去证悟真正智慧的门径。从佛陀身边的五位行者在他放弃苦行的时候，离他而去的情况，也可以看到这种将苦行执为实有的状态是较为普遍和严重的——对他们来说，坚持苦行是一种荣耀，而放弃苦行意味着会被人唾弃，因而此苦行完全没有出离世俗的渴求范围，是不可能引向涅槃解脱的。

具体地考察佛陀证悟之涅槃与传统瑜伽行禅修的差别：禅修可进入的定境，一般分为四禅八定。最开始是初禅，即远离各种感官欲望或不善心念，也就是去除五种障碍：贪、嗔、痴、昏沉、疑惑；此时如同卸下千斤重担，会生起"离生喜乐"，即初次经验禅悦，会有兴奋感。二禅是从一禅基础上的禅定所生，所以叫做"定生喜乐"。这时只剩下喜、乐与心一境性。三禅又称为"离喜妙乐"或"舍心之乐"。此时，禅修者不再专注喜乐，内心产生宁静之感，在不苦不乐的舍受中经验到接近"绝对满足"之感。如此更有助于放下我执，进入更深的内观。三禅后，继续对一切感受保持平等心，净化内心，让心达到非常寂静的境界，只专注在觉察并安住在微弱的舍受。这时心只剩下"心一境性"，观察者与所观察的对象合而为一，对立感完全消失，这是四禅"舍念清净"。前四禅是色界禅那。

第五禅境开始是无色界禅那。超越所有身体的感受（所有色想），破除"障碍感"，不产生二元对立的概念（异想）。所以，可看见空间是无限的，进入无限空间的范围，也就是"空无边处定"或"空无边处乐之微妙真实想"。

之后，超越了无限空间的境地即空无边处，抵达"意识无限"的无限意识之境地，即识无边处。此时随着不断加强地训练，一些空无边处之微妙真实想消失，并造就"识无边处之微妙真实想"，这是第六禅。在第五和第六禅那，出定后，观察者充分了解无"我"，但具体认定状态则有所不同，佛教是完全认定"无我"，否定"我"之本体论。而其他教派则大多认定"无我即'梵我合一'，以整体论融合本体论。

第七禅会出现"无所有"的境地，可以觉知到非常微细的活动，但有两种不同的体验。一种粗略的比喻是：就像看着泉水不断流动一样。另一种体验是，觉知到广袤的空间，也就是无尽空间和无尽意识的合而为一，在这广袤的空间里，无一物可得。第五、六和七禅经常被称为"毗婆舍那禅"或"内观禅那"。

第八禅是"想之极致"，即"非想非非想"，因为想蕴的活动几乎停止，但却仍感受得到意识的活动，所以不能说没有想。这是一般未解脱的修行者认为的终点。在佛法教导里，止观同时圆满，才能超越第八禅那，而进入到最极致的"灭尽定"，即第九禅。经中记载，只有阿那含（不还者）和阿罗汉才能进入这种禅那，因其贪与嗔心皆灭，止观的能力圆满平衡。而这个阶段，禅修者的受、想、行、识全都暂时寂止了，所以也没有任何观察的对象，也没有进行在观察的心，由此完全进入到了寂静本然的状态里。

但需要注意的是，灭尽定本身并不是涅槃，借由灭尽定的状态而证得究竟道果，才是涅槃。至于涅槃本身则属于胜义谛，是断绝言路的，即无法用语言描述和表达的，属于"不可说"的范畴。只有当禅修者证入涅槃时，才能亲身证悟：以前的清净安宁喜乐等经验并非真正的涅槃，对涅槃的误解会在此超越状态下而被厘清。

对此很多不了解佛法的人可能会认为，这是佛教在故弄玄虚，实际上并不存在超越灭尽定之涅槃。然而，从现代科学的角度来说，不止超越语言表达的事物，的确是可能存在的，而且超越人类认知范围的事物，也同样是可能存在的。

比如，人类生活的地球以及所有其他可见的其他星球，都属于二维球面所形成的三维球体。这是人类可以用语言表达，并直接认知的事物。但是不需要拓展太多，只需要把这个球体增加一个维度，实际上人类的语言就无法描述了，同时人类也无法认知这种三维球面所形成的四维球体。

也就是说，不止在现实生活里，依据所有感官无法认识这种四维球体。而且穷尽人类的想象力，在大脑和心识里，也无法呈现出此四维球体的样子来。而这才仅仅是拓展出多一个维度来而已。所以，也许人类必须要承认的一个事实是"我们并非无所不能"，"不可说"是真实存在的，超越人类经验之外，还有着巨大而广阔的无限可能。

按照佛教所述，佛陀在跟随瑜伽师修习禅定以及苦行期间，实际上已经达到了第八禅非想非非想的境界，但因觉知到此非真正究竟涅槃，而放弃苦行，回归中道，才最终达成解脱。

这也说明，只要依据正确的瑜伽行修法而精进禅修，行者也有可能证得前八禅。但因为指导思想不同，所呈现的具体境界也会存在一定程度的差别。因而婆罗门和其他法门的禅修者，也都可能经由瑜伽禅定而于不同程度上，认识到轮回的存在及其运作模式，从而意识到业在轮回中所起到的作用。但其他法门的指导思想，通常是因此而加深实有论，而佛法教导，则是引领行者跳出实有的局限，以亲身证悟空性。这也是依据佛法修行，能够趣向涅槃解脱的原因所在。

由此也就说明：禅修实践和理论指引是佛法实修的两个根基。如果没有禅修实践，而仅有理论说明，那么，行者就会陷入到形而上的哲学层面，越来越注重于逻辑层面的谈玄论道。这种方式终将与哲学无异，虽然可以创造出一些由逻辑构建的理论大厦。但是对于实证来说，却没有足够帮助。而如果仅有禅修实践，却没有佛法理论上的指引，则不免要陷入到心所能创造的无穷无尽的幻相中去：以世间规律为实有，由此则不可能出离世间，即落入到了机械唯物论等类似的哲学范畴；以六道轮回为实有，由此则不可能出离轮回局限，由此则落入到了祈求神灵辅助来摆脱痛苦的神学范畴。这也是前文提到宣说佛法不可能离开语言所表达的理性观念的原因所在。

所依，行者需要通过听闻佛法真理，而后，再通过不断地思辨来建立自身对佛法比量性的理解。从而在修行中，依此佛法指引来把握大方向。然后，在遇到具体的境界的时候，才能做出智慧的抉择，进一步证悟真如智慧本身。

也就是说，并没有完全独立于观察者之外的客观现实或客观真理。如果观察者与所显现的境界进行的互动是基于无明实执进行的，那么无明就会进一步显现。而如果观察者与所显现的境界进行的互动是基于佛法智慧指引的，那么对真如智慧的亲证，就会进一步显现。这与现代量子物理所说的量子特性是一致的。

但本能地活在实执中的人们总是认为，你修行到了某个境界自然就"知道"了，例如很多行者做出类似这样的辩论："我在那个境界里，亲眼所见、亲耳所闻，轮回就在那里，业力就在推动轮回，怎么能说是空性呢？"或者"我亲见了梵天/上帝的存在，他是超越一切的，我感受到了无止境的爱和包容，怎么能说造物主不存在呢？"又或者"我切实感受到了道的存在，天人合一，融入于道之中，这才是解脱，怎么能说，道不存在呢？"等等等等。

　　然而，如果实际上根本没有完全独立于观察者自身之外的"道"、"梵"或"真理"在那里等着，被人们所认知呢？如果行者于境界中的所见所闻本身，就取决于自心的参与甚至创造呢？那么，行者在禅修的过程里，又如何到了某个境界，自然就会明了和知"道"呢？

　　佛陀时代，上述迷思也是存在的。一方面，《奥义书》越来越偏向于形而上的哲学论述，试图为禅修中所见、所闻、所感之神秘现象，建立起哲学层面的深奥说明，并期待可由此带来深入的心智启迪，并获得解脱；而另一方面苦行者们则坚持瑜伽禅修可以自然带来涅槃解脱，只要"如同母牛"一般精进苦行，那么业力就会消退，苦行者就会获得解脱的回报。实际上，二者是进入到了不同的极端思维之中，前者放大夸大了思维的力量，后者则摒弃了思维的正向作用，因而都是非中观的道路。

　　而佛陀之所以能证悟涅槃，则是因为始终秉持着中观的态度和理念，才没有被实执所障碍，进而突破了前人窠臼，彻断了轮回，证得了超越性的真理本身。同样地，佛陀所传之修行方法，也同样始终秉持着中观的态度和理念：在佛法修行中，既肯定瑜伽禅修的实修方式的重要性，又同时认清了单独依此禅修方式的不足，从而肯定了理性思维的重要性——以佛法作为大方向的指导，依闻思反复善加思惟所生起的初步智慧，来辅助禅修。再通过禅修生起修慧，来加深闻思智慧。如此闻、思、修互相作用，则有效地结合了瑜伽禅修与理性智慧二者的长处，从而明确了通往涅槃解脱的修行道路。这就是为何佛陀所传之法如此重要的原因。

　　归根结底，佛陀的修行方式看起来与同时代的其他修行者，并没有本质的差别，佛陀也没有在此层面作出什么惊天动地的改革，因为这是不必要的。佛法修行，与其他法门的差别更多是在于佛陀证悟了真理，而后人则可以按照佛陀亲证过并为之详细指明的道路，按照上述闻、思、修三者并行的方式，通过闻思佛法和禅修的相互结合与彼此促进，来共同铺垫禅修前方的道路，并依此去实修实证。

　　因此，佛法禅修者的道路上，每个阶段都有指路的灯塔在前方引领：遇到喜乐光明，这指引会提醒修行者，这只是过程的一部分，不需要执着它，这还不是究竟解脱，要继续前行；遇到困难挫折，这指引会提醒修行者，这也只是过程的一部分，不需要怖畏，困难挫折也是无常，只需要继续前行；遇到神佛菩萨现前，这指引也会提醒修行者，这只是境界显现，不必生起执着，不必以此为实，要继续前行；遇到妖魔鬼怪现前，这指引也同样提醒修行者，这亦只是境界显现，不必生起恐惧，不必以此为真，不必退缩，要继续前行……故而行者在佛法修行的各个阶段里，就都不会误入歧途——或停留在中途的某些美好体验里，或者因某种怖畏而退缩了。如此，才能突破层层障碍而向着超越性的方向前进。

　　也就是说，佛法教导与其他修行法门的最大差别，就在于佛法的修行是以禅修为实修手段，以佛法为把握大方向的指导原则，同时结合二者，以闻、思、修共同生慧的齐头并进，来趋向涅槃解脱的。

3.3 佛法修行的基本理念

佛陀所传之教法，在具体细节上虽然成就了浩如烟海的存世典籍，这是历代后世行者各自从不同层面、不同角度，阐述自己的理解所累积而成的结果。但概况佛陀所传法之基本与核心理念，却不必如此冗繁，而是可以回到佛陀的教导本身，从根本说起的。

3.3.1 四圣谛与缘起观

佛法是以四圣谛之宣说作为基础的。"谛"是如实不颠倒的意思，也即真理。而四圣谛，就是指圣者于修中亲证的四种真理，即指苦集灭道四者。

一、苦谛

此处所说的苦谛，并非指世间苦乐的"苦受"，即并非是指世间存在的痛苦之表象，而是指"苦"的本质。之所以称为苦谛，是因为此是圣者于修中亲证，即现量直接证实，而在世间之内，人只能直接感受到较为粗显的苦受，其本质却只能依据逻辑推理即比量而得知。

那么苦的本质是什么呢？实际上就是"生灭"，有生就有灭，轮回之所以可以循环往复，也正因如此，所以轮回中的人、事、物也必然不能圆满。因此，也可以说，生灭是因缘法在世间的表现形式。而"苦"也就是因缘法在世间的呈现状态。

具体而言，此苦谛可分为三种，即行苦、苦苦和坏苦。行苦本身即是指世间生灭变化，即因缘法的显现。而苦苦，则指人会有苦受，而此苦受和引起苦受之事物本身，亦都不出生灭变化之内，因而也是苦。即为生灭之苦而生苦受，为苦受而再生苦受，都是苦苦范围。苦苦往往是因嗔而生。坏苦，就是说世间的乐受，大多是由无明牵引所生，因而是暂时性的，很快就会随因缘而灭去，而人又会因其消失而生起苦受来。因此，就命名为坏苦。坏苦，往往因贪而生，也包含嗔的作用。此后二者即人的觉受对此因缘法作用在世间及自身所产生的反应。

另外，苦谛还可依据五取蕴而进行分类，具体则可分为生苦、老苦、病苦、死苦、怨憎会苦、爱别离苦、求不得苦，与五蕴盛加在一起，即八苦。其中生、老、病、死与怨憎会属于苦苦，爱别离和求不得，则往往属于坏苦。而由于世间诸法和众生本身都在生灭变化之中，因而也可以说世间皆苦。

二、集谛

集，即是苦因。也就是说，"苦"是因缘所生法，集就是促使"苦"生起的因。前文说因贪而生坏苦，因嗔而生苦苦，是指表象，实际上贪、嗔都是由痴所生，而痴即无明。而无明又是实执所生，所以，概括来说，促使生灭变化产生的根本"因"就是实执。

因实执而生无明，因无明而生十二因缘法。因此，以无明为缘而生行，以行为缘而生识，以识为缘而生名色，以名色为缘而生六入，以六入为缘而生触，以触为缘而生受，以受为缘而生爱，以爱为缘而生取，以取为缘而生有，以有为缘而生"生"，以生为缘而生诸"老死忧悲苦恼"。如此则轮回往复不止，即是苦因。

那么，什么是实执呢？实执可以简单分为两类即我执和法执。我执，是指执着"我"为实有，恒常且纯一，可独立存在；

即执着"我"有自性。法执，是指执着世间事物、现象和规律为实有，恒常且纯一，可独立存在；即执着"法"有自性。

因此，综合苦谛和集谛来说，从世间角度来看，众生是先感受到苦谛的粗显存在，而后才探寻其原因，因而其顺序为先苦后集。但从世俗谛的角度来说，是先有集谛即苦因的存在，然后才产生了苦的现象。也就是说，先因实执之存在，才生起了无明，而为愚痴所遮蔽，因缘法就开始了自然作用，因此世间与众生身心才生灭不息，进而于己才生起贪、嗔、痴等烦恼，并生粗显苦受，感知到"苦"。

所以说，苦谛和集谛，实际上是包含了因缘法和缘起律在内的。离开因缘法，则苦谛无处可生，集谛亦无所生者。因而因缘法是从集谛到苦谛之间的纽带，是连接二者的中间过度者。从这个角度来说，因缘法正是世间变化相续的基础，也是轮回不能止息的基础。

三、灭谛和道谛

灭，即涅槃，指从此无休止的生灭之中出离的超越状态。因此，此为不可言说者，无需赘述。而道即可通往涅槃的途径。那么，此途径是什么呢？狭义来说，即八正道。下面来详细说明此八正道。

正见：从表面定义来说，即行者应该在日常生活与禅修中，都坚持四圣谛的真理。从禅修的角度来说，则是指对于所观察对象，不试图涉入或控制，对于在观察的心，也不涉入或控制，就只是观察，从而使心逐渐趋于清明觉知的自然呈现，即是正见。也就是说，在观察中，无论"能观察"和"所观察"都是自然呈现，而无"我"在其中造作，认知到这些，就是正见。

而此状态逐渐由禅修逐步应用到日常生活里，就是在日常生活中保持正见。

正思维：又称正欲或正志。一般是指在无贪、嗔等烦恼作用的情况下，依据正见进行观察和思维，如理地作出决定。在禅修里则是指贪、嗔出现了，则依据正见，允许它们出现，不涉入也不控制，观察它们的出现，也观察它们的消退。如果感觉到这种观察存在困难，则可作"允许它们出现，而不需要对贪、嗔，再生贪、嗔"等类似思维，然后，继续依据正见去观察和觉知。日常生活中，也同样可如此依据正见进行思维，即正思维。此正思维可以辅助正见的稳定，对世间种种事物以及引发的内在感受，建立起依佛法观察的正确态度。因此正见和正思维的结合在禅修实践当中是很重要部分，也是可以落实到日常生活里的实修方式。

正语：从戒律的角度来说，即戒止口之四恶业。具体是说，不妄语；不两舌；不粗恶口；不绮语，即不讲这四种话语就是正语。从实修的角度来说，是指不浪费时间去谈玄论道或为争对错而进行的无意义言论上，而是致力于专心实修，并将佛法指导逐渐落实到自己日常的语言表达当中去，不再言语里强化实执。

正业，是指正当的行为，即戒杀生、邪淫、偷盗等。从实修角度来说，是指在行住坐卧中依正念而行，依正见而观察思维，依正语而言说。概括来说，保持正见觉知而行，即是正业。

正命：从戒律的角度来说，是指以合法不损害他人的方式谋生。例如，僧伽应该如法地求取衣服、饮食、坐卧具、病缘医药供身什物，而不得贪求和损害他人。从实修的角度来说，是指要以涅槃解脱为生命的最高追求，而致力于佛法实修之中。

正精进：精进是坚持不懈的意思，即不懈怠、不中止、不放弃实修，但并非逼迫或压迫自己去努力的状态。这在禅修中，是指应依正见，不涉入、不控制地自然地去观察和觉知。依此方式，持续不断地去进行觉察观修，就是正精进。所以，正精进是放松而持续地依正见而修行，而不是指世间做事时，那种勤奋拼搏式的"努力"。判断是否为正精进，可以根据自身的禅修状况来衡量，如果出现了身心疲惫紧绷的状态，就是"世间的努力法"，而轻松自然地持续观察和觉知，则是正精进。

正念：从表面定义来说，正念是指忆念四圣谛而不忘失。而从实修的角度来说，依据正见地觉知，就是正念。所以，正念是依据正见而生的，是与智慧有关的觉知状态。而在此智慧觉知的状态下，自然会直观认知到四圣谛的真实不虚。

正定：保持心的清净寂静和清明觉知同在，此止观双运的禅修状态就是正定。由止生定，而烦恼暂时被制伏，而由观生慧则进一步断除烦恼根源，如此二者结合进行禅修，则可逐渐从根本上断除无明，打破实执，亲证空性涅槃。

以上就是八正道的简单概括，这八个部分的结合即佛法禅修的路径——即四圣谛中的"道"谛，也就是通往涅槃的解脱道。

也就是说，八正道实际上是断除因缘法的方式。为什么这样说呢？因为此八正道本身既是培育智慧解脱的因缘，同时也是断绝世间轮回的因缘。从身口意的角度来说，依正见而生正思维，依据正见和正思维而进一步生正念，这些部分都是在培育心的智慧，使得心从习惯性的参与到因缘法的惯性之中出离，对喜爱者不试图令其"生"，对不喜爱者不试图令其"灭"，因而也就逐渐地与因缘法分离开来了。这些都是从"意"的层面培育智慧解脱的因缘，同时也是断除轮回的因缘。而正语则是从"口"的层面；正业、正命、正精进，则是从"身"的层面，来断除轮回因缘，培育解脱因缘的。正定则是上述所有部分的依托，因为有正定的存在，身口意各层面的轮回因缘即实执，才能彻底断除，涅槃因缘才能得到真正的培育和成熟。

从这个角度来说，也印证了业和轮回，都只是因缘法的具象表现的论点，并且与之完全吻合。也就是说，实修过程中，不需要过度恐惧业的力量和轮回的惯性，只要精进实修，因缘法断除，则业和轮回也就会在此过程中自然止息。

综上所述，四圣谛中，苦和集即是因缘法的两端，因实执而生无明，因无明而起因缘法。又由因缘法而生灭不断，无常不止，因而则显现苦相。而道，则是断除因缘法的实修方式和指引方向。从这个角度来说，三法印和四圣谛本身也是互相印证的关系。苦、无我、无常此三者，已经指明了指苦、苦因和道，即苦因本身就是"我"和"常"，亦即我执和法执所组成的实执。而解脱之道就是要亲证"苦"、"无我"和"无常"。由此可见，因佛法来自于佛陀的涅槃亲证，因而佛法的各个层面都是彼此圆融的。

3.3.2 缘起观与空性论

佛陀在初转法轮时，即宣说了缘起观。《杂阿含·杂因诵·缘起经》记载，佛言："何为'缘起'？即是此有故彼起，由此之生而彼生。即是以无明为缘而有行，乃至有集起。所谓'以

无明为缘而有行'，如来出世或不出世，此法性安住，是诸法
安住之根本。于此如来自所觉悟证知而宣说此……教示此，即以
无明为缘而有行，乃至以生为缘而有老死……因此，此法性、法
住性、法定性、法如是、不虚妄、不变异、实有、谛实性、真
实性、如实、不颠倒性、无相违性、此缘性、随顺缘起性，即
说为'缘起'"。

　　也就是说，缘起是自然规律，不因佛陀出世与否而转移，
也不因任何神仙之力而改变，诸法包括众生本身就具备依缘起
的特性。因而，缘起律是超越诸法，也是超越神灵神通之上的
自然存在的规律性事物。那么，缘起观是否为最终的真理，是
否为真实有呢？缘起观和空性论的关系又是怎样的呢？下面就
通过佛陀早期所传之《阿含经》来逐步解析。

　　首先，离有无二边，在佛陀初转法轮时，即已宣说。如《杂
阿含经》（301）记载：如是我闻：一时，佛住那梨聚落深林中
待宾舍。尔时、尊者㖿陀迦㫪延，诣佛所，稽首佛足，退住一
面。白佛言："世尊！如世尊说正见，云何正见？云何世尊施
设正见？"佛告㖿陀迦㫪延："世间有二种依，若有、若无，
为取所触；取所触故，或依有，或依无。若无此取者，心境系
着、使，不取、不住，不计我，苦生而生，苦灭而灭；于彼不
疑、不惑，不由于他而自知，是名正见，是名如来所施设正见。
所以者何？世间集，如实正知见，若世间无者不有；世间灭，
如实正知见，若世间有者无有。是名离于二边，说于中道，所
谓此有故彼有，此起故彼起，谓缘无明行，乃至纯大苦聚集。
无明灭故行灭，乃至纯大苦聚灭"。佛说此经已，尊者㖿陀迦
㫪延闻佛所说，不起诸漏，心得解脱，成阿罗汉。

这是说，世人有两种执见：有和无，即或依于执持恒常的有见，或依于执持断灭的无见，这是被偏执所取而系缚了。如果没有系缚，那么心境就不会执取、执持和计度"实体性的我"了。苦生起就觉知生起，苦灭去就觉知灭去，对此现象不怀疑、不困惑，这并非因为他人而起，而是自己就能够保有的觉知，这就是正见，也就是如来所施设安立的"正见"这个概念的含义。依据什么理由这样安立呢？对于世间诸法的集起，能够如实观察觉知，就不会认为世间是"毕竟无"；对于世间诸法的灭去，能够如实观察觉知，就不会认为世间是"恒常有"。这就是"离于有无二边"，依中道而说。所谓"因缘有则果有，因缘起则果起，就像无明为缘而生起行，直到纯粹巨大的苦受聚集而生。而无明灭，则行亦灭，直到纯粹巨大的苦受也灭去"，（这就是依因缘生诸法的道理）。

类似的，《杂阿含经》（300）也有说：佛告婆罗门：自作自觉则堕常见；他作他觉则堕断见。义说法说，离此二边，处于中道而说法，所谓此有故彼有，此起故彼起，缘无明行，乃至纯大苦聚集，无明灭则行灭，乃至纯大苦聚灭。

也就是说，佛陀首先否定了常见和断见，即有无二边的存在，说明世间诸法并非恒常有也并非毕竟无，而是依因缘而生，依因缘而灭，即由否定断常二边而引出因缘法。

其次，无生无灭，在佛陀初转法轮时，即已宣说。如《杂阿含经》（335）记载：如是我闻：一时，佛住拘留搜调牛聚落。尔时、世尊告诸比丘："我今当为汝等说法，初、中、后善，善义、善味，纯一满净，梵行清白，所谓第一义空经。谛听，善思，当为汝说。云何为第一义空经？诸比丘！眼生时无有来处，灭时无有去处。如是眼，不实而生，生已尽灭，有业报而无作者，此阴灭已，异阴相续，除俗数法。耳、鼻、舌、身、意，亦如是说，除俗数法。俗数法者，谓此有故彼有，此起故彼起，如无明缘行，行缘识，广说乃至纯大苦聚集起。又复此无故彼无，此灭故彼灭，无明灭故行灭，行灭故识灭，如是广说乃至纯大苦聚灭。比丘！是名第一义空法经"。佛说此经已，诸比丘闻佛所说，欢喜奉行。

这就是说，眼根和眼识生起时，没有来处，灭去时也没有去处，即眼根和眼识都无实体。因此说，"不实而生"，才生起就灭去了。其他耳（鼻舌身意）也都是一样的。有业的相续和果的成熟，这是因缘的作用。但不存在"实体性"的作业者和受果者，即"无我"。此五蕴灭去，另一个五蕴相续而生起，而轮回是业跟随"识"而转起新的五蕴，继续依因缘而生果，此前五蕴与后五蕴两者非"一个不变的实体"，即不存在"恒常的灵魂"在轮回中移动，而只是"识"依名色的相续生起。

这种相续，用佛教里常说到的比喻是就好比一个火把点燃了另一个的火把，旧的火把灭去了，新的火把燃烧了。二者非一，也不完全是异，而是相续的关系。用一个比较现代的比喻是，这就好比玩网游，前一个游戏人物死掉了，装备和经验值留了下来，又生成了一个新的游戏人物。这就是轮回里的前五蕴和后五蕴的相续关系。

俗数法就是指世俗法，按照世俗法来说，就是因缘法。即此因缘有而果有，此因缘起而果起。就像以无明为缘而生起行一样。推而广之，各种各样的苦就聚集而生起了。反过来也是一样，此因缘没有了，则果也就没有了；此因缘断灭了，果也就断灭了。就像无明断灭，行也就断灭了一样。再推而广之，各种各样的苦就依次灭去了。

而除俗数法，即出离世俗法来看，则实际并没有真实的生和真实的灭，眼、耳、鼻、舌、身、意都是如此，轮回的相续也是如此。而佛陀称之为《第一义空经》，可见此处已经说明了，因缘法是依据世俗而说。而《第一义空经》，本身就是在宣说空性。

再次，离一离异，在佛陀初转法轮期间，也有明确说明。如《杂阿含经》（297）记载：如是我闻。一时佛住拘留搜调牛聚落。尔时世尊告诸比丘："我当为汝等说法，初、中、后善，善义善味，纯一清净，梵行清白，所谓《大空法经》。谛听善思，当为汝说。云何为《大空法经》？所谓此有故彼有，此起故彼起，谓缘无明行，缘行识，乃至纯大苦聚集。"

"缘生老死者，若有问言：'彼谁老死？老死属谁？'彼则答言：'我即老死，今老死属我，老死是我。'所言'命即是身'，或言'命异身异'，此则一义，而说有种种。若见言'命即是身'，彼梵行者所无有。若复见言'命异身异'，梵行者所无有。于此二边，心所不随，正向中道，贤圣出世，如实、不颠倒、正见，谓缘生老死。"

"如是生、有、取、爱、受、触、六入处、名色、识、行，缘无明故有行。若复问言：'谁是行？行属谁？'彼则答言：'行则是我，行是我所。'彼如是'命即是身'，或言'命异身异'。彼见'命即是身'者，梵行者无有。或言'命异身异'者，梵行者亦无有。离此二边，正向中道，贤圣出世，如实、不颠倒、正见，所谓缘无明行。"

"诸比丘，若无明离欲而生明，彼谁老死，老死属谁者，老死则断、则知，断其根本，如截多罗树头，于未来世成不生法。若比丘无明离欲而生明，彼谁生，生属谁，乃至谁是行，行属谁者，行则断、则知，断其根本，如截多罗树头，于未来世成不生法。若比丘无明离欲而生明，彼无明灭则行灭，乃至纯大苦聚灭。是名《大空法经》。"佛说此经已，诸比丘闻佛所说，欢喜奉行。

这是说，有因缘就有果，因缘起则果生，就像有无明就会生起业行，然后业识就会生起，如此十二因缘循环往复，则形成苦的聚集。或者，认为生命就是色身，或者认为色身之外另有命根存在。两者都不是中道。不追随这两者，心就能正向中道。如实观察觉知，就能产生如实和不颠倒的正见，这样就能了悟生、老、死都并非真实有。如果出离了无明带来的种种欲望，那么"明"就会生起。由此则可证知生、老、死都并非真实有，未来世也不会再有生、老、死出现。因为无明已经断灭，苦聚也断灭了，轮回也就断灭了。

也就是说，依空法看，实际并没有真实的生、老和死，身和命本身是非一非异的关系。由此推知，缘起有和非真实有之间，也是非一非异的关系。而此非真实有，即无自性，也即空性在世间层面的呈现和表达。而能够了知证悟这个空性，也就断灭了轮回，证悟了涅槃。而佛陀称之为《大空法经》，可见此处也是在说明，十二因缘法都是依据世俗而说，因此整个缘起律都是依世俗而说。而《大空法经》，本身也是在宣说空性。

最后，无常无我，无来无去。《杂阿含经》（396）记载：如是我闻：一时，佛住舍卫国揭达林给孤独园。时有异比丘独静思惟：云何为我？我何所为？何等是我？我何所住？从禅觉已，往诣佛所，稽首礼足，退住一面。白佛言："世尊！我独一静处，作是思惟：云何为我？我何所为？何法是我？我于何住"？佛告比丘："今当为汝说于二法，谛听，善思。云何为二？眼、色为二，耳、声，鼻、香，舌、味，身、触，意、法为二，是名二法。比丘！若有说言：沙门瞿昙所说二法，此非为二，我今舍此更立二法。彼但有言数，问已不知，增其疑惑，以非境界故。所以者何？缘眼、色，生眼识。比丘！彼眼者，是肉形，是内，是因缘，是坚，是受，是名眼肉形内地界。比丘！若眼肉形，若内，若因缘，津泽，是受，是名眼肉形内水界。比丘！若彼眼肉形，若内，若因缘，明暖，是受，是名眼肉形内火界。比丘！若彼眼肉形，若内，若因缘，轻飘动摇，是受，是名眼肉形内风界。比丘！譬如两手和合，相对作声。如是缘眼、色生眼识，三事和合触，触俱生受、想、思。此等诸法，非我、非常，是无常之我，非恒、非安隐、变易之我。所以者何？比丘！谓生、老、死、没、受生之法。比丘！诸行如幻，如炎，刹那时顷尽朽，不实来、实去，是故比丘于空诸行，当知、当喜、当念：空诸行，常、恒、住、不变易法空，无我我所。譬如明目士夫，手执明灯，入于空室，彼空室观察。如是比丘于一切空行，心观察欢喜，于空法行常、恒、住、不变易法，空我我所。如眼、耳、鼻、舌、身、意法因缘生意识，三事和合触，触俱生受、想、思，此诸法无我、无常，乃至空我、我所。比丘，于意云何？眼是常，为非常耶？"？

答言："非常，世尊"！复问："若无常者，是苦耶"？答言："是苦，世尊"？复问："若无常、苦，是变易法，多闻圣弟子宁于中见我，异我，相在不"？答言："不也，世尊"！
"耳、鼻、舌、身、意，亦复如是。如是多闻圣弟子，于眼生
厌，厌故不乐，不乐故解脱，解脱知见：我生已尽，梵行已立，
所作已作，自知不受后有。耳、鼻、舌、身、意，亦复如是"。
时彼比丘闻世尊说合手声譬经教已，独一静处，专精思惟，不
放逸住，乃至自知不受后有，成阿罗汉。

　　这是说，眼根、色尘为二法，以此类推，即六根对应的六
尘是二法。因为眼根与色尘因缘接触的当下，内心会产生眼识。
而眼根分别是内地、水、火、风界。就好比拍手会有响声，六
根、六尘、六识三者和合生触，触生受、想、思，由此就产生
了一系列的觉受和心理活动。这些都是缘起而生，是非我、非
常的。所有的身口意行为活动，都是即生即灭、不来不去的幻
相。因此修行者面对这些空性的事物，应该生起觉知，了知无
我，亦无我所，也不存在恒常不变的诸法。同样的，轮回既不
是按照自作自受的常见，也不是按照他作他受的断见而循环往
复，而是依此空性中由因缘而生起的规律在运作。了悟此空性，
就像以手持明灯，进入一间空屋去观察一样。这样自己亲证了
空性，那么轮回之生就到了尽头，就不会再入轮回之中，就可
以亲证涅槃了。

　　由此可知，缘起有与胜义空，本身就是佛陀所说之法的两
面。依世俗，而说缘起观，这是因为此规律可破断见，亦可破
常见，从而可使得修行者不落有无二边，而是秉持中道实修。
依胜义，则说空性观，因为一切世俗有，都并无自性，其本质
为空，而了悟此空性，才能真正涅槃解脱。因此，龙树菩萨在
《中论》开篇所述之八不中观："不生亦不灭，不常亦不断，

不一亦不异，不来亦不去。能说是因缘，善灭诸戏论"，实际上都是严格依原始佛教所记载之佛陀教导而宣说。

可见，因缘法既是四圣谛之核心与关键，同时因缘法在世间现起为"缘起有"，破除因缘法则直证"胜义空性"，此联结缘起有和胜义空的中道即中观思想，就是佛陀所传授之法的大方向与理论核心框架。

3.4 佛法本身是超越宗教的

上文已经从诸多方面介绍了佛陀所证悟以及传授之法的基本理路和要点。此处需要再加以说明和强调的是，如果想要真正了解佛法，那么就需要先对佛法的来源建立起基本的认知前提，即佛法本身来自实证，而非对某些旧有的世间理论的摒弃、继承或发扬。

也就是说，如果对印度各宗教派别一知半解，对佛教理念同样囫囵吞枣，就可能认为所有这些派别之间的差别都不大，无非是业力轮回思想的各种变形。然而，如果对上文所述之佛法基本思想产生了最基础的了解，就会清晰，上述说法不过是盲人摸象，所得出的见解已经偏离整体方向太远了。

而佛陀所宣说之法，也并非是自婆罗门教或吠陀教择取部分内容，作为己用，以便于另立门户，自成权威，获得凌驾于他人之上的权力的。事实上，沙门思潮的各个派别无论所阐述之观点是否符合自然规律或真理，都几乎不存在这种为世俗权力而立的情况。这一点前文关于沙门思想的介绍当中，已经有过说明了。

因此，作为普遍被唯物主义思想主导的现代人，需要跳出自身惯性认识到，在古印度次大陆的此时期，的确曾经存在大量民众不热衷于世俗生活，而是致力于追求真理和解脱的情况。所以，这些一代又一代的行者也积累了大量的实证经验。其中，当然有相似之处，因为来自共同或类似的修行方法，也来自于同样的共业世间和共业人身。同样地，当然也会存在不同之处，因为个人的具体状况不同，所秉持的基本修行理念也有所差别，所能够修证的境界也存在差别。

因此，佛陀所传授之教法，也来自于瑜伽禅坐的实修证悟，其所见、所证与其他瑜伽行者一样，也经历了三界六道轮回的世俗规律，这恰恰说明在世间层次上，众人所证之境具有共性，则三界轮回的存在，也因此多次反复的验证，而更加真实可信了。但不同之处在于，佛陀在此基础上，又超越了轮回的具象和宏观表现，证悟到缘起才是轮回背后的真正规律。因而，在了知因缘生诸法的基础上，对世俗谛的证悟又更进了一层，从而打破了缘起有背后的普遍实执，由此才证悟了胜义谛之空性本质，趣入涅槃。此是佛法与其他诸法之根本差别所在。

因此，由实证而了悟的佛法，本身只是一种自然规律的阐述和宣说，而非宗教。因为根据宗教学的定义，一个体系必须要符合以下四个条件，由此才可以称之为正规宗教：

1、一定规模上的人口基础。

2、大范围内进行祭祀活动。

3、大型的祭祀用建筑。

4、有文献或各种类型的记录。

这四个条件，恰好也是定义"文明"得以成立的基本定义。也就是说，人类文明最早出现的地方，也就是人类宗教开始的地方。

　　而对照此定义与佛法传承可知，佛陀在世时以及其后相当长一段时间，实际上都不存在"佛教"这种符合宗教定义的事物，佛法本身是超越宗教，包括佛教本身的。佛教内部的任何派别，最初都是为佛法传承而设立，其后不论其传承者对佛法理解产生了怎样的偏差甚至错误，这个宗旨都始终或多或少地在两千多年的时间里，被传承了下来，也因此无论佛教内部的派别发生了怎样的流变，对于佛法传承的不落二边的中道大方向，依然是大多数派别基本能够加以把握的大方向。这也是佛法本身超越于佛教之上的一种现实表现。

　　下面再从宗教的定义来对比说明，佛法传承并非严格意义上的宗教，其中的差别，也恰恰是值得后人加以反思之处。

　　首先，在佛陀住世期间和佛法传承初期，没有祭祀活动，亦不存在大型祭祀建筑，也不存在"佛教"之名称。在《印度佛教史》中，佐佐木教悟指出，早期的佛陀教法被称为"释子之法"，佛陀的弟子则被称为"释子沙门"。中国唐朝的智升著《开元释教录》，其中称佛教为"释教"。因而，佛教实际上是佛陀灭度很久之后，才于世间逐步演变出的名称。也就是说佛法本身与任何偶像崇拜都没有直接关系。佛法，只是独立于此世间之外的真理。

　　而如前文所说，一般考古学、历史学和宗教学界都普遍认为，为佛造像初始于犍陀罗地区被希腊人入侵所带来的文化融合。因而，犍陀罗造像艺术的特点也普遍受到希腊文化影响，之后又扩展到建筑、绘画等艺术领域，形成了融合希腊、波斯、印度三种元素而自成一体的艺术形式。

　　而从佛教在民间的普及和流传来说，造像、绘画、建筑等等艺术风格的出现，显然都是有利因素。因为佛法本身独立于此世间之外，亦独立于人类本能的实执之外，并不会因为世间是否传承而有所改变或增减。但人类却需要把对佛法的基本理解和证悟方式，以某种方式传承下去，才能为后人所知并依此修行，如此才能保有解脱的可能性。所以，人类遗失涅槃的路径忘失对佛法的基本理解，所造成的损害，必然是要远大于佛教传播形式改变所带来的世俗化和宗教化的危害。当然，从佛法传承来说，形式的改变也不可避免地会在一定程度上影响传承者的思想倾向性，并会带来一定的流变。因而，这也的确是值得反思和探讨的问题。

　　其次，佛陀的梵语本义为"觉悟者"，即觉悟真理之人。而佛法为佛陀所传之真理，其本身是不依赖于佛陀而存在的，只是佛陀超越了此世间的幻相，而证得了真理。其他人如果坚持同样的修行道路，也同样可以成为"觉悟者"。也就是说，佛教本身的立教之本佛法，从最初就是不同于此世间宗教的各种规则规范和道德要求的。而佛教所尊之佛陀，本身是觉悟者，而非神或偶像。也就是说，佛陀不是创世者，不是救世主，也不能决定众生的命运。众生的命运取决于自身以及自身与世间共业的互动所形成的种种因缘。实执，则轮回。破实执，则证空性，得涅槃，成正觉。

　　这是与其他宗教明显不同的真理性观点。观察本书中自印度河文明开始考察的宗教，从图腾崇拜包括自然现象崇拜、动植物等等的泛灵崇拜，到母神崇拜、战神崇拜的多神崇拜，再到生主创世崇拜、梵我合一类的一神崇拜，这些宗教都是根据现有社会的综合状况，为适应生产力和生存关系以及统治和被统治关系，而产生和发展起来的，其宗教核心理念中，都包含着自然崇拜的变形，其本质也不离此世间的现实生活。

例如，当人类对自然的依赖大过于人类自身的能力时，就更倾向于把具有某些自然现象想象为神灵；把某些具有超过人类能力的动物、植物想象成它们获取了某些超自然的特殊力量，进而演变为图腾。而当人类的力量相对有所进展和强大的时候，人们则开始了以自身为力量源泉的崇拜，如把可以生育的母亲想象为创造生命的神；把父亲和生殖力想象为为生命赋予某种超自然活力的神等等。这一过程里，不变的实际上是对"力量"的渴求和崇拜，而在对力量的崇拜背后隐藏的则是"生存渴望"和"死亡焦虑"的本能。

因而，以此类宗教为指导的修行者们，在利用瑜伽禅修进入到了某些神秘体验之后，其根本追求也不可能超越上述范围。梵我合一，只不过是将对力量的渴求更进一步作出了发展，赋予了人类以与永恒的"梵"同等的不死之"我"而已。因此，也是对"生存渴望"和"死亡焦虑"本能，更直接的满足和安抚。

所以，恩格斯说："宗教是由身感宗教需要并了解群众宗教需要的人们所建立的……作为人的创作结果的宗教，虽然有它所特有的诚恳的热情，但当其创立时，就已经不会是不带欺骗和不歪曲历史事实的。"这句话的前半句，的确存在着以历史唯物主义透视镜观看，所产生的对宗教的偏差性了知理解，但后半句却在一定程度上洞见了与人类的局限性，与宗教发展史的变异现象也是相吻合的。

也就是说，从相对客观的角度来看，有史以来，各种各样的宗教，无论从表面上看人们在崇拜什么，差别多么大，但实际上，支持宗教产生的基本心理动因，其实始终都未曾改变。那就是人类对于生命和存在的执取，即我执和法执，也就是实执。因为人类存在本能的实执，也就会本能地"渴望生存"，也渴望逃避死亡带来的焦虑与恐惧，所以，才需要各种各样的不同形式的宗教为此需求带来满足和抚慰。

而佛陀宣说真理期间，所言说的一切，恰恰不在于满足实执的需求，而是相反的。依佛法修行，不是要对人类本能缺陷进行随顺和安抚，而是直接于实证之中了知此实执缺陷对于人类的支配性及其本身的虚妄，因而出离于此本能缺陷之外，了悟了空性真义。而打破实执和证悟空性，就是依佛法修行的两种体悟，前者致力于对世间之本能出离，后者则致力于亲证出世间之真理。

因而，在佛法传承里，除了真理，其他相对来说都退居到了次要位置。当然，六道轮回里，天人或神通等也存在；不止人类之间，人类与其他生物之间，亦皆平等，且会彼此流转。这些也含摄在佛学之内。但归根结底，却并非佛陀所证悟的最根本真理。所以，众生需要了知，任何神都不是此世间得以运转的动力，任何神都不是此世间的创世者，也无法成为众生的救世主。此世间得以运行的动力是因缘本身，在某种程度上来说，这相当于一定层面的无神论观点，也相当于众生创世说。因而，能够拯救众生的，也只有众生自己。只有自己产生出离轮回的真实愿望，才能一步一步依佛法指引的大方向修行，进而才能实现，打破实执，亲证空性涅槃的结果。

　　再者，世间宗教自有世间宗教对于社会的现实意义，因而大多许诺立足于世间道德的惩恶扬善，以及由此衍生的在此世生活之外的，对善的补偿和对恶的罪罚，如上天堂和下地狱等。但佛法里所言说的业力及其相关的因果法则和轮回现象，实际上只是因缘运作所产生的附属品，因此其背后的因缘规律非常精微，而非简单粗暴的善恶有报的道德律。

　　在佛法中，善即 kusala 是指真实义，不善即 akusala，则指非真实义。也就是说，符合真理的即为善，不符合真理的即为不善。而真理显然并非此世间之道德律。

　　例如，按照善恶有报的道德律来说，遭遇坏事的受害者，应该得到补偿。但因缘法不是道德审判者，也不具备主观性，它只是自然规律，而无法依此世间的道德需求而承担人们的公平需要。因此，遭遇坏事的受害者，也可能会因伤害而产生心理创伤，进而在自身留下嗔恨怖畏等等烦恼因缘。而这些因缘如果不能得到及时转化，那么嗔恨畏怖等烦恼也就可能会与世间的某些共业汇聚，从而创造更多的伤害之果，既有可能伤害自己，也有可能伤害他人。所以，简单粗暴的善恶道德律，与精微的因缘法并非同一个层面的事物，是不能直接加以比较的。而佛法也不会扮演最高审判者的角色，来为世间评判对错的。佛法就只是真理本身而已。

　　所以，依佛法修行，如果遇到上述情况，需要做的是，理解自己的受伤害感，接纳它又浮现出来了，但不去加强它。即不执取其为实有，而是通过此不执取的允许和接纳，来逐步让内心的清明部分得以加强，从而嗔恨和畏怖等烦恼，也就减少和消退下去了。因此，也就可以慢慢地从此受伤害的经历里出离了，慢慢地，人们就逐渐能够了知"受伤害的感觉和经历"也是世间实执的一部分。而如果想完全彻底地出离内心的痛苦感受，更好的办法就是依此正见继续观修，直到逐步可断除实执，亲证空性，那才是真正的自由。

当然，以善恶有报的道德律安抚世人是容易的，而真实地依佛法修行则是困难的。因而世间宗教自有其价值，也需要给予认可。但从佛法的角度来说，执着于"我是受害者"、"按照道德律来说，我没有错"等等，或许可以在短时间里带给内心的安抚感，但并不能从根本上改变"苦"的处境，而且嗔恚、畏怖等还可能会给自己带来附加伤害。因而从佛法修行的角度来说，如果人们能够在日常生活中，反复通过闻思来加深自身对佛法智慧的理解，再于实修中逐渐体悟修所生慧，如此以三者的互相强化，来加深对于佛法智慧的认识，那么，就能够在遇到困难或遭遇伤害的时候，带给自己更多智慧的支持，辅助自己从困难和伤害中走出来，而不是任由无明烦恼吞噬裹挟，进入到更深地轮回迷障中去。

总之，佛法本身在世间所有现象的背后，也在人类感官局限之外，无法通过逻辑推理而获得，不经由实证也无法体悟。而对佛法的阐述，则是自佛陀之实证中而来，后人也要自实证中继续得到证悟，才能真正了解佛法。

也就是说，佛法本身是超越宗教，包括佛教自身的胜义性存在。而佛法的传承本身是要远远重于佛教的种种呈现形式和不同的派别区分的。因为唯有佛法得以传承，人类才能对于感官局限之外的"不可说"保有基本认知，才能不忘失对佛法的基本理解，不遗失涅槃的路径。

　　所以，佛法传承，远重于佛教形式与派别之分——这是作为佛法实修者，所需要采取的对待佛法和佛教的态度，同样也是作为佛学研究者在论述过程中，所需要采取的对待佛法和佛教的态度。下文也依然会以此态度来继续阐述佛教的产生与发展、分化、流变的过程。

第五章　从原始佛教到部派佛教

佛法是超越世间的真理，而佛教则是在世间传承佛法的组成部分。佛法并非因缘所生法，因此断绝此世间言路，属于不能直接以人类局限性感官进行表达、想象和推理的胜义；而佛教则属于依因缘而在世间流变转化的现象，其产生、发展与变化甚至将来末法时代完全到来正法传承彻底遗失，就自然都在因缘法之内了。

本章内容，就将以探索原始佛教的形成与部派佛教的分裂背后的因缘所生法展开，试图还原佛教传承过程中，所经历的兴衰起落，以及在此过程中，佛法修行者于佛陀所指出之正法修行方向的遵守、忘失与还原的过程。

第一节　原始佛教形成与内部矛盾初现

佛教本身是世间事物，因而，当然也是符合世间依因缘而生、住、灭的规律的。佛陀在世期间，只有僧团，而无严格意义上的佛教。而后宗教形式之雏形开始逐渐出现，佛教的内部矛盾，也开始展现出初步爆发的状态。

其背后原因无他，只是众生之本能习气所作罢了：人类本能而天然都被实执所蒙蔽，此无意识会先于意识运行——于己，以自我为中心和自利偏差随时都在运转；于它，则随时随地判断于己生存有利或有害或非利非害，进而产生劣等胜的评判，由此好恶、贪嗔就都产生了。下面就来具体介绍原始佛教如何形成以及其内部矛盾的状态。

1.1 原始佛教的雏形

根据《转法轮经》的记载来看，佛陀择取中道，获得证悟之后，最先度化的是前文提到的曾经追随佛陀苦行，但却因佛陀弃苦，愤而离去的侨陈如等五人，后世多称此五人为"五比丘"。而后，佛陀又应此五比丘的请示而制定了最早的衣食住行制度。

对此《律藏·大品》与《五分律》中俱存极类似的记载：于是世尊之波罗奈趣五人所。五人遥见佛来共作要言。瞿昙沙门昔日食一麻一米。尚不得道。今既多欲去道远矣。但为敷一小座慎莫起迎礼拜问讯。世尊既到。五人不觉起礼。为捉衣钵更敷好座。以水洗足。然犹轻如来。面呼姓名。某甲可就此坐。佛告五人。汝等愚痴立要。云何而不牢固。汝莫轻于佛面称姓名。自使长夜受大苦报。吾今已成无上正觉。应共一心听受教诫。汝若随顺无违无逆。不久当得族姓出家净修梵行现证道果。生死已尽梵行已立所作已作。解了五阴止宿泥洹。五人复言。卿先如是难行苦行。尚不得过人法圣利满足。况今失道放恣多欲。过人之法其可得乎。佛复告曰。汝等莫轻如来无上正觉。佛不失道亦不多欲。五人闻已乃舍本心。这就是最早的佛教僧团和戒律的雏形。

之后，因缘际会，佛陀又度化了迦叶三兄弟及其追随者、以及耶舍和亲友等人，于是僧团开始扩大。在耶舍眷属中，开始出现了未出家为沙门的在家行者。因而，佛陀为在家行者定名，男性称"优婆塞"，女性称"优婆夷"（汉译统称为"居士"）。

按《五分律》的说法，佛说偈已。起到郁鞞罗斯那聚落入村乞食。次到斯那婆罗门舍。于门外默然立。彼女须阇陀。见佛威相殊妙。前取佛钵盛满美食以奉世尊。佛受食已语言。汝可归依佛归依法。即受二自归。是为女人中须阇陀最初受二自归为优婆夷。即佛陀在此举行了一个小的仪式，先度须阇陀为第一优婆夷，再度侨陈如为第一比丘，再度耶舍父为第一优婆塞。也就是说，佛教中最早出现的信众是女居士即优婆夷，因此时尚无僧伽，故受二皈依。而后再皈依者则须受三皈依和五戒。

但值得注意的是，各广律中对最早的优婆塞、优婆夷的说法是存在差异的。如《摩诃僧祇律》卷二十三说：佛告舍利弗。如来所度阿若憍陈如等五人。善来出家善受具足。共一戒一竟一住一食一学一说。次度满慈子等三十人。次度波罗奈城善胜子。次度优楼频螺迦叶五百人。次度那提迦叶三百人。次度伽耶迦叶二百人。次度优波斯那等二百五十人。次度汝大目连各二百五十人。次度摩诃迦叶阐陀迦留陀夷优波离次度释种子五百人。次度跋度帝五百人。次度群贼五百人。次度长者子善来。如是等如来所度善来比丘出家善受具足。共一戒一竟。一住一食一学一说。总之，此阶段的僧团开始扩大，并具备了出家众和在家众两种团体。

而后，佛陀回到故国迦毗罗卫，其养母波阇波提及妻子耶耶陀罗请求出家，则意味着比丘尼团体的出现。同时，佛陀之子罗睺罗追随父母出家，而成为佛教最早的沙弥，这也意味着，僧团中，开始出现了未成年群体。广律中也记载有，佛陀多次提及沙弥和沙弥戒，并对沙弥年龄和能力等方面应具备的条件，进行了多次调整。即男女未满二十岁的男女出家人，分别称为"沙弥"和"沙弥尼"。要等到满二十岁，才可受具足戒，正式成为比丘和比丘尼。而为验证女性是否怀孕及考验受戒诚心，佛陀还规定，女性十八岁到二十岁之间，加受六法，称为"式叉摩那"。至此，佛教团体又进一步得到了扩展和完善。

因此，佛教中，对僧团的组成，存在"四众"、"五众"甚至"六众"、"七众"之不同说法。"四众"即比丘、比丘尼、优婆塞、优婆夷。"五众"即加入了式叉摩那。而"六众"则在四众之外，另包括了沙弥和沙弥尼。"七众"则是指六众加式叉摩那。

如此，僧团不断扩展，而佛陀弟子中修行有成就者也开始逐步增多了。经中多处记载，佛陀有十大上首弟子，他们分别是：智慧第一舍利弗、神通第一目犍连、头陀第一摩诃迦叶、天眼第一阿那律、解空第一须菩提、说法第一富楼那、论义第一摩诃迦旃延、持律第一优波离、密行第一罗睺罗、多闻第一阿难陀。因而，僧团初步形成，也就意味着佛法传承初步开始具备了宗教的雏形，但依然不完全符合宗教之定义。

随着僧团的扩张，戒律也在最初五比丘时期对衣食住行的初步规定基础上，有了进一步发展。佛教的律可分为别解脱戒和广律两类。其中，别解脱戒又称波罗提木叉、戒心、戒经、戒本等，即前文提到的点记法所依之物。波罗提木叉的意思即

"别解脱"。据现代佛学研究结果来看，现存的佛教各部派共存有七种波罗提木叉，都是关于具足戒的戒条的简要概述，因而基本在万字左右。而佛陀在世时期，此根本戒即为僧尼需要背诵的日常功课之一，且所有僧尼每半月要集会一次，集体诵戒、发露、忏悔，汉传称"布萨"，南传称"伍波萨特"。

而广律则是对别解脱戒的全面展开性论述，其内容既包含基本戒条，也涵盖制戒缘起、开遮等诸多相关内容。据研究显示，现存佛教广律共有六部，分别为南传《律藏》、法藏部《四分律》、说一切有部《十诵律》、化地部《五分律》、大众部《摩诃僧祇律》和《根本说一切有部毗奈耶》等，每部字数都多达几十万字。且值得注意的是，在近年来的出土文献中，早期的阿含经、以及大乘经的古本都有现世，但却并无广律之早期写本得到发掘。因而，有学者推测，可能在原始僧团中的确存在广律，但因别解脱戒才是根本，所以广律并无写本流传。但也有学者认为，在佛陀住世时期的僧团中，实际上并不存在广律，而佛陀灭度前后，为了规范僧团的具体行为才逐渐发展起广律，再经由各部派不断调整，而各自完善出了现今传世的诸多版本。

前文曾经提到，舍利弗请求佛陀尽早制定更为详尽的戒律，但佛陀因僧团具足阿罗汉成就而并未采纳，这也说明广律于佛陀在世期间及其后一段时间内，的确不一定存在。而后，因僧团扩大，某些僧侣开始出现了不当行为，佛陀才开始制定戒律。因此，佛陀制定戒律的过程，是随僧人显现状态而逐步制定的，最终才形成了根本戒的戒条。

另外，在制定第一条戒律后，佛陀还专门宣说了制定戒律的十个目的，《律藏.经分别二十四》记载：以十利故，我为诸比丘制立学处：为摄僧、为僧安乐、为调伏恶人、为善比丘得安乐住、为防护现世漏、为灭后世漏、为令未信者生信、为令已信者增长、为令正法久住、为敬重律。

而据《善见律毘婆沙》记载，佛陀在布萨日亲自为比丘们解说波罗提木叉二十年。这说明，佛陀传法四十五年中，前半段时间可能都未制定完整的别解脱戒。而后半段时间，越来越看重戒律的原因，则很可能在于随着僧团的扩大，违犯等不合时宜的僧伽行为开始增多，因而佛陀以身作则，亲自带领布萨，并以此来强调戒律的重要性。

但值得注意的是，对僧伽进行身语意要求的戒律，并非不可随顺现实情况而更改。广律中，就存在佛陀根据现实情况而修改戒律的记录，如《十诵律》记载说，大迦旃延到边地弘法，遇到种种困难，让亿耳代行请示佛陀修改五项戒律，以适应边地的情况，佛陀全部应允。另外，据《四分律》卷十九、卷四十九、《十诵律》卷四十、《五分律》卷三十等记载，饥荒年代，佛陀也会松动饮食方面的戒律，允许僧尼各自之间相互授受余食，或内宿、内熟、自熟、自持食从人受、自取果食、就池水受、无净人净果除核食之等。

具体而言，佛陀所制定的别解脱戒，是依佛法修行的弟子所必须接受并遵守的律条，其中，具足戒共分为八类，即波罗夷法、僧残法、不定法、舍堕法、波逸提法、悔过法、众学法、灭净法。平川彰在《律藏研究》指出，除众学法之外，各部派别解脱戒和广律内容一致性很高。而众学法中只有"应当学"这样的命令，没有显示出罚则。因此，不适合把众学法加到戒经中。所以说，上述具足戒在各佛教分支中都广受认可，因而出家僧尼必须先受足戒，即自内心承许愿意接受并遵守佛陀制定的全部戒律，因而称为具足戒。而居士则须受居士戒。

至此，僧团和戒律都具足了，佛法传承的宗教形式就已经具备了基本完善的雏形。此时，佛教僧团的主要活动地点，是以摩揭陀、憍萨罗和拔沙为中心的地区，向东到瞻波一带，即恒河的中下游地区。

1.2 佛陀在世期间的僧团内部矛盾和争端

在佛陀未灭度之前，虽经历了最初五百弟子皆成阿罗汉的良好发展状态。但后期随着僧团的扩大，僧团内部的矛盾也开始凸显了出来。如《律藏》三《大品》第十《憍赏弥键度》记载的，拘啖弥法师与律师有关如厕剩水违戒与否的争议，再如《摩诃僧祇律》中记载瞻波比丘之 "争讼起，不和合住。一比丘举一比丘 ，二比丘举二比丘，众多比丘举众多比丘"之事。

综合来看，佛陀在世传法四十五年间，中后期僧团扩大之后，僧伽争讼之事即时有发生。其中，因教法理解意见不同的情况，一般不会引起较大纷争，大多是两人、三人的见解差异，也较为容易调和，且产生定解后，即不再出现偏误。而由戒律持守而导致的相关纷争，则相对较容易引起较大问题。例如上述如厕剩水这样的小问题，不仅开启了僧团分裂之争的先河，且相关比丘拒绝接受世尊的劝诫，因此极具代表性，影响也较大。

如《大般涅槃经》第十八卷，在叙述了拘啖弥比丘的诤事之后，各共说言："哀哉佛法，于是灭尽"。对此佛陀一方面恩威并施，劝诫大众，"同一师受"、"同一水乳"，"和同敬顺，勿生诤讼"，而反复争讼，则有堕地狱之虞。另一方面，则更多地致力于随机应对施予药剂，并制订止息的种种方法与原则，予以对治。

依南传巴利文《律藏》四《小品》第四《灭诤键度》的记载，僧团诤事大致归为四类：诤论诤事、教诫诤事、犯罪诤事与事诤事；《四分律》亦列出言诤、觅诤、犯诤、事诤四种。《根本说一切有部毗奈耶》卷二十六分为评论诤、非言诤、犯罪诤与作事诤四类，分类虽有不同，但所指内容基本一致，只是详略有异、名称不同而已。由此看来，这种分类在当时僧团内部也是有共识的。

而所有这些争讼之中，最严重者莫过于破僧。且破僧，亦有轻重之分，如比丘尼吐罗难陀与尼助伴四人的破僧，即属不严重的"僧伽伐尸沙"的一种。而上述拘睒弥法师的由争讼演变为"别行羯磨"，即属于较上述"僧伽伐尸沙"更为严重的"破羯磨僧"。而其中最严重的则莫过于提婆达多之"破法轮僧"等系列行为，这是指彻底脱离原僧团，自立门户的举动。

关于提婆达多破僧事件，南传阿含系经典多以批判提婆达多，同时彰显佛陀慈悲为主。而大乘经典则反其道而行之，说明提婆达多破僧只是一种反向辅助佛陀实践六度波罗蜜和彰显佛陀慈悲超越此世间之上的方式。而近代社科派研究者，则往往别出心裁。其中以季羡林的观点尤为具备独特的时代精神，他认为，提婆达多与佛陀的分歧，并非是个人恩怨，而是释迦族内部两种"路线斗争"，即提婆达多提倡苦行，遵照沙门森林修行者最初的原始修行方式。而佛陀为改革者，摒弃了苦行，并提出了依佛法修行的新方式。

下面就从佛学研究者和佛法实修者的视角，作以分析，考察上述各种说法的出发点是什么。阿含系经典，对待提婆达多的一个明显态度是批判，甚至可以说是憎恶、厌弃和嗔恨的。这在其对提婆达多充满矛盾的丑化性记录中，已经呈现了出来。从人类的角度出发，这种情感当然是可以理解的，提婆达多试图伤害僧伽们最敬爱的佛陀，因此僧伽们自然对其抱有负面情绪和深度成见，这是人之常情。这种情绪和情感，对人类来说，在世间层面看很"真实"，而且阿含系经典并未试图回避这种世间的"真实情感状态"，这是其如实记录佛陀在世期间种种经验，而不虚伪矫饰的一面。

但反过来说，这种带有明显嗔恨色彩的情绪和情感，也是实执的一部分，是佛陀极力宣说如果想要获得出离此世间的超越性解脱，所需要破除的部分。因而，记载并指出提婆达多的教义和行为，并不符合佛法真理。这是正常的。但通过刻意丑化对方，来彰显佛陀的伟大，则是人类局限性的产物。其结果就是反而使得自己落入嗔恨无明的烦恼之中。正如上一章最后所说，受害者若陷于嗔恨畏怖之中，结果也会依此制造出更多与伤害有关的因缘，深陷于世间是非对错里，也就不可能出离并断尽轮回了。这并非是何种神灵所规定的法则，而是世间本有的规律。

大乘经典显然意识到了上述问题，因而反治其身，以提婆达多为佛陀行六度波罗蜜的对境，得出佛陀与提婆达多俱是超越之觉悟者的结论。先不考察提婆达多是否为觉悟者——这超过了我等后学凡夫的局限性。但仅就大乘所执持的这一结论来说，还是存在一定程度的合理性的——至少从实修层面来说，此种说法不鼓励佛教信众，对提婆达多再生嗔恨，而使得自身陷于无明轮回中，就是于解脱有益的明智之举。

当然，从人类情感的角度来说，这可能会被认为是对自己的情绪和情感反应不能如实承认，不够"真实"的反应，也可能被看作是故作高姿态。但不可否认的是，如果此态度并非造作呈现，亦非压抑的结果，而是如实自内心生起，那么这的确是对实执的一种突破，也是更接近于超越此世间的道路上的一部分。

因而，大乘经典的此类论述出发点显然是"解脱"，那么，也许不鼓励信众对提婆达多嗔恨，也不要求信众对提婆达多作为佛陀对境呈现的感恩，而是允许行者先搁置此评判，转而致力于通过自身实修逐步靠近超越性状态，那么对提婆达多的看法，也可能随着修行境界的提升而改变。这可能是更为较为合乎人性，也契合解脱方向的做法。

再从近现代研究者的出发点来说，提婆达多主张苦行，佛陀否定苦行，而主张依中道证悟涅槃空性。去除丑化和菩萨化提婆达多两种倾向性不谈，上述差异性，在阿含系及大乘经典记载中，都是基本上成立的。当然，把不同主张皆归结为政治路线差异，把分歧和冲突皆归结为权力争夺和阶级斗争，则是现代人唯物主义倾向作祟使然。

具体来说，提婆达多与阿难等释迦族子弟大约是同时出家的，而后"十二年诵经学道，禀受教授，无有休懈。于其间，闻佛所说经，尽皆讽诵，亲近岩穴，无事树下、空处、冢间。

舍利弗、目犍连、阿那律、难提、金鞞罗比丘等共侣。此调达于世尊不起恶意时，初不犯戒如毫毛"（出自《戒因缘经》）。可见，提婆达多本来是一位品行良好的修行者，原本也比较倾向于苦行修法。

而提婆达多破僧诸事，大约均发生在佛陀晚年，即提婆达多实际上也已经是人到古稀的阶段了。一个人忽然于晚年性情大变，从苦行者变成热衷于权力的马基雅维利主义者，这种状态要么是过于压抑而爆发的精神分裂，要么就是记载文献上存在一定的错漏问题了。

而从提婆达多在世时，也存在一定数量的追随者。且据汉留学僧法显和玄奘等人的记录，在公元五世纪至七世纪期间，依然存在提婆达多派的情况来看，应该可以肯定地说，提婆达多并非精神分裂——在沙门思潮无数优秀的修行者纷纷涌现，理性思辨精神同时被社会所崇尚的历史背景下，精神分裂的癫狂状态，是不太可能获得民众的长期追随的。那么，提婆达多与佛陀的分歧，就更可能还是在于苦行和佛法中道修行的倾向性问题上。

首先，佛陀在菩提树下证悟涅槃之后，本不愿说法，其最根本原因就在于胜义不可说，而且是与人性实执本能和由此产生的世间追求相违背的。因而，必然很难得到此世间绝大多数众生的理解和接受。况且，印度次大陆神灵崇拜等文化烙印极其深刻，因此这种超越神灵的"胜义法"，也就必定更难被世人所接受了。

其次，佛陀不赞同苦行，是因为佛陀深知仅以苦行和严苛的戒律要求来约束众生，并不能改变众生的实执本能——没有他人可决定众生之身口意所执与所思、所想、所行，众生亦需要为自身之身口意去向何处而进行抉择。因而片面地以戒律严格控制僧伽的身口意行为，并不能带来解脱的结果，相反还可能造成本能的压抑和反弹。

而只有僧伽自身于修证中不断了悟实执的过患，一步一步地加深觉知的智慧和心的定力，这些实执才能得以逐渐断除。然而，印度次大陆文化烙印中，另一个极强烈的部分恰恰又是对苦行文化的崇尚和热衷，所以，宣说佛法更是难上加难的事情。

因此，后来佛陀虽应请，而开始宣说佛法，但也并不愿开宗立派，亦不以自身为教主。这也正是出于对修行过程的了解，和对待众生的平等之心，所作的现行开示。如《杂阿含经》有云：世尊告诸比丘：如世人之所知。我亦如是说。所以者何？莫令我异于世人。

同时，佛陀对僧团的管理也是松散的，如前文所说，佛陀并不愿制定限制众生的戒律，直到出现了难途、跋难陀、迦留陀夷、阐那、马宿、满宿等六比丘结成朋党，经常唆使其他比丘言行失度这类事件，佛陀才针对此现象制定了基础戒律。但总体来说，僧团的存续依旧是松散自由的，绝大部分僧伽只因对佛陀所传之法有信心，也信任，才依止在佛陀的僧团之中。当然，也无法完全排除上述六群比丘这类浑水摸鱼者的存在。

对此，佛陀也有所了解。然而，人性本身如此，鱼目混珠者在任何团体中，都不可能完全避免。只有众生自己立志于解脱，才可能真正践行佛法，并获得解脱。因而佛陀灭度之前，也只是说：自为自岛屿/灯塔，自为自皈依，以法为岛屿/灯塔，以法为皈依。可见佛陀对众生的平等之心——除自心与佛法之外，众生不必依止他人，更毋须崇拜什么。然而，佛陀又了知阿难等人的困惑，故而嘱托说：阿难，如汝作如是念："法将无人说，我等将无师。"则此念不应作。阿难，我所说之法，及我所制之戒，于我灭后即为汝等之师。

这都说明，佛陀看待戒律的方式与苦行僧团看待戒律的方式是不同的。这并非是说戒律不重要，而是说佛陀对众生之本性有着深刻的了解，对涅槃解脱的路径也无比清晰，因而佛陀既了知遵守适当的戒律对修行的重要性，也了知强制执行戒律往往并不能实现最好的效果。所以，只能规定加入本僧团则必须遵守相关戒律，不遵守者不得加入。除此之外，其实并无更好的办法去约束和限制众生的身口意，这是属于众生应为自身作抉择的部分。

再者，对于什么是僧伽应遵守的"戒律"，提婆达多与佛陀的看法也可能存在差异。例如，在古印度次大陆，婆罗门作为最高种姓大多是素食者。而其他种姓都是允许食肉的。所以，在佛陀看来，乞食的比丘，是不应该挑剔所获得的布施食物的。试想民众热心地以肉食招待僧伽，僧伽却表示自己不能食肉。这无疑是在强调自己的高种姓、高地位，同时也是在贬低布施者。而且印度次大陆，属于热带和亚热带地区。食物极为容易腐坏，而难以长期存储。因此布施给僧伽的食物，如果僧伽不接受，那么基本上就肯定要浪费掉了。而且民众也很难在僧伽拒绝的情况下，拿出符合僧伽素食要求的其他多余食物来。

所以，这种做法既可能让民众感觉不被尊重，也可能反过来增加僧伽的慢心，同时还降低了云游生活的可行性。而因食物等导致苦行难度增加，实际上也是对更重要的实修大方向的偏离。因此，僧伽所食用之物，必然是以随顺民众布施为前提，而非以彰显自身的高贵和与众不同为出发点的。这在佛陀看来，才是僧伽应遵守的律仪。

而提婆达多倾向苦行，则认为食肉甚至盐乳，都是对肉体欲望的屈服，是僧伽不可为之事。这是以苦行的规则为依据，也带有苦行者的道德清高性追求取向。而近现代中国佛教研究者，如季羡林先生等，则因为自身曾经历过生活物资极端困乏的艰难岁月，而从自经验出发，认为允许僧侣食肉，是一种纵容欲望的表现。因此，也不理解佛陀制定原始律仪的出发点和用心。这也是一种与提婆达多类似的苦行观点。这就说明，持有提婆达多类看法的人，应该从古至今都不在少数。

所以说，佛陀与提婆达多在判断何为僧伽应守之律仪上的根本标准，就是不同的。因此，佛陀对于僧伽应如何持戒、以及应持何种戒的基本态度，可能都包含着很多令提婆达多不满意的地方。除前述食物的例子外，提婆达多基于苦行的规则出发，也很可能对佛法团体内的松散性不以为然。且见闻到有些僧伽不够自律的言行举止，也难以接受，不愿意与此类修行人为伍。因而也更可能担心佛陀灭度之后，僧团中这些滥竽充数的僧伽会给整个团体带来严重负面影响，也可能会担心这会抹黑整个僧团与自身的清誉，如此这般不胜枚举。因此，他选择带领一部分部众另起炉灶，严明僧侣需遵守的更苛刻的苦行戒律的行为，也就可以理解了。

所以，佛陀生前，僧团内部看似多种多样的矛盾，实际上有着同一导火索，即"戒律"，而背后的根源实际则指向了修行理念的差异。因为在印度次大陆上，曾明显留下了两种文化的烙印，一是古印度河文明留下的苦行文化，一是吠陀主义的及时行乐和神明崇拜文化，二者实际上始终存在着既矛盾又融合的状态。而这两种文化烙印都广泛地存在于生活在这片土地上的人们的共业之中，婆罗门保持了一部分的吠陀诸神行乐的印记，但婆罗门后二行期及各沙门又都广泛热衷苦行，以苦行为荣，这就充分说明了此两种在矛盾中融合的文化可能始终在牵动着人们的敏感神经。

而这种矛盾反应在佛法传承当中，即苦行与非苦行（其最初来自于佛陀之中道行，但后人亦可能存在偏差性理解）之间的彼此不认同状态。因为戒律，通常正是宗教人士所能够直接展现出的自身与普罗大众的不同之处，所以，更为倾向苦行者所重视。但佛法教导则说明，中道观更为重要，过于严苛而不合时宜的苦行，于解脱是没有助益的。因而戒律严苛与否的问题，实际上也就是戒律符合苦行要求与否的问题。而"戒律"，也就成了矛盾爆发的导火索。这种情况也说明，早在佛陀在世的时候，未来的佛教应该以何种面目示人，是回归印度社会普遍认可的苦行，还是坚持佛陀教导的中道行的抉择，就已经随着提婆达多破僧的行为，露出了苗头。而佛陀灭度后，也正是关于戒律的理念差异，导致了佛教出现部派分裂的问题。由此可知，对戒律的看待方式，是佛教研究中的一个非常重要的主题。下文就继续展开探讨。

1.3 苦行的实执与僧伽的慢心

上述提婆达多破僧事件，与佛陀舍弃苦行时，为五比丘所厌弃都说明，在苦行者中，长期存在一种于无意识中逐渐累积而形成的自身高于他人的倨傲心态，因此，他们对待非严格的苦行者，也多存在不认可甚至藐视鄙视等类似心理。所以，很多致力于苦行的修行者，虽然皈依了佛法，也敬仰佛陀之实证，但对于佛陀依之证悟的中道，却未必产生了同样深刻的理解。同样地，对自身于苦行的实执，也未必能够完全清晰明澈地加以了知。因而，苦行者普遍存在的清高傲慢的心理，似乎也一直未能消失。

甚至，从某种程度上来说，苦行者与非苦行者之间的矛盾和冲突，似乎已经深化成了印度次大陆众生之间某种独具特色的共业。而此心态在佛法传承的僧团当中也会存在，所以，在佛陀在世时，僧团中实际上也始终存在苦行与非苦行两种倾向性的差异。但由于佛陀虽不主张苦行，僧团生活却依然以云游乞食为主，人人皆得严格遵守戒律，因而法脉清净，苦行者也难以对此多加至喙。再加上有佛陀的适度协调与证悟者本身带来的震慑，所以相对来说两者在大多数情况下还能相安无事。

然而，佛陀灭度之后，此二者的矛盾就更加明显了。佛陀对此也是有所了知的，因此灭度之前，佛陀最后所作的举措，几乎大多与预防此潜在的矛盾冲突的苗头有关。

首先，据南传《长部》第三十三经《等诵经》记载，耆那教首领大雄入灭，使得佛教内部对于分裂的可能性生起了警惕之心，因而集结佛经的最初因缘，也于此时具足了。

开始，是沙弥周那在结夏时，听闻大雄入灭后耆那教徒因"议论"、"斗争"和"论诤"而趋于分裂的消息后，立即前往拜见佛陀，寻求应对分裂之策。佛陀于是为之详细说断"六诤根"、"四诤事"，以及发生诤论时，应以"七灭诤法"应对之，而平时则应以行"六和敬"法以预防诤事等。

关于四诤事，前文已经做了介绍。此处再说七灭诤法。总体来说，裁断四种诤讼，以及除灭争讼之原则与方法，就称之为"七灭诤法"。具体说来，七灭诤法为：现前毗尼又称面前止诤律。即存在争议时直接对当事者讯问、听取其陈述，始可断其罪。具体来说又可分五种别，即：人现前，令诤论者现前相对，各陈述诤意而解决之；法现前，采用三藏教法加以判决；毗尼现前，由羯磨作法加以详决；僧现前，使众僧现前决议；界现前，作结界羯磨，于大众前裁决。

忆念毗尼又称忆止诤律。指于有无罪过有争议时，令当事者忆念反省有无，若无记忆，则免之。但此唯限于平生为善行，与善知识为友者。

不痴毗尼又称不痴止诤律。若比丘得癫狂病而干犯威仪，则不加怪罪。俟其病愈后，如行为恢复正常，则由僧团举行白四羯磨，如经羯磨认可，则其人仍可恢复参与僧团中说戒之资格。

自言毗尼又称自发露止诤律。这是指比丘有罪过时，令自白之，然后治其罪。

觅罪相毗尼又称本言治毗尼、尼止诤律。指犯者不吐实，陈述前后矛盾时，举示其罪状，尽形寿令持八法，不得度人，或受人依止等。多人觅罪相毗尼又称多觅毗尼、展转止诤律。

指互相诤论，不易裁决时，集有德僧众，依多数以表决是非。这两者都是指应根据事实出发，寻找证据来定夺是否破戒，而不能依据主观臆测。

而如草覆地毗尼又称草伏地、如弃粪扫止诤律。指斗讼者互悟其非，如草伏地，共至心发露，不覆灭，相谢忏悔。

因而，实际上七灭诤法，总体来说针对的都是僧尼触犯较小的戒律时，应采取的处理方式。可见佛陀是不主张对触犯较小戒律的情况，施以重罚的，而是以合适的惩戒，令僧尼知错而改之，仍恢复依正法修行即可。

随后，舍利弗得大雄灭度的消息后，又立即代佛说法，并给出了极为明确的目的，即强调"此是世尊之法，依正等觉之所说也，是正说、善说，引导出离，令其寂静。为众多有情及诸天、人之利益与安乐，今吾等结集之，令其不争，俾使梵行永续！"这在汉译《佛说息诤因缘经》、《长阿含经》卷十二的《清净经》、《中阿含经》卷十七《长寿王本起经》与《等诵经》里，都有记载。因此，这既是一次以身作则的集结佛经活动，也意在通过对经典的公认性而达到僧团内部"和合一味"而免于耆那教一般因分歧而引起争讼直至分裂的结果。而舍利弗此次集结，也不止为大迦叶在佛陀灭度之后，展开第一次集结打下了基础，而且为后续佛教处理争端问题立下了以集结佛陀亲说言教来尽可能避免分裂的惯例。

再之后，佛陀入灭三个月之前，于王舍城外的灵鹫山，再次对广大僧众宣说"六和敬"，即"见和同解"、"戒和同行"、"利和同均"、"意和同悦"、"身和同住"及"语和无诤"的重要性。对此，汉译《游行经》、《根本说一切有部毗奈耶杂事》、南传《大般涅槃经》等经律都有记载。且南传《增支部》十集中的《诤论》、《阿难》、《和合僧》等篇目里还记载有，佛陀对优婆离、阿难等近旁上首僧伽，反复叙说僧团无诤、和合的重要性。这都说明，佛陀以及佛教内部对可能分裂的局面在采取预防措施。

而等到佛陀灭度后，该年雨安居期间，在摩揭陀国的首都王舍城，大迦叶尊者立即主持召开了关于佛法和律仪的结集，五百位阿罗汉聚集在一起，由堪称多闻第一的阿难为代表，诵出佛陀所说之法。众阿罗汉，对阿难所诵之内容，表示赞同并通过，因而"佛陀所说之法"得以初步集结。另由最通晓律且持律第一的优婆离作为代表诵出佛陀制定的律仪，也是通过与会大众的普遍赞同，表示确实为佛陀所说，而得以结集确立为"律戒"。

因此，此时的集结实际上是众阿罗汉汇聚一堂，对佛陀所传之法和律仪的内容进行确立，从而避免了分歧的进一步发酵，也使得佛教团体内部的和合一味得以继续发展。此后，这些经过公认的集结而成的经律，就再经由僧众继续背诵而得以代代传承。历史上，称此次集结为"王舍城结集"。南传上座部《律藏.五百（结集）犍度》和汉译五部广律等典籍均有记载。

其次，佛陀给出四大教法的详细说明，亦可能有部分目的在于避免纷争。据《长阿含经》卷三记载佛陀灭度之前，曾对众比丘宣说："何谓为四？若有比丘作如是言：'诸贤，我于彼村、彼城、彼国，躬从佛闻，躬受是教。'从其闻者，不应不信，亦不应毁，当于诸经推其虚实，依律、依法究其本末。若其所言非经、非律、非法，当语彼言：'佛不说此，汝谬受耶？所以然者？我依诸经、依律、依法，汝先所言，与法相违。贤士，汝莫受持，莫为人说，当捐舍之。'若其所言依经、依律、依法者，当语彼言：'汝所言是真佛所说。所以然者？我依诸经、依律、依法，汝先所言，与法相应。贤士，汝当受持，广为人说，慎勿捐舍。'此为第一大教法也。

"复次，比丘作如是言：'我于彼村、彼城、彼国，和合众僧、多闻耆旧，亲从其闻，亲受是法、是律、是教。'从其闻者，不应不信，亦不应毁，当于诸经推其虚实，依法、依律究其本末。若其所言非经、非律、非法者，当语彼言：'佛不说此，汝于彼众谬听受耶？所以然者？我依诸经、依律、依法，汝先所言，与法相违。贤士，汝莫持此，莫为人说，当捐舍之。'若其所言依经、依律、依法者，当语彼言：'汝所言是真佛所说。所以者何？我依诸经、依律、依法，汝先所言，与法相应。贤士，汝当受持，广为人说，慎勿捐舍。'此为第二大教法也。

"复次，比丘作如是言：'我于彼村、彼城、彼国，众多比丘持法、持律、持律仪者，亲从其闻，亲受是法、是律、是教。'从其闻者，不应不信，亦不应毁，当于诸经推其虚实，依法、依律究其本未。若其所言非经、非律、非法者，当语彼言：'佛不说此，汝于众多比丘谬听受耶？所以然者？我依诸经、依律、依法，汝先所言，与法相违。贤士，汝莫受持，莫为人说，当捐舍之。'若其所言依经、依律、依法者，当语彼言：'汝所言是真佛所说。所以然者？我依诸经、依律、依法，汝先所言，与法相应。贤士，汝当受持，广为人说，慎勿捐舍。'是为第三大教法也。

"复次，比丘作如是言：'我于彼村、彼城、彼国，一比

丘持法、持律、持律仪者，亲从其闻，亲受是法、是律、是教。'
从其闻者，不应不信，亦不应毁，当于诸经推其虚实，依法、
依律究其本末。若所言非经、非律、非法者，当语彼言："佛
不说此，汝于一比丘所谬听受耶？所以然者？我依诸经、依法、
依律，汝先所言，与法相违。贤士，汝莫受持，莫为人说，当
捐舍之。'若其所言依经、依律、依法者，当语彼言："汝所
言是真佛所说。所以然者？我依诸经、依律、依法，汝先所言，
与法相应。贤士，当勤受持，广为人说，慎勿捐舍。'是为第
四大教法也。"

这四大教法的基本意思都是说，如果佛陀灭度之后，僧伽
们于某地听闻有人或多人，在讲授佛法，但其内容以前没有听
闻过，那么先不要盲目否定，也不要盲从，而是应善加思惟，
根据记录佛陀言行的经中内容去推论虚实。如果其理趣与佛陀
所教导内容不相符，那么就可以说这是谬见而舍弃。如果其理
趣与佛陀所教导之内容相吻合，那么就不但应该勤加修持，还
应该在他人请法时，也广为人说。

这也就意味着，佛陀实际上给后世行者留下了处理矛盾和
分歧的方法，那就是依据上述四大教法而行，善加思惟，并与
佛陀之经律教诲反复印证比对，切不可盲目否定或盲目认可。
而且，佛陀还特别强调，即使有未曾听闻的部分，亦不代表一
定非佛所说。这都说明佛陀灭度前对佛教未来的分裂局面存在
一定的预知，而且给出了可能出现"未曾听闻"的佛法之情况，
并提前作出了详细的说明。

因而佛陀希望在灭度前，提醒僧众们从惯有的苦行与非苦
行的矛盾中出离，关注四大教法本身，去实际进行体会和领悟。

这也是把实修的重要性，融入到了四大教法的宣说中，通过反复思惟可增加闻思慧，而反复比对的过程，只有通过实修才能得到更深层次的修慧之印证。如此才能从闻思修之佛法智慧出发，了知那些未曾听闻的部分，哪些是佛法，哪些非佛法。

再者，认定阿难尊者和大迦叶尊者共同管理僧团，本身很可能存在平衡上述两种矛盾的用意。阿难尊者除了闻法第一之外，也有着良好的僧团认可基础，为人谦和而有弹性。而大迦叶尊者则是苦行者的代表，头陀行上无人可及，少欲知足第一，佛陀亦对其多有礼遇。二者皆为佛陀座下上首弟子，都是具格阿罗汉，因而二人互为辅助，则僧团既必不至于因戒律毁坏而陷入腐化堕落之中，也不至于陷入对苦行的过度执着里，应可确保佛法之传承。

然而，毕竟苦行与非苦行之间的矛盾，在印度次大陆的文化印记太过深刻了，此共业也极为强大。所以，此平衡性安排在短期之内虽然起到了良好效果，但上述矛盾冲突的种子却不可能在此世间完全断除，而是埋藏在僧众的共业和别业里，等待着爆发的时机。

如《四分律》记载：时阿难即从坐起偏露右肩右膝着地合掌。白大迦叶言。我亲从佛闻。忆持佛语。自今已去。为诸比丘舍杂碎戒。迦叶问言。阿难汝问世尊不。何者是杂碎戒。阿难答言。时我愁忧无赖失。不问世尊。何者是杂碎戒时诸比丘皆言。来我当语汝杂碎戒。中或有言。除四波罗夷。余者是杂碎戒。或有言。除四波罗夷十三事。余者皆是杂碎戒。或有言。除四波罗夷十三事二不定法。余者皆是杂碎戒。或有言。除四波罗夷十三事二不定法三十事。余者皆是杂碎戒。或有言。除四波罗夷乃至九十事。余者皆是杂碎戒。时大迦叶告诸比丘言。诸长老。今者众人言各不定。不知何者是杂碎戒。自今已去。应共立制。若佛先所不制。今不应制。佛先所制。今不应却。应随佛所制而学。时即共立如此制限。

也就是说，佛陀灭度之前，曾明确告知阿难尊者，"杂碎戒"即广律之中的小小戒，可有宽松调整，不必教条化地依从。但因阿难尊者未曾询问佛陀具体哪些可归为"杂碎戒"，而引起了参与第一结集的五百阿罗汉争执不下的局面。最后，大迦叶尊者作出裁断：建立共同原则，即佛陀已制定的，不得舍弃；佛陀未制定的，不另制定。

如此看来，大迦叶尊者对待戒律的态度是非常明确的，既宁肯多遵守而不可舍微细。这一方面说明了大迦叶对待戒律的态度是一以贯之的，另一方面也说明，在佛陀灭度之前，大迦叶在听闻六群比丘之一的跋难陀为佛陀即将灭度而欢欣鼓舞，认为从此可不守戒律，肆意妄为后，越发认为只有严明戒律，才能确保僧团不腐坏。从大迦叶尊者的角度出发，此是不负世尊委托，保障僧团以清净心态得以传承的方式，因而确有执行的必要。

但换个角度来说，如果有众生具足因缘得以亲见佛陀，且得到了佛陀多年来持续和反复的教诲，还是不能生起希求解脱之基本出离心，所思、所想不过是可于人间任意妄为的欲望满足，那么，即使再严明的纪律，又怎么可能使其生起超越轮回的坚定愿心呢？

因而在佛陀灭度前，特意叮嘱阿难细小繁杂的戒律不必教条化，就意味着佛陀早已预见了僧团于后世可能遇到的困难，所以，提醒僧众不必在小小戒上为难，反而为此造成不必要的大分歧。这是防患于未然的良策，也是佛陀灭度前依然在竭力为僧团排除日后困难的苦心孤诣。然而，可惜此世间因缘总是更倾向于实执无明，此智慧提醒，也未能被后人采纳。

同时，上述情况也说明，即使在阿罗汉中，苦行阿罗汉的权威性可能在一定程度上还是超过中道阿罗汉的，而普通佛法修行者对苦行者也大多只能持礼让态度。阿难尊者对大迦叶尊者，亦多以服从和谦让的态度为主。经中记载阿难尊者，非但几乎不存在反驳大迦叶尊者的情况，甚至几乎不存在坚持己见的状态。

如《杂阿含经》记载：（迦叶说）阿难！若有正问："谁是世尊法子，从佛口生、从法化生，付以法财，诸禅、解脱、三昧、正受？"应答我是，是则正说。譬如转轮圣王第一长子，当以灌顶，住于王位，受王五欲，不苦方便，自然而得。我亦如是，为佛法子，从佛口生、从法化生，得法余财，诸禅、解脱、三昧、正受，不苦方便，自然而得。譬如转轮圣王宝象，高七八肘，一多罗叶能映障者；如是，我所成就六神通智，则可映障。若有于神通境界智证有疑惑者，我悉能为分别记说；天耳、他心通、宿命智、生死智、漏尽作证智通有疑惑者，我悉能为分别记说，令得决定。」尊者阿难语尊者摩诃迦叶："如是！如是！摩诃迦叶！如转轮圣王宝象……乃至漏尽作证智有疑惑者，尊者摩诃迦叶能为记说，令其决定。我于长夜敬信尊重尊者摩诃迦叶，以有如是大德神力故。」尊者摩诃迦叶说是语时，尊者阿难闻其所说，欢喜受持！

由此可见，虽然阿难尊者与大迦叶尊者都是佛陀灭度前所指派的管理者，但其实际执行，却是以大迦叶尊者为首，阿难尊者则自愿作辅助管理，且迦叶尊者上述对阿难的宣说话语中的傲慢，是丝毫没有隐藏的。

但无论如何，毕竟二者皆已证得阿罗汉果，共同认可应以传承佛法为第一要务，因此上述矛盾并不显著，而且大迦叶尊者多年实修证悟，也带来了傲慢因缘的转化。所以，佛陀灭度后，在两位尊者的共同努力下，数百年间，佛法传承也处于和合一味的状态，亦足以说明大迦叶尊者和阿难尊者都未辜负世尊嘱托，亦未负自身阿罗汉之修证。

但不能不承认的是，此以苦行为荣的傲慢心态在僧团内部可能始终存在，且傲慢是由实执而生。因此，对苦行的实执不能断除，则相应的傲慢态度也不可能会自发止息，而是在不断延续、演化和发展之中的。所以，尽管佛陀灭度前，采取了诸多预防纷争的措施。但奈何此共业之无明因缘力量巨大，它在大迦叶尊者和阿难尊者在世期间，暂时蛰伏了起来，然而，在诸位大阿罗汉也涅槃后，此矛盾就逐渐因缘具足，得以现行的时机也随之到来，并继续发酵出了后续的种种纷争与分裂。

也就是说，苦行与非苦行此两类观念的长期矛盾和冲突，在没有佛陀以及阿罗汉们亲自加以调和的情况下，逐渐演化出了不断延伸的鄙视链。同时，这种鄙视链的形成和延续，也与印度次大陆典型的种姓分化政策和统治方式，所带来的鄙视链长期而顽固地根植于共业当中，关系巨大。

即苦行者会以自身苦行为倨傲资本，不自觉地认为自身因苦行而更清净更高贵，修行证悟是远在普通佛法修行者之上。且受此鄙视的行者，也同样可能再去鄙视自认为更加不够苦行的其他行者。而普通佛法行者，也会在被压制的状态里，不自觉地为平衡己方心态，而发展出更为普遍的慢心，即"我等能够听闻佛法，得以实修，远离世俗染污，不堕恶趣，当然要比世间众生更加清净高贵"等类似心态。由此，则形成了一整条苦行者轻视不够苦行者；不够苦行者轻视非苦行者；非苦行者则轻视其他宗教和世间大众的负面鄙视链。而且处在印度次大陆的共业当中，很可能是极难觉察到人群层层延伸的鄙视链本身的问题的。

但从佛法的角度出发来看，这些心态背后，显然都是对"戒律"和"苦行"的实执，在世间演化出的不同表现形式。此状态，也显然于佛陀教诲不符。然而，这种状态却的确长期存在于僧团之中。而且一旦此倨傲慢心长期存在于一代代的普通修行者身上，就可能继续发展，集体惯性加重，则佛教内部的此类群体共业也会得到增强，因此就更可能带来两种倾向的团体彼此间更大的矛盾和冲突，也为后续的教内部派不断分裂埋下了导火索性伏笔。

而在后续的历史阶段中，此负面鄙视链实际上不但一直存在，而且还处于不断地演化之中，并渐渐发展出了部派之间上座部与大众部的彼此鄙视，以及上座部内部的彼此鄙视，大众部内部的彼此鄙视，直至大小乘之间的彼此鄙视、大小乘对密乘和密乘对大小乘互相的鄙视、大乘内部的鄙视链、密乘内部的鄙视链等等复杂的形式，实际上，这都是上述共业因缘的不断扩展和生发所导致的结果。

而此矛盾和冲突的存在和延续，也使得教团内部的关注点不断偏离，即对戒律的关注，往往远超过对涅槃解脱的实修方向的用心。当然，这也并非意指戒律不重要，而是说戒本身应是定和慧的基础。戒律制定完毕之后，清净遵守即可。然后，就该回归日常的实修层面了，即行者日常更需要关注的是，对如何生定、如何生慧，如何一步一步趣向涅槃解脱，进行善加思惟和实修练习，而不是揪着戒律，没完没了地不放松。

换句话说，戒律是日常功课，是需要习惯成自然，而花费越来越少的时间和精力，自动就能遵守的。因而，在良好的佛法修行方式里，不需要执着戒律为实有，也不需要过度强调和强化戒律，而是自然而然地不与"不合戒律"的身口意状态为伍。如此则戒律反而逐渐淡化于自然状态之中，成为身口意的良好习惯了。

这也符合所有事物的发展规律，譬如已经建立良好卫生习惯的人，每天起床、睡前都自然会去进行刷牙、洗脸、洗手、洗脚等活动。非但不可能忘记，且偶尔如果因意外而忘记，还会觉得很不舒服，自己就非要改过来不可，否则浑身都觉得不自在。而日间凡是触碰了不净之物，人们也会自然地马上去洗手、洗脸，甚至在有需要的情况下沐浴，否则也会觉得不舒服。人们遵守这些规则是因为已经建立起了自然而稳固的习惯。然后，在其他时候，也自然而然地去作其他事情，而不会总想着卫生问题。因此，除非是针对卫生习惯正在形成过程中的小孩，没有人需要别人或自己，每天耳提面命地反复要求，你必须要讲卫生，要刷牙要洗手……显然，这不是说良好的卫生习惯不重要，而是说它已经变成了日常生活中自然而然的习惯的一部分，所以这种提醒非但不必要，还会令人生厌，也影响日常生活中其他事情的顺利进行。

那么，戒律的问题实际上也是一样的。在佛陀制定好戒律之后，僧团就只需要实行，并建立习惯就好了。而后，实际上不需要花费大量的时间、精力和心力在反复衡量戒律上，亦不需要在反复比较哪个僧团的戒律更好、更完善等等层面，浪费更多精神。而过度关注此类问题，则意味着僧团就好像是反复在洗脸、刷牙这类事情上打转，比较哪一派洗得更全面更干净等等一样，而其他应该做的事情，如善加思惟佛法奥义培育闻思慧以及反复实修增进修慧等，反而就得不到更多关注而逐渐被遗忘和荒废了。

也就是说，从对戒律的实执出发，僧团之内的鄙视链不断衍生和发展，僧伽们常常都在不知不觉地忙着比较不同僧团戒律威仪等的劣等胜，因而，很可能反而没有把最大的心力放在关于出离轮回和证悟胜义的实修道路上，如此怎能不逐渐遗忘佛陀指引的涅槃解脱之大方向呢？而于佛陀灭度前所重点宣说的四大教法和经律的印证关系，恐怕也没有精力和心力去善加思惟和实证体会了。因此，也更不可能了知此种基于戒律的忙碌和努力，实际上是一种实执，也偏离了佛陀所传授的中道修行之路。如此代代发展下去，就渐渐对中道之路失去了基本的理解。又怎么可能不忘失佛法修行的基本理路呢？而这些状态也同样都为后续部派佛教的分裂，种下了根源性伏笔。

综上所述可知，佛教自身的发展的确是在因缘之内，且遵循着依因缘生，依因缘灭的规律的。所以，后人如果想要不负佛陀教诲，也需要认识到这些不利因缘，而逐渐转变，并再创造出有利因缘，逐步培育闻思修的佛法智慧，并使其生长，才可能逐渐扭转上述局面。

第二节　部派佛教的困顿与突围

如前所述，佛陀灭度之后，阿难尊者和大迦叶尊者共同维持了僧团的稳定。此阶段各阿罗汉分别带领自己的弟子，四处弘扬佛陀的教法。其中最主要的为三系，即由大迦叶传阿难的一系，以摩偷罗为中心，而于西印度弘传佛陀的遗教，直至发展到整个印度次大陆之西北地区，简称西系。由优波离传陀娑婆罗之一系，以毗舍离为中心，向东方弘扬佛法，后来传于整个印度东南地区，简称东系。第三系即优波离所传，也称大象拘一系，以王舍城为中心，于恒河以南的中印度一带弘法，这一派最终传到了今斯里兰卡，简称南系。此三派系并未直接分立，但其传法态度也存在差别，西系延续了大迦叶尊者的风格，较为保守，戒律尤其严明。而东系则较为自由，亦多进取之势，南系大概属于两者中间。

此种局面一直持续了几百年，而后佛陀在世时的亲传阿罗汉们，逐渐各自灭度，不在人世了。此时，佛教僧团内部早已有之的"戒律"矛盾与执着，就又开始浮现了出来，并进而制造出了分歧性局面。

2.1 部派初始分裂

据经典记载，事情是这样开始的：一时，阿难之弟子耶舍，即西系长老，云游至东方的跋阇族，发现该族僧人有"十事非法"，因而聚集毗舍离的僧伽发起集结，对跋阇族进行弹劾。

与会者多达七百人。佛教史上称这次会议为"第二结集"、"七百结集"或"毗舍离结集"。会议裁定跋阇族违反了戒律，而跋阇族不服判决提起上诉。他们召集了约一万比丘，举行结集，称为"大结集"，再次重议十事是否非法，这次跋阇族获得了胜利。

　　此二集结，将佛陀教法，划分为了《杂阿含》、《中阿含》、《增一阿含》、《长阿含》、《杂藏》五个部分。而南传佛教分别称为：《相应部》、《中部》、《增支部》、《长部》、《小部》。其中《杂阿含》是四部阿含的母体，同时四部阿含各有不同的特色：《长阿含》是"吉祥悦意"，即通俗地适应印度神教信仰的佛法；《中阿含》是"破斥犹豫"，即主要内容为分别抉择法义；而《增一阿含》是使人生善植福，即"满足希求"；《杂阿含》则是"显扬真义"，即宣说真实义的部分。但与其他四部不同的是，《杂阿含经》在第二次结集中稍有改变，除原始结集的"相应修多罗"部分之外，还增添了其它的成份，《初期大乘佛教之起源与开展》中，印顺法师认为《杂阿含经》的不同成份，也可以拿四部阿含的特色来区别："相应修多罗"是"显了真义"；"八众"是"吉祥悦意"；"弟子所说"是"破斥犹豫"；"如来所说"是"满足希求"。

　　结集过后，分道扬镳，僧团彻底分立为东西二部，耶舍之西系大都为出家多年的长老，按照佛教议事的惯例，开会时，长老的座次排在上面称"上座"，因此称为"上座部"。赞同跋耆族比丘观点的多在东系，且人数众多，就称为"大众部"。从此，佛教正式进入部派分立的时代。之后，教内部派再反复分裂而生分支直至十八部，都是自此而始。故印度佛教史称之为"根本分派"，而将其后的分裂称为"支末分派"。

那么，造成此次分裂的"十事"到底是什么呢？根据经典记载为：角盐净（乞盐可存以待用否）、二指净（日晷未过两指可饮食否）、他聚落净（一村庄乞食不足可他处乞食否）、不攒摇净（牛奶未脱脂可饮否）、饮阇楼凝净（未发酵或半发酵之椰汁可饮否）、无缘坐具净（坐具大小可调整否）、所习净（出家前所习技艺可继续运用否）、住处净（可自诵戒而非集体否）、随意净（可非全体僧伽行决议否）和金银净（可持金银财物否）。

仔细分析就会发现这"十事非法"说起来似乎很重大，可前面六种都属于生活习惯类，即佛陀灭度前嘱托阿难可不必教条化的杂碎戒，并不是什么原则性问题，佛陀生前对此也只是依据现实作教化处理，而并非上纲上线的严阵以待。

而后四者则需要分别看待。其中，所习净，就需要根据具体情况来进行判断：如果出家人沉迷于种种世俗技艺，并因此荒废修行，那么这显然就不符合僧侣应遵循的戒律。但如果僧伽善于书法琴艺等，偶以此修身养性，并于其中领悟禅理，则似乎也不算为过，起码在汉传佛教来说这种情况还是比较普遍的。而且这些技艺也可能为寺庙带来实际现实益处，例如，书法就可满足抄经誊写，及房舍建筑的对联、牌匾等此类所需，这样反而不必乞求世人来做布施，因此也不能一概而论为必不可作的坏事。而从古至今，具备文学功底的出家人，专心实修，而有所体证后，也大都会更愿意以文字书写的方式，来提供佛法教导。此类佛学作品，作为传播佛法的途径，令更多众生能够具足听闻佛法的机缘，也未必不是好事。所以，针对此类现

象的考察，关键在于要看当事僧侣是否"沉迷于某些技艺"而
"荒废修行"，也需要一个弹性的考量范围，而不是武断地一
刀切式全盘否定。

而住处净是指僧伽应参与团体活动，加强对戒律的受持。
随意净则指僧伽为民主制，应全体到会并投票才可以通过决议。
这两者都与僧伽个体与僧团集体的关系有关。在原始佛教中，
僧团规模一开始都比较小。后来人数增长后，则一般以四人以
上分别建立小组，来完成上述戒律要求。然而，当僧团人数继
续扩大，且僧侣又常在云游中的情况下，每次决议都需要所有
人到场参与，在现实层面就变得困难了起来。类似地，参与集
体诵读戒律的规定，也是如此。所以，此类戒律是在教团规模
发生变化的情况下，所不得不进行相应调整和改革的部分。

另外，金银净相对来说，也是一个与此有关，但影响更加
严重的现实问题。在佛陀住世期间，为防止僧伽借乞食之机敛
财，而制定了此类戒律。这是因为如果僧伽发生了上述行为，
那么非但不是在行解脱道，还可能涉及到诈骗民众钱财等破坏
世俗律法的相关问题。因此，既可能会给僧伽个人命运，都带
来毁灭性的沉重打击；也可能严重影响到教团整体的社会声誉
和可信度。所以，僧伽个人名下不能持有钱财，寺庙僧团等共
有财产亦不可以任何方式为个人所侵吞，在很长时间里、在很
多不同国家范围内，都是针对僧侣的普遍规定。

但现实问题却远比规定更为复杂，比如，此处涉及的另一
个问题就是，作为团体，僧伽教团是否可持有使用钱财？显然，
在原始佛教阶段，这种情况也是不允许的，这是符合当时的社
会条件的。但是随着社会经济的发展，钱财的流通越来越普遍，

交换作用也越来越大，而相对的以物易物的方式就几乎消弭无踪了。所以，如果僧伽想直接以乞讨方式寻求民众的具体布施，就很可能要辗转流离很多地方，才能得到足够所需的物品。即僧侣可能需要为满足基本生存所需而耗费大量时间和精力，因此也就可能损失实际闻法、思法和座上禅修的可用心力。与此同时，民众也同样可能因方便操作，而更愿意布施钱财。因此，此类问题，也很可能是各派别迟早都需要面临的困境。那么，在此情况下，僧伽团体是否可以接受钱财呢？

从现实可行性的角度来说，似乎应该接受，因为这不止方便自己，也方便布施者。但从严谨持戒的角度来说，又不可能仅仅由于社会经济变化了，就对僧伽与钱财的接触放任自流。因此，僧团就面临着艰难的抉择了：是无视现实问题，要求僧侣克服重重困难，坚持原有戒律严格不变，还是应该对原有戒律进行适当调整？而如果调整，又该如何进行合理的调整，才能既能有效地改变现实困境，又不纵容僧侣误入歧途，也不会给教团带来整体损害？那么，在回答这些问题的时候，显然矛盾和冲突的各种各样的观点，就必定会出现了。

所以，上述戒律当中的后两者，都是随着社会发展，而呈现出的新问题，且其中一个涉及到僧伽个体与僧伽集体的关系问题，另一个则涉及到钱财问题，相对来说社会现实影响都较为显著，因此也都需要进行综合考量和谨慎处理。而如果不能处理得当，其带来的教内危害和社会负面影响，也都可能较为严重。

但也需要主义的是，这两者本身实际上都是世俗类现实问题，而并非涉及涅槃实证理路的不可调和之根本矛盾，或修行解脱大方向上的原则性裂痕。因此，如果对峙双方都仅以涅槃解脱为根本目标，而对世俗相关事务则保有弹性，那么也大可根据现实情况，对于可接受的不损害解脱主旨的部分，通过民主表决的方式适度进行调整和改变；而对于可能关系解脱主旨的部分，则可继续保留、严格遵守。那么，再反复沟通，各自互相理解，并在细节上彼此都做出让步，按理说达成双方都基本能够接受的统一准则，并非是极度困难的事情。然而，此时两派对立的佛教团体，却都选择了小题大做的扩大事态的处理方式，直接将对戒律的不同看法这类不涉及经教的问题上升到了，要召开大型集会进行没有余地的互相辩论和彼此弹劾的程度；也把对戒律所持有的态度差异，置于经教和解脱的根本目标之上，进行了抉择。

这说明此前各部派虽未正式分裂，然而各行其是的需求，很可能早已存在了。而"十事非法与否"只是导火索，真正导致佛教分裂的根源，则很可能是早期埋藏的苦行与非苦行的矛盾冲突，即戒律态度差异，在此时具足因缘而爆发了。

也就是说，由于僧团内由于长期存在苦行与非苦行的分别，因而对戒律的态度本身就成为了僧侣们长期过度关注的焦点，也使得僧伽们真正用心于实修的时间、精力和心力，反而相对减少了，对中道的修行方向也开始忘失了，对解脱根本目标的希求和向往也开始淹没在琐碎的日常生活细节里了。因而，等到众阿罗汉依次灭度后，普通的僧伽们虽然渴望离苦得乐，但却很可能已经普遍说不清到底什么是涅槃解脱了，也似乎分不清究竟什么才是真正重要的不可舍弃的根本义理，什么又是可以不那么看重的细枝末节了。反而，是应该所有成员到齐才能开会议事做出表决，还是可以分组进行；是可以用钱财布施换取食物和衣物，还是必须直接得到衣食布施……这类实际属于人类世俗生活的问题，更大程度地占据了僧伽们的心灵。

所以，此时的僧团虽然看起来似乎依然未没落，但实际上很可能人心是动荡不安的。因为对于倾向苦行的僧伽来说，除了严明戒律，似乎也没有其他事情可以清晰明确地说明自身的佛法修行者的根本身份了。所以，部分人对待戒律才会如此僵化刚直，完全不顾社会现实的改变，也不顾佛陀生前亦会根据现实情况而调整戒律的事实，不顾佛陀灭度前特意嘱托杂碎之戒不必教条的苦心，而一意孤行，坚持把对小小戒的坚守，当作是佛法神圣性的体现，也当作自身的荣耀和勋章；同时，也把打压和弹劾观点不同的其他行者，当作证明自身尤为虔诚的方式和途径。

然而，当僧伽把关注点放在无论现实情况如何改变，对佛陀所制定的戒律一字不改，一字不增、一字不删这一层面的时候，这本身就是一种对戒律的实执，同时也是对语言的实执，是不符合佛陀教导的。这种执着也更像是一种给自己的心理安慰——在漫长的修行过程中，在尘世无休无止的裹挟性风暴里，要能够安正念、立正命，而不为世间的种种侵扰所动，本身就是很困难的事情，这需要对佛法的不断善加思惟与实修印证来作为根本立足点，也需要强大的正信和皈依来作为辅助支撑。而当僧伽们对得自他人口传的佛陀教导，无法产生胜解，不知道该如何把握佛法的精髓，也难以厘清实修的大方向的时候，自身的修行之路，就会缺少指路明灯的引导和长久依怙的陪伴与安定。因此，对严守戒律的过度执着，就成了内心渴望紧紧抓住的最后的稻草。

而对于倾向非苦行的僧伽来说，情况也并没有更好。面对发生了变化的社会现实，人们知道顽固地恪守原有的戒律，尤其是不关乎佛法主旨的小小戒，是没有必要的。然而，当反对者发出质疑的时候，他们能够给出的应对方式，也不是回归佛法，指明主旨；而是随着对方对戒律的实执，也把焦点转向了戒律层面，并试图通过发起集结的方式，来证明自派所持观点合乎佛陀所授戒律，也表明自身教派和传承的正统性。

由此可见，此时，这些倾向于非苦行和因势利导地看待戒律的僧伽，似乎也难以立足于佛法之根本，破斥对戒律的过度实执，并宣说自身的中道观。也就是说，他们的内心也可能并不完全清晰，佛陀的中道修行观与传统的苦行观之间，根本差别在哪里；佛陀所说之法，其核心和要点又是什么。因此，虽然看似对戒律并不实执，但却也同样存在自身的问题。而且在对佛法精髓把握不够深入的情况下，戒律的松动，也确实容易带来妥协于世间，而忘失修行之根本目标的腐坏性结果。

由此推测，这个阶段的僧伽，大多内心是焦虑、苦楚、无助的，因为当时整个佛教内部很可能已经不同程度地出现了对佛陀所教导之中道修行脉络的迷失和不解。

也就是说，部派阶段的佛教之所以会一次次反复地出现分裂再分裂，很可能都来自于此：即对苦行的实执，而使得僧众对戒律特别关注，而对戒律过度关注则导致了无更多心力关注实修，也体会不到中道的含义；无力关注实修又导致中道实修大方向的进一步忘失，修行大方向的忘失则又导致只能通过对戒律的过度执着来掩盖忘失佛法修行之中道大方向的焦虑和迷茫。如此形成了一种恶性循环。

而对苦行不那么实执的僧伽，如果对佛法的根本与核心不能够产生清晰明确的定解，并反复落实在实修实证层面，那么就容易出现妥协于世间，而忘失解脱之根本目标的问题。也就是说，此类行者如果只是听闻佛法，并对佛法产生了基于世间共许的初步理解，那么就更容易受世间浸染，也容易受到社会环境的裹挟，从而对佛法的理解流于表面，止于细节，而难以产生整体观，也难以把握理论和实修的大方向与脉络。因此，这类僧伽比较容易把修行演变成一种世俗生活方式的变形状态，即通俗地说，就是一种以僧侣身份来过日子、讨生活的状态。虽然处在此状态中的僧侣，自己不一定能够认知到这一点，也不一定愿意承认这一点，但是一旦进入这种状态，实际上就是认同于世间性普遍的实执了，因此也就不太可能能够通过反复思惟和实修实证的相互印证而不断深入理解佛法精髓，并逐渐产生胜义性的理解了。所以，这实际上也可能会形成一个恶性循环。

当然，反过来说，倾向苦行的僧伽则很可能可以有效地避免自身的世俗化浸染问题，通常来说，修行的决心和意志都是更为坚定，这是其优点所在。而倾向于非苦行的僧伽，则不会被苦行类实执本身所捕获，内心更有弹性，所以如果能够对佛法产生胜解，那么更容易切合于中道，这也是其优点所在。而在苦行和非苦行两类不同倾向性僧伽团体中，也还是存在着或多或少地保有此类优点的大量僧侣的。

如此看来，部派佛教初期是佛教的一个非常困难的时期。表面上是各部派之间的针锋相对、剑拔弩张和近乎失去底线的唇枪舌战。内里却是各部派都在咬着牙坚持，不肯放弃解脱的希望，也不肯放弃试图重新发现佛陀所指引之方向的坚持和努力。下面就从这两个看起来完全不同，但却同时存在于部派佛教初期的现象来说明部派佛教的困境与突围。

2.2 神化佛陀与偶像崇拜的癫狂

如前所述，对苦行不那么实执的僧伽，如果不能对佛法产生胜解和定解，就容易出现妥协于世间普遍性实执的问题。而此问题在后续，也的确演变出了一部分僧伽开始试图神化佛陀和把佛教变成世俗性崇拜的倾向。说一切有部的著名理论家世友法师，在其著作《异部宗轮论》中，对此就有所记载和说明。此书虽然故事讲得光怪陆离，但去掉刻意丑化大众部的成分，依然可辨别出其主旨是认为上座部与大众部根本分歧在于是否要以神化佛陀的方式弘扬佛教，以及由此引发的对阿罗汉境界的认定问题。

因为神化就需要其他低阶神来对比反衬出最高神的超凡脱俗。所以，阿罗汉成了神化佛陀主义者们的靶子，人们一方面在无限度地把佛陀上升到无可比拟地超越一切神之上的"神"的高度，一方面又通过把阿罗汉的境界描述得更低，来拉开佛陀与阿罗汉两者的距离，达到侧面烘托佛陀之形象的目的。

而反对神化者则属于原本就倾向苦行的僧伽团体，他们原本就对非苦行者抱有一定的鄙视倾向，因此在拒绝神化和维护阿罗汉的清净果位的过程中，而进一步陷入到了对另一派别的敌对和嗔恨里，而不惜以更加尖刻的语言刻意贬损和丑化神化主义者，却无力以正法宣说，来厘清对方的真正问题所在，也不能以正修行获得的实际证悟，来收摄对方的偏差了。

因此，原本都是实践佛法道路上的同修，在这种情况之下，也就进一步演变成了彼此争斗得你死我活的敌人。对于神化主义者来说，把佛陀变成可以拯救此迷失状态的神，或许一方面是为自己寻找寄托，另一方面很可能也是对僧团甚至佛教未来的走向感觉迷茫，因此，以顺从世间实执的方式来迎合世俗大众的需求，并安立佛陀为神，似乎更能够令部分僧伽感觉到踏实或稳定。而对于拒绝神化的僧侣来说，抵制神化佛陀的传教模式和清净律仪，又成了己方所能坚守的最后底线。因而，在此阶段，站在辩论台面上的双方，似乎都在这种渐渐趋于白热化的斗争里，变得在一定程度上失去了理智。

南华大学宗教研究所的吕凯文教授及其团队，就曾经针对《异部宗轮论》和《论事》中的"佛陀论"即部派佛教关于佛陀的神化情况，进行过详细的比对研究。研究范围，包括各部派在佛的色身、威力、寿命、睡梦、语言、如来心、如来智、厌足心、如来力、香气等诸多方面所给出的解释。其论述内容详尽到了佛陀大小便是否有香气及香气如何的程度，其偶像崇拜的癫狂气息可见一斑。

而与此同时，此阶段的上座部虽然力图正本清源，说明神化佛陀的无必要性，但其对大众部佛陀论的理解却明显存在问题，因此反驳性论述也往往绵软无力，不能切中要害，而且时常是处在被神化论者牵引思路的状态里。这一方面与大众部内部观点也存在分歧有关；另一方面也与上座部自身的状态有关，他们对自己持有的观点似乎也没有大方向上的确信把握，而同时，对辩论对手所持理论也没有耐心去仔细聆听，而是傲慢和鄙视的。

例如，《阿毗达磨大毗婆沙论》里回应佛陀是否生来即是圣人说："无明所覆爱结所缚。愚夫智者感有识身。世尊亦是智者所摄。身定应是无明爱果。是故佛身定应有漏"。可《杂阿含经》说："如来之体身，法身性清净"，且《增一阿含经》说："我释迦文佛寿命极长。所以然者。肉身虽取灭度。法身存在。"按照原始佛教的说法，佛陀在此世间期间，本就是以色身住世，而色身当然是因缘和合的产物，是无常的，此论点本不需争议。但分析上文引述的上座部说法，一边不主张神化佛陀，并因此排斥其他派别，认为是非正统，但一边又对此佛陀色身是否无常这样的简单命题犹疑不定，不敢下定论。且试图以其他形式补救，来说明如来寿命极长。这表明，即使是一向以正统地位自居的上座部，此时实际上也陷入到了自身无法对佛法产生定解的困境里了。

再如，《异部宗轮论》即一切有部说，"一名二色。过去未来体亦实有。一切法处皆是所知。亦是所识及所通达。生老住无常相。心不相应行蕴所摄。"又说大众部认为："过去未来非实有体。一切法处非所知非所识量。非所通达。都无中有"。此类关于有无二种边见的论述，佛陀早在初转法轮时，即早已确切指明了皆为世间之不合理看法，但此处却堂而皇之地出现在了论典中，可见部派佛教对佛陀所传之法的核心、精髓与根本，产生了忘失的推论，实在并非是空穴来风，而是有理有据的考察。

而类似的例子还有很多，例如上座部对贬低阿罗汉果位境界的观点，所进行的反驳，也只是说："佛与二乘解脱虽一。

而圣道异。无诸外道能得五通。阿罗汉身皆是无漏"，但却没能给出更多有理有节的切实论据和相关说明。

但实际上，阿罗汉是声闻四果之一，指断尽三界见、思之惑，证得尽智，而堪受世间大供养之圣人。佛典记载，阿罗汉一词有三种含义：杀贼。贼，指见、思之惑。阿罗汉能断除三界见、思之惑，故称杀贼。不生，即无生。阿罗汉证入涅槃，而不复受生于三界中，故称不生。应供。阿罗汉得漏尽，断除一切烦恼，应受人天之供养，故称应供。因而原始佛教时期认为，阿罗汉是人们修持佛教能够得到的最高果位，佛陀亦是大阿罗汉。也就是说，对阿罗汉果位的认可，原本就是佛陀所正面宣说过的事实，然而上座部却无法对此给出更多确证了。

由此可知，上座部在反对神化佛陀的过程中，表现出的明显无力状态，似乎也的确说明，此阶段的上座部虽然还在坚持佛陀生平言行的记载，但是其与实修的印证，以及自身进一步的深入理解，却都存在一定程度的缺陷。因而，也往往就难以在辩论中，给出僧伽所真正困惑的大方向上的指引，也无法完全厘清佛陀所传授之教法所真正要引领修行者到达的彼岸究竟是什么了。

而且，虽然从表面来看，在上座部主张坚持原始佛教所传之法、坚守律仪，并拒绝神化佛陀和贬低阿罗汉；而大众部则致力于对佛陀神性的发掘和证明，并以此达成对佛陀独一无二的崇拜；但实际上，上座部内部及大众部内部也都各自无法达成统一观点，且都同时在进行着越来越明显的分裂过程。因此，也可以推测，此时同一部派内部的矛盾，都未必大到不可调和的程度，但关于佛法修行大方向的迷失，已经使得人们接近于失去耐心了。因而分裂，眼不见为净，似乎就变成了人们最容易做出的选择和宣泄不满的手段。

综上，佛教的分裂背后，很可能隐藏着各持己见的派别，各自都走不出去的困顿局面。表面上，越是癫狂；内里，就越是焦虑。表面上越是睚眦必报地攻击对方，越是不择手段地维护己方；内里也就越是缺乏真正能够直截了当地宣说佛陀所说之教法的底气和实力。而此种表象，虽然有着可以理解的困顿内核，但实际上，却是苦行与非苦行这一对长期的共业矛盾的累积性爆发。而此类爆发，又反过来给佛教团体进一步留下了影响后世的负面习气。

一、教内不同派别之间的敌意。佛教本身都来自于佛陀教法之传承，因而原本都属于一个大的整体，修行者之间也是道友的关系。这并非指修行者之间必须要依世俗友人般的相亲相爱，但至少因彼此走在相同或近似的道路上，也可以生起亲切之感，并保持彼此间基本的友善的关系，如此必要时互相扶持，也是正常的友伴该给予的支持。

然而，随着部派佛教内部矛盾的白热化，佛教内部不同派别的成员之间，非但不再是修行路上互相帮助扶持的友伴，似乎还留下了一个"修行人相轻"的负面习惯，本是同根生，却反而似乎比对待其他宗派的不同意见者，更加刻薄而没有耐心了。此后的大小乘之间，以及空有二宗之间，多多少少都有类似局面的出现，不能不说与此部派阶段的斗争留下的种子有关。

二、无所不用其极地维护己派观点的倾向性。佛教本身是依佛法而建立，因而其终极目的始终不离涅槃解脱，而部派观点仅仅是部派修行者对于佛法所产生的理解，属于世间观点而已，自然可能正确也可能错误，或者可能适用于特定的条件等等，这本身都是再正常不过的事情。

然而，自此部派之争后，各宗派成员或多或少似乎都沾染了以维护己派观点为先的习气。或者以诡辩自洽，或者抓住对方论点中的漏洞不放，或者故意曲解对方的意思，似乎对方错了，就可以反过来证明己方观点正确一样。然而，这种想法是不符合逻辑，也不能真正获得对佛法的甚深理解的。更有甚者，如前文所举之例子，以丑化对方的方式来达到安立己派的目的，诉诸情感，以逃避逻辑，通过说明对方是个"坏人"，来证明己方观点更符合佛陀所教导之法，这已经是脱离基本的理性范畴了。此种状况于后世之中，虽未严重到此地步，然而各种倾向性，依旧是存在的。

三、为苦行和非苦行之矛盾共业，提供了进一步持续存在和得以发展的温床，也就是制造了更多与此相关的集体因缘，而这些因缘又不断促成了后世两千多年里，大大小小的佛教纷争几乎未曾断绝的局面。

当然，上述问题本身，也从侧面说明了缘生法的无常本质和无自性状态——即使是宣说佛陀所教导之真理与实相的世间教派，依然不能得以豁免于因缘规律本身。所以，这也就反过来说明了，只有亲证涅槃解脱，才是自此缘生法中出离的真正有效方式。

2.3 部派分裂背后的体用困顿

如果说上面的故事，是部派佛教分裂的 A 面，其癫狂与混乱，已经在了世人面前暴露无遗了。那么，现在就是时候，翻过这古老的录影带，看到它的隐藏起来的不为人知的 B 面了。

如前所述，各自处于困顿之中的上座部和大众部，给自内部也未能达成统一战线，形成互相支持的铁板一块，相反它们都存在持有不同观点和看法到了互相不能容忍程度的细分派别，因而各自分裂的脚步也都没能停止，而是一路急转直下地将分裂进行到底了。

然而，在这个持续分裂的表象之下，那些不愿意参与到无理性辩论中的僧伽们，也并未消失，他们依然在以自己的方式或者进入人烟稀少之处实修，或者于枯灯下埋首苦思，但却都在试图以实修和理论相结合的方式，从这场旷日持久的困顿里突围。

那么，是时候揭开帷幕，看到这个困顿本身的真容了。要想理解中道之修行大方向，必须先于有无二者的关系存在基本认识，对实执的过患产生基本了解，否则中道就无以安立。而如果僧团里普遍无法厘清"坚持戒律的重要性与不执着戒律为实有"二者不矛盾，那么实际上僧团肯定也就无法理清更普遍的空有依存相生而不违的关系，也就无法了解实执是轮回的根本，因此对于佛陀所指引的中道修行之路，自然也就不可能存在清晰的认知和体悟了。

因此，可以推测，此时僧团的普遍困惑，很可能也是从古至今的其他宗派及社科研究里，经常对佛法诟病的地方：所谓的"无我空性与轮回之体"的矛盾问题究竟如何解决？即如果没有"我"，那么又是谁在轮回？这个问题在很长时间里，都被世人认为是抓住了佛教七寸的地方。然而，如果我们把它替换成一个熟悉的问题，就会发现佛陀早已解答过了，龙树菩萨又还原佛陀的教法，再次解释了一遍。这个熟悉的问题就是：如果世间诸法、诸相、诸律皆为空性，那么如何呈现世间的种种有呢？你是否回想起前文中，给出的回答了呢？

其实，这个疑问背后，是一个与体和用有关的问题。体用是一对哲学范畴，指本体和作用。一般来说，人们都会普遍而自发地认为，"体"是根本的、内在的和本质的，而"用"是"体"的外在表现、表象。即体是第一性的，而用则是从生的，第二性的。因而顺着这个思路，人们会自然得出一个结论：没有体，就没有用。然而，事实并非如此。

从现代科学的角度来说，事物的本质都是量子，而量子是具有波粒二象性的。也就是说，在发生作用的时候，粒子出现了。在没有作用发生的时候，粒子消失了，弥散成为了一片概率云。而下一次粒子如何呈现在哪里呈现，则取决于下一次作用所引发的概率。因此，量子存在体吗？没有。但是量子有"用"吗？当然。世间万物之本质，莫不如此。

因而，再从佛法来说，就更容易理解佛陀在讲给后人听的缘起有与胜义空的意义了。空性无需本体，但能依因缘而生万物，由此自然可存在"用"。因此，也不必存在一个实体的"我"或"灵魂"，轮回自然能够进行，因为轮回的过程就是前五蕴灭，后五蕴由此引生，而非实体灵魂在不同身体里的转换穿梭。如此前后识，是非一非异的关系。就像粒子和波也是非一非异的关系，此次作用呈现的粒子，与下一次呈现的粒子，也是非一非异的关系。所以，空性不是"无"，而是一种微妙的存在方式，自空性中可由因缘而生起万物，轮回自然也在其中。所以，佛法宣说缘起有和自性空，与业力轮回的存续，毫无矛盾之处。

另外，关于体用问题，还可以进一步作出更深入的理解，即从人类的角度出发来看，人们认识事物的方式无非是感官和基于感官发展出的理性思维方式。除此之外，人类实在不存在其他可认识事物的方式之可能性了。

因此，有人问佛陀，何为宇宙间的一切？佛陀说，"一切"即眼、耳、鼻、舌、身、意，色、声、香、味、触、法。也就是说，宇宙固然广袤浩大，但人类的认识却始终被禁锢在感官范畴，以及与之对应的感官对境上。因此，对自身的局限性不自知，而试图谈论什么事物的本质或本体，实际上是人类的傲慢、自负与无知的共同表现。

当然，这种说法，可能比较抽象化，也似乎相对偏哲学化一些，但实际上却是不离此世间现实呈现的。就像人们总是本能地执着于事物存在"体"，而后才能生起"用"，但实际上无论是日常最常见的无主体性的事物，例如亭台楼阁、锅碗瓢盆或琴棋书画，还是具有主体性的人类智能的产生，都并非是由真实的"体"，而后引发出次生的"用"的。

例如，人们观察一个杯子，通常是以眼观其色彩、外形与构型，耳听敲打它产生的声音，以身感知拿着它的觉受，以抚摸来感受其材质的触感，最后则以意来思考其总体的美学价值和实用功能等等。

因而，出于实执本能，人会认为自己感受到了此杯子的"体"，并认定是因为其存在体，而后才生出相应的美学价值和实用功能。但事实上，仔细分析上述人类认识过程，其中哪个部分，是在认知"体"呢？实际上，并没有。人们始终都只是在认识这些杯子的不同层面的"用"，最后在"意"中加以组合，形成总体印象和认知而已。而这个总体印象和认知，也就随着实执本能，而被人们误解为事物之"体"了。也就是说，人类对事物之"体"的认知，实际上都来自于误解，而非天然存在的现实。

那么，杯子或者说世间一切事物即诸法自身存在"体"吗？其实这个问题在人类不能认识"体"的心智局限论述之后，已经不存在实际意义了。因为无论诸法自身是否有体，人类都无法感知和辨别，而没有知觉，理性的逻辑推理、思考整合等等，就没有依托，所以也就无法进行了。因此，从这个角度出发，可以说人类无法确切了知诸法究竟"有体"，还是"无体"，这是超越人类认知局限性的问题。

但人类的特点就是从不轻易相信自己不知道，更不愿意相信自己"无法知道"，这是人类的我执本能决定的。当然，从正向来看，人类也从不轻易放弃对真理探求的可能性，因此这个探索精神如果运用得当，也是存在益处的。因此，下面就从逻辑推理的角度，对事物是否存在"体"，来作以探究性尝试。

以杯子为例，显然世间诸法都是由某些结构和部分所组成的。因而，从此角度来说，杯子之"体"于粗显的世俗层面可以指其材质结构构成的形状和整体。这也符合世间共许中，人们对"体"的认识。但如果再看此杯子的组成部分，则它们又是由更细微的结构和部分组成的。如此不断细分，则即使最细微的结构也是彼此依赖而存在的。因而，很难说去掉哪一个最重要的部分，杯子就不再是杯子了——打开一个缺口，似乎也算杯子；去掉把手，似乎也算杯子；那么究竟去掉多少部分，杯子才不是杯子呢？或者反过来说，究竟是哪个部分的出现，才是导致杯子得以成立的关键呢？

因此，杯子并不具备哲学意义上的作为产生"用"之依托的根本性的"体"。也就是说，世间诸法大到山川海洋，小到杯盘碗盏，都与此类似，诸法皆存在世间共许性粗显的"体"，但并不存在哲学意义上能够产生"用"的根本之"体"。

为什么"用"可以不依赖根本的"体"而存在呢？这可以通过人类的智能的产生来加以对比理解。为了深入了解自身，科学家们对人类智能的来源问题进行了涵盖各个层面的研究。最初，科学家们试图在人类大脑中进行分区，找到不同的功能所产生的特殊位置。也就是说，当时科学家们实际上是认为大脑不同的部分，即不同的"体"具备不同的功能的。而后，在意识到大脑并不按照此方式工作之后，科学家们又试图寻找故定的神经网络，认为不同网络决定了不同机能。然而，事实证明这种研究方法也不符合事实，神经网络是即时的，随用随出现，不用即消失，而并非故定的存在。

因此上述研究方法都被逐渐淘汰了，科学家们开始认识到大脑中的智能并非一种"存在"，而是一种"功能"。与此同时，人们也在手术切除部分大脑的癫痫病人身上发现，尽管缺少了一部分大脑，但人们的总体智力状态和基本生活却没有受到影响。

以上研究，都说明，人类的智能，实际上并非产生在大脑这个"体"上，也并非产生于单个的神经元或故定的神经元网络当中，而是依托在大脑和神经系统之上所产生的，一种不具有实体性存在的"功能"。

这种情况在人工智能领域也同样得到了证实。起初，科学家们试图模拟人类大脑，为人工智能分区存储各种各样的数据，例如，在记忆区域存储上大量人们希望人工智能去了解的资料，而各种不同的处理区域，再分别存储上遇到不同情况的时候，应该如何作出反应的各种数据集合。借此，科学家们希望人工智能能够有效地运用这些数据知识，最后，像人类一样，能区分出一种情况发生的时候，应该如何作出有效回应。

然而，研究却逐渐发现，这种模拟大脑之"体"的方式，根本行不通。人类花费了数以亿计的财力、物力和人力之后，人工智能依然没有更大进展。直到上述脑神经科学家对大脑的看法发生了质的改变，不再试图寻找智能之体之后，以此作为出发点，人工智能科学才大大改善了人工智能的算法，并有效推进了人工智能的研究进程——他们不再试图制造人工智能得以进行智能思考和辨别的"体"，而是改为通过大数据训练并加以纠错的方式，来对人工智能进行优化。结果，初步的人工智能产生了。

也就是说，即使是精微如人类心智一般的事物，也并不像人们一贯以为地那样是建立在一个"体"之上的，智能并不在大脑与身体神经网络的连接矩阵中，这些神经网络矩阵只是提供了基本的可供调用的活动基础。类似的，基因序列也只是提供了一种基本的可供调取的先天信息。它们本身都不是"智能"，而智能是通过慢速和快速自适应机制的反复训练而出现的一种"功能"，一种"应用"。而智能本身是无"体"的，应用时它就借用上述神经网络和基因等而出现，不应用时，实际上无法找到"智能"的存在。

推而广之，世间的种种"用"的产生，实际上都是与此类似的。"用"是一种功能，它"在用的过程中"，依因缘产生，"在不用的时候"，就不存在。而"用"所依托的实际上并非是"体"，而只是一些基本组成，来作为自身呈现的因缘而已。所以说，哲学意义上的根本之"体"实际上并不存在。或者说，是因缘和合而在世间生起各种各样的"用"，而非是"体"生起"用"之功能。

综上所述，人类所真正能感知，并加以认识和进行运用的，实际上，从始至终也都只是"用"，而非"体"。这种看法也与哲学中的功能主义，存在类似之处。

而从佛法的角度来看，"用"与世间诸法一样，都是因缘生。而人类对"体"之存在的执着，则来自于本能的实执倾向，所引发的误差性理解和偏差性认知。但这种认知与此世间的自然事实，也是相违背的。

也就是说，并非是佛法于体用问题上存在解释的不圆满性，而是世人长期为自身的感官局限所蒙蔽，认为自身所了解的常识就是真实的，却对世间真理却没有基本认知能力。因此，实际上，基于人类常识所产生的认知，很大程度上都是与世间真理不相吻合的。

例如前文提到过的人们基于常识，无法得出不受外力的情况下，物体会保持匀速运动的结论。再如，量子本身可以弥散为波，而只在作用中呈现为粒子。这都是不符合常识的说法，但却是世间真理。换句话说，如果完全依从于人类自以为是的常识，那么科学将不复存在。如果完全依从人类自以为是的常识，佛法亦将无可宣说。

总之，佛陀依此世间真理而宣说缘起有与胜义空的关系，无我与轮回在真理层面本无任何矛盾之处，结果，却反而被处于感官常识蒙蔽之中的人们当作是解释的不圆满了。甚至在量子物理问世百年之后，依然存在大批社科研究者，对于所谓的"无我与轮回的体用"问题提出质疑。这就说明，不止佛学研究者应该睁开眼睛看世界，看到科学进步所带来的辅助理解佛法的新方式，人文科学研究者同样如此。否则就会脱离现实，沉浸在形而上的哲思里，被自身的局限所桎梏。

当然，上述关于体用的论述，依然并非是很容易理解的事物。试想没有量子物理作为辅助理解手段，恐怕今人一样很少能够理解这种绕口令一般的有和空的关系。而佛陀在世之时，众僧伽是依佛陀证悟的智慧作为坚实后盾，因而才具足了理解佛陀所宣说之教法的因缘。然而，等到佛陀灭度，此智慧后盾离开世间，阿罗汉们也依次灭度了，后代的修行者，就出现了对空有理解上的困惑，甚至怀疑起佛法的确存在体用问题未能宣说圆满的缺陷了。

他们难以理解，如果说戒律本质为空性，那僧团该如何依止什么执持身语意的规范？如果四圣谛、八正道、十二因缘法等皆为空性，那僧团该依止什么来进行实际修行？且对古代僧伽来说，一方面他们自己也被类似疑问所困惑；另一方面又要面临难以为前来询问的他人作出透彻解答的窘境，因此，可谓是难上加难了。

因此，相比较来说，今天的现代人，依赖科学技术综合进步，来对此进行理解相对还是可能的。例如，戒律本质为空性，但其在世间依然是缘起有，因而不须怀疑遵守戒律的必要性，只是不需要对戒律生起实有性执着，而使得自身反被此实执所困，而不能领悟中道，不能证悟空性就可以了。其他的，诸如四圣谛、八正道以及十二因缘法等莫不如是。

而那些古代的僧伽们，则必须要在此困顿之中突围，通过自己的方式，以反复对佛经的阅读和思惟，以自身的亲身实修过程，以二者的反复比对与善加体悟，来重新去理解佛陀曾经宣说过的缘起有与胜义空的意义，重新去发现佛陀曾指出的中道之修行方向。也许，这个过程会免不了要走一些的弯路，但是对此时已经普遍因共业而陷入集体困顿之中的佛教来说，对于理解佛法和加深实修来说，这些努力也都是必不可少的过程，而且只能前进，没有退路。

第三节　各部派关于体用问题的解决途径

在试图解决体用问题困惑的同时，上座部和大众部也都在面临着进一步的分裂局面。因为僧伽各有各来自于自身思考和实修结合的解说方式，彼此互相也都无法说服。此时也并无佛陀在世时期的阿罗汉可以给出一个完全依于佛法，而不加入个人世间说法性质的空有解说，因而，分裂就成了僧伽们应对此种各有各说、各不相合局面的一种方式，并且渐渐变得常规了，一言不合，就再分派。其分派原则大多与"我"以及三时是否实存有关。

3.1 各部派秉持理念的简单介绍

具体而言，上座部依据是否存在"补特伽罗"而分为犊子部跟化地部，即犊子部主张补特伽罗我是胜义实有，而化地部坚持佛法的"无我"基本理念。吕澂的《印度佛学源流略讲》和杜继文的《佛教史》都采取了此说法。依《舍利弗问经》、南传《岛史》、藏传多罗那他《印度佛教史》等书所传，也与上述说法吻合，说明犊子部是从上座部分裂出来的。但《异部宗轮论》则认为，犊子部是在佛灭后第三百年中，从说一切有部所分出。而南传佛教则认为，其分裂年代在佛灭二百年中。可见《异部宗轮论》中很可能存在基于为一切有部之正统性服务的较多偏差性记载。犊子部南传佛教称"跋耆子部"，其名称按照窥基的说法是犊子为部落名，本是外道，后弃邪从正成为佛弟子。梁真谛则将其译为"可住子弟子部"。

但也有说法是，此根本上座部中，即存在一部分僧伽受到了大众部思想的影响，而形成了上座部分别说系。而阿育王华氏城的佛教结集，即是由上座部分别说系的目犍连子帝须主持进行的。此时的分别说部，在华氏城非常兴盛，且在西印度的阿槃提也有较大发展和弘扬。分布于印度南半岛的化地部、法藏部及饮光部，都是由此分别说系而再分出的支分教派。同时于此地出生的阿育王之子摩哂陀，在出家后，也是从此地把此系教义带到锡兰岛，而发展为铜鍱部的。可见部派佛教派系之间的关系非常复杂。除了上座部和大众部为根本支分之外，其余部的分属关系不同教派、不同历史考据书籍，给出的结论都不同。

一般来说，犊子部所弘三藏之中，其经、律大致与有部相同，论则信奉《舍利弗毗昙》。其教义主要为：将佛陀所说之法归为五类即五法藏：过去、现在、未来、无为法和不可说法。其中前三法为有为法，无为法为超越世间的法则，具体说法与有部类似，不可说法即不可定说，并主张有补特伽罗我实存，将之归在第五类法中。他们认为，此补特伽罗"我"与五蕴的关系，是"非即非离蕴之我"。认为身语表业也有善恶，业并不完全属于心理方面，而是具有现象性的。关于轮回，一般只讲五道，犊子部则讲六道，后来增为七道。所加二道，一为'阿修罗'，一为'中有'。

此部后来分裂成贤胄、法上、正量、密林山四派。据《异部宗轮论》载，分裂原因是由于对"已解脱更堕"一颂的解释不同而起。而梁真谛则认为此四派对犊子部所信奉之根本论《舍利弗毗昙》一书所作解释不同，因此各家各自独立发挥，分为四派。

据记载，后期犊子部曾建立了自己的十四部三藏，玄奘法师在印度留学期间，还曾经专门花费两年时间学习犊子的根本毗昙，但未进行汉译，后除了一部简略的《明了论》尽皆失传。

化地部的名称由来，据《异部宗轮论述记》记载"此部之主，本是国王，王所统摄国界地也。化地上之人庶，故言化地。舍国出家，弘宣佛法，从本为名，名化地部。"南朝陈代真谛法师翻译的《部执异论》（即《异部宗轮论》的异译本）中称化地部为"正地部"。两翻译虽然不同，但皆有教人改正错误的意思，故而化地部或正地部无本质差异。化地部，后续传承则较为丰富，分为西北印度迦湿弥罗犍陀罗一带的一切有部；

西印度的法藏部（即昙无德部）；尼泊尔一带的雪山部（后期
思想接近大众部）。

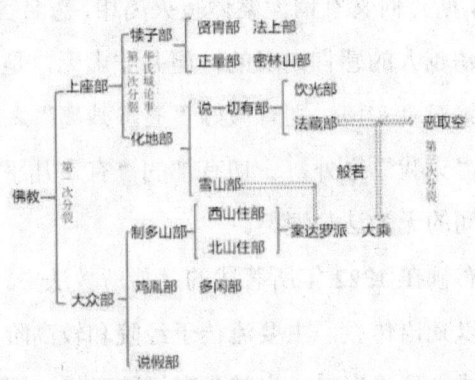

　　其中一切有部，对后世影响很大。据说，迦旃延尼子造《阿
毗达磨发智论》，是一切有部从上座部分化出来的起点。一切
有部就是说一切法即事物，过去、现在、未来三世实有。法分
为有为法和无为法两类。其中有为法是因缘和合所生法，有生、
住、灭等相。而无为法指非因缘和合形成、无生灭变化的绝对
存在。有为法包括色法、心法、心所法，心不相应行法四类，
展开详述为五位七十五法。此五位七十五法，又可分为五蕴、
十二处、十八界，即三科。因此，说一切有部也认为"三科"
都是实有。

　　另外，说一切有部还主张有六因、四缘、五果。六因即能
作因、俱有因、同类因、相应因 、遍行因、异熟因。四缘即因
缘、等无间缘、所缘缘、增上缘。最早阐述四缘的是提婆设摩
所著的《识身足论》卷三。另外，《舍利弗毗昙》卷二十五和
二十六曾讲到十缘。五果是异熟果、等流果、士用果、增上果、
离系果。前四种是有为果，由六因引生，故称所引果。离系果

是无为果是由圣道所证得的，故称所证果。因此涅槃也为实有。《大毗婆沙论》说："归依爱尽离灭涅槃名归依法，不说实有现有等言，斯有何义？谓涅槃体寂灭离相，想名言说所不及故。"即涅槃是超越人的感官局限的，但并非虚无，是由修所成慧直觉体证的绝对真实境，别有微妙"灭静妙离"之相。也就是说，除了坚持"无我"之外，一切有部的"有"几乎涵盖了世间诸法和出世间的无为法与涅槃。

根据布顿在 1322 年所著述的《善逝教法史》记载所说，说一切有部以梵语传教，主要流传于经院和较高阶层之中，从上述其所阐述之理论来看，也颇具有经院风格，因为其理论明显更具系统性，也更为详实。

法藏部，最初活跃于印度西北乌仗那和苏喇斯特拉，后来逐渐转向中亚。然而，法藏部具体传承内容，长期遗失，直到近代考古研究出土有贵霜时期的法藏部犍陀罗语碑铭，还有公元二到三世纪的犍陀罗语法藏部佛典残卷，今人才大致对其有所了解。法国汉学家戴密微曾提出，法藏部赋予佛教传统三藏两项新内容：陀罗尼和菩萨；它或许还是第一个利用陀罗尼咒术符号简化佛法的部派。

而根据德国梵学家瓦尔施密特的研究来看，《中阿含经》和《杂阿含经》属于说一切有部，《长阿含经》属于法藏部，《增一阿含经》则属于大众部。现代考古学者林梅村则认为，1890 年于中国新疆和田出土的《法句经》即为法藏部所编撰之佛教教法合集，其内容符合《大方等大集经》卷二所说法藏部文献"书写诵读，颠倒解义，颠倒宣说，从倒解说覆隐法藏以覆法"的情况，并对此进行了详细的考证和比对。

　　法藏部教义，据载专说"方广"，即根据法藏部的理解广泛阐发论述先前佛陀在世时所说之"空性"。据考证，公元二至三世纪，曾盛行于犍陀罗和大夏南部地区。另外，汤用彤等学者认为，汉代末期即公元 175 年左右，法藏派向东发展，沿丝绸之路南路传入塔里木盆地南缘的于阗地区，此后于阗地区也成为了法藏派的主要活动地区，直到公元三世纪。至公元七世纪，玄奘法师还在犍陀罗地区乌仗那国找到了法藏部寺庙，称之为法密部，并带回了法藏部三藏四十二部经。

　　法藏部之空性学说对后续制多山部的西山住和北山住部，亦都存在一定程度的影响，一般认为，法藏部的空性宣说，是大乘"般若"思想传播的先行。但后来法藏部的宣说理义开始趋向于极端化，逐渐而演变成为后续诸多派别所反对的"恶取空"，即因无法区分"空性"和"无"的差别，而将一切事物看成了"无"或者说"不存在"的极端断见。

　　雪山部，根源于原始佛教阿难系僧团，流传于北印犍陀罗一带，因喜马拉雅山而获得了雪山部的名称。按照《异部宗轮论》所说，其分裂原因是上文提到的迦旃延尼子受到优波离系分别说部提倡"新教义"之《舍利弗阿毗达磨》即论书的影响，而写出与传统经说不合、揉杂《舍利弗阿毗昙》思想的《发智论》。这改变了阿难系僧团维护经说、律戒而不弘论的立场，因此重经的阿难系僧团决定出走，自立为雪山部。此部后日渐衰微，于公元一世纪前后沉寂隐没于世。《三论玄义》及《三论玄义检幽集》说法也大致与此相同。亦有说法，雪山部后与大众部中的制多山部合流，共同形成了案达罗派。此处后文再加以论述。

　　大众部亦称"摩诃僧祇部"，又简称"僧祇部"。大众部的观点，在"有为法"上，主张"现在有体，过来无体"，即只承认现在的为实有，而过去的已成为过去，未来的尚未出现；过去与未来，皆是由现在法所推定。而在"无为法"上，主张有九种，即：择灭、择灭、虚空、空无边处、识无边处、无所有处、非想非非想处、缘起支性、圣道支性。对于佛法修行的果位，认为可分为三种，即阿罗汉、菩萨和佛，而成佛为根本目的。

　　在佛陀论上，认为来到此世间的佛陀是化身，而不是生身，其寿命与威力无边，且佛以一音说一切法。在人与佛的关系上，则认为人"心性本净"，人人皆有解脱成佛的可能。同时相比于上座部的注重僧伽实修来说，大众部也更重视弘法。

　　大众部一般认为又分三部：说假部、鸡胤部及制多山部。其中说假部认为世、出世法皆有假有实，十二处、十八界为"积聚之法"，则"皆是假"，其他与大众部相同。鸡胤部又称窟居部、灰山住部。《异部宗轮论述记》记载："憍矩胝部，此婆罗门姓也；此云鸡胤。上古有仙，贪欲所逼，遂染一鸡，后所生族，因名鸡胤，婆罗门中仙人种姓。"灰山住部名称，似由地名而来，《三论玄义》则认为"此山有石，堪作灰，此部住彼山中修道，故以为名。"但窥基法师不同意此说法。鸡胤部大体主张与大众部无别，但其独特主张为，应以经律二藏为方便法，以阿毗达磨即论为真实义。这在以戒律为中心之部派佛教里，可谓标新立异。

　　制多山部，又分为西山部、北山部。制多山部本身思想与大众部基本一致，但后期与雪山派融合发展为案达罗派。此案达罗学派发展于南印度的案达罗王朝时期。因该国内王室崇信婆罗门教，而佛教在当地的传播主要是在民间，信众则主要在吠舍种姓之中。所以，案达罗派为便于自身在普通民众中的流传，而形成了相对亲民而非经院的传教风格。

此段时间的部派佛教发展，与巽伽王朝的普西亚米陀王打压佛教，致力复兴婆罗门教的政治排佛运动存在一定关系。这是中印度的一场毁灭性的"法难"，迫使以摩偷罗为中心的西系上座部转向西北而求稳定，从而辗转到印度西北之罽宾一带，而得到了贵霜王朝的支持，进一步获得了发展，尤其是说一切有部。

同时，此次法难，也使得原本以毗舍离为弘法中心的东系大众部不断地沿着孟加拉湾的西海岸向南印度分裂和发展，因而也就间接促使了东系大众部不断南下，到达了南印度的案达罗地区，从而促进了案达罗学派的形成。

另外，为了扩大传播，案达罗派开始重视在家居士的作用，出家人和在家人的界限开始模糊，一些出家僧众被准许存有家室，同时该教派也更致力于在世间弘法。而北传大乘佛教，只有中国僧伽严守出家生活，日本和韩国的僧伽都被许可有家室，藏传佛教中也有在家瑜伽士与出家僧侣并存的情况。一般佛史研究都认为上述情况与案达罗派都存在直接或间接联系。

另外，由于在家居士重要性的提升，"菩萨行"的概念也逐渐得到重视和普及。因菩萨以应化身而普度众生，因此就可以出现在任何阶层当中，亦不必限定为僧伽了。所以，案达罗派也逐渐发展出了以菩萨崇拜来取代阿罗汉位置的倾向性。上述案达罗派的种种适应世间的变化，都为后续大乘佛教的兴盛打下了基础。

而后，此两派系，又分别自南方案达罗和西北方贵霜得到发扬，并逐渐恢复了中印度一带的佛教传承法脉。到笈多王朝时代，佛教重心就又再次转回中印度地区了。

以上就是针对部派佛教中的主要派别作出的简要概述。但要详细论述上座部和大众部，具体分化出的全部二十部派，现存资料已经严重不足了，而且大多派别存在时间较短，理论上互相之间也没有根本性差别，只因细枝末节不同，而产生支分，故此处不再论述。

3.2 部派理念的问题和正向意义

综上所述，上座部虽分裂众多，但其核心依然是致力于解决所谓的"无我空性与轮回之体"的矛盾问题，以及由此产生的"我"和三时是否实有的相关问题。这也是"阿毗达摩"系论著普遍于此段时间内问世的原因所在，即通过对最初集结的来自于佛陀在不同时间、不同地点、针对不同僧众，进行零散宣说的言行记录，加以系统性地分门别类，从而试图严密地构建起佛学理论的大厦。无论是犊子部的补特伽罗我，还是说一切有部的种种实有说法，都是此二部向此方向的努力尝试，即他们是在通过承许补特伽罗我或三世等实有，来给轮回寻找某种程度上的实体，从而达成对所谓的体用矛盾的看似合理的解说。而法藏派之空性宣说，以及雪山部与制多山部的融合中关于般若和空性的理解，则都说明这些部派的努力方向在于如何理解空性，才能使得轮回等说法合理。

　　总之，上述诸多派别试图解决的核心问题依然是"何为空、何为有以及空有之间的关系"。这个过程中，对于佛陀所传之教法，不同派别都各自产生了新的理解，其中包括与佛法吻合的正向部分，也包括了偏离佛法的部分。下面就来分别具体论述。

　　从负面或者说问题的角度来看，首先，阿毗达摩体系普遍存在整体大方向上的缺失，而更多致力于理论细节上的反复讨论和辨析。因而，其理论精微有余，但整体性则不足，大方向把握亦不清晰。这表现在，阿毗达摩系统实际上始终未直接回答佛陀宣说空性的目的所在，以及其与实修的关系，对于缘起观与空性论的关系，也未能作出直接了当的说明和解释，而且对于宣说世间有的缘起观，亦有所偏离和背弃。

　　其次，随着阿毗达摩的逐渐完善，此大派系之内对阿毗达摩的过于推崇状态，又进一步引起了关于精神和物质的二元论，造成了心法与色法的严重割裂问题。例如，上座部觉音尊者就把阿毗达摩解析为"精神与物质"即名色分别，认为经所说的法注重于戒与禅修。律的内容为有关罪与非罪。阿毗达摩的领域则是将实在分为精神和物质。再比如，说一切有部，也将阿毗达摩视为法的解析，且认为它属于绝对的清净智——但实际上，以文字加以表述的佛学体系，无论多么完满都只能是比量智慧，而不可能代替亲证之圆满智慧。因此，这说明在上座部的大范围之内对于自身所整理之阿毗达摩，已经产生了崇拜倾向。

　　再次，由于对名色产生了二元分别，进而又产生了物质与精神分别存在不可分之实体的观点。因而也使得上座部日趋接近于实体论，产生了严重的实执倾向。也就是说，上座部建立阿毗达摩体系，本为解决"无我与轮回"的体用问题，以及背后的空有关系。结果，却不断地创造出了"实体"性概念，甚至开始坚持"自性"的存在了。

例如，无常在原始佛教中分为生灭和变异三个部分。而说一切有部则运用逻辑分析，把上述过程分为了生、住、坏、异和灭。觉音法师以后的上座部则将其分为生、住、灭三个刹那。而根据本书上文曾详细论述过的"住"之不存在的原因来看，此时的说一切有部和上座部，显然都还没有达到可以实证"住"并不存在的实修境界，对此也没有体悟。因而，就依世间说存在"住"，又存在"坏"了。

类似的，对于心识如何了别外境，也产生了同样的问题。阿毗达摩系认为，既然心识可以缘取外境，那么外境至少于一刹那应该是"真实有"即存在的。但实际上，人要认取事物，需要的并非仅有一刹那的时间，那么外境也应该给不止一刹那存在了。显然，这是典型的以世俗为真，以经验为真的判断方式。

而为了自洽，觉音尊者对此进行了进一步的解释，他依据佛陀说过："心法流转比色法快"，而在《分别论》的注疏中，指出在物质的一刹那中，思想已有十六刹那生灭。物质呈现的瞬间，与思想消灭的第十七刹那同时。因此，他又把认识外物的过程，分为触、受、想、思及心一境性等。

然而，这种判断方式只是一种世间共许的常识，与世间真理都毫无关系，更不必说出世间真理了。依据现代科学研究可以了解，心识并不直接认取外境，心识对外境进行认识的看法，仅仅是由于感官知觉系统的整体粗糙性所创造的假象。所以，佛陀说心法流转比色法快，是为了说明心识之中的念头纷繁复杂、此起彼未伏的迅速如同瀑流般的转变状态，而非指心识之了别过程。而对佛陀所说之语，去掉前后文的脉络，丢掉佛陀言说此话的因缘进行断章取义，那么，这实际上是对佛陀教言的滥用，也是一种强行解释。

事实上，在上述认识过程里，阿毗达摩系已经出现了以世间外境为真，以刹那为真，以认识为真的实执性偏差了。而从佛法角度来看，上述每个部分都显然非真实有：人并不直接认识外境，外境在心识里引起的可被认识之物，也是粗糙感官的模糊呈现。外境本身亦在永不止息的生灭之中，谈论刹那存在并没有真实意义，其于世间真理层面亦不存在。而其发展出的经量派，虽然提出了间接认识论，但其本质依然是从刹那论和极微论而来。因此，也是以刹那为实有的，所以，也无法超越实有论范畴，获得真理洞见。

另外，说一切有部以"自性"来解释事物的连贯性。法救论师就认为存在是变异的即"类有异"。也就是说，当一切法通过三时的过程时，存在状态有所改变，但"体"即自性不变。例如黄金，液态固态，做成各种形状，都是黄金。妙音法师则认为有"相有异"。即一个过去的法，有过去相，不代表没有现在相和未来相。世友法师则主张"位有异"，并认为一法通过时间三相，即依其所至之位而称为过去、现在和未来。位的改变受作用影响。作用有时，称为现在，作用完毕称为过去。作用未起，称为未来。觉天法师主张"相待有异"。即一法被称为过去，是相对现在与未来而言。现在则是相对于过去及未来而言。而未来则相对于过去和现在而言。这四种说法，都旨在表明事物虽有变化，但总是存在某些不变的东西，即自性或者说"体"，并以自己的说法可解释因果同一性，来证明此说法正确。但这种正确实际上仅仅是世间粗显层面的正确，与世间真理层面并不符合，当然也谈不到出世间层面。具体而言，分析解释如下。

第一，上述四种说法，对特性和自性，都存在概念上的混淆。事物的特性在一定的世间条件下，可以粗显地稳定存在，但这不是永恒不变的"自性"。其稳定存在的条件，如果发生改变，那么，特性也会改变。例如梨树上嫁接了苹果，也会产生二者的混合品种"苹果梨"。

第二，上述说法对佛陀所说的因缘法，也并没有真正理解。因缘法包含了因和缘两个部分，其中又可分为改变事物特性的因缘和不改变改变事物特性的因缘。例如，不改变事物特性的因缘发生的时候，黄金从固态变成了液体，或者改变了形状，但其特性并未改变，黄金还是黄金。然而，一旦能改变特性的因缘发生，黄金也会改变特性，转变成其他物质。例如，黄金也可溶于盐酸与硝酸的混合酸即王水，生成氯金酸。而在常温下有氧存在时，黄金还可溶于含有氰化钾或氰化钠的溶液，形成稳定的络合物。原本的黄金，就不存在了。

第三，按照上述四种说法所给出的因果同一性定义来看，它只是粗显的部分规律，而并非真理。在特性能够稳定存在的条件下，这种世间性的因果同一性，是可以存在的。例如黄金变成固态、变成液态，都是黄金。但正如上文在论述体用关系时所举的例子所说，智能的功用，来自某些特定的因缘和合，而并非来自"智能的体"，因而智能作为一个"结果"来说，与其"因"之间，是不具备因果同一性的——此类结果，都明显要大于简单的因的叠加。

第四，依佛法来说，时间三相即三时本身都是互相观待成立的，是人类根据经验而建立的概念，属于名言有范畴。而其本身并不存在实体，亦始终在流动之中，因而谈不上稳定存在于某条件下的特性。既然特性都不存在，当然更不可能存在永恒不变的自性了。而从现代科学的角度来说，时间很可能受制于空间，是引力形成空间的过程里，所产生的副产品。因而，时间本身自然也不具备独立的自性，而是与条件即缘相关的。

所以，三时在某种程度上，仅仅是人类为方便认知而设立的概念性产物。从世间共许的角度来说，过去、未来都似乎真实存在，但从世间真理的角度来说，并没有"有自性的真实时间"这种事物的存在。

因而，认为三时实有，物质和精神各有自性，都是以世间存在的事物之特性作为出发点而建立起来的论点。

因此，由上述分析也可以看出，阿毗达摩系统的共同特点是，都以不违世间当作衡量和判断的标准，来对教法进行真假核实性的论证，并会为达成符合世间之常识共许的目的，而对教法进行调整和改编。因此，是不可能不偏离佛法本身的。所以，阿毗达摩系统中，出现的错误也都具有上述特点，并因此保持了各种错误的内在一致性，此处就不再反复举例论证和说明其细微差异了。

总结来说，阿毗达摩系论述越来越偏离佛法本身的根本原因就在于以世间共许为真，为自洽地解释世俗现象，而不惜牺牺牲了佛陀所传之法的根本；却没有意识到，表面上看起来似乎是佛法不能圆满地解释世间现象，但实际上，恰恰是世人还没有达到能够对世间现象产生本质性认识的阶段，因而被自身感官局限产生的常识所蒙蔽的结果。

相对应的空性系之宣说，除了神化佛陀和偶像崇拜问题带来的偏颇之外，另外还普遍存在对世间缘起有和出世间胜义空层面的联系性的论证不足，此阶段的空性系阐述很少能够直接说明有为法和无为法两者的关系，因而似乎都存在割裂的嫌疑。也就是说，虽然空性系，坚持了佛陀曾说过的"缘起"和"空"的理论，但实际上，对于空有之间的关系等等，依然并未产生透彻和融会贯通的理解，因而就只是坚持相信空性的存在，同时以区分有为法、无为法的方式，回避了对二者关系的论述。即主要针对己方已经能够有所理解的部分，进行部分阐述，因而对佛法的整体性理解还存在偏差。

下面再从正向的角度来谈谈上述两个体系各自的优点。如前所述，阿毗达摩体系，虽然有部分偏离了空性认知，但是其对世间诸法的理论构建却颇为详实且精微，而这种周密详尽的理论架构方式，也为后续的唯识学的完善提供了基础。而大众部虽未于空有关系及体用关系等，给出圆融解释，但其对空性宣说的坚持，则为早期般若思想奠定了基础。

所以说，尽管此两体系都不圆满，各自理论也未必与佛法完全符合。但在此过程中，两方僧侣各自都在通过实修来加深对于佛法的理解，也在试图于理论层面对佛法体系进行更容易为人们所理解的理性逻辑架构。虽然此框架都不能尽善尽美。然而，也的确正是这份不懈的坚持实修和精进思索，及两者之间的反复印证和对比，才使得部派佛教能够逐渐从困顿而迷惘的泥沼里出离，也使得教团内部苦行与非苦行的对立性强大共业，能够产生部分化解。而更为重要的是，僧团的关注焦点也随着这个努力过程，也逐渐恢复到了对佛法的善加思惟和实修本身了。

　　因此，也可以说，正是一代代的僧伽们以如同精卫填海般的努力，一点一滴地靠近佛陀的教法，靠近解脱的路径，将佛法传承里曾经被遗失的大方向逐渐带回到了这个世间；也是这一代代的僧伽们，以自己的血肉之躯穷经皓首、尽心竭力，才把实修脉络的各个关节所在与理论体系的种种细节构建，一寸一寸地又打磨了出来。这些成果依然不完美，但却成为了承接佛陀遗留教法的必要过程，也为后世佛法的继续传承，打下了坚实的基础。因此，这种对佛法和实修的本质性回归本身，对此世间来说，就具有无价无量的正向意义。

第六章　初期大乘佛教与中观思想

在部派时期长达几百年的纷争历史里，看似问题层出不穷，然而，作为佛法实修者，真正面临的最关键问题却始终只有一个：对佛法曾经教导的修行大方向的忘失。因而，修行者们不得不回到最原始的经论中，通过重新分门别类的梳理，来试图重新发现那个重要的关键所在。然而，事倍功半，精舍案头的著作越积累越多，古刹新庙的藏经阁越来越大，各类理论大厦渐渐高不可攀，然而重新发现佛法基本脉络大方向的初衷，却始终未能完全清晰明了地呈现于世间。

与此同时，一股新的力量却在悄悄蓄积，这就是后世称之为"大乘"的佛教分支。大乘佛法最初是如何出现在此世间的呢？对此佛教内部以及社会文化学等层面的研究者，往往会给出不同意见。"大乘优异说"是此类教派自身秉持的观点；而"大乘非佛说"，也是自古有之的对立观点。与此类似的是，稍后出现的佛教密乘分支，几乎也遇到了完全一样的问题。即自持"密乘优异说"，与对立观点"密乘非佛教"的并存状态。

然而，大量实修者或研究者对此则持有更为谨慎的态度。因为要讨论大乘佛法是否为"佛说"，这是一个非常复杂的涉及宗教、信仰及历史溯源和文脉源流等诸多层面的问题，其中又存在着诸多矛盾之处，所以是存在明显研究难度的。密乘的研究也同样与此类似。下面就从佛法传承和实修的角度，勉力而为，针对大乘以及后续的密乘是否为佛说的问题，从佛法传承和实修角度，来稍加说明。

第一，以历史唯物主义观点来看佛法传承，本身就与"解脱涅槃"等佛法信仰相矛盾。大多数持"大乘非佛说"观点的现代研究者，都是以历史唯物主义角度出发，来对大乘经典进行考察的。那么，其考察结果自然是："大乘经出现在佛陀灭度以后，既然佛陀已经不在此世间了，当然不可能再传法，因此大乘经为后人托伪而造"。当然，以此观点出发，出现时间更晚的密乘就更不必说了，一定是不可能是佛陀所说的。

然而，认为"佛陀灭度之后，就不能再于此世间传法"这种强烈的历史唯物主义思想，却是现代人的独特产物，其于现代人之中虽然非常普遍，但实际却是在现代科学迅速发展起来之后才被普及的一种观点。而相信实修佛法可获解脱涅槃的行者，如果也认为"佛陀灭度之后就不可能于此世间传法"，则无异于认同"涅槃后只剩下虚无"了——这显然是与佛陀的教诲不符的断见。事实上，即使在原始佛教经典当中，亦存在关于佛陀以不同形式于三界中宣说佛法的记载。因而，以此断见来对"大乘为佛说"或"密乘佛教"进行破斥，显然既是违背佛陀所传之法本身，也是违背行者自身信仰的。

第二，佛法胜义与世间法不相违，这个问题上一章曾经讨论过其两层含义，此处再来讨论其第三层指向，即考察佛法的传承过程，还原"哪些是佛陀原意，哪些是后人添加"的行为之目的何在？目的是为了正本清源，保持佛法传承的清净性，为涅槃解脱的实修提供真正可行的指路明灯，而不是为了说明哪些教派"正宗"或者"高明"。因而，还原佛陀本义的行为，如果不能保有对世间的广大容纳之心，那么就可能落入自身所处的宗见之内，以自利偏差出发，肯定与己派宗见吻合的，否定与己派不吻合的，这样的行为看似是再正常不过的人类表现，然而，于世间和佛法传承却都未必有益。

例如，明治维新后期，日本出现"新佛教运动"，提倡对佛教的自由批评。"大乘是否佛说"作为新佛教运动的基础内容，被古河勇、西依一六、村上专精等人再次提出，并进行了深入探究。古河勇等学者以历史唯物主义观念出发，认定大乘非佛说，并进行了大量著述和相关宣传。这种行动带来的后续因缘是什么呢？是大乘佛法在日本的迅速衰落和神道教的崛起。

对此，日本学者伊藤义贤在《大乘非佛说论之批驳》中说："在日本，于德川时代中期以降，大乘非佛说论甚烈，由富永仲基、服部天游、平田笃胤等人，以科学的态度，不特陆续发表了大乘非佛说论，甚至对小乘经典也都加以否认为佛说了。当时的教界，虽然也曾做过激烈的反驳；但敌不过尖矛锋刃的攻势，终于不了了之了。这时神道乘虚而入，遂演成明治维新的废佛毁释运动。这次的法难，虽幸运的得以平安渡过，然而日本人对佛教的信心早已减退，而崇拜神道的思想日益浓厚，终于仿效犹太式的信仰，喊出：「神国日本」的口号，排他的选民思想更加强烈了。这经明治、大正而到昭和二十年（公元一九四五年），在天佑神助的陶醉中，败战并几乎亡国了。可怜，至今那些醉生梦死的人们，仍未觉醒，一味企图恢复「神国日本」的面目，而对一切国家、祖先的行事以及其他公式行事等，均改用了与佛教背道而驰的神道，民众也变成非神不悦的情形了。我想，这无不是起因于大乘非佛说论的助缘所引起的恶果，这是得我人猛省三省的严重问题。"

这说明，近代日本的问题固然不能全部归因于国民信仰的变化，但至少伊藤义贤先生看到了盲目批驳信仰体系所带来的问题，是不同于一般的自然科学或社会科学内部的学术争论的——后者于社会现实之影响往往不过是泥牛入海，很容易就被消化得毫无痕迹了。但在信仰氛围浓厚的社会环境里，盲目批驳信仰体系，却可能带来一石激起千层浪的局面，其涟漪不断扩大加深，最终就可能不断累积种种强大的因缘助力，并进一步造成社会环境和文化导向改变的结果。

因而如果我们将要参与的某些行为，可能会面临上述结果，那么作为行者，就应该提前对此先进行深入思考——佛陀为婆罗门说法，尚且是在尊重其基本信仰基础上再作开示，那么，作为后世行者，我们自认为合理的评判佛法传承的劣等胜类行为，到底是否符合佛陀本怀？又是否可能给世间带来危害？我们又是否该以更开放地心态，更平等地对待所谓的宗见？

而如果我们能够以此超越宗见的角度出发，来看待佛法传承中出现的分支，那么就会了解，无论是部派佛教也好，还是大乘也好，密乘也好，都是佛教在发展过程中所演化出的不同形式，其在发展过程中都或多或少会存在流变，也会因越来越与不同地域融合，而呈现出各自特有的不同宗教表现形式。但这并不能说明，它们的核心和根基不是佛陀所传之法，亦不能说明它们于佛法在世间的广泛传播、于世间众生得闻解脱道无益。

以北传佛教重镇古中国为例来说，自汉代传入国内的经典就以大乘经为主，因而国民对佛法的理解，也多直接建立于大乘基础上。因此，我们面临的社会现实就是人人皆知《心经》，但却未必人人都知阿含系。而佛教在中国所表现出的社会作用，也非常显著——先不论大乘后期世俗化的形式是否符合佛陀最初传法之原意，单就其鼓励善行、宣扬平和处世等等世俗宗教的功能层面来说，已经给社会稳定和民众安宁，带来了皆有益作用。何况大乘之内，亦存在符合佛陀原本所说法之理论脉络和解脱途径，可提供给有意于出离世间者呢？因此可以说，大乘从世俗宗教和奥义佛法两个角度都给此世间带来了有益因缘。所以，如果盲目不加区分地否定大乘为佛说，并大肆宣扬，就可能给社会和民众都带来不可挽回的伤害。同样的，密乘于藏地等传承久远、根基深厚的地区，其意义就更是重大了。

而且这种否定性宣扬所带来的负面效果及牵动的因缘，必然也会殃及到与佛法相关的其他事物上，包括所有其他看似未被否定的佛教部派，也难以完全幸免。这是因为盲目否定大乘为佛说，或盲目否定密乘为佛教，都不能还原和净化佛陀最初所宣说之根本教法，也无法直接起到在此世间广传佛陀所说之根本教法的目的。相反，民众接受到的只会是关于这个宗教的各种各样的否定性信息，因此也难免会对此类信息弥散的内部争斗性产生的失望或反感。进而，反而容易对整个佛教都产生排斥了。

古人说，投鼠尚且要忌器。否定他人信仰这样涉及精神根本的事情，毫无疑问就应该更慎重才是了。这也是真正立志于佛法的行者们，无论古今，也无论自身修行是以南传各派为主、还是大乘或密乘为主，都很少作此类否定性论调的原因所在。

相反，这些真正立足于佛法的行者，还往往都能够看到不同佛法传承脉系中各自的优点和长处，从而舍弃世间大小高低的分别，发扬三乘共学的精神，以与实修相印证为所遵循之基本路径，以涅槃解脱为唯一和根本目的，来精进于佛法修学。而这也正是以自身语意，在此世间彰显佛陀本怀的表现。

第三，佛法实修者与佛学研究者的态度不必完全一致，但我们也可以对佛学研究者的有益成果进行学习和借鉴。例如，近代日本佛学家水野弘元在《佛典成立史》中说：自从村上和前田两位博士以后，日本佛教界就不太讨论大乘经是佛说或非佛说的问题了。原因有两点，第一，大家知道事实不能证明大乘是历史的世尊所说；第二，大乘经典虽然成立于佛灭后五百多年，其中却含有佛教原来的思想，而且远比《阿含经》等更能代表世尊那套深妙的教法，所以才把它当成佛说无疑，佛学者已经默认了这项传统看法。此说法被认为是近现代学界对佛教各流派的基本态度。

这也说明，在近现代的大多数佛学研究者看来，不同法脉传承显然都是佛教的不同分支，这是没有什么好置喙的现实。这一方面是因为从世间的角度来说，对于已经存在的事物，去否定它们存在的合理性，是没有意义的。而大乘和密乘等佛教分支正是如此。在这种情况下，去讨论大乘是不是佛说，密乘是不是佛教，根本不具现实意义。而另一方面则与社会科学研究者，大多自身并无宗教派系的取舍倾向，因而能够客观看待不同法脉的意义所在有关。也就是说，大多研究者会把佛教作为一个研究课题来看待，这跟对待其他宗教或哲学流派等等差别不大，因而不太可能会致力于在佛学派别里，反复区分劣等

胜，以便于择取对自身更有益的修法，更不太可能试图将某些
派别排除在佛教之外了。而此两点原因，也恰恰是可以给教内
行者带来警醒之处。

第四，依佛陀教导，这些后续逐渐发展出来的佛教支分，
应该如何被看待呢？回顾上文提到的佛陀灭度前嘱托僧众的四
大教法内容，就可以知道，大乘佛典是佛陀在世时亲口而说，
还是佛陀以其他方式传于世间，这个问题实际上并不重要。重
要的是，是否符合佛陀所传之法的理趣，是否能够引领众生走
向解脱的路径。如果确实如此，那么大乘、密乘等就毫无疑问
是佛法传承的组成部分，而不应该以宗见之分别，对其进行排
斥了。

最后，从学术研究的角度来看，要研究某一流派的具体问
题，也需要具体针对其所显现之特点从正反两个层面加以详细
考察，而不能盲目地一概而论——全部否定或全部肯定，都是
不符合历史事实发展规律的片面性作法。所以，面对大乘等后
续发展分支，这也是我们可以秉持的基本研究态度。

因而，下文就将先从不同时期的大乘佛教入手，来探讨大
乘佛教的发展脉络和思想内涵，以及其在不同阶段所呈现出的
不同特点。

第一节　初期大乘佛教

要考察大乘佛教在此世间的出现过程及其所阐述的主要内
容，这需要自文献资料、考古、碑文及比较语言学等多个角度
出发，来进行综合性讨论，才可能对历史加以初步的还原。在

论述过程中，也需要分清大乘经与大乘僧及大乘教，三者的区别与联系。因而，下文也将着重从这些部分加以探索和说明。

1.1 大乘经的由来

根据考古学发现来看，最初在很长一段时间内，教内及学界，在对大乘经典的研究中，都普遍存在寻找梵文原本进行考据的误区。而如前所述，据日本学者辛岛静志等人受到国际学界公认的比较语言学研究来看，除了说一切有部专注经院研究，而以梵语传承佛法之外，其他大多数派别都是以口语进行传承的，最初的写本也是如此。梵文广泛取代口语，大约发生在公元四世纪。而梵文本的佛经大批量出现，实际上已经是十一世纪之后的事情了。因此，如果把考据重点放在梵文写本上，实际上是无法实现对早期流传的大乘经典的考察和研究的。这些研究从侧面给出了，相当长时期内，大乘经典考据困难的原因。而理清此误解之后，大乘经典的考古学版本也就逐渐问世，并逐渐发展和丰富了起来。

一，考古学说明

佛教史上最重要的考古发现，几乎都来自二十世纪九十年代——在不到十年的时间里，从阿富汗东北部、巴基斯坦北部，相继流出了数量可观的犍陀罗语佛教典籍。研究者认为，从公元前 6 世纪到公元 11 世纪，犍陀罗都是印度次大陆上的一个活跃的多种族王国，其疆域约包括今巴基斯坦北部、克什米尔以及东阿富汗的部分地区，核心面积大约二十多万平方公里。而从公元前 100 年到公元 200 年，则是犍陀罗王国的极盛时期，在此期间，它也成为了佛教的传播中心，不止发展出了融合了希腊艺术的佛像雕塑等艺术形式，而且形成了远近闻名的佛教大学，成为了人们竞相朝拜的佛教圣地。

因此，犍陀罗地区，也是世界上最早出现和使用佛经文本的区域。研究者认为，最初佛经写本的出现很可能是与特殊仪式意义有关的，而当时经文的传承、教学与念诵等道，很可能都还是以口传为主。那是两千多年以前的事情了，佛教僧侣们将桦树或金钟柏树的内侧树皮压平并黏合在一起，做成经卷，以便用尖笔和墨水书写，并卷成经卷装进圆形陶罐埋藏在地下，作为佛塔或佛龛的一部分。因而，犍陀罗的广袤大地也就在千年的星霜变换下，扮演了储存早期佛经写本的独特功能。

而后贵霜帝国又鼓励僧侣把佛经写下来，成为可传播的写本，从而进一步使得大量历代以来通过口耳相传的佛教经典得以书面化。这不但推动了犍陀罗语的发展和繁荣，也反过来使得犍陀罗语成为了佛教早期经典的重要书写语言。甚至可以说，早期佛经书写和犍陀罗语之间密不可分，即佛经的原典语言是犍陀罗语，而不是梵语。

中国内地对犍陀罗语佛典的研究也较为丰富，在浙江大学孙英刚教授的《犍陀罗文明史》中，也论证了上述观点，并通过实地考察得到了证实。再如纪赟《和田本犍陀罗语<法句经>的发现和研究情况简介》、林梅村《新疆尼雅所出犍陀罗语<解脱戒本>残卷》、《勒柯克收集品中的五件犍陀罗语文书》、《犍陀罗语文学与中印文化交流》、《尼雅新发现的鄯善王童格罗伽纪年文书考》等、张远《梵语、巴利语、犍陀罗语佛典研究现状及前景展望》等等，都说明了犍陀罗语在佛法传播过程中的重要作用。

而德国的弗兰兹·伯尔尼哈德在《犍陀罗语与佛教在中亚的传播》中同样指出：在中亚，一种西北俗语早于其他传教方言和语言。这里的"西北俗语"指的就是犍陀罗语。而辛岛静志在《佛典语言及传承》注解中说：犍陀罗地域在公元三世纪前，都使用佉卢文和犍陀罗语，以后才逐渐变为婆罗米文字。在中亚及楼兰直到公元三四世纪犍陀罗语和佉卢文也是官方行政语言，这都说明了犍陀罗语在中亚地区广为流传的状态。因而上述丰富而多层面的研究成果，都说明犍陀罗语在佛法传播中的重要作用，已经得到了学界的广泛认可。

那么汇总上述考古资料，现存的早期佛教写本都包括哪些内容呢？下面就以不同出土地区作为分类标准来详细加以说明。

一是巴基斯坦北部巴扎尔地区出土写本。巴扎尔位于巴基斯坦西北部 7 个联邦直辖部落地区的最北端，与阿富汗接壤，位于犍陀罗盆地西北边缘。此批写本于二十世纪九十年代在阿富汗出土，共有十八件犍陀罗语桦树皮写卷，含十九种文献。这批文献被学术界称为"巴扎尔搜集品/藏品"，主要研究均来自柏林自由大学福尔克为核心的团队。

在《和田本犍陀罗语<法句经>的发现与研究情况简介》中，纪赟介绍此写本包含《经集》、《法句经》、《瞿昙弥经》、阿罗婆遮那字门、波罗提木叉经、譬喻经、佛赞偈、佛赞及《般若八千颂》、《阿閦佛国经》等经典。其中的譬喻经残片，根据碳十四测定结果来看，很可能书写于公元前 184-46 年之间。

而《般若八千颂》的第一到第五品残片，则是目前出土文物中，年代最久远的大乘佛经。学者辛岛静志在《佛典语言及

传承》一书中说，据碳十四断代结果，犍陀罗语《八千颂般若》
有可能写于公元 47-147 年之间。且根据学者纪赟《和田本犍陀
罗语《法句经》的发现与研究情况简介》中的研究来看，这个
版本很可能是誊抄自更早的写本，而非由口传直接转化，因此，
研究者也推测，大乘经应该早于此段时间，就已流传于世了。
而学者辛岛静志则曾专门将此残本，与支娄迦谶译汉的《道行
般若经》，进行了平行本比较研究，并大体推测，此经来源于
犍陀罗地区，其最初写本用语为犍陀罗语，并发现了支译汉本
所依据之原始印度版本，应比此犍陀罗语本稍有扩展的结果。

而《阿閦佛国经》残卷，共 371 行，长度为 223.5 厘米，是
目前出土佛经中最长的犍陀罗语大乘经典。在《和田本犍陀
语《法句经》的发现与研究情况简介》中，学者纪赟介绍说，
此《阿閦佛国经》未进行碳十四断代，但经对比研究推测其写
本完成年代应在公元一到二世纪之间，更倾向于二世纪。支娄
迦谶亦著有《阿閦佛国经》的汉译本，与此时间相吻合。

这说明犍陀罗地区作为佛教中心，曾广泛存在部派佛教和
大乘佛教的不同传承，且其兴盛时期均早于梵语的盛行期，因
而避免了梵语化的影响，在研究佛典传承与流变的过程中，是
重要的可供参考的早期经典。

二是阿富汗贾拉拉巴德平原酰罗地区出土写本。酰罗城隶
属古代西北印度那竭国，这个地区的犍陀罗语写本都出土于二
十世纪九十年代阿富汗战乱时期。大致可分为两组，一是大英
图书馆收藏的 29 个桦树皮写卷，含约 23 种佛典，包括《法句
经》、《犀牛角经》、《众集经》在内的佛典。此组发掘可能
是佛教历史上最早的佛经写本。美国华盛顿大学亚洲语言与文

学系邵瑞琪（Richard Salomon）教授从多方面对此作了考证并认为，此组写本约在公元一世纪早期至二世纪早期完成，且更倾向于公元一世纪的 20-30 年代之间。

关于那竭国，东晋法显在《佛国记》中有详细记载：西行十六由延至那竭国界醯罗城。城中有佛顶骨精舍。尽以金薄七宝挍饰。国王敬重顶骨。虑人抄夺。乃取国中豪姓八人。人持一印。印封守护。清晨八人俱到各视其印。然后开户。开户已以香汁洗手。出佛顶骨置精舍外高座上以七宝圆砧。砧下琉璃钟覆上皆珠玑挍饰。骨黄白色。方圆四寸。其上隆起。每日出后精舍人则登高楼击大鼓吹蠡敲铜钵。王闻已则诣精舍。以华香供养。供养已次第顶戴而去。从东门入西门出。王朝朝如是供养礼拜。然后听国政。居士长者亦先供养乃修家事。日日如是初无懈倦。可见直到公元五世纪，此国内佛教依然非常兴盛，而后唐玄奘也对此有所记载，说明此地佛教繁荣情况持续较久，到七世纪，依然是以佛教立国的地区。

另一组是由英国私人收藏家罗伯特.斯尼尔收藏的二十四个桦树皮写卷，包含至少四十一种佛典。据 2007 年 Mark Allon 介绍所言，此组写本与大英图书馆的收集品一样来自醯罗某地。出土写卷封装在地下的陶罐内，据陶罐马其顿式年月日标记和铭文及写本字体来看，大约于贵霜王朝迦腻色迦王时代完成，即公元二世纪初左右，最晚写于二世纪上半叶。

邵瑞琪的《犍陀罗古代佛教经卷》中，将此批阿富汗醯罗地区出土的犍陀罗语佛典的形成时间，大致确定为公元前一世纪到公元三世纪之间。

三是中国新疆出土写本。出土时间为十九世纪后期到二十世纪九十年代，文本中包括学术界最著名的和田本犍陀罗语《法句经》残卷。前文曾提到，学者林梅村在《法藏部在中国》中介绍，法藏部最先于公元一世纪左右传入于阗地区，繁盛至三世纪。而在《勒柯克收集品中的五件犍陀罗语文书》中又指出，公元二到七世纪，佉卢文犍陀罗语在新疆地区被各国普遍用作官方文字和寺庙经堂语。可见，三世纪后，法藏部与大乘佛教出现部分合流的情况，致力于宣说空性思想的说法，应符合历史事实。

四是阿富汗巴米扬出土写本。此写本之出土时间亦为二十世纪九十年代初，其中除了梵语佛典残片外，还出土了犍陀罗语《贤劫经》、《大般涅槃经》、《集一切福德三昧经》、《菩萨藏经》、《佛说大方等顶王经》等大乘经典，现多被挪威商人马丁.斯柯延所收藏。

此写本相对时间较晚，大约在公元六世纪左右结束，期间涵盖了犍陀罗语写本、梵语化过程中掺杂口语的梵语写本，以及梵语写本等，依据研究判断，大概横跨了四百年左右的时间。而涵盖犍陀罗语大乘经典则说明，此地区很可能是早期大乘佛教的发源地，或至少是早期传播地之一。

综上所述，佛经传播与犍陀罗语之间的关系可以大体概括为三个阶段：一是自孔雀王朝阿育王始，至贵霜王朝前终，约公元前三世纪到公元一世纪中叶。根据阿育王法敕的内容显示，在阿育王当政时期，曾向周边国家广传佛教。因而，这可能促成了犍陀罗地区的佛教兴盛状态，而佛典也被以犍陀罗语口语的方式传承了下来，并开始运用佉卢文书写写本。这种书写方式比梵本至少要早六百年，因而也成为了考察早期佛教经典的专用语言。

二是贵霜王朝时代，即约公元一世纪中到三世纪中叶，此期间是贵霜帝国的鼎盛时期，而贵霜帝国又以佛教立国，且以犍陀罗语为官方用语，因而此时的犍陀罗文化圈也形成了佛教文明中心，出现了各地佛子竞相入犍陀罗研习佛经、学习佛法的盛况。此期间，也可能促成了大乘佛教的进一步发展。

三是自三世纪中期到六世纪，此阶段即梵语化自开始到逐渐完成的时期，因而在此阶段内，依然存在不同程度的犍陀罗语佛典的传承和翻译，而后才逐渐中止，而七世纪后，犍陀罗地区大部分为穆斯林所占领，建立了基于完全不同文化的统治政权，佛教作为本地原始宗教也就遭到强烈抵制而衰落了。

期间，《出三藏记集》提到，四阿含和广律大多由罽宾沙门口诵，而后译汉，据研究证实，此次翻译内容很可能仍是以犍陀罗语为主。而佛陀耶舍则翻译了法藏部阿含经和律以及《虚空藏菩萨经》，另外还与鸠摩罗什共同翻译了《十住经》。

这也说明在这一时期，法藏部与大乘佛教的合流现象在继续发生，且在此公元三到四世纪期间，并非全部僧伽都致力于区分大乘佛教与部派佛教的差别，且在法藏部等部派传承中，都很可能存在不分大小乘的广学现象。

因此，从大乘经典的写本考据来看，其与原始佛教经典问世时间是不分先后的。而犍陀罗地区很可能就是大乘佛教的发源地，且在犍陀罗地区内，可能不同地区都先后各自出现了大乘经典的传播。其所使用的语言都是犍陀罗语，而非梵语。这与学者辛岛静志对《法华经》和《般若经》的比较研究结果也是一致的，下面再由比较语言学，来作以介绍。

二、比较语言学研究

根据比较语言学来看，最初的佛法传承几乎都是以口语进行的。因而佛典写本在陆续梵语化的过程中，书写者关于口语词汇的理解会存在差异甚至错误，由此也就导致了错误的逆形成，增补和插入也产生了，才逐渐形成后人现今所看到的佛经模式。其中，包含了很多关键旨趣的流变，也涉及到了大乘佛教与部派佛教的根本分歧所在，因而是非常重要的关键。

根据辛岛静志对旅顺博物馆所藏的中亚写本《法华经》与尼泊尔写本和吉尔吉特写本的比较研究来看，首先，三乘之分的"乘"之梵语 yana，很可能是犍陀罗语 jnana 在梵语化的过程中出现的错误转译。在尼泊尔本和吉尔吉特本中各自至少存在17 处，读作 jnana，而非 yana。且《法华经》的梵本诸本之间，梵汉译本之间均存在 yana 和 jnana 的交替，产生原因可能在于二者在口语中都读作 jana，从而产生了混淆。

其次，《法华经》中成立较早的部分，从内容来看，yana 与 jnana 同义，大多表示智慧。原始法华经中出现的 buddha-yana、agra-yana、udara-yana、eka-yana 本都发音为 buddha-jana 等，因而都义为"佛的智慧"，与法华经总体旨趣一致。

再次，《法华经》的《譬喻品》中的火宅故事里，直接存在一个 jnana（智慧）和 yana（乘）的谐音游戏。佛说："借用一种方便，我以前曾告诉在三界中受苦的人们有三乘，现在我向弟子以及如同我子的辟支佛和菩萨展示一佛乘（eka-buddha-yana）。佛的智慧（buddhana-jnanam）是最殊胜最高贵的"。而类似的"智慧"和"乘"的谐音游戏，在法华经的散文部分也非常多见，由此都可以作为佛教最初之"乘"，本为智慧义的佐证。

且《法华经》中还存在多处"mahajnana-samata[ni]（rde）"、"mahajnana-samata-nirdesam"的说法，即"大智平等"之意，这也与《法华经》义在说明"佛智"为根本智的旨趣相吻合。

再者，研究发现，在《法华经》初期形成的版本中，还不存在"大乘"的概念，这一类似范畴有时候表达为 mahayana，有时候则表述为 tathagata-yana 或 buddha-yana。由此可知，mahayana 本来也可能是表示 mahajnana 即大智慧，与佛智同义。

即《法华经》宣称每个人都可以平等获得佛智，且应以此为修行目标。此论点与阿毗达摩系把智慧分为声闻智、独觉智和佛智，也成为下智、中智和上智的方式，明显存在分歧。因而，此处要强调的是"智"，而非渡人之车乘大小。

后来在增补的散文品类中，才开始出现了 yana 表示"解脱道路"的意思。因而，bodhisattva-yana 成立较晚，约在 yana 被解作修行道之后才出现。

由此研究考证来看，原始《法华经》并不比般若系经文在时间上更晚，此两者更可能是在相似的时间段，分别平行地各自出现在不同地点的早期大乘经。这点从《法华经》早期部分存在一定的摩揭陀语痕迹，也可以得到证实。因此，研究者认为，在口传阶段，佛智系与般若系很可能最初彼此互无关联。而到写本阶段，由于两者写本都开始流传，而彼此产生了影响和融合，导致《法华经》后续散文部分增补了般若内容，而般若系经文则吸取了 yana 作为"乘"的概念，发展出了三乘观念，来比喻不同的佛法修行道。

由此来看，初期大乘佛经的两个核心内容：众生皆具佛智和对空性胜义的宣说，是各自平行地出现在此世间，而后合流才出现大乘说法的。

从上述考古学和比较语言学的研究来看，早期之大乘经典写本，很可能与犍陀罗佛教文化圈存在密切联系。但从佛法传承的观点来看，此仅是写本出处，而不能说明是大乘经的发源处。而大乘经究竟自何处而来，大乘佛教例来存在自己的说法。印顺法师在《初期大乘佛教之起源与开展》中总结了下述几种情况：

（一）诸天所传。如《大宝积经》卷七八[富楼那会]说："弥楼犍陀佛所说经，名八百千门，释提桓因诵持是经。释提桓因知陀摩师利比丘深心爱法，从忉利天上来下，至其所，为说八百千门经"。部派佛教也存在这种说法，如《顺正理论》说：尊者迦多衍尼子等，于诸法相无间思求，冥感天仙，现来授与，如天授与筏第遮经。

（二）梦中所得。梦相是虚妄的，梦中闻法不能证明为佛说。但在引起梦的因缘中，有"他所引"一类："若诸天、诸仙、神鬼、咒术、药草、亲胜所念，及诸圣贤所引故梦"。就认为此类梦境存在相当事实，存在佛说可能，此为佛教公认说法。如《海龙王经》说：护天轮王在梦寐中，听到二偈。后来问光净照耀如来，如来说：这是吾所赞说的。类似的说法，在整个佛教不同法脉当中都是存在的。

（三）从他方佛闻。《般若经》说，萨陀波仑求般若波罗蜜，在空林中，闻空中发声说法。萨陀波仑忧愁啼哭，佛像在前立。指示去东方参学，当下得种种三昧。

（四）从三昧中见佛闻法。即于定中见佛，闻佛说法，《大集经贤护分》说"然后，起此三昧：其出观已，次第思惟，如所见闻，为他广说。

（五）自然呈现心中。即因念力强大，而能忆持不忘，念力不断，即使转入下一生也能再意念或由因缘引发而记起曾听闻之佛法。如此即是自然呈现在心之意。如吴支谦所译《阿难四事经》说："沙门梵志……或居寺舍，或处山泽树下冢间，皆知宿命，分别真伪，制作经籍，为世桥梁"。

事实上，上述得自天启或梦中的类似情况，在中国古代也始终存在，如《出三藏记录集》曾记载，齐末太学博士江泌之女尼子于幼年开始即在静坐中多次诵出经文，称之为神授，或天启。而后此女不肯听命父母出嫁，而是出家为尼，独居勤修梵行，其圆寂后人们总结她诵出的经文有二十卷之多。此事一无政治目的，二无其他名闻利养可图，又是僧人所记录，且被列为存疑。综合来看，符合历史事实的可能性比较大的。

因此，很多看似不符合唯物主义历史观的事物，并不见得就真的不能存在，在大乘经的由来上，此自述很可能即为事实。也就是说，在早期大乘经中，实际上已经明确标识了自己的来处，即通过感应诸天、他方佛、梦中或定中、宿慧等中而来，再由具宿命慧之僧人，分别真伪，制作经籍，只是世人多不肯净信此说法。当然，由于来历特殊，需要当事者根据所得再录出，其中也的确可能掺杂了一些书写者自身的看法或观点，需要谨慎甄别。但不可否认的是，其主体观点和内容几乎都具有中观和佛智层面的共性。

　　而后随着书写被广泛接受，大乘佛教亦开始在诵读之外，提倡写经、供经等。而随着这些大乘经写本逐渐得到传播，部派佛教对此之反对意向，也越发明显。因此在某些地区大乘经的传播开始出现了困难局面。所以，这些大乘经的追随者，就把诸经写本置于雪山、塔底等处，既作为供养之物，也为保存经文以便为后世求法者能得以了知此。因而，后世也有自上述诸地发掘大乘经的说法。

　　当然，在此过程中，大乘经中的内容也不可避免地被加入了与部派佛教相龃龉的部分，对部派佛教的诋毁也在其中产生了。因而这一部分也需要谨慎甄别，加以慎重对待。

　　无论如何，这就是大乘经的来到此世间的过程，后人或信奉或质疑，都不能改变其本来如此，亦无法改变其基本内涵之佛智观与中观论，皆与佛陀在世所传之法无别的理论事实，更不可能改写大乘经得到千年传承的历史事实。而作为后学，则更只能慎重以待，甄别其中共性的主体内容，加以吸收、学习和运用，而对其中掺杂的带有大乘宗派色彩的排他性内容和不符合佛法的混杂内容，则都需要谨慎对待，加以剔除。

1.2 大乘僧的由来

　　关于大乘僧的由来，最初学者广泛认为大乘僧很可能就是大众部僧众的转化，然而，后续研究陆续发现大乘与大众部在很长时间里都是并行存在的，因而不存在大量大众部僧众直接转化为大乘僧的可能。

　　而平川彰在《印度佛教史》中，则提出了大乘僧之佛塔集团起源的观点。这一学说是通过对律藏的研究而得出的结论。

其基本观点为：《四分律》、《五分律》、《摩诃僧祇律》、
《十诵律》、《根本有部律》等律部经典中，多有关于佛塔供
养的规定和说明，而《巴利律》则没有任何相关的记载。

　　但根据《岛史》、《大史》以及法显的《佛国记》等的记
载，在斯里兰卡地区自古以来就有佛塔的建造和佛塔崇拜的传
统。平川彰由此推断，这可能是由于僧尼不得参与佛塔管理而
导致了上述情况的发生，并由此进一步推测，大乘僧团与参与
佛塔的建造及运营管理的在家居士集团有直接关系，这样的集
团也是大乘思想产生的社会基础。

　　但此说法与 1962 年左右出版的，巴劳(Bareau)的律藏研究
不相符合。在该研究中，作者对佛塔崇拜现象做了全面系统的
考察。认为原始佛教的所有律藏经典写本中(《巴利律》除外)，
都有关于佛陀崇拜的详细规定，包括塔的构造、供物、画像、
礼仪、塔的利益财产等，其详细程度与大乘佛典的记述相比有
过之而无不及。从此研究成果来看，无论如何不能得出佛塔崇
拜是独立于僧侣或僧伽的结论，相反，它恰恰印证了佛塔崇拜
与僧伽的密切关系。

　　而学者下田正弘则认为巴利律中未见与佛塔有关的记载，
可能是因为当时还没有制定相关规定的必要。佛教的戒律都是
随犯随制，后来出现的《四分律》等关于佛塔供养的种种规定
都是佛塔制度化的产物，即通过这些规定来对信众强化"佛塔=
生身佛"的观念。而在巴利上座部佛教中，这种信念是人们普
遍接受的常识，所以，没有加以特别规定的必要。因此，不能
说明大乘僧团是从居士的佛塔崇拜集团转化而来的。

　　那么，大乘僧究竟从哪里来呢？如前文所述，印度次大陆

两种基本文化之间的冲突与融合并存的情况，导致了苦行与非苦行倾向之间长期存在的矛盾共业。而此共业隐患早在佛陀在世之时即已初步显现于佛教僧团内部了，无论是提婆达多破僧事件，还是十事非法导致的部派分裂，都与此有关。部派分裂后，各自在多年的困境中，才逐渐回归了佛法和实修的本质层面。此转变，对上述共业虽有化解，但并不完全。因而上述苦行与非苦行的矛盾共业，可能依然还是导致大乘僧人出现，以及进一步的大乘佛教自原始佛教中独立出来的原因所在。

德克萨斯大学教授帕特里克.奥里弗尔的研究也曾指出，吠陀祭祀主义和苦行主义这两种宗教道路是通过两种场所：村落与阿兰若得以象征和表现的，这也正是苦行与非苦行共业矛盾的外显形式。而此两类分别在佛教僧伽团体内部，也同样存在。

根据罗睺罗的研究记录来看，在公元前一世纪后期的佛教记载里就曾提到，锡兰岛上同一僧团中存在两种类型的僧人，一名为着粪扫衣者，一名为一说法者，即住在村落外较远地方的阿兰若比丘和住在村落附近的比丘，即前者一般为森林隐居苦行者，以修习禅定等为主，而后者则为住在村落庙宇中，为世间众生布道，也得到世间供养，因而以说法为主。

类似的记载也可见于《增支部》，其中有佛陀褒扬阿兰若比丘，贬抑村落比丘的说法。而《相应部》则存在相反记载：即佛陀褒扬了村落比丘，而贬抑了阿兰若比丘。虽然上述两者皆极有可能来自后人增补。但阿兰若中修行禅定和头陀的比丘与进村布道的说法比丘之间存在一定的矛盾，甚至有时候会发展到对立状态的关系，这种情况却是早在佛陀住世期间就已经存在的，且于后世中始终在教团内部持续存在着的。**1861** 年编写于缅甸的《教史》则明确记载了上述两类苦行者团体之间存在矛盾，甚至多次提到两者的冲突上升到武力对抗的程度。

而根据出土的早期《法华经》之中的记载来看，最初说法僧大多为在外云游四处布道的状态，而阿兰若僧则负责管理寺庙经院，因而在对立中，阿兰若僧常因身居管理要职而占据上风，说法僧则经常因意见不合而被驱逐出寺院或受到排斥。而说法僧认为，自身受到佛陀委托而负有特殊使命，即到村落城镇中去，哪里有人求法，就在哪里宣说此众生皆具佛智皆可成佛之经。因而，绝不能放弃自身立场。同时，阿兰若僧也认为自身是在维护佛法清净传承，不能放弃立场。所以，两者之间的对立和矛盾就这样越来越激化了。

事实上，部派佛教时期，寺院僧团内部的分化可能要比上述情况更为复杂。在《郁伽长者所问经》中提到：当他进入寺院时，他应该分辨清楚僧团中比丘的各种修行活动：谁是学问僧，谁是说法僧，谁是持律者，谁是持本母者，谁是持菩萨藏者，谁是着粪扫衣者、寡欲者、自我满足者或独居者，谁是瑜伽修行者，谁是禅定修行者，谁属菩萨乘，谁是建筑负责人，谁是管理者，谁是首领等等。在分辨清楚这一切之后，他应该在寺院中和谐而居，与所有这些比丘处好关系。由此可见，此时寺院内部的教条主义和细化分别，应该非常严重了。

在这样情况下，凡是不符合经院管理层和领导层的说法，都可能会被排斥。因而，辛岛静志等研究者认为，此种僧侣被排斥的状态，正是大乘僧的最初来处。也就是说，大乘僧可能并非自部派佛教中的任何一个派系所出，而是在所有派系中，都陆续分化出了大乘僧。

　　因为大乘经典的主要佛法内容，虽然大致都指向佛智观和空性论两个层面，但在世间层面，大乘经也同时具有以弘法为主的特点。这说明，此部分内容很可能来自于说法僧基于自身立场的增补。而后陆续出现于经中的，对阿兰若比丘的不赞同立场，则可能来自于彼此矛盾激化的大乘僧的增补，如《诸法无行经》、《法华经》和《宝德藏偈》、《八千般若颂》等。

　　也有经典，可支持上述观点。如早期大乘经典中，实际上是存在称赞阿兰若僧的内容的，如《郁伽长者所问经》、《护国尊者所问经》和《阿閦佛国经》等。后期却逐渐消失了，这说明，早期经文本身，很可能对阿兰若僧与说法僧，各自都无褒贬。但传法人往往会根据自身的立场，而增删此类内容，这几部大乘经，早期就可能是阿兰若僧所得、所传。但后续由于说法僧大量转化为大乘僧，而阿兰若僧在大乘僧内部显然会被排斥，而中断了向大乘的转化。同时，部派佛教对这几部经的内容亦如同对其他大乘经一样不接受，因而这几部经就被视为大乘经，而被大乘僧所接纳了。

　　也就是说，大乘佛教，最初可能并非是一个独立的不同派系，而是僧团中分离出的一个倾向于为大众宣说佛法的说法僧所形成的组织。这个团体开始可能是非常松散的，但却与倾向于独居和苦行的阿兰若僧存在历史性的矛盾和共业性冲突。之后，在众生是否可具有佛智及宣说胜义空性的问题上，又发生了根本分歧，因而产生了对立关系，并引发了僧团内部的一系列矛盾和冲突，发生了不同于部派分裂的内部驱逐性分离。而这些被驱逐的说法僧逐渐汇聚，就由松散组织逐渐发展形成了新的紧密团体，也进一步导致了以众生皆具佛智皆可成佛为根本理念的大乘佛教的正式产生。

1.3 部派佛教与大乘佛教的相互影响

大乘佛教自部派佛教始，亦以原始佛教为立足之根本。这既是大乘佛教自身承认的事实，也符合大乘佛教的基本历史发展过程。那么，大乘佛教与部派佛教的相互影响关系具体来说是怎样的呢？本小节就从部派佛教与大乘佛教的教义对比的角度对此来加以说明。

如前文所述，部派佛教最初分裂为上座部和大众部。上座部拒绝神化佛陀，主张依原始经律修行，且认为三种智声闻智、独觉智和佛智存在不可逾越的等级；而大众部则倾向于神化佛陀，同时倾向于致力佛法的弘化事业，主张众生皆有佛智，皆能乘佛。

这就形成了一个非常吊诡的局面：拒绝神化佛陀的保守派，反复试图说明佛陀在世间本为人身证悟，证悟前后也有生而为人基于身体的苦痛。也就是说，佛陀在未觉悟之前，亦是世间的普通人。那么，由此推论，似乎应该可以得出如下结论：既然众生平等即无任何根本种姓差别，佛陀未证悟前，也与普通人无异，那么普通人按照佛陀的教导去修行，获得证悟，也必然同样会跟佛陀一样成为"觉悟者"。

但事实却正好相反，保守派同时也认为佛智不仅在众生之上，且在声闻和缘觉之上，不可超越。如果说声闻是因为受佛陀教诲和指引，才得以证悟的，因而暂时不能达到佛智尚可理解。可缘觉亦是依自身修行而证悟，那么其与佛陀之依自身证悟，差别在哪里呢？难道是最初的种姓不同吗？还是依据道路不同，所以受到限制了？那么此限制是否可以突破，如何突破？而保守派对此都无解释，也无突破之方式说明，只是认定佛智必然超越声闻和缘觉。这显然就与其自身的佛陀观相矛盾了。

　　而神化佛陀的激进派，则是一边把佛陀塑造成万神之上的主神，另一边却又认为众生皆与佛陀在本质层面平等无二，通过修行了悟，皆可亲证佛智。如此也就是说，众生皆具为主神之可能性了。而如果众生皆可为主神，自然也就是说不存在真正的主神了。这实际上也是与其自身的佛陀观相矛盾的状态。

　　也就是说，不知不觉地，佛教之内保守派成了侧面神化佛陀理论的拥护者，而激进派则成了把佛陀视为与众生无别的平等理论的支持者。表面看起来，双方存在着激烈而不可调和的矛盾。但实际上，这种吊诡局面的形成却有着基于部派佛教分裂而来的内在原因。

　　首先，保守派并非不存在崇拜倾向，只是他们的崇拜方式与大众部的公然神化佛陀的方式不同。保守派的崇拜是隐晦的，其核心是对佛陀个人权威的崇拜，因而其宗旨一开始是宁肯固化佛陀留下的经律说法，忘失佛陀所指引的涅槃解脱修行之大方向，也不能对佛陀所留之法和律作一丝一毫地变化性阐述。而后，这种倾向则在应对大众部的同时，发展成为了，将佛陀不同时期的说法条分缕析，组成为阿毗达摩理论体系并加以崇拜的倾向。即保守派认定阿毗达摩体系为了义法，是佛陀在更高层面所说之法，是超越原有经教和律仪之上的根本法。

　　所以，保守派的崇拜，是始终以"佛陀的个人权威"为核心向外扩张性发展的，自然不能容许众生甚至声闻和缘觉的智慧，与佛陀比肩。因而，保守派反而产生了不平等的佛陀至上论，从而产生了等级分化思想，因此也带有隐晦的神化佛陀的实执色彩。

其次，激进派也并非完全失去理智地神化佛陀。他们对佛陀的神化恰恰从侧面反映出，他们对得道成佛之终极目标的向往，远大于对佛陀个人权威的崇拜。因而，也就可以理解，相比于保守派，他们更容易突破内心的权威限制，而感应到众生皆具佛智皆可成佛等大乘理念了。而反过来，此理念又有助于他们弘扬佛法之愿望的实现，因而他们也愿意去宣传和信任。由此，激进派中反而产生了更广义的平等性思想。

再者，此种思想交叉和互相转化的状态，可能恰恰是上座部与大众部在分裂之后，各子部派又出现不同程度的合流的原因。而此合流状态，也从各部派所持经典当中有所反应。从经典的角度来分析，不同部派往往侧重经典不同。如说一切有部的四阿含排序是：杂阿含、长阿含、中阿含、增一阿含。而化地部的排序是：长阿含、中阿含、杂阿含、增一阿含。法藏部排序为：长阿含、中阿含、增一阿含、杂阿含、杂藏阿含。分别说部则为长阿含、中阿含、相应阿含、增支阿含、小阿含。到大众部四阿含的排列则是：增一阿含、中阿含、长阿含、杂阿含。而根据汉译阿含经之版本来看，法幢认为：汉译杂阿含和中阿含，为说一切有部所传，《别译杂阿含》是饮光部所传，而《增一阿含》是大众部所传。下文就具体一一论述。

第一，学界大多普遍认为，大乘佛教受大众部影响最深，并由大众部逐渐发展而来。中国学者多持此观点，例如，吕澂在《印度佛学源流略讲》中认为，大乘学说的形成，佛教各派多少都曾给予了一定的影响，但一般认为大乘与大众部的关系更为密切。再如，李世杰在《印度部派佛教佛教哲学史》则认为，不论是大乘诸经或是其论，其思想系统，多半是来自大众部系，是被公认的事实。而日本学者的观点也与此类似，在《佛教的真髓》中，水野弘元说，主张大乘佛教是由大众部开展出来的近代学者很多，如前田慧云、木村泰贤、望月信亨、宇井伯寿等。

具体来说，大众部对大乘佛教的影响表现在经、律和佛传三方面。在经的层面，大众部的《增一阿含经》的大乘思想明显多于其他阿含经。据吕澂《佛典泛论》中依各派广律所载而归纳所说，南传上座部《增一阿含经》是增一至十集共 2291 经。有部《增一阿含经》是增一句事至十句事。北方上座部《增一阿含经》是增一至十一，而大众部是增一至百，正量部是增一至十一事。

而大众部《增一阿含经》之内容已经开始出现了法身观、菩萨观等思想萌芽。由此《增一阿含经》也被部分学者视为后世大乘佛教经典的母胎，认为如《般若经》、《法华经》、《华严经》、《涅槃经》等，都是从《增一阿含经》发展来的。另外，大乘佛教神化的佛陀观，也是在《增一阿含经》内容基础上发展而来，这与大众部对佛陀的神化趋势，也是一致的。

具体来说，首先是大乘经的集结，在《增一阿含经》中有说明。详见《增一阿含经》卷一（一序品）：「于大众中集此法，实时阿难升乎座，弥勒称善快哉说，诸法义合宜配之，更有诸法宜分部，世尊所说各各异，菩萨发意趣大乘，如来说此种种别，人尊说六度无极，布施持戒忍精进，禅智慧力如月初……如是阿含增一法，三乘教化无差别，佛经微妙极甚深，能除结使如流河，然此增一最在上，能净三眼除三垢，其有专心持增一，便为总持如来藏，正使今身不尽结，后生便得高才智，若有书写经卷者，缯彩花盖持供养，此福无量不可计，以此法宝难遇故。说此语时地大动，雨天华香至于膝，诸天在空叹善哉，上尊所说尽顺宜，契经一藏律二藏，阿毘昙经为三藏，方等大乘义玄邃，及诸契经为杂藏，安处佛语终不异，因缘本末皆随顺，弥勒诸天皆称善，释迦文经得久存，弥勒寻起手执华，欢喜持用散阿难，此经真实如来说，使阿难寻道果成。

是时，尊者阿难及梵天将诸梵迦夷天，皆来会集；化自在天将诸营从，皆来会聚；他化自在天将诸营从，皆悉来会；兜术天王将诸天之众，皆来会聚；艳天将诸营从，悉来会聚；释提桓因将诸三十三天众，悉来集会；提头赖吒天王将干沓和等，悉来会聚；毘留勒叉天王将诸厌鬼，悉来会聚；毘留跛叉天王将诸龙众，悉来会聚；毘沙门天王将阅叉，罗刹众，悉来会聚。是时，弥勒大士告贤劫中诸菩萨等：『卿等劝励诸族姓子、族姓女，讽诵受持增一尊法，广演流布，使天．人奉行。』」

这就是说，佛陀灭度后，不止此世间由迦叶尊者主导集结了佛经。弥勒菩萨也聚集了菩萨、天、人等，由阿难讽诵方广等大乘诸经而集结，并劝勉诸菩萨广演流布，使天人奉行。

其次，《增一阿含经》中明确提到了佛经不止原始经典，还包括其他部。如《增一阿含经》卷 17（25 四谛品）：「彼云何比丘雷而不雨？或有比丘高声诵习。所谓契经．祇夜．受决．偈．本末．因缘．已说．生经．颂．方等．未曾有法．譬喻。如是诸法，善讽诵读，不失其义，不广与人说法，是谓此人雷而不雨。」

《增一阿含经》卷 21（29 苦乐品）：「彼云何名为法辩？十二部经如来所说，所谓契经、祇夜（应颂）、本末、偈、因缘、授决、已说、造颂、生经、方等、合集、未曾有。及诸有为法．无为法。有漏法、无漏法。诸法之实不可沮坏。所可总持者。是谓名为法辩。」

《增一阿含经》卷 33（39 等法品）：「云何比丘知法？于是，比丘知法。所谓契经、祇夜、偈、因缘、譬喻、本末、广演、方等、未曾有、广普、授决、生经。若有比丘不知法者，不知十二部经，此非比丘也。以其比丘能解了法故，名为知法。如是，比丘解了于法。」

《增一阿含经》卷 46（49 放牛品）：「云何比丘择道行？于是，比丘于十二部经择而行之。所谓契经、祇夜、授决、偈、因缘、本末、方等、譬喻、生经、说、广普、未曾有法。如是比丘知择道行。」

《增一阿含经》卷 48（50 礼三宝品）：「尔时，世尊重告诸比丘曰：『汝等当知，若有愚人习于法行，所谓契经、祇夜、偈、授决、因缘、本末、譬喻、生、方等、未曾有、说、广普。虽诵斯法，不解其义，以不观察其义，亦不顺从其法，所应顺法终不从其行....」

上述引文都说明了在《增一阿含经》中明确提到佛经包括十二部，其中包括方广之大乘经。部派佛教中，亦存在相信此十二分教判断之说者，如马鸣之师肋尊者就认同《大般若经》属于十二分教之方广分，持类似观点者也为数不少。同时，相信十二分教说的部派学者中，也存在理解方广为"深"之义，从而认为其特指宣说深义的经，而并非指大乘经的观点。但也存在坚持认为十二分教属后人增添之"新说"，此前佛教普遍认同九分教的旧说。

而根据近代日本学者和辻哲郎在《原始佛教的实践哲学》中所说，在四部四阿含编集之前，曾握有过小规模的编集。宇井氏从经律中所说的九分教发现这种情况。他曾经在现存的经藏中寻求此九分教。从而引述了，宇井伯寿对九分教的推定：

1、经是经集之初四聚，即修多罗；

2、应颂是相应部第一聚的有偈聚，即祇夜；

3、解释是相应部因缘聚初八小聚，即记说；

4、偈是经集的最后聚彼岸道，即偈颂；

5、自说是现存巴利小部中的经典，即无问自说；

6、如是语也是一样，即如是语；

7、本生是巴尔赫特雕刻中的二十八种圆案，即本生；

8、未曾有法是增支部四、一二七———一三〇，八、一九一—二三，中部一二三等趣典，即未曾有法；

9、方广是中部九、二一、四三、四四、一〇九、二〇以及长部二一，即毗托罗。

且宇井伯寿认为，在此九分教中，亦存新古之别，如前韶中的第四项最古；第一第二次之，两者都被引用在各种经中。其次是第五、第六，第三、第九又次之。但三和九两项已都成为经的解释。最后，形成的是第七和第八两项。因此，此说法实际上是驳斥了佛音的九分教说法，而重新作出了推定。按照此说法，则方广也是被包括在九分教之内的。

因而从大乘的观点来看，既然方广为公认经教的一部分，而各部派却均无此类型经传世，那么，这就说明佛陀早已预言日后会有大乘方广经出世了。因而大乘观点认为，大乘经即是"方广"。下文此类情况不再另做解释。

再者，《增一阿含经》中多处细节提到大乘中的般若波罗蜜、菩萨心、如来藏等。如《增一阿含经》卷19（27 等趣四谛品）：「尔时，弥勒菩萨至如来所，头面礼足，在一面坐，尔时，弥勒菩萨白世尊言：『菩萨摩诃萨成就几法，而行檀波罗蜜，具足六波罗蜜，疾成无上正真之道？』佛告弥勒：『若菩萨摩诃萨行四法本，具足六波罗蜜，疾成无上正真等正觉。云何为四？于是，菩萨惠施佛、辟支佛、下及凡人，皆悉平均不选择人，恒作斯念：一切由食而存，无食则丧，是谓菩萨成就此初法，具足六度』……」

《增一阿含经》卷27（35 邪聚品）：「尔时，世尊告诸比丘：『如来出现世时必当为五事，云何为五？一者当转法轮、二者当度父母、三者无信之人立于信地、四者未发菩萨意使发菩萨心、五者当授将来佛决。若如来出现世时，当为此五事，是故，诸比丘，当起慈心向于如来。如是，比丘，当作是学。』」

另外，序品中还说到，「如是阿含增一法，三乘教化无差别，佛经微妙极甚深，能除结使如流河，然此增一最在上，能净三眼除三垢，其有专心持增一，便为总持如来藏，正使今身不尽结，后生便得高才智，若有书写经卷者，缯彩花盖持供养，此福无量不可计，以此法宝难遇故。」

这都说明《增一阿含经》中，存在广泛的大乘思想之萌芽和相关记录。

而在律的层面，大众部的广律中也蕴含了浓厚的大乘思想。平川彰在《律藏研究》中，曾将《摩诃僧祇律》与上座部系诸律进行对比，而得出结论认为《摩诃僧祇律》最大的特点是引用了大量经文、本生故事，这是其他三部汉译广律所没有的，而本生故事是大乘菩萨产生的基础，故该律中的本生故事是大乘佛教重要的思想来源。

大众部中说出世部的佛传《大事》中，出现了"供养现在他土多佛"等典型大乘佛教的表达方式，因此也被认为是大乘佛法的早期来源之一。根据《〈贤劫经〉最新资料与相关研究》来看，美国国会图书馆 2006 年购得一件佉卢文写卷。该写卷的平行文本即为《大事》中所包含的《多佛经》和汉文《佛本行集经》，经碳十四断代测定，其形成时间为公元前 206 年至 59 年之间。这也说明，大众部的确可能影响了大乘佛教的萌芽与发展。

但由于印度次大陆独特的不立文字之特点，导致上述所有举例中提到的文本，都可能存在长期的流变。因此上述推论反过来说，似乎也是可以成立的，即也可能是大乘佛教思想影响了大众部，并逐渐渗透到了大众部的经律和佛传之中，从而导致了大众部写本最终的内容变化。所以，要想理清此问题的脉络，还需要结合其他部派与大乘佛教的关系，再综合进行论述。

第二，法藏部对大乘佛教的影响，也表现在其阿含经系列当中，记载了关于大乘经的说法。

以法藏部最重视的《长阿含经》为例说明，如《长阿含经》卷三：「比丘当知我于此法自身作证，布现于彼，谓：贯经、祇夜（应颂）经、受记经、偈经、法句经、相应经、本缘经、天本经、广经、未曾有经、证喻经、大教经。汝等当善受持，称量分别，随事修行，所以者何？如来不久，是后三月当般泥洹。」

再如，《长阿含经》卷十二：「是故，比丘，于十二部经自身作证，当广流布：一曰贯经、二曰祇夜经、三曰受记经、四曰偈经、五曰法句经、六曰相应经、七曰本缘经、八曰天本经、九曰广经、十曰未曾有经、十一曰譬喻经、十二曰大教经。当善受持，称量观察，广演分布。」

此两例说明，《长阿含经》中亦有十二部佛经中包括大乘经的说明。

另外，如前文所述，法藏派对大乘佛教的影响，目前也已经得到学界的广泛认可了。如，在《印度佛学源流略讲》里，学者吕澂就指出，法藏部发展了本生说，编成为一类《菩萨藏》，这是很特殊的情况。因为其他部派都只把本生放在杂藏内，或分散于各经籍中，并不独立为一藏。并认为，大乘则扩大菩萨在成佛以前的修行方法，把与之相关的种种行事分为六类（即六度、六波罗蜜），并说明依此修行都可以得到解脱。这一思想就与法藏部重视本生有关。

而水野弘元在《佛教的真髓》中也说明，在法藏部所传承的圣典中，含摄着与大乘有关的菩萨藏。在法藏部的学说中，也有与《般若经》诸经以及《华严经》等初期大乘经典一致或类似的主张，如关于十二分教与十二头陀的说法。而且，初期大乘经典将色界天分为二十一天或二十二天，此类的说法也未见于法藏部以外的其他部派……此外，各部派的律藏中，唯有法藏部《四分律》的戒条中，包含了二十六条有关佛塔与佛像的规定，而这些规定也未见于其他部派的律藏之中。凡此种种，都显示出法藏部与初期大乘有很深的关系。

因此，总结来看，法藏部与大乘的关系主要表现在三个层面：

1、法藏部主要宣说胜义空性；

2、法藏部编撰《菩萨藏》，提倡菩萨说；

3、法藏部可能是最早出现陀罗尼等持咒方式的部派。

第三、说一切有部蕴含的大乘思想，总结来说，包括以下几点：

1、关于六度波罗蜜的宣说。《阿毗达磨大毗婆沙论》中提到了四波罗蜜，说：问如说菩萨经三劫阿僧企耶。修四波罗蜜多而得圆满。谓施波罗蜜多。戒波罗蜜多。精进波罗蜜多。般若波罗蜜多。这有可能是大乘理论中"六波罗蜜"的来源之一。另外，《中阿含经》卷一《水喻经》中业提到：云何有人出已还没？谓人既出，得信善法，持戒、布施、多闻、智慧，修习善法。

2、关于菩萨行和菩提心。《杂心论》卷十一说，若有众生以一食施，起决定心，发无畏言：我当作佛！能起相报增长彼业。齐是名菩萨。即认为发菩提心，即可称菩萨。

《杂阿含经》卷二十六说信、念、精进、定、慧五根都因发菩提心而得。且在有部看来，发菩提心是很难得的，"初菩提心甚难得，非后尽智，无生智时所修未来三界善法"，菩萨道"加行时难，成就时易"。因此发菩提心而不退转，将来必得阿耨多罗三藐三菩提。

3、关于三乘差别。《大毗婆沙论》卷152说，"三乘所起，有胜有劣"，"由随根、性、阶、分异故。谓佛所得是上，独觉所得是中，声闻所得是下"。"三乘观缘起，如兔浮渡河，如是当观声闻缘起智；如马少多触沙而渡，如是当观辟支佛缘起智；如香象尽底蹈沙而渡，如是当观佛世尊缘起智"。另外，在对四圣谛的认知层面，悲心的深度、广度层面和解脱道的广大程度层面等，亦与此类似。

4、有部还提出了声闻可转为独觉和佛乘的观点，此说法与大乘观点，也较为类似。例如，在加行位之暖顶二位的声闻及独觉，因内外诸缘，可转趋独觉或佛乘——原文为"声闻暖顶位有转趣独觉及佛义，""部行喻者（佛陀灭度后成批出现的独觉）暖顶位中，转趣佛乘，不违理故"。

以上即是简述大乘佛教与各部派之间的内在关联性，因部派繁多就不再逐一列举了。从上述各部派内存在的大乘思想记载来看，很难直接推断出，此类说法是大乘思想的来源，还是此类说法是在受到大乘经典影响之后，才加入部派经文中的。因而，还需要再多加分析和辨别。

对比最早出现的大乘《般若经》来看，其中《小品般若经》卷四说：舍利弗，如来灭后般若波罗蜜，当流布南方，从南方流布西方，从西方流布北方。且《大般若波罗蜜多经》卷302说：甚深般若波罗蜜多，我（如来）灭度后至东南方当渐兴盛，……后从东南方转至南方，渐当兴盛，……后复从南方至西南方当渐兴盛，……后复从南方至西南方当渐兴盛，……后从西南方至西北方当渐兴盛，……后从西北方转至北方当渐兴盛。早期大乘般若思想流传的路向，即由东南而南而西南而西北而北方。

如果采信此说法来看，那么，大众部受大乘思想影响应该较早，反过来大众部的弘化广度思想对大乘也可能较早产生了影响。而法藏部等则是较早开始宣说方广经的部派，因而其与大乘思想直接互相影响的可能性也较大。而处于西北地区的有部，则更可能是受到大乘经的影响，而产生了部分的大乘思想。而且这也反过来说明在西北部的犍陀罗文化圈出土的大乘经典，可能是已经在南部流传一段时间之后的产物了。

当然，这些都只是推测，历史事实随着时间的累积而逐渐变幻莫测，不可分辨了，因此也不必太过纠结于"史实"，只需要了解大乘佛教出现的历史契机，以及其所宣称的思想对于实修解脱的意义即可。

因此，可以得出的相对确定的结论是：

1、佛教原典中，对缘起有和胜义空性的宣说，肯定存在。佛陀也反复宣说过自己是自众生而觉悟者，并非与众生存在本质差别的存在。

2、大乘经来自于诸天所传、他方佛所传、及梦中、定中、宿慧中所现之佛说，其核心不离胜义空性以及众生皆具佛智的本质观点，与佛陀所传之法主旨相吻合。

3、最初的大乘僧人可能由佛教各部派的说法僧所组成，因而在大乘中加入了大量的弘法利生类观念。

第二节　龙树菩萨还原中观思想

在部派佛教长达近五百年的纷争过后，大乘佛教又开始自僧团内部逐渐分离出来。而直到此时，佛法实修之大方向，虽然稍显清晰了，但隐约的迷雾依然未能完全散去。而佛教在印度次大陆的传播，却开始呈现出了颓势。如此，又是百年烟云弹指过，南印度的一个婆罗门家庭出身的年轻人，决定皈依佛门。他就是被后世称为龙树的那位菩萨。

关于龙树菩萨之生平，至今已经无从考据了。这并非是指此世间不存在龙树菩萨之传记，事实上，中国古代即存有鸠摩罗什译《龙树菩萨传》，吉迦夜和昙曜合译的《付法藏因缘传》卷五，以及玄奘的《大唐西域记》卷十，还有《佛说给孤长者女得度因缘经》等与龙树菩萨有关的传记。西藏亦有布顿及多罗那他之佛教史和孙巴钦普的如意宝树等书中记载的龙树菩萨传记。但上述系列传记，更确切地说，都是有关龙树菩萨的"历史传说"，其中依旧保持着印度文化传统中交织神话色彩的种种情节，且故事之间往往存在较大差异。

如依据鸠摩罗什译《龙树菩萨传》来看，龙树天资聪颖，家境优越，且曾沉迷声色，误入歧途，而后才皈依佛陀门下，于说一切有部学习佛法。后又因颖慧过人，而快速领悟了有部诸经，却再堕入迷障，以己为尊。直至于龙宫雪山得闻大乘经典，方如梦初醒，立志于佛法趣向涅槃解脱的实修。

而依据《佛说给孤长者女得度因缘经》来看，则龙树诞生于一个长期苦于无子的婆罗门家庭，但在出生后没多久，就被预言只能活七年。眼看七年将近，父母不忍看到爱子惨死眼前，于是，将其与仆人逐出家门。年幼的龙树流浪到那烂陀寺的罗睺罗面前，而获得救助和传法，此后，就走上了佛法实修之路。对比此二版本内容差别之大来看，龙树菩萨作为普通人的生活究竟是如何度过的，的确是难以考证了。

与此类似的是，龙树菩萨名下的著作也极为繁多冗杂，涵盖了很多不属于他本人的作品，而在印度和西藏传说中，龙树菩萨之寿命又都很长，达几百岁，这也使得更多作品被统统归结在了他的名下，因而龙树菩萨也被称为"千部论主"。

但行者是不可能通过繁杂的千部论书来了解龙树菩萨的，因此必须对其去伪存真。其中，较为可信确属龙树菩萨直接著述传世的作品，月称举八书，布顿说六书，多罗那他则称五理论书。而现代研究者，经过反复考证和检验，则普遍认为下述八本著作为龙树菩萨所作：即《中论》、《六十正理论》、《七十空性论》、《回诤论》、《广破论》、《宝行王正论》、《劝诫王颂》和《因缘心论颂.释》。

其他作品，例如著名的《大智度论》、《十二门论》、《菩提资粮论颂》、《十住毗婆沙论》等，对中、日、韩等地区的北传佛教来说，都是非常重要的作品，但因无印度次大陆出土之早期梵本可对应，因而不能完全确定是否为龙树菩萨所作。也有学者认为《大智度论》等是大乘佛教之僧伽集体所作，而署名龙树菩萨，是以示敬意。而且《大智度论》卷十八里引用了龙树菩萨的弟子提婆的再传弟子罗睺罗跋陀罗的偈颂，可见时间上明显要更晚，所以，应并非出自龙树菩萨所造。

值得注意的是，《中论》虽然确定为龙树菩萨所造，但却并没有原版传世。现存版本，实际上，抽取自月称论师的论释，因而，此版本与龙树菩萨最初所造之本，很可能存在差异。对比清辨论师的《般若灯论》中，所引用的《中论》偈颂来看，二者就存在明显差别。而这种情况也导致了，对有些偈颂的现代文转译和解释会不同。

日本学者山口益曾将各类注释中引用的《中论》偈颂作以收集整理，并进行了专门的比对研究。但中文目前未见相关译本问世。且此研究也只涵盖了部分《中论》内容，未能集齐全部。此后，亦未有相关学者，继续此项目。因此，目前中文界所能阅读到的《中论》仍以月称本为主。唯有更多学人致力于此完整考据的原本，《中论》才可能再次于此世间得以呈现了。

虽然如此，好在可以确认的是，龙树菩萨的确于早年即开始修学说一切有部所传之佛教理论和实修，而后得般若空性智慧。再回南天竺传教，其时恰逢南天竺案达罗地区，大乘思想出现兴起之势。而龙树菩萨所传之教法，则获得了案达罗王的支持。这才逐步掀起了佛教在印度次大陆的中兴之势，使得佛陀教法得以进一步深弘远播。

而在这一过程中，起到思想层面引领作用的就是龙树菩萨于实修亲证中还原的佛法修行之根本方向，即依缘起有破除实执，亲证空性的道理，也就是中观思想。

2.1 中观思想的特征

中观，二字依字义解释，中即不生不灭、不常不断、不一不异、不来不去，观即亲证。因非亲证者，不能称为"观"，而亲证者为何？正是远离生灭、常断、一异、来去之戏论的中道。也就是说，中观意味着亲证世俗缘起有背后胜义空性的真实本质，而此中观道，即为佛法修行之解脱道。因此，中观思想也是解脱道的指引性大方向和目标，有了目标和方向，修行之路才有了灯塔，行者也才不会迷失。

那么，总结来看，龙树菩萨所着重阐述的中观思想有哪些特征呢？

一、指明佛陀宣说缘起有的目的，在于从"世俗有"，逐步导向对胜义空性的亲证。如前文所说，缘起有与胜义空属"无体二性"，即胜义虽不能言说，但却存在两种性质的表现，若染污，则其在世间就表现为依缘起而生万物的状态。而若离染，则胜义本身就是空性的。因此，缘起和空性，本身就是相关的。缘起，是染污状态下空性的世俗表现。而空性则始终是缘起背后的真实义。故若能了知并亲证缘起有，就相当于侧面逐步接近于空性了。因而，此修行过程，才可以逐步打破实执，而后才能亲证万法背后显现的空性真义。

这是对佛陀在世所阐述之解脱涅槃之修行路径的精准还原。例如《杂阿含经》（**293**）中曾记载佛说："此甚深处，所谓缘起，倍复甚深难见，所谓一切取灭、爱尽、无欲、寂灭、涅槃。如此二法，谓有为、无为。有为者，若生、若住、若异、若灭；无为者，不生、不住、不异、不灭，是名比丘诸行苦寂灭涅槃。因集故苦集，因灭故苦灭；断诸径路，灭于相续，相续灭灭，是名苦边。比丘！彼何所灭？谓有余苦。彼苦灭止、清凉、息没，所谓一切取灭、爱尽、无欲、寂灭、涅槃。"再如《大象迹喻经》里说：见缘起即见法，见法即见缘起。

类似的经中说法，不胜枚举。也就是说，佛陀始终在不同场合下，反复宣说证悟缘起的重要性，是因为证悟诸法缘生，可直接把修行的大方向指向涅槃空性的境界，且佛陀已经说明这就是他证得涅槃的方式。因此，龙树菩萨所提出的中观思想本身就来自于佛陀的亲教和亲自示范。

二、"缘起有"，恰恰说明"第一推动无"。佛陀苦行六年，直至弃苦行而择中道，在菩提树下证悟，才彻底了悟缘起有的真义，因而指出世间万法为缘起而生，而涅槃解脱即证悟缘生诸法皆为空性。这说明，佛陀所传之法本身之立场即自然是中观的，因而原始佛教中从无"第一因"之说。

这也是佛法不同于绝大多数世间宗教，且不同于某些科学追求的关键差别所在。因为，缘生万法中，任何一法都必然存在其因缘，如此因缘不断绝，自然无始无终，没有创世主，也不存在毁灭者。故而绝对的第一因不可能存在，第一推动也仅为世人实执所产生的假设，这也是为何在原始佛教当中不存在任何神明偶像崇拜的根本原因。

另外，不存在第一推动，也同时意味着宇宙与生命"本体论"的破灭。在佛法当中，没有上述实存的"本体"，生命和宇宙都在随着因缘的流转之中变化，不断地显现生灭之相，处于永恒地变化之中，因而不存在所谓的本体或自性。由此也可推知，能够统一不同条件下的世间规律的"大一统"律，也同样不可能存在。而解脱和涅槃，为超越众生现有感官的不可言说境，亦不能以众生感官范围内的局限来看待，更不能赋予其"真实本体"类的假想含义。

所以，在佛陀传授教法时，从不回答与上述本体或第一推动等有关的问题，亦不回答涅槃到底是何种状态的问题，因为这些要么是幻相，而针对幻相试图去探索第一因，则此事毫无意义；要么就超越此世间的理解范畴，所以，任何回答都很容易落入形而上的玄论之中，脱离现实，也就失去了其意义。而佛陀要传授给众生的则是一条明确的修行道路：即引导众生了知如何修行，才能出离此世间幻相，超越轮回，亲证胜义。

因而，龙树菩萨提出中观思想，其关键意义就在于，拨开了几百年部派的纷争的烟尘，看到了背后的佛陀之真义，因而还原了佛陀最初引领众生所走上的解脱道路的本来样貌。这就好比是太阳升起来，雾就散尽了，而佛陀曾指明的解脱之路的大方向也就自然地显露了出来。

三、中观思想指出了缘起有和自性空的紧密联系，也说明了，要想证悟自性空，则缘起有本身就是世间所依的实修途径。也就是说，恰恰因为世间为染污性，空性显现为缘起有，所以才能通过在此世间行有为法，而逐渐积累因缘，断灭自身实执，也断灭缘起万法，并在因缘具足时，达成清净无漏之无为法的显现。这就是修行证悟的过程。

因此，有为法和无为法可以经由依缘起有而破除实执、证悟空性的中观道联系起来。那么，以此作为出发点，则可避免有无两种断见。即于世俗，通过承认缘起有的显现状态，而有效地避免了行者陷入消极的恶取空的可能性；而于修行，则一方面安立了现实中切实可行的次第清晰的解脱道，另一方面安立了面向空性的大方向，这就有效地避免了行者耽溺于世俗缘起有的惯性主导的可能，从而使得趣向涅槃的目标成为修行中始终不被忘失的指路明灯。

由此可见，龙树菩萨提出中观思想，本身即是通过对佛陀所说之法的不断领悟，而对佛陀所指引的解脱路之大方向和具体途径，给出的还原。因此，也可以说，直到龙树菩萨明确以中观思想作为佛法实修的依止处为止，部派分裂前后所忘失的佛陀指引修法的大方向才得以鲜明地再次于此世间显现，数百年的迷雾才得以驱散，此世间才重新得见明确的涅槃解脱之路。因而，印度历史上称龙树菩萨为"第二佛陀"，可能也正是基于此原因的考量。

而龙树菩萨的出发点，正如英国历史学家沃德尔在《印度佛教史》里说："也许（他）希望重新团结各部派，无论新旧，于一种全体同意的单一佛法之中，重新确立佛陀本人的原始教义……避免玄学意见方面的，修道行为方面的，也许还有分部分乘方面的一切极端"。此说法与本书前两章的论述观点，殊途同归。

总之，龙树菩萨虽并未自称为大乘者或中观派，但他在阐述中观思想旨在弥合教内分歧的同时，也的确在客观上为大乘佛教拉开了正式登上历史舞台的序幕。而在龙树菩萨还原佛陀之中观思想并作出全面而系统的阐释之前，大乘佛教虽然已经存在了，但并无明显出色的世间传承者，来带领教众，也无兴起之势。而在龙树菩萨阐述中观思想，重新还原佛法实修的大方向之后，后续之大乘佛教的核心教义就几乎都是依此而行了。因此，也可以说，中观思想，是大乘佛教得以立足和发展的根基。所以，大乘佛教内多宗都以龙树菩萨为开宗之尊。这种做法，虽然不一定完全符合龙树菩萨之本义，但却是符合大乘佛教的历史发展事实的。

2.2 究竟该如何看待教内纷争

纵观龙树菩萨一生，正如在前文《六识正理论》和《七十空性论》的解析中所说，非但于亲著论书中，找不到分别大小乘之字样，而且还明确谆谆告诫后学，切不可执着于宗见，此为实执，会影响彻底的涅槃解脱。因此，他生前从未宣称中观派之名，也未曾以自己为"中观派"创立者，更不曾将自己当作是大乘的多宗共祖。而只是兢兢业业地论述了初期般若经典思想，并发展和完善了中观思想，他所仅有的自称不过是"空

性论者"而已。此事实近年来，已为多方学者之考证而得以说
明。例如，2013 年，日本学者斋藤名，就曾于《世界哲学》第
四期发表了与此相关的专著。

由此可见，分别乘之大小，并非龙树菩萨所关注的主题，
如何把佛陀所授之不同层面的教法，加以整合，使其再次得以
还原成为一个有机的整体，而得以更好地传承下去，以利益众
生之解脱，才是龙树菩萨唯一真正关心的事情。

那么，从此中观思想出发，再回顾佛教的发展，又该如何
看待教内纷争呢？

大小乘之争是部派分化之后，佛教内部出现的派系之争，
而由此引发的大乘是否为佛说的论辩，更是旷日持久。一般从
世俗角度来理解，人们会倾向于认为佛教内部的争斗类似于世
俗中的权力斗争，各个派别都以自身观点为佛说了义，似乎旨
在彰显自身价值。此类情况当然也存在，且前文在关于苦行与
非苦行的共业矛盾之中，已经反复作了说明。

但此处要强调的是，虽然上述苦行与非苦行的共业矛盾极
其深重。但随着部派几百年的化解已经出现了部分转化，而大
小乘分离的过程本身又是一次转化。此后，佛教派别之间的争
端也更多地带有了佛教的色彩。也就是说，争论双方的出发点，
并非仅来自世俗意义上对错之分或高下之别，而更多与对佛法
传承的纯净性的维护有关。

这种佛法传承的纯净性，也并非世俗意义上的排他，而是
与实修密切相关的。正如前文反复强调的，佛教传承的所有经
典，根本目的都是作为解脱路上的理论依据，是为了修行者达
成解脱而服务的。而辨析某种说法是否为佛陀原意以及是否为

佛说之究竟了义，就直接与实修境界有关了。因为如果修行者的知见不够，把不了义认定为了义，或反之，都可能造成实修过程里的问题——以某种不了义为了义，就会在自身修行过程里，达到某种境界的时候，认为此即是达成解脱，而后就可能停滞不前，从而失去真正获得解脱的机会；而把了义认定为不了义，则可能直接造成修行道路的偏差，无法达成最终的亲证真义。

而修行的道路，又是漫长且不可一蹴而就的。不同的修行者，也会在中间过程里，经历不同的境界或状态，出现不同的体悟与体证。所以，互相交流与彼此辨析，也是进一步明确修行的下一步路途的一种方式。

因此，如前所述，从佛陀初转法轮开始，佛学意义上的辨析就是被允许的，其原因也与此有关。即修行者们可以通过互相的辩论，来彼此印证修行的状态与境界，也同时可能辨明某些自身存在的理解性错误，从而也就可以对自身的修行路径进行合适的调整了，修行之路也因此保有了能够反复修正而不偏离佛法的机会。这点从《六十正理论》中，龙树菩萨对持有实有论的教内修行者的劝说态度，即可见一斑。

而从《中论》和《七十空性论》中的论述态度来看，这也很可能正是龙树菩萨所持有的对待教内争端的一贯态度。即不忘争论之根本不在于证明何为对、何为错，而是通过彼此辨析，为修行进一步清晰和明确道路。

由此，后世行者面对教内各派的争论，也需要学习以此类开放的观点来看待，这也才可能真正理解佛法传承的不易。随着佛陀涅槃离世时间的逐渐增长，修行者不再能够得到佛陀的亲身教诲和引导。而佛法传承又绝非仅仅是对佛经、佛典的语言与文字上的照本宣科。佛法本身永远都在鲜活地呈现着，但语言和文字却非真正有自性的事物，它们仅仅是人类为了克服自己短暂的生命与更加短暂的记忆力，而产生的权宜性手段，是人类不得不采取的一种善巧的方式而已。它们并非是真正鲜活的。因而，佛法的传承要想自文字中恢复其本身的鲜活性，就需要每一代修行者亲身实践的体证来延续。事实上，前辈行者们也正是这样做的。

所以，每位行者都既是佛法的学习者，也是佛法的实践者，还同时是佛法的传承者。他们需要通过自己的亲身实证来对佛陀身后留下的浩瀚典籍进行解析，帮助自己理解佛陀的教导，以便于获得进一步的实证，同时也是对后来者给予教导和引领。

然而，部派佛教有四果之说，大乘则有十地之分，这也就是说，每位修行者的在不同阶段的证量，是不可能完全一致，而没有丝毫差异的。同时，每位修行者的个人自身特质和因缘导向，又必然存在差别。所以，即便是在同一境界上，可能出现的体验与感受以及诉诸文字的表达状态，最终都可能会产生明显差别。这些都导致了即便大家都走在正确的道路上，争论也还是可能存在的。因而，不同派别间会存在争论和细节上的差异性观点本身并不是问题，能够产生对佛法更深入的理解，从而指导修行，由此可真正证悟涅槃解脱，这才是最重要的。

而从龙树菩萨所传世之著作来看，当时教内虽然存在明显分歧，但其僧团内部的争论基本还处于上述彼此探讨、互相辨析的状态里，而非是陷入到不相容的斗争之中的。唐初留学印度的义净法师，在《南海寄归内法传》卷一曾说：神州赤县之乡，意存大教，自余诸处大小杂行，考其致也，则律捡不殊，齐制五篇，通修四谛，若礼菩萨、读大乘经，名之为大，不行斯事，号之为小。意思就是说，据义净本人观察来看，此时的印度大小乘的区分并不明显。两者都共同遵守二百五十戒，皆修四谛法，其中礼拜菩萨、读大乘经的单独称为大乘。也就是说，直至大乘发展至中期的时代，大小乘之间的分别还不明显，彼此间的对立和斗争更几乎不存在。由此来看，早期二者也很可能并非是泾渭分明的状态。

那么仔细分析，这种上述教内争论，则可能表现在两个层面，一是行者仅了解部分修行或戒律，但缺乏多层面、多角度的了解，因而对佛法的认知缺乏整体观。也就是说，在写本广泛流传之前，很多僧众最初对佛法的了解，很可能是，只见树木不见森林的。即只了解自己所听闻的部分佛法，而对未曾听闻者则可能持怀疑态度，或者不了解说法背景，因而不能建立起此二者之间的联系。

二是迷失在佛法传承中浩瀚的细节里，也缺乏整体观。即在写本逐渐流传之后，僧众有机会能够大量参阅各部经律，而对佛法的看法又变成了"横看成岭侧成峰，远近高低各不同"的局面。僧众个体自身淹没在了浩如烟海的佛法典籍里，时而见有、时而见无，时而又即有即无，结果反而云深不知处，难以对佛法形成综合的整体观了。

因而即便是分属同一部派，僧伽也或者执有、或者执无，很少有人能对世间和胜义两个层面的教法，做出总体性理解和阐述。此种状态，在各个部派的努力之下，虽有所改善，但部派佛教关于佛法整体观的建立却并不尽如人意。

正如《<六十正理论>解析》的文本结构分析所指出的，龙树菩萨提出中观学说正是针对僧团内部面临的上述现实问题，作以矫正，并通过平衡地阐述缘起和空性观点而正本清源，重新指出佛陀所教导之解脱道的大方向，来为涅槃解脱点亮明灯的。

在这样的大背景下，龙树菩萨希望通过中观思想的提出与传播，令教内分歧得以重新弥合，同修们都能够自偏差性见解中出离，获得更圆融的佛法正解，从而为亲身证悟奠定因缘基础。这样基于弥合教派分歧的出发点也同样是合理的。

而且无论上述融合分歧的愿望在后来的教派发展中，是否最终得以实现，龙树菩萨提出中观思想这件事情本身，都为佛法实修指出了中道的大方向，因而其对于此世间佛法修行者来说，理论和实践指导意义都非比寻常。而对此世间来说，胜义空性得以更清晰地被指明，也是佛法住世的标志，因此，同样意义重大。

2.3 提婆对中观思想的发展和局限

关于龙树菩萨的亲传弟子提婆菩萨，据传说原是斯里兰卡人，因为久闻龙树大名，而特地寻找龙树辩论。而龙树见提婆至，遂端一满钵水而不发一言。提婆即取针一枚投入钵水中，龙树一见大惊，即应许与他辩论。按照诵偈解读的方式来看，这是说龙树菩萨认为自己如水一般，无器不满，无处不在，而提婆投针则表示自己如针沉水，可以一探到底。而提婆一接触到龙树菩萨，便深为折服，很快就拜龙树为师，开始弘扬佛法。但由于提婆对不同言论采取了非常激烈的批驳方式，因而招致怨恨，最终死于暗杀。

后世提婆菩萨名下著作也颇多托伪，经现代学者研究比对来看，属于提婆本人的著作有《四百论》、《百论》、《百字论.注》三种。

从其各论观点来看，提婆菩萨很好地接受了龙树菩萨的中观思想，并基于自身的理解和体悟而作出了一定的独特阐述，但他的理解和体悟当中也存在一定的局限和偏差，尤其是相比于龙树菩萨的"中观"思想，提婆菩萨的空性论，实际上开始呈现出了一定的偏激色彩。

而学界的一般观点认为，提婆菩萨对中观思想的发展，主要表现在哲学理论层面的完善。首先，提婆在龙树菩萨以空有解二谛之外，提出了"实有"和"假有"的说法。其《广百论.教诫弟子品》说："诸世间可说，皆是假非真；离世俗名言，乃是真非假。"即以是否可为名言诠来判断真假二谛。从真谛看，万物性空；从俗谛看，万物"实有"。同时，真谛之空性，并非是无，而是"真有"。而俗谛则是因缘和合而成的"假有"。此二谛不可分割，离开俗谛，就不能了解胜义谛。将真和俗、空和有统一起来，不落两边，即是中道。此对后世之二谛见存在较为深远的影响。

其次，在破斥的方式上，龙树菩萨多采用归谬法，即先假设一论题，然后由此论题引出错误或矛盾的结论，从而反证假设不正确的论证方式。而提婆菩萨则常用双刀论法，即提出的论题是两面的，再分别推理，都得出不能成立的结论，因此也有学者认为这种论述更全面。

另外，在《中论》里，归谬法大致是用在反驳论题上，而提婆则将其应用在了论据上，即采取"逐因破"，进行追击式的破斥方式。中国佛教受其影响，也会使用这方法，名之为"纵夺"、"关并"。"纵夺"是一个一个地破，"关并"是设两个关口，推演其或者这一个或者那一个，二者之中总有一个不对。

再者，因龙树菩萨常用二分法来进行论述，如有无都不得，因而得中道。但提婆菩萨则从哲学理论角度出发，认为此方法对不同意见还不能完全概括，因而运用三分法，即破有破无，再破亦有亦无。

但实际上，正如前文在《六十正理论》与《七十空性论》的解析中，已经清晰说明的，龙树菩萨之论中，亦存在对"亦有亦无"及"非有非无"的说明，即统括四边或四门进行论证的部分。而龙树菩萨在论中亦提及之所以对此二者论证较少，是因为世间或出世间，都并无此类事物，故而不论。因而，从哲学角度来说，提婆的三分法是完善，但也是脱离现实地趋向形而上学式的一种发展。

所以总体来看，从佛法角度出发，本书并不认为提婆菩萨的观点，是对龙树菩萨中观思想的有效发展，反而是局限和问题更多的。下面就再详细论述其局限性。

首先，提婆菩萨明确提出了以"空"作为破斥他执的基本原则。在《四百论》中，提婆说："一法若有体，诸法亦复然。一切法本无，因缘皆悉空。"这就是说，如果你主张世间诸法自性为"有"，那么显然一法有自性，则一切皆有，因为诸法的本质并无差别。同样的，主张空，也是一样的道理。若指出了诸法本质为空性，那么显然一切皆空。

　　这种说法本身并没有错误，但是提婆菩萨提出此说法的目的在于"破斥他执"，此出发点却存在一定的问题。从佛法的角度来说，即便佛陀亲证了佛法的真实义，了知了出世间真理，亦从不曾以佛法强加于世人，因此是谈不上要去"破斥他执"的。

　　也就是说，佛陀宣说佛法的原则是，众生请法，则佛陀说法，众生提出疑问，则佛陀应病与药，以善巧回答。众生不请，则佛陀不语。

　　其原因有三，一胜义本身不违世间法。众生是自身轮回的缔造者，因而众生应为自身的归属与去处作抉择，因而若正法已经现世，而众生无求法意愿，也不可能强行施予。

　　二佛陀深知众生实执深重，因此轮回虽是苦性，众生却常迷惘而自得其趣，所以若非自身有决定性求法意愿，强为其说法度化，实际上本无意义。后学效仿佛陀，亦如是说法。

　　三佛法为出世间真理，无论此世间是否有人宣说，于佛法本身都不增不减，无任何影响。而行者求法根本目的应是先破除自身无始以来所累积的实执，证得无我，证得诸法、相、律皆无自性，而涅槃解脱。在此之前，盲目地执着于破除他执，是没有出世间层面的实际意义的。

　　另外，提婆菩萨行事，大多充满锐气，常常是"为破而破"，也常立下论点，招人来破。这就好比是每到一处，就主动贴出告示要与当地人比武。当地武士若不迎战，似乎就底气不足，自动甘拜下风了。而若应战，提婆就对其观点施以粉碎性打击。这种作法恐怕是很难让众生甘愿领受佛法真理，也很难说此出发点究竟是为利益众生更多，还是为显现自身修为高深，聪慧颖悟更多了。

而如果以后者为出发点，那么实际上就偏离了佛法实修的旨趣了。因为"我"与众生，"我执"与"他执"，不过是五十步与一百步的关系，孰对孰错孰高孰下，不过都是世间理性推论上的差别而已。因而，提婆似乎在心性层面还不成熟，未得佛陀传法的根本旨趣，亦未能完全领会龙树菩萨之"中观"态度。

其次，龙树菩萨主张"以破为立"、"破邪显正"，这在前文《六十正理论》和《七十空性论》中，都有根本性体现。而在提婆看来，这还不彻底。为了进一步贯彻"破"的精神，提婆菩萨进一步提出了"不立自宗"的原则，主张破而不立，一破到底。

实际上，这很可能是对龙树菩萨在《六十正理论》中所提出的"不落宗见"的误解。龙树菩萨说不落宗见，是指不对自宗秉持之理念，生起执着，因为此亦是实执的一部分，会障碍涅槃涅槃，证悟空性。但并非是指中观思想应"不立任何见解"。

实际上，中观本身当然也是一种"见"，一种思想一种理趣，如何能说不立呢？且如果偏离缘起有，则容易落于恶取空；而偏离胜义空性，则容易落于实执。两者都是边见，不是断见，就是常见，都与佛法本身不相符合。因而，才要以中观思想来平衡两者。即以中观思想来统合两者，才是"佛法实修的大方向"。而不立任何见解，究竟要说明什么，又是要干什么呢？

于己，若已断除我法二执，则不必执着于不立语言文字相关的见解，佛陀亦是不执著于此的。于己，若未断除我法二执，则不立见解，不过是形式主义，于解脱并无实际意义，且此作法于实际禅修中，很容易造成龙树菩萨在《六十正理论》中明确提到的，忘失次第，直接观空，反而因不能产生深入领悟，而导致对佛法正理的疑惑或不信任，甚至导致趣向恶取空断见的结果。那么，除了利于辩论之外，其旨趣何在？

而且值得注意的是，提婆此思想对后世中观派也存在较大影响，也很可能推动了中观派内部的分裂和理趣上的不清晰。

再次，提婆菩萨在继承中观思想的基础上，进一步提出了"破想"的正观。在《广百论》里，提婆说："虚妄分别缚，证空见能除。"意思是说，证得空见才能破除虚妄分别的相缚。而《破执品第六》最后说："识为诸有种，境是识所行；见境无我时，诸有种皆灭。"其中，"诸有"即三有，指轮回。前半句是说，生死的根本在于"识"。进而分析"识"的来源，在于有思虑，"行"即指思虑，"境"即是所思虑的对象。因此后面是说，有"境"才能生起"识"来，所以，对于境要观其无我，无我则无识，也就灭了轮回之三有。即提婆所破的着重点是在"所想"，而非"能想"，其修法主要关注在破"境"即所缘上。

将此说法与前文龙树菩萨之《六十正理论》和《七十空性论》进行对比，就会发现提婆对轮回的根本与龙树菩萨的认识是不同的。龙树菩萨反复强调的是"实执"而生颠倒无明，而后引生十二缘起。十二因缘法中，始终以断除无明为根本要务，这是直指轮回核心的说法，也是紧依缘生法的本质而自源头进行的断除。而提婆则转而致力于由破境而断识，此作法从整体实修的角度来说，是存在一定问题的。

也就是说，禅修中，断实执可依缘起由观名色生灭入手，逐步深入，念头渐渐熄灭，想蕴不再繁盛，了知缘生诸法皆非实有，但识并未断除，因其基本了别功能始终存在，只是不再进行概念化区分等。因此，禅修中并不断识，断的只是依于无明而生起的"想蕴"，如此则可逐渐清明地深入不同境界。

而"破境灭识"的目的，可能是试图从断"所想"入手，止息识对境的分别力，并由此达成减少想蕴和逐步熄灭念头，进入定境的目的。所以，提婆菩萨所说的灭识，可能是指类似趣向于灭尽定的前六识暂时止息的状态。但这种依据破境而止息前六识运作的修法方式，却很难达成相应结果。

这是因为没有识的运作，是谁来破境呢？也就是说，在试图破境的过程中，识本身就是带着不断地向外触碰和破除的意图在运行的，因此容易散乱，也可能引发暗含紧张性的高度专注，却不易持守，也不易生起深层正定。而且，境不是识得以生起的因，二者实际是互相为缘的，所以，不一定非要破境，才能达成粗显识的安止；而执着于破境，却可能引发识的动荡。另外，"灭识从而断轮回"的说法，也容易与断见混淆，因为即便是灭尽定中，前六识止息，基本的寿暖识还是在底层运行的，因此佛陀也明确指出，涅槃断尽了烦恼与轮回，但不是断灭的"无"。因此，此修法对缘起观及因缘规律，似乎也并无确切了解，甚至几乎没有关注。此处的修法指导，也是值得商榷的。

当然，瑕不掩瑜，菩萨亦是在从众生逐渐走向证悟的过程里，因而存在不圆满之处也是正常的。而从提婆之死，亦可看出，在面对死亡的情况下，提婆菩萨最终超越了自身性格等习气之局限性，了悟了中观真义，其不惧死、不贪生、慈悲践行菩提道的精神，依然是稀有而可贵的，也是值得后世行者感佩的。

综上所述，提婆住世时间虽然不长，但其对后世的影响是很大的。而且后世往往把龙树和提婆并称为"圣龙树父子"，因而其观点也往往与龙树菩萨之观点存在混淆，而后世也常常将二者观点，作为不可分割的一体而兼收并蓄地吸收了。这种情况在后续中观学派的发展里，也占据了重要位置，后文再就此进行详细探讨。

第三节　大乘佛教与部派佛教的差异

大乘佛教与部派佛教之间虽然是同源而生，且存在着不可分割的本质关联性。但大乘佛教自身也存在其不同于部派佛教的特点，下文就详述之。

3.1 所依经典不同

在所依经典层面，部派佛教统一持阿含系经，另外还包括律藏等其他部分。而大乘佛教不但持阿含系和律藏部分，还另外持有大乘经。在大乘佛教兴起初期，即是先有大乘经问世，而后才出现的宣说此类经文的大乘僧人，再之后才出现的正式的大乘僧团、庙宇等，大乘佛教才基本形成。

初期大乘佛教中，已经出现了众多大乘经典。一是般若类经典。现存般若经汉译本，有六百卷，分为十六会。其中，"般若波罗蜜"的基本含义是指"智慧的完成"，也可理解为到彼岸或达到觉悟之岸之义。因此波罗蜜的智慧，就是亲证空性的智慧。

据历史考据来看，大般若经是后汇集才形成如此浩瀚的体量的。支娄迦谶译《道行般若经》十卷，是其中较为古老的部分。相当于大般若经的第四会及第五会。而竺法护译《光赞般若经》相当于大般若经第二会。另外，其中流传最广的是初会《十万颂般若经》、《金刚般若经》及《般若心经》等。另外，《阿閦佛国经》与般若经的关系也较为密切，阿閦佛即不动如来，因"求一切智，至得正觉止，于一切有情不起嗔恚之心"发大誓愿等。

二是与文殊菩萨有关的经典，《首楞严三昧经》，此经宣说自无始以来，文殊菩萨即已完成成佛之修行。另外法华经序品《阿阇世王经》也有类似说法，且强调文殊是佛道中之父母。这是因为文殊菩萨实际上是代表的是"智慧"，即以菩萨的形式对智慧的重要性进行了象征性表达。因而诸佛当然是由智慧而生，如此才可解脱。因此文殊菩萨与智慧和清净心关系密切。因而在印度初期之大乘佛教中，文殊菩萨和般若智慧都占据了较为重要的位置，后续很多经都是围绕文殊菩萨而说。

三是《法华经》，即《妙法莲华经》。汉译本完整版来自竺法护译的《正法华经》，共二十七品。但早期各品亦有单行本传世。如前所述，其早期写本在尼泊尔，吉尔吉特及中亚的迦尸伽和喀达离等都有发现。妙法莲华的意思即是如莲花般不受染污的正法，也就是说此经的宣说目的在于阐明不被污垢所染的正法，即心的本性。众生之心皆具如此之清净本性，即众生皆具佛智。其所说之正法，即开三显一的一佛乘教法，也就是说，虽然说为三乘（声闻、缘觉和佛乘），但本质都是一样的，都为佛乘所含摄。

四是《华严经》，即全称为《大方广佛华严经》。《华严经》的核心在"佛华严"，就是指佛陀于成道时所具备的功德。从全经可分三部分：其一讲毗卢遮那佛依正庄严境界；其二阐明了如何从凡夫到成佛的历位，需要圆满哪些行愿；其三以善财童子南游，一生成办，入普贤三昧，证入毗卢性海。旨在宣说"法界缘起"思想及"圆信"、"圆解""圆行"、"圆证"等"顿八佛地"等理念。此经认为整个世界都是法身佛毗卢遮那佛的显现，并用"四法界"的理论加以证明，用"海印三昧"描绘圆融无碍的最高界境即佛境。

《华严经》也是后集结为大部的。开始《十地经》和《不可思议解脱经》等都是单独流传的，在《大智度论》中也有所引用。《兜沙经》、《菩萨本业经》亦存在汉译之单行本。

五是净土经典。净土三经，即《无量寿经》二卷、《观无量寿经》一卷和《阿弥陀经》一卷。在《般舟三昧经》中提到，观想阿弥陀佛的"观佛三昧"说明此信仰应是早已在印度有所成立的。阿弥陀佛，又称法藏菩萨，另外还有无念德首、慧上、净福报众音、净命等许多名称。此经的独特之处在于提出了"易行道"，即通过信解脱，再逐步生慧等。

另外，初期大乘经典当中还可能包括其他部分，如《大宝积经》、《稻杆经》、《药师经》等。这些大乘经典都是大乘所持有的，不同于部派佛教的部分。而大乘佛教亦以此类经文为宣说弘扬佛法的依据，也作为引领修行的指导。

3.2　从世俗宗教与奥义宗教来看大乘的发展与局限

　　既然所依经典不同，则必然存在佛法思想和具体理路上的差异。大乘佛教，在四圣谛、八正道和十二因缘法等层面之外，还非常注重缘起有和胜义空性的中观道，以及众生皆具佛智的心清净平等性。这两点也可以说是大乘佛教思想中，对原始佛教的最根本性的回归，也是最难能可贵的思想传承。

　　先来看中观思想，如前所述，中观道本身即是佛陀依之涅槃解脱的道路，但其传承却非常困难。从佛陀灭度，部派佛教逐渐忘失修行之中观大方向，到龙树菩萨重新还原佛陀之依中观道修行之本义，期间大约经历了七百年左右的时间。而龙树菩萨再传提婆，在提婆菩萨所持的理念中，中观思想之理趣，实际上已经发生了不能算作是微小的改变了。

　　也就是说，中观思想之传承，在佛陀灭度及众阿罗汉灭度之后，表现出了很难被依原意继承的局面。而在龙树菩萨灭度后，实际上更快速地呈现出了同样局面。那么，既然此类情况不止一次发生，其背后的原因就值得探讨了。

　　细观佛陀所传之中观思想，第一，胜义空性论，对于世人来说是晦涩难解的，因而也不容易引起世人的兴趣和关注。即便是求法者也很容易关注于更容易理解的"苦"或"无我"等在感官层面来说似乎更容易看得见、摸得着的法理。正如前文所说，依缘起有，世人似乎容易理解和接受；说诸法无自性，仔细分析揣摩来看，似乎也可以接受。然而说眼前可亲见、亲闻、亲触之诸法、相、律等，不但本质为空性，且当下即为空性，却是不容易接受的。这也是胜义空性论，在传承过程中，容易被忘失的部分原因所在。

第二，中观思想本身即是众佛典的总纲，又是实修之指引方向。因而，其特性决定了，内容必然要简洁明了。而简洁明了则意味着，其本身仅为框架性和方向性理路的指明。因此，等到龙树菩萨对佛陀之中观思想作出还原之后，其《中论》、《六十正理论》与《七十空性论》已经对此"缘起有与胜义空"综合各个角度做出了全面阐述，所以，实际上并不需要更多解释和说明了，即基本不存在更多可阐发空间了。

那么，这就面临一个问题，无太多可继续阐发之空间，则后世就可能出现三种情况，一是如同部派佛教一般，将其隐匿在佛陀四十五年所说过的八万四千法门里，不知不觉地忘失了中观思想的重要性，也就忘失了佛法趣向涅槃解脱之修行的大方向。

二是后世传法者开始依赖于对其他派别的驳斥，来进行间接阐发。这可能就是提婆思想与龙树菩萨思想存在偏差的来源，也是后世之中观应成派直接继承提婆思想的原因。因为从龙树菩萨中观思想之阐述的角度来说，几乎完善得无再可入手之处了。所以，后世论师为了继续阐述中观思想，就抓住了"驳斥"这个着手点，通过不断地指出他者观点中所包含的实执类问题，来试图对空性进行阐释和说明。同时，这种状态也导致了一定的偏激倾向。

三是后世传法者，想要继续阐发此思想，要么是填充其他佛典或实修所证之具体内容，来进行更具体的诠释和说明，才可能产生必要的阐述空间；要么是从全新视角来为中观思想的继续阐发，注入新鲜血液。填充其他佛典之内容，这正是后世之中观自续派的立派和宗见思路，而加入实修所证具体内容来填充中观之骨架，则是瑜伽行中观派的作法。从不同文化背景出发，在理解中观思想的前提下，以全新视角进行阐发，则是大乘佛教传至中土之后发生的变化，如三论宗等宗派也给出了立足于中观思想之精髓，但又进行了不同程度之发展性地阐述和诠释，在不改变中观思想本质的前提下，又丰富了中观思想在此世间的语言表达方式。

无论如何，大乘佛教在对中观思想之传承层面不但作出了努力，而且形成了对后世影响深远的中观和唯识两大重要派别。因此，在保持佛陀所亲传之佛法修行的大方向上，为此世间作出的贡献，也是非常卓著的。

而从平等佛智的角度来说，中观思想本身与之则是平行且并存的关系。平等佛智的重要意义则在于佛陀原本就特别指出了众生本质无二无别的特质，而佛陀亦是因涅槃而成就为觉悟者的。那么，众生依佛陀所教导的解脱道路去实修实证，也就应该是可以彻底断尽轮回，趣向涅槃的。这是所有以全身心致力于断轮回证真理者，都必然追求的彻底解脱之路。

但部派佛教的声闻、缘觉与佛之智慧三分说，则致力于说明众生的解脱道路，会局限于声闻或缘觉智慧，而对突破此局限的进一步超越性途径又保持了沉默，因此似乎有认定声闻和缘觉，注定不可能达成佛智的嫌疑。所以，致力于涅槃解脱的诸多行者，也需要在修行理路上，拓展对证悟的认知，并以此来作为实修实证的指导，以便为进一步的彻底超越带来可能性。

因此，平等佛智的宣说和阐明，就非常重要了。

综上所述，即是大乘佛教在思想层面与部派佛教的不同之处。但要理清大乘佛教与部派佛教的差别，还需要引入世俗佛教与奥义佛教的概念来进行探讨。世俗佛教，即随顺世间而建立的以规范伦理道德为主导，以安抚民众心理、慰藉民众心灵为形式的宗教。而奥义佛教，则指以追求亲证出世间真理为最高和根本目的的佛法传承。

从此角度来说，未进行任何分裂的原始佛教，完全是奥义佛教。而部派佛教和大乘佛教，都既包含世俗佛教的成分，也包含奥义佛教的成分。而相对来说，大乘佛教的世俗佛教成分占比要更明显，也更强烈。

例如，在佛陀观上，部派佛教和大乘佛教持有不同看法。部派佛教大多把佛陀看作导师，认定佛陀是完满觉悟者，这是基于原始佛教而延续的看法。但同时认为众生只能证得声闻和缘觉智，而无法达到佛智，这又是一种分别性看法。

而大乘佛教则把佛陀视为全知全能的存在，且除此世间成就的释迦牟尼佛外，三世十方另有恒河沙数的佛在说法和救度众生。因而大乘一方面给出了众生皆具平等佛智的理念，另一方面则发展出了"救度"众生的观念，这是部派佛教所没有的。这其中都既包含了奥义佛教的成分——众生皆具佛智和菩萨行，也包含了世俗佛教的成分——佛陀（也包括菩萨，下文详述）变成了可以救度众生的神，这既是满足众生的崇拜需求，也是满足众生的被救助而出离苦难的愿望，所进行的宣说。

因而，大乘佛教糅合了奥义佛教与世俗佛教，使得菩萨思想成为了大乘佛教思想的一大特色。即大乘佛教把佛陀成正觉前的修持阶段，称之为修习"菩萨行"的阶段，来作为修行者的榜样，并进一步以"六度"、"四摄"等概括此菩萨行，给出了教众具体应遵守的原则和行事的标准。因而，菩萨行也就是救度众生的具体过程。

从大乘佛教的角度来说，菩萨行是大乘立足于世间的根本，此世俗佛教的表象也是大乘在后世得以向北传播东亚，并广泛繁荣的基础。

一方面，部派佛教以缘起作为观修所缘，而后依禅修，逐步证悟四圣谛的修法，本身是非常深入而细致地转化众生身口意状态的方式，其训练中，包含了对极其微细的个人心理状态的产生、发展、衍生演化延伸等等过程的觉知和转化。

但值得注意的是，此修法对于个体与他者以及个体与群体的关系层面的觉察和转化，涉及非常稀少，甚至可以说几乎没有。换句话说，部派佛教处理这些问题的方式基本上还是回归个体，各自处理自身口意的部分。但这样的处理方式在实际的社会生活中来说，是不够的。从这个角度来说，这也是部派佛教长期受困于僧伽之间的矛盾和冲突，在共业爆发之中，难以得到切实化解的原因之一。

也就是说，个人身口意层面的转化，不等于集体共业部分的转化。因而即使个人在佛法实修道路上已经有了一定程度的实证经验和修为，但面对个人与集体，以及个人与社会整体的关系时，依然可能会引发出单独个体所处理不了的问题，甚至可能影响到最终的实证解脱。而菩萨行之修行道路的提出，则补足了此部分缺陷：大乘佛教，特别对于个人与他者的关系，以及个体与群体的关系等相关层面，给出了明确地修行方式和日常处理方式。这就是"六度"和"四摄"于修行层面的意义所在。

但从另一方面来说，部派基于原始佛教而修行，对佛法的探讨和关注，也多基于与此相关的四谛、八正道、十二因缘法等更具实际内容之说法，因此，部派佛教相对来说整体也形成了更稳定踏实的修行风气，实修基础也较为扎实。

而大乘佛教对世俗佛教与奥义佛教的融合，则在一定程度上使得大乘的表现形式，更趋向于世俗化。尤其是后期，大乘世俗宗教已经几乎完全转变成了东亚等地区的求神拜佛为主的状态，在外显形式上基本可归于有神论及神创论的范畴了。这实际上也或多或少地影响到了其背后奥义佛教的传承——更多人了解的佛教，就只是世俗形态的，而不知还有奥义一说。

而在此基础上，大乘世俗佛教内，也存在为数不少的偏离佛法实修轨道的底层僧众，这些人一方面在实修之基本功的训练层面不够深入，对实修几乎没有深刻领悟和体会；另一方面又热衷于似是而非地谈玄论道，或对轮回因果夸夸其谈或口若悬河装神弄鬼，来作为谋生手段，此类情状虽有僧伽之外形，但实际却并非是真正追求佛法真理的人，也并非是佛法真正的信徒和追随者。而是某种形式的附佛者，俗称佛油子。此类型僧众数量一旦占比相对明显，大乘世俗佛教之整体风气也必然会不同程度地受到影响，呈现出偏于轻佻浮夸的面貌，对应的实修状况也往往容易显得不够踏实和沉稳，对佛理也难以给出令人信服的宣说和诠释了。

当然，大乘佛教传承至今，毕竟奥义的部分依然得以延续了，现代后学才能得以研习和了解。也就是说，与此世俗佛教出现偏差的同时，奥义佛教也在大乘世俗宗教的背后，通过一些注重于佛法实修并对佛陀所传之教法切实存在深刻理解的僧伽，而继续得以代代相传地生息流传了下来。

3.3 佛法实修层面的差异

在修法理路、修行方法和修行目标上，部派佛教一般主张"我空法有"，即否定以"我"为核心的虚幻主观体验，而证得人无我和法无我。但对外在客观世界，有的部派既不肯定也不否定，有的部派则肯定极微等存在。大乘佛教则主张"人法两空"，既否定以"我"为核心的虚幻主观体验，也否定客观事物的自性，即既要破除我执，断烦恼障，也要全面破除法执，彻底断除所知障，才是真正的涅槃解脱。而诸法自性空，也是早期大乘思想的一个重要特点。

在修行方法上，部派佛教主张修戒、定、慧之三学，并通过八正道证悟四谛，而后获得解脱。而大乘佛教则除与部派佛教相似部分之外，另外偏重于修习包括"六度"、"四摄"在内的"菩萨行"。

具体而言，"六度"即布施、持戒、忍辱、精进、禅定和智慧，大乘认为此六种方法是能够断轮回证涅槃的途径。具体来说，布施的含义是使得施舍的动机和意愿能得以辗转增上，将身体及财富等布施世间，甚至连同布施的善根也要针对众生去作布施。这是布施中所须要增长的"舍"之心性。在修布施的过程中，要始终将涅槃作为目标，清晰明了自作布施之究竟目的是为亲证无住涅槃，如此不断修舍心而布施，那么就能趣向涅槃寂灭。

　　持戒，是指不舍弃菩提愿心，而精进持戒，不退转的修行方式。为此应善加思惟暇满人身难得、恶道难离，因而获此暇满人身时，更要持戒而精进行善。

　　忍辱则是指心不随外境变化而起波动的相关修习。也就是说，如果行者遇到了不公正、没道理、轻辱蔑视自身的损害性行为，那么应该了知，可以对抗的是行为，但对于行为的施加者即施害者，则要练习不起嗔恨，并将其当作修习慈悲心的对象，进行忍辱修习。即对施害者具有慈爱悲心，对其所做的罪恶之不合宜举止出于悲心加以阻断或抗衡。因此，修持忍辱，能够帮助行者渐渐将"人"与"罪恶的行为"区分开来看待，因此就不会为此而生烦恼，而是能够依据智慧在了解各层次之状况之后，再理智行动。当然，如果行者能够在这类糟糕处境下，广修忍辱，那么在其他的情况下，心也更容易保持定力，而不会轻易随外境变化而起波动，并因此而执着于世间种种苦性了。

　　精进是喜善之意，即所谓精进是指于善行兴致盎然，而自动自发地勤勉于善行的状态。一般认为，忍辱的相关修持练习，能够带动精进的产生。而当行者能够逐渐对甚深广大道产生认同并将其落实在日常生活中的时候，再继续修持并反复练习，而逐渐产生相关觉受，就会启动心的精进力量。同时，也只有持续地以精进力实修，才能逐渐转化烦恼无明的心之相续状态，并逐渐得以生起证量，获得超越性实证。

　　禅定则是要训练心无旁骛的相续专注的力量，即承顺善行的专一心志，会为解脱带来根基。而相反，心随散乱而转移，则会很容易处于烦恼的现行与相续中。因此，修持禅定的目的，不是为了获得色界的初禅、二禅、三禅、四禅，以及无色界的空无边、识无边等禅定。而是为了生起胜观。

具体来说，胜观分为通达如所有以及通达尽所有之胜观，还有具止观行相的世间胜观，具无我形相的出世间胜观。因此，禅定的首要目标，又特指出世间胜观，即打破实执，证悟空性之胜观。为达成此目标，修行者应远离以今生事务为目标的状态，远离对衣食住行等的追逐，专注修习解脱之道。

智慧，即是指要证悟空性，才可能通达胜义智慧，而不被实执所遮。众生实执深重，且为本能，因而借由方便功德等都无法彻底破除，信心、悲心、菩提心、布施、持戒等修持，也无法彻底改变此实执，只有证悟空性才能断除实执，亦断除所知障，证得真正的般若智慧。

"四摄"则是指与他人相处时需要遵守的原则，具体即布施、爱语、利行、同事。大乘认为此为菩萨救渡众生时所遵守的原则和方法。

布施摄的意思与六度之布施不同，此处的布施主要是指对众生投其所好而建立良好的关系。由此，使得众生于己生起信任和爱戴，因而可逐步度其了解佛法，进而行解脱道。

爱语摄则是指以众生乐闻之善语与之沟通，从而逐渐使得其可领悟佛法，走上解脱道路。

利行摄是指以身口意之善行切实地利益众生，从而使众生生起信任和爱戴，进而愿意进一步领受佛法。

同事摄则指根据众生根性而先认同对方之身语意等行事方式，再逐步引领对方对佛法产生兴趣，进而走上解脱道路。

而在修行目标上，部派佛教把证得"阿罗汉"果作为修行的最高目标。而大乘佛教则以"普渡众生"为修行宗旨，以成佛作为最高的修行目标。

综上所述，大乘佛教在对实执的过患认知和如何打破实执证悟空性的层面，较部派佛教有了更进一步地清晰。同时，在个体与集体，以及个体和社会的关系层面，也较部派佛教迈出了较为重要的一步，从此修行者不止在森林隐居处可以保持内心平静的修行状态，而且在不得不接触他人、集体以及社会的情况下，也有了可依止的修行方式和准则。

但此世间事物都具有两面性，在大乘佛教作出这些改善的同时，也由于过于看重菩萨思想以及菩萨行，而无意中削弱了禅修相关的实修实践的重要性，从而也使得大乘佛教的世俗宗教性质越发被强化，而奥义佛教的性质则相对逐步减弱了。

第七章　发展的大乘佛教与中观思想

大乘佛教自龙树菩萨立《中论》后，开始正式登上了历史舞台。在这段时期，印度佛教史上开始出现了一段大小乘并兴的时代。而在提婆早逝，罗睺罗跋陀罗的传人又几乎难以理清，因此中观思想传承趋于低迷的情况下，另一股来自西北地区的新兴思想却逐渐发展了起来。这就是瑜伽行派。

第一节　印度瑜伽行派的兴起

在渥德尔的《印度佛教史》中，推测无著菩萨于公元 290 年或其后，生于迦腻色迦王的犍陀罗的首都弗楼沙，并于公元 360 年左右灭度。其判断基础是，无著菩萨的弟弟世亲菩萨之部分著作在公元 360 年之前，就已经传到了中国。

宇井伯寿在《印度哲学史》中认为无著约在公元 310—390 年间住世，世亲则在约公元 320—400 年之间住世。平川彰《印度佛教史》和圣严法师之《印度佛教史》中的看法，都与此较为类似。

吕澂在《印度佛学源流略讲》中认为，无著住世时间大约是公元 400—470 年，世亲则大约是公元 420—500 年。渡边海旭在《陈那论师及其出现的年代》中持与此类似的看法。上述前后两类说法，相差了一百多年。

而木村泰贤在《大乘佛教思想论》中推断关于无著菩萨和

世亲菩萨的年代说："关于无著、世亲的出世年代，虽有种种的异论，但我现仍推定为生于四世纪之末，活动到超过五世纪之半，在种种之点，认为是稳当的。"

望月信亨在《佛教大辞典》中则引用了《印度古代史》、《婆薮槃豆法师传》、《大唐西域记》及《俱舍论》等著作，依此推断世亲菩萨的住世年代为"公元370—450年，较为合宜"，而无著菩萨的住世年代则为"360—440年较为合宜"。此说法的无著和世亲住世时间，则正好在上述两类观点的中间时间段内。

虽然关于具体在世时间众说纷纭，但基本可以肯定的是，各派学者都赞同，无著菩萨和世亲菩萨，是在笈多王朝将要兴起或正兴盛的时间里，住世的。

具体来说，瑜伽行派以弥勒菩萨为祖师，依据的大乘经典有六部，即：《解深密经》、《大方广佛华严经》、《如来出现功德经》、《大乘阿毗达磨经》、《楞伽经》、《厚严经》。其中最根本、最重要的是《解深密经》，它是唯识学的正依。唯识学的主要思想和核心理论都起于此经。

且瑜伽行派从立派之初，就以缘起有和胜义空之中观思想为阐述根基，并非常重视《中论》。因此，瑜伽行派中广泛存在对《中论》的注释，如无著菩萨著有《顺中论》，德慧、安慧等论师亦都有《中论》注释传世等。从此角度来说，瑜伽行派本身也是中观思想的传承者。

而瑜伽行派的立派者无著菩萨，最初是说一切有部的论师，后得弥勒菩萨说《瑜伽师地论》、《分别瑜伽论》、《大乘庄严论》、《辩中边论》和《金刚般若论》，即"慈氏五论"，而潜心于以般若空性为基础思想，以瑜伽禅修为实践方法的佛法践行当中，并逐步构建起了瑜伽行派的实修次第和理论基础。之后，又亲自著述了《摄大乘论》、《显扬圣教论》、《大乘阿毗达磨集论》、《顺中论》等论释，来宣说唯识义理、阿赖耶识缘起、五蕴、十二处、十八界诸法之差别与联系，从而初步确立了瑜伽行派的思想体系。

而无著菩萨之弟世亲菩萨，最初也是在说一切有部出家，还曾著有《阿毗达摩俱舍论》，是说一切有部的著名论师。后来，世亲听从兄长建议，转向瑜伽行派，学习大乘之空性观，而成为唯识思想体系的另一位重要奠基者。

他以《百法明门论》为总纲，通过《大乘五蕴论》说明诸法名相，再以《唯识二十论颂》完成唯识理论体系之构建，阐明唯识无境之理，以《摄大乘论释》阐明阿赖耶识的存在和性质。而《佛性论》则肯定一切众生皆有佛智。由此，瑜伽行派的理论建设得以大成。

《唯识三十颂》是世亲菩萨晚年的代表作。此颂著成之后二百多年间，先后出现了十大论师为相继为其造论诠释的盛大局面，由此瑜伽行派也逐渐成为公元五至六世纪间，大乘佛教的两大派别之一。

而十大论师中，德慧曾在摩揭陀国与外道数论派论师辩论获胜，因而深受国王崇敬，他善定学，著有《随相论》、《中论注》等。安慧擅长因明学，并兼通大小乘，著有《大乘广五蕴论》、《阿毗达磨杂集论》、《宝积经论》等。护法论师力阐唯识学说，代表作有《成唯识宝生论》、《观所缘缘论释》等。戒贤曾师从护法，七世纪，唐玄奘赴天竺求法，即拜于戒贤论师门下。

因瑜伽行派注重禅修实践，所以这些后世论师亦从结合自身禅修经验与唯识理论互相印证的角度出发，而对唯识三十颂作出详解。在这些论师的完善之下，瑜伽行派的思想系统和理论体系，都越发完善，并逐渐形成了八识论、三性论、心识四分论、种子论和五位百法等共同组成的"佛法唯识学"。

而按照吕澂的考据，可以肯定，那烂陀寺是在笈多王朝建立并大规模得以发展的。因此，吕澂推测，那烂陀寺的主导建立者很可能是世亲菩萨，而后也主要以宣说无著和世亲的唯识学说为中心，而开展佛法的弘扬工作。且另外，网罗了大小乘各派学者各抒己见，形成了百家争鸣自由讨论的风气。在此基础上，那烂陀寺继续发展了包容性学风，将佛学作为整体加以组织分科，因而讲学规模日益完整，佛学的整体观也逐步得到了确立。笈多王朝衰落后，在七世纪左右，以印度西部的伐腊毗城为中心，又形成了中期大乘佛学的发展中心，唯识学派的德慧、安慧等法师都曾在此地区弘法。

由此也说明，不止在大乘发祥的早期及龙树菩萨时期，大乘与部派并无明显对立或互相攻讦的状态，直至中期那烂陀寺佛教中心繁盛时期，此阶段内佛教内部，依然是保持着包容开放和兼收并蓄的学风的。

1.1 唯识学简介

简而言之，什么是唯识思想呢？唯识是唯识无境的简称，指境不离心而独立存在，外在物质界不离识而独立存在。即心识是创造轮涅的根本缘起，而佛法修行之目的则是转识成智，使得心识出离于染污而现本有清净光明相，即是证大菩提、得大涅槃。这就是唯识思想的宗旨。

下面再具体从唯识相、唯识性、唯识行、唯识果等几个层面来简述唯识的旨趣所在。

首先，唯识相中的相，即指一切境相，包括诸法、诸相和诸律，都不离识。其含义是指诸法、诸相、诸律，都是心识变现所生。无著菩萨在《摄大乘论》中云："复次，云何安立如是诸识成唯识性？略由三相：一由唯识无有义故；二由二性，有相有见，二识别故。三由种种，种种行相而生起故。所以者何？此一切识无有义故，得成唯识。有相见故，得成二种。若眼等识以色等识为相、以眼识识为见，乃至以身识识为见；若意识以一切眼为最初、法为最后，诸识为相，以意识识为见，由此意识有分别故，似一切识而生起故。"而世亲菩萨《唯识三十颂》云："是诸识转变，分别所分别，由此彼皆无，故一切唯识。"

这都是首先成立唯识无境的含义。也就是说，首先，对离识而独立存在的完全客观的外境，进行了根本否定，并以此来阐明一切不离识的根本唯识义。再说明，心识的本性是了别。而了别即明了分别，也就是认识的意思。心识的认知，大致分为见相二性。其中，见分指识能缘取对象并进行了别的作用，相分则指见分的缘取对象。也就是说，识之见分为"能取"，而相分为依托外境而于识内生起的可被认知的"所取"。而离开此二分而独立存在的完全客观的外境，是不存在的。

具体地说，心识则以三能变为主体，即第八异熟识、第七思量识、前六了境识，总共有八种类型。其中，第八异熟识，轮回中含藏有漏种子，也称阿赖耶识，亦是主体识。第七思量识，在染污状态下，恒常审思第八识见分为"我"，因而亦恒常与四根本烦恼相应，称为末那识。前六了境识即眼、耳、鼻、舌、身、意。其中前五识是对外境的粗显了别。而第六识则另有观察、归纳、推理、作出结论的能力，能了别内外境。因此，第六识能认识境象，并在了别的基础上能对事物进行整体性概括和阐述，还能经由逻辑推理而得出不能直接被感官所认识到的某些结论。

三能变又可分为因能变和果能变，也叫做因缘变和变现变。具体来说，第八识是变现的根本，而能变的功能是通过"种子"来完成的。"种子"是对第八识的各种变现功能，通过直观性概括而给出的概念。因此，依据唯识学的观点来看，种子也就是一切因缘法背后的根本因。

具体来说，种子又大体可分为两类，即等流种子和异熟种子。等流种子，会根据各种条件，引发前七识的善性、恶性或无记性的现行活动的发生，而这些现行活动又会反过来熏习第八识，使其中相应的种子生起或增长。因此，种子前后性质相同就命名为"等流"。异熟种子，则是指此类种子会由于条件句子，而在趣向异世的转生中，引发前六识的有漏的善性或恶性的现行活动，也可以反过来熏习第八识，使其中的相应种子得以生起或增长。因其在异世获得成熟现行的特征，而命名为"异熟"。上述两类种子，能转变而生成现行的一切事物、自类种子及异熟果，就称为因能变。

而果能变，指由上述两种种子的力量，根据相应条件的具足，就会变现出八种心识的具体状态。因为有等流种子作因缘，八种心识具有差别的主体和性状能够生起，所以称之为等流果。有异熟种子作增上缘，感生第八识的果，由引业产生的力量就可以始终延续，异世投生的第八识就得以变现，因此第八识也称为异熟识。异熟的第八识生起感生前六识的果，就称为异熟生。而异熟识（第八识）与异熟生（前六识），又统称为异熟果，这就是果能变。

因此，因能变和果能变的共同作用，就创造出了从自心识到根身器界的所有一切。由此可知，唯识学的宇宙观为"众生创世说"。即众生都是自身生命和一切经历的创造者，但这并非是指众生之主观"我"可以随意创造，而是指众生依据自识之种子作为根本因，再依据所具足的其他不同条件，而不断地创造实执和苦迫，进而创造不止息的轮回。

其次，唯识性，即三性，这是指世间法、出世间法、有漏无漏、染净诸法都可归为三种基本性质来进行概括，即：遍计执性、依他起性和圆成实性。也就是说，此处的自性定义与中观派等不同，此自性并不存在恒常、纯一、独立自主的特点，而是指本有特性的意思。

具体而言，"遍计所执性"，就是指众生普遍实执于"我"和"法"的真实存在，而实际上恒常、纯一、自主之"我"和"法"都并非实有，因而就称这种心识处于染污态的众生所有本有的共同性质，为遍计所执性。而"依他起性"是指一切世间法都依"染污他因和缘"而起，而证得出世间胜义，无为法则是依"清净他"而起。因此佛法修行就是在"依他起"法上，逐步把染污转为清净，从而也就转成了"圆成实性"。"圆成实性"，其中"圆"指真如是普遍存在于染污与清净法背后的本质；"成"则指真如性恒常不生不灭；"实"指真实不虚。因此，圆成实性也就是指真理的本质状态。

上述说法，对于现代人来说，看起来可能还是不够清晰明确。下面就以类比的方式来说明遍计所执性和依他起性的差别。比如，在心识对自身所处的状态，生起了别功能的时候，触、作意、受、想、思心所也生起并进行运作。那么，在这个过程中，心识产生的认知，包括感觉、看法等等，都是依他起性的——这些心识反应和状态，的确是由于因缘作用而生起的。

而与此同时，心识也在认知过程里，感觉到是"我"在想、"我"在产生情绪等等，那么这个相关的"我"就是遍计所执性，因为因缘作用里，并没有产生"我"这种事物——即使作为世间事物来说，"我"也没有被产生出来。所产生的，仅仅是心识执着有实体性的"我"的看法而已。因此，"与心理相关的我"是遍计所执性，而心识对自身反应进行的相关认知，则是依他起性。

类似的，心识对身体的认知过程，也可以作以类比。心识了别到身体，包括形状、大小、温度感受、触感等等，这些认知反应，都属于依他起。而与此同时，心识也在了别中，认为身体是"我"。那么这个"与身体相关的我"，还是遍计所执性；而对身体的了别反应，则是依他起性。

再比如，当心识去认知杯子的时候，了别到杯子的形状、材质和触感，这些反应都属于依他起性。而心识认定存在杯子这种实体，那么这就是遍计所执性的作用了。因为根本不存在所谓"杯子的本体"这种东西，这是心识自己幻想出来的。当然，以此类推，心识对其他事物、现象和规律的认知也都是如此。假想它们是实存的，那么这种假想的本体，就是遍计所执性。但观察其功用和相关性质，那么这部分就是依他起性。

换句话说，依因缘规律，是无法生起"我"和"法"这种根本不存在的事物的，只有依据实执的遍计所执才会假想出"我"和"法"这类事物的存在。所以，才要对依他起性和遍计所执性进行区别性认知。也可以说，依他起性，意味着此类事物在此世间是有性质和功用，且会随因缘变化而变化的；而遍计所执性，实际上在此世间也并无性质和功用，而且会被心识幻想出不随因缘变化的独特本质。

而圆成实性，则是指上述过程里，所有的反应、状态和呈现，都不存在真实本体或本义，其本质是空性的。

由此可知，所谓的遍计所执性，实际上，就是与实执相呼应的虚妄自性，说虚妄是因为它执非实为实、非真为真，说自性则指此世间众生与万法与生俱来就有此特性。而依他起性即指诸法本有的依托因缘而生的特性，即此性实际是与缘起律相直接呼应的世间真理。而圆成实性则指向空性，也就是胜义谛本身。因此也可了知，唯识之三自性实际上正是依据中观思想而建立的。

而与三自性相对的，就是三无性。三无性即相无性、生无性、胜义无性。"相无性"是指是我相、法相，均无真实性和真实义。"生无性"是指诸法因缘生，不具真实性。"胜义无性"，指胜义空性，由二空而显现真如。

下面再来说明唯识行和唯识果，这两个部分。唯识行可分为五位：资粮位、加行位、见道位、修道位、究竟位。

1、资粮位。资粮位以信为主，行者在受戒后，要建立正信、正见、正行，从而积累福德智慧资粮。

2、加行位。即开始佛法实修，以止观勤修而加行，以四寻思观、四如实智，中间产生四种定，经过暖、顶、忍、世第一位而入见道。暖就是初步得到法喜，得"明得定"。顶位得明增定。对比来说，明得定是开始直观认识到外境不离识，而明增定就增长此智慧的表现。忍，即坚定，观所取和能取皆空，而住忍位，得印顺定，既印证能所皆空。再修无间定，即不间断地刹那相续地认定能所空。因而刹那即间进入见道，因为无有间断，而称为无间定，这就是"世"。由此暖、顶、忍、世就组成了加行位的修法，并可由此入道。

3、见道位。见道位即完全进入能所俱空的境界。进而成为初地菩萨，开始进入修道位。

4、修道位。即菩萨从初地到十地的修行，初地即欢喜地，然后是离垢地、发光地、焰慧地、极难胜地、现前地、远行地、不动地、善慧地和法云地。这是指后天分别所生的烦恼障和所知障，可在初地断除。但俱生之烦恼障和所知障，则须到七地才可断现行，且种子还在。从八地到十地，上述种子时常起伏，可生现行，但较为微细。十地才能完全彻底斩断二者，进入正等正觉而成佛果。

5、究竟位，即证得佛果，在唯识学看来，转识成智，转烦恼障证入涅槃，转所知障了解二空，证得菩提，这就是佛的境界，即是究竟位，也是唯识果。

综上，就是对瑜伽行派基本理念和思想体系的简单介绍。由此可知，唯识的根本思想即是中观的，即认可缘起有的存在，同时指出根本缘起在第八识以及种子功能之中。同时认可胜义空性，即世间诸法、诸相、诸律皆无真实恒常不变的本质，而只是相依而起的心识种子变现。

1.2 无相唯识学与有相唯识学

无相唯识学一般来说即唯识古学，有相唯识学则属于唯识今学的范畴。现代研究学者认为，在十大论师中，亲胜、火辨、难陀、安慧皆属古学，而今学的代表人物则是陈那和护法。学者吕澂在《论庄严经论与唯识古学》中，指出："古学唯识非但见、相为识性，心所亦以识为性。""此皆谓所缘可别有性，但不离识故名唯识。""此解唯识不同，实古今学一切异义之根源也。"即两学之根本差异在于：唯识古学认为，一切即识性；而今学认为，一切不离识，但并非一定就是识性的直接体现。

也就是说，唯识古学和唯识今学一个主要差异表现在，二者对心识的认知方式存在不同看法。唯识古学认为，由识之主体即可完成心识的认知功能。而唯识今学则认为，心识可分为不同的支分，即相分、见分与自证分。其中，相分是指心识变现的要认取的形相，而见分是进行认取的功能，自证分则是能够认知到自己正在进行认知的识之主题。

因此，唯识今学认为，相分和见分是依他起而生的存在，而唯识古学则认为它们只是遍计所执产生的幻相。但唯识古学现今存世的著述，几乎已经不存在了。其引文散见于有相唯识学的各类批判著作里，也极不全面且可能存在派别隔阂造成的误解。因而只能说根据此类不全面的引述来看，相分、见分与识的自体，这三者原本就是同一个，所以也就相当于不存在相分和见分了，或者所谓的相分和见分只是编辑所执的结果。

而唯识今学则认为，见分与自证分是同一本体，但相分则不一定与自证分是同一本体，例如，六识在认识外境时，相分是以第八识变现的外境而生起的，而见分和自证分则来自于第六识。因而，相分与见分、自证分，不一定要来自同一个识。也就不能说即识性，只能说相分不离识，因而相分和见分的存在也是必要的。

而由于唯识古学和今学的一个主要差异，表现在了相、见二分是否为依他起而有，即有相、无相的问题层面，因此，也就有了无相唯识学和有相唯识学的名称。

根据《成唯识论》引用之安慧论云："有义：三界心及心所，由无始来虚妄熏习，虽各体一，而似二生，谓见、相，即能、所取。如是二分，情有理无，此相说为遍计所执。二所依体，实托缘生，此性非无，名依他起，虚妄分别缘所生故。"

这是说，心和心所由于虚妄分别熏习的作用，虽然体是一，但令有漏心识产生了似乎实在的见相二分，即能取和所取二相。此二分按照表象似乎存在，但按照道理却并不存在，因此是遍计所执性。而此二分所依之体即心识本身，为因缘所生，称为依他起，因为是依托虚妄分别的因缘法而生。

有些学者认为，唯识古学和今学的差异来自对《辩中边论》的理解不同，此论中有云："虚妄分别有，于此二都无。此中唯有空，于彼亦有此。"世亲菩萨对此的解释为："虚妄分别有者，谓有所取能取分别。于此二都无者，谓即于此虚妄分别，永无所取能取二性。"可见，是以所取和能取为"虚妄分别有"的范畴内的，也就是属于依他起性。

但唯识古学把此偈颂中的"二"，理解为相分和见分，因此否定了二者的依他起性。而唯识今学则在世亲菩萨所述基础上，继续加深了阐述内涵。玄奘法师认为，此偈颂中之"二"并非指相见二分，而是指由见分对相分的认知所产生二元对立观念，这些二元对立观念是有漏心识的错误认识，是虚妄不实的，因此说"虚妄分别有，于此二都无"。而产生此二元对立认知的，相见二分却是依他起的，因此属于相对层面的"有"，这就是有相唯识学之意所指。

用现代的语言来描述，也就是说，唯识古学认为相分和见分，就像众生对"我"的实体性认知一样，是一种基于实执而被幻想和假想出来的，似乎存在的事物，但它们实际上也跟"我"一样，在此世间也不并存在，且没有功用。但唯识今学认为，相分和见分是因缘作用里，会显现作用的事物，就像心识能进行了别一样，产生相关的系列反应一样，因此是依他起的世间性存在，而不是幻想或假想出来的。

那么，唯识古学否定相分和见分的依他起性，带来的问题在哪里呢？首先，唯识学并不是哲学意义上形而上的唯心主义。唯识学的离识无境有两层含义：一是心识在轮回中于此期生命的开始，先变现出根身器界，这是一层离识无境。即境为心识变现。但自变现之根身器界与具有共业他者所变现的根身器界是互相叠加，也会产生相互作用的。因而，此根身器界变现之后，就在进行了别的前六识之外了。

第二层离识无境的含义是，心识对此早已变现的外境进行认知过程，是通过相分作为连接基础来形成识内境相，为见分进行了别提供对象，而完成的。也就是说，心识并不直接认识外境，而是认识自识依据外境而变现的相分。因此，识的了别是建立在自身感官功能的局限性里的，例如，人的感官变现的相分会认知树叶为绿色，但猫狗牛马等则可能不同，即所了别的结果依赖于自识变现的相分而定，而非依赖外境本身。因此说"离识无境"，即不存在离识而独立存在的完全客观的外境。这种说法与现代神经科学的研究也是相符合的。

所以，唯识古学否定了相分、见分的依他起而存在的性质，实际上会带来对识内境的否定。如此，则识之了别功能将无所依托，即否定了相分，则心识究竟如何认识外境，实际上是唯识古学无法给出合理解释的，只能含混地说"相分和见分只是假想"，那么心识到底认知的是什么呢？似乎就只能是直接认取外境了，但不同的众生认取到的外境又不同。因此似乎众生既是直接认取外境，又是随自己而产生任意性的认取结果的。所以，这就有变成彻底的唯心主义的倾向和嫌疑了，也显然是与唯识学原意是不符的。

其次，在唯识学中，众生都是依自心识而变现根身器界，因而自心识之外，必定有他心识存在，且相互之间属于互为增上缘的关系。而自心识对他心识的认知，不经由相分，如何认知呢？如果认为自心识可直接认知他心识，则人人都具备了他心通的神力。而如果认为自心识，完全不能认知他心识，则与世间相违。如果认为自心识对他心识所谓的认知，完全来自自心识的胡编乱造，则与上述沦于唯心主义的倾向一样，是不符合唯识学本义的。因而，自心识必定要变现出有关他心识的相分，来供自了别和认知，才可能实现世间的人与人之间可以借助肢体动作表情以及语言等，进行一定程度的沟通的结果。

再者，对相分和见分的否定，也会导致对种子和现行关系的否定。以人类与猫狗牛马，认识到的树叶的颜色不同为例说明，此了别颜色之不同，来自于各自第八识执藏的种子不同。在眼识进行了别的时候，第八识中相关认识颜色的种子即因，遇到缘，而成熟并现行，余识就显现出了看到的颜色。而种子现行的同时，又在第八识中熏习而留下了日后再显现的新种，如此，则因果相续，连绵不断。同时，相分和见分的功能，也各自是种子所生起，在现行中又熏成新种，如此而相续的。

而否定了相分和见分，心识以一种含混不清的状态进行了"了别"，那么，种子和现行以及新种的根本缘起系列关系，即最根本的因缘法就无法成立了。这就否定了缘起观，显然不但不符合唯识真义，也直接违背了佛法的根本所指。

另外，玄奘法师在《成唯识论》中还指出否定相见二分会造成以下结果："不尔，无漏后得智品二分应名遍计所执，许应圣智不缘彼生，缘彼智品应非道谛，不许应知有漏亦尔。又若二分是遍计所执，应如兔角等，非所缘缘，遍计所执体非有故。又应二分不熏成种，后识等生应无二分。又诸习气是相分摄，岂非有法能作因缘？若缘所生内相见分非依他起，二所依体例亦应然，无异因故。由斯理趣，众缘所生心心所体及相见分，有漏无漏皆依他起，依他众缘而得起故。"

其主要依据是从证悟等角度来谈的，去除前文详细论述的部分，以现代语言描述，即：

一、否定相分和见分的依他起性，则相见二分为遍计所执性，因此佛无漏后得智的见相二分，也成了遍计所执性。如此则佛后得智要么非依此二分生起，要么依应不是无漏智。

二、以相见二分为遍计所执性，那相分与见分本身就与兔角等一样是"无"，因此不能作所缘缘。

三、诸种本身就是第八识的相分，以相分为遍计所执性，种子也就是遍计所执性，如此则无法成为诸法因缘生之"因"。

四、相见二分为遍计所执性，则其所依也应是遍计所执性，因此心识也是遍计所执性，但这显然是不正确的。由此说明，随因缘所生的见相二分，以及心识和心所都是依他起而有。

其中最后一点又涉及到了唯识古学和唯识新学对心识和心所的看法差别。唯识古学认为心所与心识是同一本体。但唯识今学则认为，心所与心识非即非离，八识本体也是非断非常，八种心识互相之间也是非一非异的关系。此关系将在下一小节中再进行更为详细的探讨。

1.3 唯识学不是唯我论或神我论

如前所述，唯识学并非是哲学意义上的唯心主义，因此对唯识学的理解，不能望文生义。认为唯识学是对印度神学的妥协，以及向印度教的靠拢等类似说法，都是建立在对唯识学完全不了解的基础上的。但唯识学不是唯我学，也不是神我论。

首先，唯识与唯"我"之间的存在的最显著差别，即"我"之定义中，最主要的一个部分即"主体性"及其衍生出的"自主性"，而这种功能，恰恰是识所不具备的。

先来说自主性，识，包括八种，以第八识为根本识，进而衍生出第七识意根，以及前六识。但这八种心识中，任何一种都不具备"自主性"。第八识如此呈现，取决于种子即因和缘的共同作用。根本识如此，其他识也如此。

　　因而，人的主观感受上似乎存在的"自我意志"，对于第七识如何协助第八识变现根身器界，起不到任何作用；对于第七识如何执持第八识之见分为"我"，如何产生我见、我痴、我慢、我爱之四根本烦恼，也起不到任何作用。同样的，此主观"我"，对于第六识如何判断事物，实际上还是起不到作用，就如同人无法以主观控制自己看到的树叶不是绿色一样。人类的主观之"自我意志"决定不了心识的变现和种子的现行，这些过程都是依据缘起规律在起作用，是自发的，是不受控于任何人或神的意志的。

　　由此，也说明，如果众生渴望出离轮回，不再继续变现此根身器界等，那么只有一条路：打破此缘起，打破实执，从而积聚涅槃解脱的因缘，才能实现断轮回的目的。

　　再来说主体性，心识以第八识为根本，而第八识本身是非断非常性，也就是说，它并不存在一个真正意义上恒常不变的"本体"，它本身就在永恒地变化之中，种子也始终都在刹那生灭里，而并非储存于第八识之内。因而，也可以说，心识实际上并不真正具备所谓的哲学意义上定义的本体之"体"，根本性的本体识是不存在的，它只是依缘起的"用"，即功能的表现，所以，心识本身也不存在所谓的根本意义上恒常、纯一、独立之通常意义上的"自性"。

　　同样的，第七识是在第八识之上衍生的功能，它的作用主要是对第八识中恒常如瀑流般变化的种子，引流到所变现的根身器界之中，而使得种子进一步现行即显现出来，因而第七识与共业的作用关系也较大。所以，实际上第七识也是一种"用"，而无法于根身器界的任何地方，找到一种所谓的"体"是第七识。

　　而关于第六识和前五识的无体性，现代神经科学已经作出了大量研究并得出了证明。也就是说，"意识"只在人们"意识到"的那一刻呈现作用，而其他时刻并不存在一个意识主体在大脑及中枢神经系统或边缘神经系统里待命。同样的，眼识只在人们"看到"的那一刻呈现作用，而其他时刻眼睛和相关的视觉神经系统里，也并不存在一个"眼识"的体，在随时等着去产生作用。

　　由此可知，心识本身只是功能，它们非依"体"而生，而是依因缘而生之"用"。类似的，与心识相关的心所和种子等也同样是心识所显现的不同功能的概括性名称，因而同样是存在功能，即作用，而不存在主体的。也就是说。在此世间的呈现，是依他起性的。错误地遍计所执，才会认为其中存在某种主体性和自主性的"我"。

　　另外，唯识学与唯我论和神我论的另一个重要区别是，对实执的根本态度不同。唯识学是佛法中观思想的一部分，所持有的基本观点是缘起观和空性论，因而唯识学实际上是于世间层面打破了二元对立类实执——即我法的二元关系类观点，又从神学层面打破了幻想性的出世间类实执——即超越人类的神或者造物主等等。

　　这是说，唯识学打破世间的二元对立而建立的并非是一元论或决定论，也并非一元论衍生出的神创论、唯我论，因为所有上述的一元或二元说法实际上都是实执的一部分。而唯识学，则是指出了佛法中早已说明的，人与外境之间的不二相关性。

　　具体地说，不二相关性中的"不二"是说明心识和外境不能割裂开来看待，这样会产生二元对立思想，诸如常断、生灭、一异、来去，都属二元对立范畴。也就是说，二元对立本身就是实执的。而在世间真理层面，并不存在众生设想中的完全客观的绝对外境。而"相关"则是指缘起性，即"非决定论"，也就是说，虽然离识无境，但并非是识的主观意愿，创造和决定了境的状态。境及心识的状态都是种子即因和具足的缘所共同决定的，因而，永恒地处于变化和流动之中，也就是其本质并无自性，而是空性的。

因此，从根本上来说，轮回实际是众生自心识及其种子的作用产物，其中也包含了衍生的共业成分。而苦迫之根本，则来自于众生自心识的实执。也就是说，并非是外在存在一个完全独立于心识之外的严酷规律，在无缘无故地以苦来压迫众生，而众生只要达到一个不存在这些压迫性规律的世界，比如天堂，问题就解决了——这实际上是众生一厢情愿的推脱责任性质的受害者幻想。

实际上，众生本身就在参与创造外境，因而众生既是创造者，也是创造物；既是观察者，也是所观察的事物本身；众生自身即是自所遇因缘的主要创造性因素。而要想不被此生灭无常之苦所驱迫，则需要回到自心识来打破二元对立的实执，证悟胜义空性，才能真正从这个以缘起律建立的轮回中出离。

而一元论和神创论等，也都是实执在幻想的出世间层面的表现。一元论所执持的"一"，比如梵，本身是认定其为有恒常、纯一、自主之性的可生万物的事物，因而是实执的一种表达。神创论，自不必说是把神诸如梵天等，当作了真实恒常存在的可以创造一切的根本存在。这也是一种实执。而唯识学的心识与外境不二的观点，则打破了这种一元创造论。

具体而言，不二相关性，是指心识与外境非一非异的关系。非异，即前文所说的离识无境之两层含义。非一则也需要分两方面来看，第一，心识既然已经变现了根身器界，而具共业之众生所变现又互相叠加和作用，因而不能说自心识所见、所闻、所感之所有外境，与心识完全是"同一个"。第二，第八识与所变现之其他识、内境、外境，各自的功能和作用也不同。事实上，其他心识，与第八识的关系是也不一不异的。不异，是因为其他心识是依托第八识而使得自功能得以显现，不能离开第八识而独立存在的；而不一则是因为其他心识的功能，与第八识不同，另有各自的功能和作用。心所与心识也是如此。不一，则是因为不同于心识之了别功能，心所另有其他功能；不异则是因为心所依心识而起，不能离心识而独立存在。

而八种心识都具有了别功能，这是内境、外境都不具备的。内境与外境，也并非同一。内境受制于心识包括心所和种子以及感官局限等。而外境则早在变现根身器界的时候，已经出现了，除了受制于心识等，另外，还受制于共业。

也就是说，从此世间认识论的角度来看，人类是先经历的是主客体不分状态占据主导的时期，例如，原始崇拜和普遍存在于各民族早期的类似巫术的事物，都是希望经由主观的祈祷或施法等来对客观事物进行改变。但在这种状态的主导中，二元对立状态，也是同时存在的。例如，原始部落当中的人们，也不会认为捕猎到的动物，就是自己，这也是显而易见的事情。

之后，随着人类心智水平的提升和社会文化的发展，逐渐发展为二元对立思想占据主导的状态，此阶段经历的时间也非常漫长，其高峰期则是十八世纪六十年代开始的科技革命。此阶段可谓人类将主客体关系运用到极致的状态，人与自然以及人与上帝的关系都彻底改变了。与此同时，主客部分性的心理印记在现代人中也依然存在，例如有运动员会认为上场打球之前一定不能触碰脏东西，或者带幸运符可以让自己获胜等等。

而后，二十世纪初期开始，人类又经历了打破二元对立，才能理解所谓的主客体关系实际上是不二的阶段，这就是量子科技变革带来的新阶段。此阶段，对大多数人的日常生活和基本观念的影响，只处于刚刚开始的初级阶段，而且所能够起到的影响作用相对来说也非常受限。

而在佛法当中，此主客体关系的不二相关性如前所述，实际上是包括了"三重认知"的——即主客体即不是同一个事物，也不是可割裂看待的二元事物，而是依因缘而关联的不可分割的不二性。这种超越性的认知方式，实际上从佛陀宣说四圣谛，指出缘起观和空性论开始，已经反复得到多角度的详细说明了。

总之，唯识学本身是以中观思想作为基础的，缘起论是唯识学的基础，根本胜义空性观则是唯识学的导向。因此，唯识学与唯我或神我论是基本观点和根本导向都完全不同的两个层面的事物，是不能混为一谈的。

1.4 因明学的发展

因明学产生于古印度，其中，"因"指推理的根据，理由；明则是"学艺"、"学问"的意思；合在一起的"因明"，就是关于论证、论辨的学问。由此可见，因明学自古以来的论证都是结论先行，而后寻求原因来证明其成立的。这与于实修当中，领悟某些经验，而后再由理性给出证明的吠陀学说和佛学体系建构，是有着明显关系的。因此，也可以说，因明学是为辩论而设立的。

这也决定了因明学与现代逻辑学存在非常大的差异。现代逻辑学是根据逻辑和推理，不断推导出原本未知的结论，因而现代逻辑学是为了创新性科学技术研究而设立的。而因明学的一切论证说法，实际上都是为已有结论服务的。

具体来说，因明可分为古因明和新因明两种学说。古因明即根据五支式而建立的论证体系，是一种类比推理。如：宗[声是无常]，因[所作性故]，喻[犹如瓶等]，合[瓶有所作性，瓶是无常，声有所作性，声亦无常]，结[故声无常]。由此可知，古因明实际上并未能够建立起原因与结论的不相离性，而只是依据两个事物有某一点相同，便推出它们在另一点上也相同。如上例说瓶与声都有所作性，而瓶还有无常性，便推出声也有无常性。这种推论显然是不合乎逻辑的。

因为即便是古人科学认识很少，按照上述类比的方法继续推论下去，也可能很容易发生其中存在的谬误。比如，瓶有所作性，且瓶有可盛装性；则声有可作性，声也应有可盛装性。但事实上，无形质之声音，当然不可能盛装物品。所以，如果要用此方法证明一法具一个性质，则要么需要无穷类比下去，要么则需要进行由个别特性推导出一般规律的证明。而上述这两种论述方式，都不存在于古因明学中。因此，古因明学显然不能成为有效的论证方式。

新因明则是在古因明的类比推理基础上，发展出的三支论式，是唯识学论师陈那及弟子商羯罗主基于古因明进行改良后建立和发展起来的一种逻辑推理方式。

新因明与古因明的根本区别是，新因明在喻支增设了同喻体和异喻体，而将五支的喻例作为同喻依和异喻依。因此，新因明的同喻体反映了除宗有法外的普遍原理，如上声音和瓶的例子，就可以用把一切既是所作又是无常的相类物概括进去的方式，来说明所作与无常之间存在联系，因此就避免了需要无穷类推的弊病。

根据吕澂《因明入正理论讲解》所说，三支中"宗"，由"宗有法"和"宗中法"组成，二者都是"宗依"，共同组成"宗体"。宗有法是指被论证的对象，简称为"有法"。宗中法是论证结果，可简称为"法"。宗有法和宗中法，必须被辩论双方所承认，但论敌必须否认整个宗体。

因主要由"因中法"组成，要说明宗有法能表现出宗中法性质的原因所在。因此，宗中法的概念外延要比因中法大，而所有宗有法，则必然都具有因中法的性质。此即因明学的第一条普遍原则"遍是宗法性"。即宗中法的外延大于因中法，大于宗有法。而因中法，则起到了中间论证的作用，是因明学的关键和核心。

另外，因明还必须满足，同品定有性和异品遍无性。同品是指同喻依必须是和宗有法性质相同的其他事物。异品则刚好相反，这是指异喻依必须是与宗有法性质不同的其他事物。所以同品定有性是说，一部分同品要具有因中法的性质，且必须存在这样一部分同品，否则就是违背同品定有要求。异品遍无性则是指所有的异品都不能具有因中法的性质，此处必须满足"所有"异品这一要求，否则就是违背异品遍无要求。在辩论当中，同品除宗是对立论一方的约束，即不允许循环论证；而异品除宗，则是对辩方的约束，也不允许敌方循环论证。因此同异品同时除宗，是辩论双方都需要遵守的对等性论辩规则。此即因三相。

按照新因明学，再改良上面的声音和瓶的例子，就可以表达成：宗[声是无常]，因[所作性故]，喻则分为同喻和异喻，如同喻[若是所作，见彼无常]（同喻体），[譬如瓶等]（同喻依）。如异喻[若是其常，见非所作]（异喻体），[譬如空]（异喻依）。

对其进行分析，第一支"宗"，就是通常所说的论题。第二支"因"，即原因，按照因明的传统，通常为省略句，如例中因"所作性故"意指"声是由所作而成，具有所作性的缘故"。第三支"喻"，喻分为喻体和喻依两部分。"体"有主体的意思，喻体是喻支的主体部分。喻依则是举事例，它是喻体成立的现实依据。喻由同喻和异喻二者合成。

再进一步细分，则此例中，宗有法是"声"，宗中法是"无常"，因中法是"声是所作性"。所以，无常比所作性的概念外延要大，而所有"声"都必然具有无常性质。同品，即与声音类似的被造作而产生的事物，如瓶等，都是无常。异品，非造作的事物，即空等，皆非无常。

由此可见，新因明相比于古因明的优越性，主要体现在喻支。而喻支也因此成为新因明学中重要的主体部分。喻体一般是结合类比与归纳而产生的一种逻辑形式。如同喻中"若是所作"是作出假设，而"见彼无常"是归纳演绎出结论。而喻依，则要给出现实证据，"譬如瓶等"。异喻中"若是其常"是作出假设，"见非所作"则要类比归纳出结论，如果声音是具有恒常性质，那么可见声音就应该不是经由造作而产生的。喻依给出现实说明"譬如空"，那么声应该与空具有一样性质了——但因为两者性质明显不同，因此反证假设不正确。

三支式的逻辑理路，大致可辨析为两条。一是由遍是宗法性和同品定有性结合的理路。即根据遍是宗法性可知，所有宗有法"声"，必然都具有因中法"所作"的性质。根据同品定有性可知，同品（除声外）瓶等必定是所作，且具有无常这一类性质。由此可推断出，声音也具有无常性质，因而此推导方法是类比和归纳法。

二是由遍是宗法性和异品遍无性结合的理路。根据遍是宗法性可知，所有宗有法"声"，必然都具有因中法"所作"的性质。由异品遍无性可知，除声外，其他已知是"非无常性"的事物，应该都不是"所作"。类比，空等是常，不是所作；而声是所作，声就应该不是常。

由此可见，新因明实际上主要采用的依然是类比和归纳法。如梶山雄一所说："结论的主辞，是讨论的对象，所以被排除在同类例和异类例之外。因此，在严格的意义上不能说这个三支推论式是基于概念包摄关系的演绎推理。如果是纯粹的演绎法，像在陈那论师的推论式中那样把'如瓶'、'如虚空'的喻例附加在大前提上，（整个因明论式）就完全没有意义了。"也就是说，因三相理论中的后二相，是据结论先行原则而特意提出来的。因此，就导致后二相只能把宗有法排除在外。因此，虽然因的后二相，保证了除宗有法以外的一切具有因法的事物，都符合所要证明之结论，但却不能由此推断出宗有法也符合此结论，因为，因三相为非全称命题。

例如，中国学者郑伟宏在《佛家逻辑通论》里给出的"水银是固体"的因明论证。宗[水银是固体]，因[是金属故]。同喻[金属皆为固体，如金]。异喻[凡非固体都不是金属，如水]。此宗因喻之设立满足因三相，但其"宗"却是错误的，因为实际上，水银是液体金属。

这说明因三相对于特例情况来说，是无法有进行有效排斥的。如果世间共许，已经完全了知水银为液体了，则上述证明尚可依据比量有"现量相违"宗而不成立。但如果水银尚未被证明特性，或者把此处的水银换为其他可能存在，但未被发现之金属呢？那么，依据因明学实际上就得出错误结论了。

另外，根据理查德.海耶斯（Richard P.Hayes）所著《陈那论师的逻辑》中认为，为了使"因真正成为正因"，须做此假设：如果相离关系在归纳域（指异品）中成立，它也须在主体域（指宗有法）中成立。即是说必须假定：如果异品遍无，则凡有因法的宗有法都是所立法，如是才能使得所立命题，如"凡声是无常"为真。也就是说，即使满足了因三相，仍不能确定所立命题，如"凡声是无常"为真。而必须增补其他说明。

同时，海耶斯又特别引入了，现代逻辑学者 Kazimierz Ajdukiewicz 等人发展出的术语"假设"，并认为陈那论师的三支作法应称为"确认"，而非论证。因为其推理过程中包含着假设，并说明："在描述陈那论师如何探究有关问题前，我想先说明，大部分佛学认识论的现代解释者们，偏好理解 Sadhana 为证明(proof)，而非确认(confirmation)。但谨慎的作者们通常仅在数学和逻辑的领域里才使用 proof 这个英文字，那些领域里的定理系由公理推衍所得，因而得视为是确然为真。但在日常实际的领域里，在经验科学中，几无任何科学是确然为真的，只能视为是与已知证据相一致，而仍可能为未来的证据推翻。佛教认识论在其目标和方法上，都更接近法律和经验科学的实用推理，而非数学与逻辑的严密论证，因此借后来的术语来讨论是并不恰当的。"这是一个很中肯的评论，充分肯定了因明学的经验"确认"性，但又同时指出了其逻辑论证层面的不足。

这是陈那论师的新因明学的一个简要概括。对这些逻辑缺陷的改造来自于法称论师。这是指公元七世纪的时候，法称论师在新因明理论的基础上，重新定义了因三相，以保证同、异喻体成为真正毫无例外的全称命题，从而完成了因明向演绎论证的过渡。

渥德尔在《印度佛教史》中对此评价说，法称论师"接受陈那论师的学说理论，而实际是完全拿它重新改造，虽然他的主要著作采取一种谦虚的外貌，称为《集量论》的注释或补充。但他的目的是答复一切批评和解决陈那论师以来，在这个领域中所发生的一切困难"。

具体而言，法称论师主张同、异喻体可以独立组成论式，二者除论式不同外，没有实质上的差别。因此，后二相中，因不具有独立性。因，就是推理的理由或依据；正因，则必须属于以下三类：自性因，或果性因，或不可得因。

即法称认为，能够具备正因条件的因，仅有三种类型：不可得比量因（非觉知或非现量），就是曾经认识的一物，即使不在眼前，但据过去对它的认识和印象，可推知它的存在。《正理滴论》举例说，"此处无瓶，瓶可得相，虽已具足，而瓶不可得故"。即以前所得关于瓶的印象，现在仍然记忆犹新，瓶虽不在（不可得），但可推知它的存在（可得）。换言之，就现量而言，瓶相不可得；但就比量而言，瓶相可以推知。另外，某些实物，由于空间和时间的障碍，不能直接见到，但不能由此判断它们不存在（不可得），根据知识和经验等，可以推定它们存在（可得）。因此，眼前不可得之物，也有可能从反面推知其可得性。

自性比量因（同一性）就是要求"因"（此处又称"中词"）中的事物与"法"（此处又称"大词"）中的事物，在性质上必须一致，因此，自性比量因，也在原有新因明学的第一支和第二支之间建立起了联系。即因必须周延于法，中词必须周延于大词，周延是指判断本身直接或间接地对其主项（或谓项）的全部外延作了表述的，就称这个判断的主项（或谓项）是周延的，反之不周延。譬如'此物是树，以彼本是兴邁巴故。'"，"兴邁巴"即无忧树，其中词是"树"，大词即"兴邁巴"，树周延于兴邁巴。

果性因，又称果比量因（因果关系）这是指如果二物有因果关系，那么，就可以从因推。例如"彼处有火，以见烟故"。是由常识上认定的，已知火是烟之果，烟是火之因（这是由钻木取火是先冒烟，再起火这种日常现象而做出的因果性判断，按照现代科学来看在其他情况下不一定合理），因此，由见烟，可推知必有火。

如上三因中，第一种因是否定判断，第二及第三种因是肯定判断。无论哪一种判断，凡成为正因者（即正确的中词）一定要与所判断的"法"（即大词）保持"相随不离"的关系（即中词必须涵盖大词范畴）。论式中有了正因，便能无谬误地支持宗（即命题）的成立。法称论师的三因理论使比量论式更加符合因明的规则，从而能够正确地运用于实践。

另外，法称论师还取消了"不共不定"和"相违决定"这两个规定。法称论师认为，在通常情况下，推理思维不会出现上述两种情况，如果出现了则说明辩论双方对于公认性的问题，没有达成一致。因而废除"不共不定"和"相违决定"这两个似因项目，解决了自陈那论师以来在因明各类系统中一些悬而未决的难题，重申了辩论、推理中一致遵循的逻辑原则。

总之，佛教发展到七世纪，在古因明学和新因明学基础上，法称论师重新构建了因明学，并提出了相对更可靠的全称式逻辑论证标准，这对于印度逻辑发展和佛学理论构建来说，都是一个长足的进步。但值得注意的是，在中国佛教中，玄奘法师留学印度之后，主推陈那论师新因明学，因而相对来说陈那论师新因明学对中国法相唯识宗等派别影响更大。而从后世来看，玄奘法师之后，整个因明学和唯识宗一起，在中国呈现出衰落状态，因而法称论师的因明学说，对中国佛教总体影响有限。但法称论师论师的《因明七论》在藏传佛教的影响却较为深远，通过萨迦班智达、宗喀巴等大师的开显，而得到了良好的继承与发展。

对比法称论师之因明论式与现代逻辑学来看，此因明论式已经达到了演绎推理的逻辑水平，是合乎逻辑认知的有效逻辑推理方式，因而这对整个印度来说，都是逻辑学上的一个巨大的进步。但对于习惯于现代逻辑论述方式的现代人来说，因明论式依然比较难以理解。

这可以从两方面考虑，首先，此因明论式是从古因明一步一步发展而来的，因而类比依然是此论式的基础，且根据类比的论述模式来看，类比本身是与人类共通性主观经验不可分割的，即类比依赖于世间共许的常识性经验。

如三种因中，不可得因依赖的实际上是人类过去已有的经验和认知，来对现在进行类比。自性比量因，则主要是通过更大范围的事物，已经得到证实的经验，来推知当前事物的性质。因而，其中隐含了类比的意味，但更多地则是依赖于经验。而果比量因，则是依赖于世间可见的粗显因果关系，通常是根据因判断果，或者根据果判断因，因而实际上这个因还是根据经验而立的。所以，这样的逻辑推论是不太可能超越已知的经验范畴的。

也就是说，世间共许的常识性经验之范围，限制了此逻辑推理方式的可作用范围，也一定会在一定程度上，限制其逻辑推理的可信度。相比于阿毗达摩体系以世间共许作为判教标准的作法，此处对世间共许的依赖虽然隐晦，但实际影响却是类似的。

例如，根据法称因明学，"离识无境"和"离识有境"此二"宗"，各自用因明学来立论证明，那么，基本上可以肯定能被证得成立的是"离识有境"。宗[离识有境]，因[人可共感]，喻[凡"无"者，人不可共感，如梦、幻像等]。事实上，"离识有境"也的确是法称论师所执持的不同于其他唯识学者的观点。而会得出这种观点，则是持执因明学逻辑规律为正确或者说实有，所必然会产生的相关结论。

那么，如果运用现代逻辑是否会得出同样的结论呢？实际上，"离识无境"的命题，非常类似于逻辑学中广泛承认的：

人类实际上无法从逻辑层面证明自己并非"缸中之脑"，也无法证明"世界不是五分钟前才刚刚被创造出来的"，此类难题一样。因而，现代逻辑学会对之存疑，而不做出是或否的判断。

也就是说，因明论式中往往潜在地引入大量预置的世间共许性常识作为前提说法。具体分析上述关于"声是无常性"的论证方式，其中存在很多公认性前提，例如，辩论双方要对"声"具有同样的定义，对于"无常"也具有同样的概念性认知。这是因明学中直接说明的公认性前提的存在。

但在因明学中并未直接说明的公认性前提还很多，将上例改编为三段论之现代逻辑即可一目了然：大前提所作法皆是无常，小前提瓶是所作法，声是所作法，结论：声是无常。这就说明"声是所作法"和"所作性是无常"都被纳入到了公认前提里。这也使得很多因明学论题，往往都是在此类大量世间共许性常识经验的前提下，再进行辩论的。

而对于完全不了解这些共许经验到底是什么的现代普通读者，或者各宗教派别总体之外的人士来说，则难了知双方公认了什么，又在争辩什么。这也从另一个角度说明了，因明学对主观经验的依赖性。

而相比之下，现代逻辑学的论证方式则更加简单明了。例如，声是无常性这个论述，只需要清楚什么是声和什么是无常性作以对比，就是最直接的论证方式。声，此处就是指声音，无常即生灭性。那么，二者吻合，如此则不需要再引入以世间共许经验作类比的复杂过程了。

另外，因明学本身是为辩论而设置的，即正反方各自立宗，让自己的宗因喻从各方面来说都能经得起考量和推敲；同时去寻找对方的宗因喻中的纰漏。这就是使得因明学本身内置了一个严重的逻辑问题：大多数情况下，宗即结论必然都是难以直接说明对错的。因而，这种辩论方式，实际上的作用方式，就是寻找对方因和喻层面的问题，加以破斥。

但是，按照现代逻辑学来看，这种从因和喻的层面进行的破斥，实际上只能说明"对方的论述不足以支持他的结论"，这固然能在辩论中令对方难堪，但却不足以说明"其结论本身是错误的"。同时，驳斥了对方的论述过程不正确，也不能反过来就说明相反的论述一定是正确的。这就好比是驳斥了对方认为零是正数的论述，反过来不能说明零是负数一样。己方的立论，还需要另外再加以证明才行。因而，实际上这种辩论对于真理的澄清，所能起到的作用是有限的。

因而，从当代佛法实修者和佛学研究者的角度来看，论述唯识学，或者任何佛学内容，都不必局限于传统的论证方法。只要能够达到论述目的，让论点能够得到更清晰明确的阐述和简单易懂的说明，任何合适的方法都是可以采纳的。

第二节　中观派的出现及内部分化

众所周知，龙树菩提并未于佛教中另立新派，而后提婆和罗睺罗跋陀罗等也并未建立任何独立于佛教其他派别的新宗。"中观派"的出现，要追溯到瑜伽行派的发展，如学者吕澂在《印度佛教源流略讲》中所说：正当无著、世亲的学说日渐扩大其影响的时候，同时出现了佛护、清辨两家，标榜恢复龙树、提婆的学说，建立了中观学派。

上述说法也得到了业界公认，学者平川彰的《印度佛教史》、学者 T.R.V.Murt 的《中观哲学》、学者山口益的《般若思想史》以及印顺法师和圣严法师等人各自的学术专著里，都采取了与此类似的说法。圣严法师说：清辨时，由于世亲的弟子安慧作《中论释》，以所谓佛的隐密意解释唯识学（以为龙树的一切皆空论，乃佛的密意说，所以只说到三无性，唯识学则同时立三自性），所以，清辨以其有违龙树的本义，起而反击，自此而起空有之争端。而成立了与瑜伽行派相对的中观派。

也就是说，学界普遍的说法是中观派由清辨和佛护建立的宗派，且清辨的年代介于佛护及其弟子月称之间。因而，此时的印度大乘佛教基本是以中观和唯识两派为主，这也得到了当时留学天竺的义净法师传记的证实，且稍后的印度佛教著作《中观宝灯论》和《智心髓集》等，也对此载有明确说明。

而中观派内部也并非和合一味，而是根据其辩论方式而分为不同派别。根据演培法师《略谈中观之学派》所说：所谓应成破，即不建立自己的理论，直就敌方所有的主张，指出其应成什么过失。如外道主张诸法定自生的，我们就可这样的破斥道：诸法假定都是自生的，既然自己能生，理当生而又生，如是生生不已，应成无穷之过，是为应成派。所谓自续破，续是立的意思，即对外小的破斥，不唯指出其过失，就算尽了破斥的能事，必须还要建立自己正确的理论，举事实以说明，取譬喻以证成，然后方可推翻敌者的立说。

根据布顿之《教史》，佛护、月称是中观应成派的代表者，而清辨及其他则称为中观经量派，智藏、吉祥护、寂护、莲华戒、师子贤及其他则是属于瑜伽行中观派。后两者也被后世藏传佛教共称为中观自续派。下面就分别对这两个主要的中观派别加以简单的介绍和说明。

一、中观应成派

关于中观应成派的特点，学者 T.R.V.Murti 说："佛护坚称中观思想方法的本质为使用归谬证法，正确的中观思想决不能提出一个自己的立场，所以中观论者无庸建立三段论法、归纳论证等。他最大的努力即在于驳斥与此一原则相违背的论敌。我们从月称传下来的资料可以论定佛护主张以'应成归谬误法'为龙树提婆真正的方法，所以说他开创了中观学派中的应成派。"此说法可谓一针见血，直指核心，即佛护论师立派之初，即把中观思想和归谬法做了捆绑，且依此否定其他论述方法，这实际上是对中观思想的严重窄化。

而渥德尔在《印度佛教史》中所说的"依赖于别人的立场和论据"，也在一定程度上，指明了中观应成方式的局限性。吕澂的说法则相对委婉："到了佛护时代，因明已有广泛的运用，他也就吸收了这一方法，把它与自龙树、提婆而来的破而不立的精神相结合，遂构成'就敌论随言出过'这样一个'应成'方式。这一方式常用格式是：若照你那样讲，应该成为怎样怎样的反面（错误）。就是说，从敌论的本身指出它的过错，自己并不提出正面的主张。"

中观应成派的传承谱系，一般是自佛护始。佛护据传是南印度呾婆罗国人，在南印羯陵伽之古都呾特弗利的伽蓝，弘其所学，为僧护的弟子，其弟子为莲华觉，再传月称。佛护是《中论》的八大注释家之一，《佛护注》并无梵文本和汉文本存世，只有藏译部分现存。但其全书二十七章中，二十三章十七颂之后，皆与《无畏注》一致。其原因不明，可能是后续五章散失，或原文即只有二十三章，无据可靠。

但梶山雄一认为，《佛护注》是非常重要的。因为从清辨之激烈批判和月称的强有力辩护中，都可以看出，后世对于佛护之中观论注释的看重。另外，梶山雄一还指出，此书虽是对《中论》的简单注释，但把龙树所多用的两难式和四重体（四肢式），改写为两个乃至四个之归谬式以作注释，是其最大的特色。佛护会被认为是归谬论证派之祖的理由，也是在这一点。同时，自立论证派的创立者清辨会批判佛护的原因也在于，清辨对于中观理论只能以归谬方式进行论证的方法论，无法给予赞同。

而月称论师，则是中观应成派的集大成者。据传月称是南印度萨曼多人，曾于那烂陀寺任主持，在印度佛教史，尤其是中观应成派中，具有较重要位置。月称的《明句》是现存唯一的梵文《中论》注，也是现存龙树菩萨之《中论颂》的来源。另外，月称还有一著作即《入中论》存藏译本，是根据《十地经》十波罗蜜的阶位而衍生的中观精要论述，内容由偈颂和散文自注组成。另外，还存有藏译本的《五蕴论》注释、《六十正理论》注释、《七十空性论》注释和《四百论》注释。

对于月称在中观派内部发展中起到的作用，印顺法师说："月称之先，虽有佛护、清辨诸家，性空犹和合无诤，彼此不自觉其有异。月称独契佛护，直标'此宗不共'之谈，乃有'应成'、'自续'之诤。"而学者金山正好也认为，清辨自续派后来的分裂与月称对其的破斥有关。对此，平川彰等研究印度

佛教史的学者，也大多意见相似。由此可见，月称的辩论，应
该是中观派内部分裂的重要源头。

另外，此时的中观派内，还有一位比较重要论师寂天。寂
天论师是南印度梭罗修多罗国德铠王的儿子，原名叫寂铠，后
出家于那烂陀寺，改名寂天。据学者吕澂的研究来看，中国宋
代开始有寂天的《入菩萨行论》被传译，但作者题名龙树，译
文拙劣，错讹很多，因而未受重视。而藏译本《入菩萨行论》
则得到了广泛弘扬。《入菩萨行论》以六度波罗蜜为中心，宣
说为证得菩提应该进行的菩萨修行方式与方法。内容共十章，
包含九百多句偈颂，整本书自然流畅，很少运用归谬论证方式，
具有非常明显的实修指导作用，且智慧波罗蜜品，占据篇幅最
大，哲理性也最强。根据布顿和多罗那他的《教史》来看，寂
天另外还有两本著作，即《大乘集菩萨学论》和《经集》。但
藏本《经集》署名为龙树。藏传佛教的传统是将寂天菩萨归属
于中观应成派。

二、中观自续派

中观自续派的谱系，自清辨论师始。清辨论师流传下来的
异名很多，现大多以月称《明句》中的称呼为准，汉译为清辨。
清辨论师之住世年代，大约晚于佛护论师，可能与月称论师年
代相似。他观察到佛护对中观的论释而认为，用随应破的方法
进行论述，虽然可以破斥对方论点，但却不能主动对自身主张
加以宣说，因而并不完全。同时，清辨论师虽然在胜义谛角度，
认为空性本身断绝言路，但在世俗谛里，则主张要以逻辑来辅
助说明空性论。因此，清辨决定采用因明即比量的格式，来对

空性论本身加以论述和说明。

清辨论师的著作一般认为包括《般若灯论》即《中论》注释，现存藏译和汉译本；《中观心论颂》现存梵文本和藏译本；《思择焰》现存藏译本；以及《大乘掌珍论》现存汉译本。

其中《般若灯论》是现存最早期的《中论》之正规注释，且在此论释里，清辨论师正式提出了中观思想与归谬法需要分开看待的观点，这是极其可贵的逻辑认知，也是清辨论释智慧的表现。在此基础上，清辨论师又对《中论》所阐述之观点本身，进行了非归谬的因明式逻辑阐述，并说明《中论》之观点在以原始佛教之经教内容支持，并得到新因明学的辅助之后，是可以通过直接论述的方式加以阐释的。因此，因明学的逻辑论证方式对佛学逻辑体系的发展来说，也的确起到了前所未有的至关重要作用。

根据清辨论师住世时间及其论述方式来看，当时，法称因明学应该还未大范围流传，因而其论述涉及因明的地方，都采用了新因明的方式。然而，即便是法称论师之因明学得以被采纳，也必定会存在不完美之处，而且清辨论师所处年代的社会文化和科技背景等也非常有限。所以，清辨论师之阐述必然会存在一定程度的历史局限性，这是不能完全避免的。也正因如此，清辨论师的观点，遭到了中观应成派几代论师的激烈驳斥和破除。但这种旷日持久的激烈反应本身，也说明了清辨论师的阐述，在当时背景下，已经达成了所能立论的极高水准。

而《中观心论颂》则分为十一章，第一、二章是序言，第三章为主体，论述中观思想，第四章以下是介绍声闻、瑜伽行派等观点，并对数论派、胜论派、以及吠檀多、弥曼萨等印度

教派的教义等作以说明并加以驳斥。由此也建立了初步的以中
观真理作为判教标准的方式，为后人的判教建立了基本标准。

由此二主要著作可知清辨论师之论点虽然被中观应成派所
驳斥，但实际上，清辨论师在印度佛教史和中观思想发展史上
的作用，都是不容忽视的，给予其超越派别的总体评价是当代
学人所应作出的判断。

另外，清辨论师的《般若灯论》，在七世纪，得到了观誓
的注释即《般若灯广注》，现存有藏译本，包括了近四千页内
容，对佛教各学派之观点以及印度各宗教派别之哲学等也存在
介绍和说明。其中亦提到了月称论师和法称论师，但并未对他
们的观点多做评论。可见观誓论师要么与二者同时代，要么稍
晚，这也反证了清辨论师的时代很可能并无法称因明学的论点。

再之后，此派又有智藏论师出世，并著有《二谛分别论》，
《二谛分别注》和《瑜伽修习道》，现皆仅存藏译本。另外，
智藏论师也可能是最早入藏传播佛教的印度僧人之一，还翻译
了十多种中观论释和知识论等，是著名的寂护论师的传法授业
之师。

三、瑜伽行中观派

由于瑜伽行派本身就是以中观思想作为立派根基的，因而，
也存在立足于瑜伽行派，而阐述中观思想和立足于中观派而采
纳瑜伽行派说法的一类修行者，例如寂护、莲花戒、解脱军、
狮子贤、觉吉祥智等等。所以，后人因此，也将此派称为"瑜
伽行中观派"，因此列出其传承谱系如下。

寂护论师，藏译静命，住世时间约为公元 725-784 年左右，

曾任那烂陀寺的学僧。他是明确把瑜伽行派学说纳入中观体系的第一人。在其著作《中观庄严论》中，他提出：中观者以直观空性为最高真理，但在世间真理层面，应该以唯识无境为立场。这是瑜伽行派和中观派应该共同持有的立场。另外，在论述方式上，寂护论师与清辨论师持有类似观点，认为要由定言的推论式方法来论证中观真理，并提倡尊重论理学。

另外，寂护论师还著有《摄真实论》，此书由三六四五颂而成，针对印度文化中各种"真实"说法，如印度诸派即佛教有部、经量部等诸理论，尤其是有关补特伽罗"我"实存等说法、胜论派的范畴论、认识论与论理学，有部的三世实有论等等，都进行了深入的评论，并一一分别加以破斥。其弟子莲华戒论师，则对此书进行了详细注释和说明，现存有梵本、藏、英本。且寂护论师，对法称因明学也有所发展，曾为《论议正理论》作注，现存有藏译本，也对智藏论师的《二谛分别论》作有注释。

据记载，寂护论师于公元 763 年左右，进入西藏，而后建立起桑耶寺，并成立了西藏最初的僧团组织。之后，再邀请莲花生大师入藏，降伏苯教。召自弟子莲华戒入藏，共同应对禅宗辩经，使得中观派成为占据西藏主导地位的佛教派别。因而，寂护论师对西藏佛教的发展起到了极其重要的作用，且灭度于西藏。

寂护论师的弟子莲华戒论师，住世时间约在公元 740-799 年左右，除了对寂护论师的《真实要义》及《中观庄严论》作了详尽注释之外，他还著有《中观明论》、《真实明论》、《一切法无自性论证》等书。其中《中观明论》是与寂护论师的《中观庄严论》和智藏论师的《分别二谛论》齐名之作，并称为"自立量派东方三论"，被称为后期中观派的基本论书。另外，莲华戒论师还著有引导入门禅修实践的《修习次第》三部，其中第一部相当于宋代汉译的《广释菩提心论》四卷本。

解脱军论师，大约是公元八世纪人，据说是师子贤之师，在藏传佛教历史上，也是享有盛名的论师，著有《现观庄严论法》，别名为《二万五千颂般若经论现观庄严颂的评释》。但除此之外其生平不详。《现观庄严论》据说是弥勒菩萨亲传，是对《二万五千颂般若经》的解说，并赋予其目次，与经文逐段配合，以佛法实修步骤，配合声闻、缘觉、菩萨乃至佛智的证悟过程。无著、世亲等菩萨都曾为此论作注释。而藏传佛教中，《现观庄严论法》亦是一本重要典籍。

师子贤论师，住世时间约在公元 800 年左右。师子贤将《八千颂般若经》配合《现观庄严论》的科段而分节，加以注解，而成立了大注《八千颂般若解说·现观庄严明》与小注《现观庄严之般若波罗蜜多优波提舍论之注》。在此书中，师子贤也对有部、经量部、有相瑜伽行派和无相瑜伽行派进行了分析和驳斥，并论证了空性之理。

学者吕澂认为："（师子贤）用现观（'现观'，即是亲证，即是亲切明了地认识真理）的意义来贯通了全部《般若经》"；并称赞说，师子贤的《现观庄严论》注释"写得非巧妙，对后来西藏佛教学般若的人影响很大"。

而后则是宝作寂论师，大约在公元十至十一世纪间住世，是印度佛教后期的唯识派论师，亦为印度佛教后期最重要的学者之一，是当时超戒寺的班智达，著有《般若波罗蜜多论》、

《中观庄严论》等，对中观与唯识理论，进行了统一性论述。其名又译为宝积静、宝藏寂等，传说，他是阿底峡尊者之师。

因此，学者吕澂总结说："这样，在佛学思想上就出现了转回的情形。开始，瑜伽、中观（从般若中）分裂；尔后，中观接受瑜伽的说法，二者趋向统一；最后，统一复归于般若。到了这个时候，也就是大乘佛学的最后阶段了。"．

第三节 佛学的漏洞与佛教的软肋

3.1 古代佛学论证方式的漏洞

正如前文所说，佛法本身是超越性的，无论世人是否宣说或了知，于佛法本身都不增不减。而胜义之佛法更是断绝言路的。因此，要宣说佛法，实际上必须作两个层面的区分，即完全断绝言路绝对不可宣说之胜义和相对可进行一定程度之宣说的世间层面的真理。

而佛学实际上，就是对后者作出的描述、阐发、诠释和理论建构。但这依然是困难的，因为佛法修行者们对此世间真理的认知，来自于禅修实证，而如何把实证经验转化成为世人可理解的语言，且不被语言本身所局限，依旧是一个巨大的挑战。

最初佛陀的宣说是直接立足于实证经验本身，再针对听闻者的具体状态而因材施教，应病与药。立足于佛陀之究竟涅槃的事实，这样的宣说，对于能够实际听闻佛陀说法者来说，无疑是非常具有针对性，且能够带来良好效果的。因而，佛陀在世期间，僧团很早就出现了五百名得实证涅槃的阿罗汉。

　　而佛陀灭度之后，僧团随后整理出的原始佛经实际上也是佛陀此种形式说法的现场实录。这样的实录，确保了最大程度上留存佛陀所说之教法的原味。然而，在后续几百年的时间里，僧团的现实说明了，这种说法方式作为实录保存下来，对于后续修行者理解佛法来说是不够的。很快，僧伽们就集体忘失了趣向涅槃解脱之佛法修行的大方向，失去了引导佛法实修的总纲领，而陷入到了迷茫混乱之中。

　　而后部派佛教虽然分裂甚众，但实际上都在试图从不同角度去对佛陀所说之实录，进行理论层面的梳理，并希望能够构建出更容易为人们所理解的理论成果。然而，从阿毗达摩体系来说，其成果虽然丰硕，但是整体观和方向性却不足。而从在部派佛教内部逐渐萌生的大乘佛教角度来说，受惠于般若经等启发，大乘对于世俗谛的了悟，开始初步显现了一定的系统性。但直到龙树菩萨出世，对中观思想加以具体阐述，此时实修所依之佛法总纲才重现世间。由此，大乘佛教之理论体系，以中观为框架，以唯识为血肉，才逐渐丰满和独立起来。

　　然而，无论从印度大乘佛教的衰落来看，还是从北传大乘佛教之世俗化来看，中观和唯识共同构建之大乘体系的传承依然是困难的。

　　这是因为从中观思想来说，自佛陀灭度，部派佛教逐渐忘失修行之中观大方向，到龙树菩萨重新还原佛陀之依中观道修行之本义，期间大约经历了七、八百年左右的时间。而龙树菩萨再传提婆，中观思想之理趣，实际上已经发生了畸变。而后，提婆传罗睺罗跋陀罗之生平不详，著作亦多未能传世。但据传说，罗睺罗跋陀罗为龙友之师，再传于僧护。再之后，中观思想又出现了传承上的颓势，而难以述清其脉络了。

　　而唯识本身就是建立在中观基础上的学说，因而其传承也存在一定的困难性——不止在印度很快销声匿迹，传至中国之法相唯识宗，在玄奘法师之后，也很快就没落了。那么，既然此类情况不止一次发生，其背后原因就值得探讨了。

　　一、世俗谛于世人亦难解

　　什么是世俗谛呢？世俗谛就是指世间真理，也就是说，不依于人类的主观意愿而存在的世间真理。从佛法的角度来说，世间根本的世俗谛就是涵盖缘起有和胜义空的中观道。也就是说，此世间的真理即是诸法无自性，互相依因缘而生，也同样依因缘而灭，同时当下任何可亲见、亲闻、亲触之法、相和律的本质，亦无真实本体且无自性。此种世间流转变化的现象，即是胜义空性在此世间的呈现。

　　然而，对空性的认知，实际上是违反人类本能的。人类的最基础本能就是实执，在实执的基础上，分化为我执和法执。而我执又包括了生存本能，死亡焦虑，对存在感的执着，自我中心等等不同表现方式。法执则是相对我执而言的，即"我"及其存在的需求，都必须要有对境才能成立，即把自我之外的其他事物都当作实有来看待，因此担心自身生存受到威胁、渴望自身生存得到保障与更好的满足，以及由此衍生的对各种事物、现象和规律的执着，也都是实执本能的另一种表现形式，因其与"我"的相对关系而被命名为"法执"。

　　所以，在这些基础而深细的心理作用之下，众生是不可能直接认识到诸法无自性的，也无法自发地认识到无我。相反，即使听到相关宣说，阐述得非常完整，论据充分，结论确凿真实，也很容易会在听闻之后，就很快遗忘——这是生存本能的一种自发运作。因而，众生如果想要深入地对诸法依缘起和无自性产生认知，就必须自己产生真实的了解意愿，而且还要持续下去，反复思惟善加揣摩，并加强闻思智慧的深度，再配合一定的实修体悟，才可能逐渐把这种认知深入下去，否则是不可能的。

而唯识学也存在与此类似的困扰，说"离识无境"，与人类常识性的主观经验是相背离的，因为外境之他者、他物、他相、他律等，以人类的感官来看，都是真实得不能更真实的"现实"。同时，说心识变现，世间外境为缘起有，又与人类所执着之"我"并不能现神通变化万物的"现实"，看起来似乎是矛盾和冲突的。因而要理解唯识学也非常困难。而且唯识学又指出，心识本身亦无真实性，第八识非断非常，其他心识依其为根本而生起，因此所有心识本质皆为空性——这种非断非常的存在方式，就更加难以理解了。这是因为人的感官认知以及建立在此基础上的比量性智慧，都存在明显局限性所致——此观点在部派佛教以世间共许当作判教标准的问题上，已经阐述过了，因而此处不再多赘言。

二、宣说者与闻法者共同的历史局限性

1、中观与归谬，唯识与因明，都没有根本性联系

龙树菩萨以归谬法宣说中观思想，本身只是不得已的选择。对于佛法实证者来说，可于实修中亲见诸法无自性的事实。但如何阐述才能让世人理解呢？这就很困难了。

试想，在公元初始的年代，要如何直接论证此世间之各种事物、现象以及规律本身，都是依条件而存在的呢？显然，在

当时的社会科技水平下，基本不具备直接论述的可行性。因而，龙树菩萨自印度论理学之《方便心论》及《正理经》中抽取了归谬等论辩方式，来作为说明诸法无自性的手段，这是一种不得已而为之的方式。

正如梶山雄一在《中观思想》中所说：在基于存在与概念之统一化的前提上的论理学，尤其是在实在论的形而上学的基础上，作了体系化的传统的印度论理学领域内，把所有的一切存在还原为"非实在"，来论证"一切皆空性"之中观的真理，此事本身就是一种矛盾。龙树或佛护不得不使用归谬、两难式、四重体（四肢式）。换言之，不得不使用假言的否定的推理，即不得不使用被印度论理的传统所排除的论证方法，这个事实，就是表示这个矛盾。

然而，后人对龙树菩萨还原之中观思想的追随却存在一定程度的偏差。具体来说，到提婆时代，对中观思想的发扬并非基于中观思想本身，而是将归谬法发挥得更加淋漓尽致，以至于开始出现偏诡辩的倾向了。再之后，清辨论师、佛护论师及月称论师之争，直至西藏之中观应成派等，又继续继承了提婆的归谬和诡辩并存的立场。

如前文所述，这大约与归谬法可带来一定程度的辩论空间有关，且对于古人来说，可能的确不存在完整而可用的直接论述中观思想的方式。清辨论师发现了归谬法与中观思想不该捆绑而论的问题，但月称及后期的藏传之宗喀巴大师等，则很可能是发现了因明学的不足为中观立论特性，所以，为避免被外道破斥，又再度复兴了归谬论式，且对自续派多有打压。

因此，从佛学传承和传播的角度出发，再结合历史的科技情况和民众的普遍认知水平来看，论师们采取归谬法进行论证的选择的原因，是可以得到梳理，并加以理解的。但历代论师对归谬法的执持，很容易让不了解佛法的人，误以为中观思想本身就是归谬得出的结论，甚至中观思想本身就是归谬的。这就是大错特错的误解了。

实际上，中观思想本身，并非必然要通过归谬才能被表达的，中观思想与归谬之间，实际上也没有任何根本性的联系，佛陀最初也未用归谬法来宣说中观道。然而，这种误解却随着上千年来论师们对归谬法的维护和执着，而根深蒂固了。

而归谬本身，对理解佛法宣说与传承来说，又并非是完全有益的。这需要从归谬法本身来理解。归谬法本身属于反证法的一种，因而是"间接证明法"一类，即属于通过某事物的不正确，来证明其反面正确的方法。

首先，反证法所依据的是逻辑思维规律中的"矛盾律"和"排中律"。这是指在同一思维过程中，两个互相矛盾的判断不能同时都为真，至少有一个是假的，这就是逻辑思维中的"矛盾律"；而两个互相矛盾的判断不能同时都假，则是逻辑思维中的"排中律"。

在应用反证法证题时，一定会用到"反设"，即如果欲证明的命题的反面情况只有一种，那么，对此情况作驳斥就可以了，这就称为"归谬法"；而如果结论的反面情况有多种，那么就必须将上述所有情况的反面一一驳斥，才能推断原结论成立，这种证法又叫"穷举法"。所以，反证法是以逻辑思维的基本规律和理论为依据的，因而从逻辑层面来说是可信的，也是一种确实可用的证明方法。

　　但同时，既然反证法本身属于间接论证，这也就意味着，即使其论述反证得出原命题正确了，人们也无法直接感知到。例如，通过归谬证明了诸法本质为空性。但对于世人来说，原命题还是一个抽象概念，依然难以直接进行理解和认识。也就是说，反证法相比于直接证明，是更加难以帮助人们建立起于原命题相关的直接认知的。这与前文关于语言局限性的论述中提到的，心识中，不具备认知经验的事物，人就无法直观对其产生认知是同样的道理。

　　因此，这也导致了，在反证法运用过多的情况下，即便不存在明显的诡辩误区，人类的直观认识层面，还是会产生好像被诡辩带入到了逻辑误区里的感觉。也就是说，从理智上，人们会认同："你这些反证法用得都对，道理好像没错"。可是同时从直观感知上，人们会觉得："肯定有什么地方不对劲"；或者"很乱，很糊涂，好像是对的，可是我不太明白"。而这两者共同存在的情况下，直观感受一定会占据上风，即那种"不明白"的感觉，会远比"反证法用得对"，更有力量，也更能够唤起人们的认同感。

　　因此，大多数情况下，大多数人都不会在看到归谬法的证明之后，发自内心地认可，原命题是正确的。这就是人的主观感知和理性逻辑的矛盾之处，也就是一种"听起来你说得似乎都对，我说不清楚也驳斥不了，但我就是感觉不对"的状态——这是一种基于常识的顽固性认知，它的本质是实执，因而归谬法是很难撼动其根本的。

　　所以，虽然历代论师们通过归谬与反证法，使得中观思想和相关学说得到了持续的传承和发扬，这本身当然要比完全忘失中观道，对于此世间来说更有益。但中观思想似乎也因此和归谬法建立了过多的相关性，而使得基于中观思想本身的论述，很难被世人所理解和接纳。

类似的，唯识学也面临同样的困难，除了也会运用到归谬法之外，唯识学和因明的关系也存在一种捆绑色彩。且由于某些佛教宗派，把因明列为"五明"之一，而使得虔诚的佛法修行者们多不敢对此提出质疑。似乎否定因明学，就是否定了佛学，进而似乎就是否定了佛法。但实际上，这完全是不同领域的概念。

因明学，只是一种在印度文化中发展出来的论证方式。其自身亦经历了三个发展变化阶段，才逐渐在理论上得到完善。这对于当时的社会环境来说，是非常先进的逻辑方式，也是佛教为整个印度甚至东方带来的了不起的逻辑学进步。但不可否认的是，因明学仍然存在依赖于世间共许经验和驳斥层面的不完整性等问题。

然而，可惜的是，佛学研究领域多年来却普遍对此视而不见。在中国佛学研究领域，对因明学的普遍观点是把陈那论师因明即看作演绎推理的开始。著名佛学家吕澂、虞愚、陈大齐先生等许多大师级人物都持此说。甚至著名逻辑学家巫寿康原本具备了极高的现代数学和逻辑学修养，但在《<因明正理门论>研究》中，却仅凭陈那论师"生决定解"四个字，就盲目得出了陈那论师新因明是属于演绎推理类逻辑论证方法的结论。还有评论家附和称："（这篇论文）借助数理逻辑方法，成功地找到这样的'同品'和'异品'的新定义，从而提供了一条可以了结千年议论不休的因明悬案的新途径，实现了对《正理门论》

体系的完整性的维护。"这就说明近现代研究者，为维护因明学的逻辑合理性，进而维护中国佛学传承中部分论述的合理性，已经偏离客观严谨的基本治学态度太远了。

但佛学本身是超越方法论的，即佛学的认识论和世界观、宇宙观等本身，都并不是依据方法论而建立和存续的。因为佛学中所要阐明的观点，并非来自于推理和论述过程，而是来自亲身实证。所以，即便是论述过程中存在细节问题，实际上，对于佛学论点来说，也可能并没有任何影响。只需要改变论述方式，以更合理的方式和方法来进行说明，就可以了。

而佛法又是超越佛学的。佛学需要理论大厦的完整性，需要构建的过程，也需要论述来加以支撑，才能确保其完整性和逻辑合理性，但佛法不需要。佛法是超越此世间的，无论人类是否对它有认知，或者是能够对它进行全面系统、完整正确地论述，或者是把它驳得体无完肤，佛法，都不会也不可能有丝毫改变。

打个比方，这就好比是无论人类是能认识到量子力学理论的合理性并能够写出合适的论文，还是有人把量子理论说得一文不值，贬低到尘埃里去；量子力学的物理规律就在那里，从来就没有也不可能会因为人类的举动而产生任何改变。因而，在乎论证完美不完美的，只是本能地进行劣等胜评判的人类，而真理本身，则如如不动。

事实上，各种各样的论述方法本身，就好比是测量河流宽度的手段，古时候由于社会水平和科技水平的不发达，因此测量方式有限。例如，就只能游过去来测量。那么，古人就采取这个方式来测定两岸的距离。这会随着水流速度和方向，而产生一定的误差。但也无可厚非，毕竟古人已经尽其所能测量得尽量精确了。但现代人如果非要坚持游过去来测量河流宽度，其他方法都不可以，都是在指责祖先错误，是对祖先的背叛。那么，这就显然不但是愚忠愚孝，而且古人若有知，恐怕也不会赞同这种作法了。

因此论述方法是过程、是途径、是工具、是手段，但唯独不是结论本身，也不需要与结论进行捆绑。这就好比是条条大路通罗马，而不是说，必须走北纬 39°、东经 115° 到北纬 34°、西经 118° 那条线路才行，否则就到不了罗马——这显然太荒谬性了。而把论述方法与结论进行捆绑的行为，实际上就是一种实执的表现，或者确切地说，是对论述方式本身产生的法执性表现。执着某种论述方式的必须性和必备性，这种行为本身就是在赋予它们以自身原本没有的"本质"和"真实义"，因此，这其中已经包含了编辑所执的特性。

所以，作为现代佛法实修者和佛学研究者，或许真的是时候走出这些限制，以更客观更真实的出发点，来看待佛学理论构建中的不完美了。看见，并如实承认，才可能改善，由此更合适的理解方式才能于自心中形成，并加深对佛法的闻思层面的理解。这对于自身的佛法实修来说，也是颇为有益的闻思智慧进展。同样，看见，并如实承认，也才可能完善，由此更清晰透彻的阐述才能逐渐诞生，并传于后世。因而，于己，于其他实修者，于佛学理论本身，承认古论中存在各种各样的论述层面的不足，都是明显有益的方式。

2、方便门滥用造成了佛典的失去权威性

佛学当中普遍存在一种情况：立论者给出自方论点，反对者则举出佛经中的原文作为反对依据，立论者就以"此为方便门，而非了义"来作为己方的论证方式。此种情况之普遍可谓遍及三乘佛学，几乎无一派可幸免。对于佛学派别来说，此说法或许是真实的。然而，从逻辑层面来看，这种说法给不了解佛法者的直接观感却是，佛学当中充满了各种各样的漏洞，都在以方便门的方式自我开脱、掩盖和逃避。而且也很容易让人感觉，对于佛教当中的任何一派来说，佛经本身似乎都毫无客观权威性可言——不赞同的，就全部归结为方便门；赞同的，就认为等同于"了义"。了义与否，似乎完全取决于该派别的主观倾向性了。

前文曾专门论述了语言的实执问题以及相关的表意缺陷。然而，在此方便门的基础上，建立的论述本身，往往也包含了一定程度的诡辩色彩，这是比单纯的语言局限性更严重的逻辑问题。下面就来针对这种情况，作以简单的论述。

什么是诡辩呢？诡辩本身是一种方法论。它的根本特点是歪曲地论证，即表面形式上好像是运用正确的推理手段，实际上，却是违反逻辑规律，而做出的似是而非的推理，并且会为了扭曲他人的理论，而使用一些无根据的论据。其具体表现形式则是多种多样的，下面就针对其中与佛学论述关系较为密切的几种情况，来分别作以说明。

（1）含糊其词，模棱两可。即在论证过程中，故意违反论题要明确的原则，而把论点设置得含混暧昧，并企图在不同的情况下对其作不同的解释，从而达成为自己的某种目标进行辩护的目的。

例如，"宗教就应该宣扬惩恶扬善，才能鼓励人们保持更好的道德律"，这个观点表面看似明确，但实际含义却是含混的。因为在什么是善，什么是恶上都模糊不清无法给出定义的情况下，上述论点，实际上是没有意义的。

具体来说，这就好比是狼捉兔子，人杀了狼，认为自己是行善，然而，这对被杀的狼来说是善吗？对嗷嗷待哺的狼幼崽，是善吗？然后森林里兔子泛滥成灾，草和坚果等等都被吃完了，导致森林生态系统不平衡，这是善吗？所以，如果不先说明什么是善、什么是恶，而一概而论地讲惩恶扬善，是不是就属于听起来很正确，但实际遇到具体情况难以实行的诡辩呢？

所以，含糊其辞的诡辩通常有一个表现就是"拉大旗做虎皮"，即用一个看似占据道德或其他制高点的大道理来压制他人，使得他人无法反驳。

这也会衍生出不同表现形式，其中一种是油滑的似是而非，如"万法由心生，他骂人虽然是他不对，可你若执着，对就是错了。他骂完人，随缘而不执着，那错也是对了"、"何必急着回去禅修呢，心不清净，精进修也无益处。心清净，虽表面不修，其实时刻在修。还是清净自己的心，随缘自在，酒肉穿肠都是空，喝了这一杯吧"。如此这般，等等等等，都是一些以看起来自在洒脱随缘且不执着；实际上，却不过是以随缘和不执着，作为追求享乐和得过且过的借口，内里则往往无原则、无底线的被现实功利性驱动的状态。

另一种则是模糊理智的似是而非性，如"世间万法，思辨是思辨不过来的，与其如此浪费时间，不如好好下功夫打坐修行去！"这种观点初听似乎有理，然而仔细辨别却能发现似是而非。其根本核心，正好是前文提到的六师外道中不可知论的一种典型观点，即在认识论上非常含混，对一切事物，既不肯定、也不否定，但对于人类的闻思智慧之作用却直接否定。

再比如，"万法归宗，佛教如何，印度教又如何？总归不过是老祖宗说过的，百川入海，万法归宗。万法归宗才是根本呐，最终都会回归源头的。修行嘛，就不要再起分别心了！佛陀不也说不要分别嘛。"这也是典型的模糊式似是而非，放弃思考，放弃理性智慧的表现。用这种方式来修学，是不可能理解正法的。

因为上述两例，明显都是偏离佛陀所教导的中道的，也不符合八正道的修行理路。这种情况在正规的奥义佛教之学术论著中，较为少见。但世俗佛教却是此类问题的高发区，前文所提到之"佛油子"即多用此类话术。当今佛教圈中，上述种种论调亦是俯仰可触。

（2）偷换概念、偷换论题，这是一种很常见的诡辩术。偷换概念的手法有很多种，一是改变一个概念的内涵和外延，使之变成另外一个概念。例如，"你指出佛学中存在漏洞，那你就是不尊重甚至诋毁佛陀所传之教法喽？你就是对佛法没有虔诚心和恭敬心！诋毁佛法僧你要下地狱的！"这句话就属于改变概念的内涵和外延的情况，指出佛学之中存在漏洞的基础是人类的语言和感官认知都存在局限性。因而，其所讨论的就只是佛学理论大厦中的漏洞而已。这实际上跟对佛法的虔诚信仰无关。但诡辩者把佛学的概念偷换为佛法，似乎就可以据此占据上风，来指责原本平和的讨论本身了。而这种情况的存在，也是多年来基于实修的佛学研究中，行者不敢提出相对直接的理论漏洞，并如实加以探讨的原因之一。长期致力于佛法实修的人，必定大多是虔诚的佛法信仰者，因而面对此种诡辩式攻击一般也不愿多说。

二是利用多义词混淆不同的概念，从而达成诡辩。比如，分别心，按照吴汝钧编著的《佛教大辞典》解释是：区别；对事物起种种相对性的区别，而执取这些区别，以之为有自性。所以，此处明确指出佛学中所讲的分别，是指执着事物有自性，即法执。而同时"分别"这个词语本身，还具有另外一个意义就是世间事物间普遍的"区别"。佛学中，是从未否定世间事物的差别性，这一点的。

因此，上述二义实际上是不能混淆和通用的。但这种多义词，却恰是诡辩最喜滋生的温床。例如，三乘佛法都是一味，何必区别论述呢，这是分别心！再比如，（问：）第七识和第六识是同一个吗？（答：）不是。（问：）它们二者存在分别？（答：）是的……（诡辩：）你自己都说了这二者存在分别，世间诸法本质莫不为空性，你却明说有分别，这还不不如法？类似上述两个例子的说法，就都是典型的利用多义词混淆来偷换概念的作法。

三是抓住概念之间的某种联系和表面相似处，抹煞不同概念之间的根本区别。比如，车是由不同部分组成的，单个部件都不能跑，但放在一起组合起来就能跑了。这就是车的"自性"。人也由不同部分组成的，单个的胳膊、腿、心脏和头部等都不能自己进行思想活动，但组合在一起就可以了。所以，说明人有"自性"。这种说法就是先抹杀了人和车的本质差别：车没有主观性，没有认知能力，但人类却有。同时，其中还包括了对"自性"和"特性"概念的定义不清和认知混淆。

再比如唯识学说事物有三性：遍计所执性、依他起性和圆成实性。这里的三自性的定义是事物与生俱来的特性，而非"恒常、纯一且自主"的"自性"。但诡辩的论证方式会说，你既然承认事物真实存在三性，就说明你不理解"空性"，因而你就是承许上述存在此三性的事物为"实有"。但实际上，二者所说的"自性"基本含义不同，因为显然"依他起"跟"独立自主"本身就是矛盾的，所以，抹杀此概念差异的讨论是没有意义的。

四是混淆集合概念与非集合概念。集合概念反映的是一类事物的整体属性，而非集合概念所反映的是组成一事物类的每个分子的属性。例如，"佛教起源于印度次大陆，印度次大陆没有历史，都是神话传说，不可信，所以佛教不可信"。在这个推理中，"印度次大陆"表达的概念就不相同。在"佛教起源于印度次大陆"这个命题中，"印度次大陆"是非集合概念，指的是地域。而在"印度次大陆没有历史，都是神话传说，不可信"这个命题中，"印度次大陆"则是个集合概念，指的是印度次大陆的历史文化集合，因而这个推理是不正确的。

五是偷换论题。在论证过程中故意违反论题要明确、要同一的规则，偷偷地转移论题。偷换论题和偷换概念常常是联系在一起的。一般来说，偷换论题常常表现为偷换论题中的某些重要概念。例如，诸法当中不存在可以恒常、纯一且自主地起到作用的自性，这就是佛法里要表达的"无自性"在世间层面的含义。但诡辩的说法可以使其演变成："车无自性，你也无自性，所以这车也谈不上是属于你的喽，那我就开走了"。这个论题就从事物是否具有"恒常、纯一且自主的性质"，变成了归属权的问题。所以说，诡辩者偷换了论题。

（3）虚假论据。这是指故意违反论据要真实的规则，用编造的例证和错误的原理作为论据，去论证错误的论题。比如前文提到的对南传经典对提婆达多和《异部宗轮论》对大天的丑化，都属于此类。但实际上，这种过度夸张的虚假论据，反而很容易让人辨认出其故意丑化的倾向性，进而反不愿意采信了。

（4）循环论证。论题的真实性是要靠论据来证明的，而论据的真实性又要靠论题去证明，这就是循环论证。这个很容易理解，例如，佛法是对的，因为是佛陀亲口所说。佛陀所说一定是对的，因为是佛法。再比如，如果没有菩萨道，释迦族的乔达摩.悉达多怎么能成佛呢？所以，因为悉达多王子成佛了，必定有菩萨道。这类循环论证，实际上并不能真正说服任何人，而且如果出现的次数很多，反而会降低自身言论的可信度。

（5）以人为据，这是指在论证过程中，把对某人的品质的评价，转移到对某人提出的论断的评价上去。换言之，用对某人品质的评价，代替对论题的论证。

因此以人为据，是分为两种情况的。一是负面的以人为据，即通过说明这个人的不完美，来试图证明他所持有的观点的不正确下。此处依然可以举南传经典对提婆达多和《异部宗轮论》对大天的丑化为例，这里面隐含的逻辑就是，丑化他们，说明他们是恶人，由此证明他们提出的诸如苦行或阿罗汉有漏的说法不正确。

然而，实际上这个逻辑根本不能成立。如果要论证苦行中存在实执或者阿罗汉果位清净无漏，那么就需要针对这个问题本身进行有理有据地阐述。同理，其他问题也是一样。而且片面的以人为据，也可能在某些情况下，演变成人身攻击，即用攻击、谩骂论敌，来代替对具体论题的论证。这类说法常常是伤敌一千，自损八百，甚至对己方的破坏会更高，是一种于人于己都不利的表达方式。

二是正面的以人为据，即通过说明这个人的完美，来试图证明他所持有的观点是正确的。例如，大众部神化佛陀的行为就隐含了此类问题。但实际上，不断地神化佛陀，并不能说明佛法的真理性，就像婆罗门神化梵天、毗湿奴和湿婆，实际上也不能真的证明三大主神创造了世界一样。所以，习惯性地神化、美化佛教历代祖师等，并不能带来逻辑上足以令人信服的结果，却只会让佛教变得更加世俗化和趋近于神创论而已。

（6）诉诸权威，即指对论题不作任何论证，只是拿出权威的只言片语来吓人骗人。换句话说，是用权威人士的个别言论，代替对论题的逻辑论证。因此，诉诸权威，是"以人为据"的一种特殊表现。上文提到，佛学内部辩论，喜欢搬出佛经作依据，如"某某经说……"等，实际上也属于诉诸权威的作法。

当然，需要注意的是，以引用增加论据的可信度，本身是没问题的，但引用需要说明此引者是针对什么情况，在什么条件下，得出的结论。否则只是强调所引的权威性，就不会起到有意义的论证效果。而佛学内部的辩论往往是双方互相曲解，也存在刻意把对方的驳斥中的条件等说明忽略掉，然后，引导到似乎对方只会诉诸权威的状态，再进行批驳的情况，这就属于下文要说到的稻草人的问题了。

（7）稻草人，指在歪曲别人观点的基础上，使己方能够更加轻松的攻击别人。具体歪曲方式很多，或者夸张、歪曲，甚至凭空创造了别人的观点，来让己方的观点显得更加合理等等情况，都是存在的。

例如上文提到的，为说明唯识不合理，先把唯识里的三自性做了曲解，认为此三自性就是唯识认可的恒常、纯一、自主的存在，再进行破除。这实际上就是安立了一个稻草人，来对稻草人放箭。再比如，大乘非佛说这种观点的论证，就常常把大乘完全等同于世俗宗教的烧香拜佛等状态，然后，通过说明这些状态肯定不是佛陀在世所传之法，来狠狠地把大乘佛教整体拉到"非佛说"、"不是佛教"的层面。这实际上都是为了说明自己的观点正确，而特意安立稻草人的行为，也是非常不客观的论述方式，会自造失信于众生的结果。

（8）以偏概全。这是指故意用片面的、不充足的证据，来冒充全面的、充足的论据去进行论证，将个别情况片面概括为一般。

例如，以禅修来说，很多行者都可能遇到过来自他人或自己的以偏概全式指责。如："禅修不需要挑剔环境，你连在外面充满谩骂声的环境中，安心坐着都做不到，还说什么修禅定啊？就这种状态凭什么涅槃解脱？"这就是典型的因为一件事而否定整个人的修行可能的例子。事实上，每个人对环境不同层面的敏感度和承受力，是不一样的。一个人在嘈杂污秽的环境下，可能非常焦虑和抑郁，但这不等于他也不能接受其他艰苦的环境，比如衣食住行层面的条件困难等等，更不等于通过不断地努力，不能克服这些困难，获得修行上的进步，最终获得涅槃解脱实证。而禅修环境也需要适度地考虑大多数人的适应能力，作适当地选择，而不是一味地对求法众生以偏概全地加以指责。

再比如，在教法宣说和辩论中，也可能存在以偏概全的情况。如，唯识学承认存在各种心识，但特别说明了，各种心识都是依他起，一定不具备恒常、纯一、自主等性质，所以实际上，这已经说明了，心识本质为空性这一结论。但还是会被后期极端的中观派理解为非"毕竟空"，而全面加以否定。这都是以偏概全造成的问题。

综上所述，佛学当中的很多论证，都存在后七种逻辑层面的问题，另外还包括前文所提到的语言层面的问题。这都说明，佛学当中存在漏洞是不容置疑的事实。盲目否定这些漏洞的存在，只能给佛学传承继续带来危机，闭目塞听也不能带来发展和进步。而佛学呈现出的这种状态，对于佛法的世间传承来说，自然也会带来负面或不利影响。因而，作为佛学研究者和佛法实修者，更有义务指出上述问题，来完善佛学的论述方式。

同时，需要了知的是，正如前文所强调的，佛学是论述这些实证佛法的理论大厦，它本身受制于历史局限，也受制于论述者的逻辑模式和听法者的理解能力与认知水平。因此，存在论述过程的不精确或不准确等，都是历史局限中的正常现象。

而论述过程不正确，实际上并不能等同于结论不正确。因为佛学中要论述的结论往往是佛陀早已亲证的，且也是历代祖师们于实修中反复亲证且互相印证，又与佛陀之原始教法相互印证过的。因此，这些结论往往是与佛法直接相关的，所以真正的行者，需要于自身实修中去体证这些结论，同时也可以利用现代人逻辑更加完善、可利用的各层面论据更加丰富的优势，对佛学理论大厦的论证模式加以改进和查缺补漏。这无论对于自己加强理解佛法的深度，还是对于他人以及佛学本身，都是有益处的。

3、了义和不了义之争背后的历史局限性

佛陀灭度之前，说四大教法，但实际上其中并未明确给出所谓的"了义"和"不了义"的分别，而只是劝导僧伽对于听闻之说法，不应盲目肯定或否定，而要善加思惟，对比佛经律藏，以及个人实修经验去印证。而后，此四大教法演化成为了"四依法"，即即依法不依人、依义不依语、依智不依识和依了义不依不了义。因而，了义与不了义之争，也就拉开了帷幕，从印度到中亚，再到东亚，无派不争自是了义，无派不贬他为不了义。尤其是大乘的空有之争，更是旷日持久，影响深远。但是这种对于古人来说很重要的争论，以今人得到更多科学研究的辅助性理解来看待，实际上，却并非是必要的。

第一，胜义断绝言路，因而于此世间能够以理论形式被表达出来的规律、法则或理路，实际上都是世间真理，即世俗谛。所以，真正的了义不存在转化为语言的可能，也不必去争论哪一派说得更接近它，因为这种纠结和争论实际上是对语言的实执。而"不可说"的胜义谛本身，是超越了人类的感官认知以及由此感官认知所发展出的理性智慧的局限性的。

第二，世间真理，即世俗谛本身就包含了诸法"无自性"以及"相对空"和"相对有"两个层面的意思，且这"相对空"和"相对有"二者是相依存在的，属于同一不可言说之胜义的两个层面的世间性表现。因而，无论"相对空"还是"相对有"都是世间真理的一部分，这二者之间是无法在进一步区分出谁是了义、谁是不了义的。

　　这就是好比是说，量子具有波粒二象性，因此可以确定的是，量子并不具有真正意义上的"实体性"或"自性"。但却并不能说，波比粒子更具备真实意义，或反过来粒子比波更具备真实意义。因为波和粒子都只是量子在此世间的两种表现形式，无法以哪个更符合真理来作以区别或标记。中观思想和唯识学，两者也是一样，是不必区分何为了义、何为不了义的。真正的了义，即真如胜义谛只能亲证，断绝言路。而从世间的角度来说，中观和唯识已经各自从不同角度切入，但共同标定并说明了世间真理的极致。

　　如果跳出宗派强弱之争来看，中观和唯识本是互相辅助的两个部分，中观指出道路，明确大方向，是佛法实修的概括性总纲。而唯识本身就是建立在中观基础上的，因而唯识是指出了依佛法趣向涅槃的实修过程中，所切身体证的"心识如何非断非常地流转"、"心识如何非一非异地轮回"、"心识如何逐渐从无明中出离"，直至最后"如何转识成智"涅槃解脱的过程，因而是实修之所依。如果说中观思想是前方不变的指引方向的灯塔，那么唯识就是每一刻在脚下延伸开来的道路本身。因此，这二者是难以分离而单独起作用的，也是无法权衡出哪一种更重要的。

3.2　佛教在世间传承中的软肋

　　如前所述，佛法是超越世间的真理，但佛教却是世间之法，因而佛教之传承也明显受到世间因缘的作用，随因缘而兴衰起落，都是佛教发展的历史过程中不可避免的部分。同时，世间的随因缘变化状态本身，也恰恰是佛教在传承中的软肋。

　　首先，佛陀诞生在印度次大陆，是与两种差别巨大的文明之碰撞和融合所带来的因缘分不开的。而等到佛陀证悟，开始宣说佛法之后，已经注意到了社会文化等层面的影响，带给僧团的反作用力。

　　因而，佛陀不止在平衡苦行和非苦行两种文化烙印带来的僧团之间的问题，而且在僧团接收四众弟子的过程当中，也在众生平等的基础上，立足于现实平衡各个种姓以及阶层之间的关系，例如佛陀十大弟子中的优婆离即来自首陀罗种姓，并在出家时先于众王子，而得佛陀剃度，且要求"我等（众王子）向彼（优婆离）敬礼、迎送、合掌、恭敬，如此，我等释氏除此骄慢。"而十大弟子中有六位都来自婆罗门。同时，最早的优婆塞和优婆夷即男女居士，则来自商人阶层，即吠舍种姓。

　　另外，在佛经中，也多记载，对于僧伽内部的种姓问题，佛陀都是公平对待。但多数时候还是批评自出身之释种僧伽居多，对婆罗门僧伽则多有礼遇，并将自己的儿子罗睺罗特地交由婆罗门僧舍利弗教导。经中，也多次提到，佛陀教导僧众，对沙门婆罗门应给予尊重。同时在实际教化过程中，佛陀也并不纵容婆罗门种姓僧伽以自身为特殊高贵的傲慢性。如此，反复平衡教内僧伽关系。于平等层面，逐渐培养起了僧伽们的新习惯，并取得了良好效果。

　　同时，此阶段的僧团主要依云游乞食而生活，后期出现寺庙也仅为僧舍之用，因此，对社会政治与权力阶层和经济富有阶层的依赖都不明显——有愿意捐赠者则受之，没有也不影响僧团的日常生活和云游习惯。所以，此时的僧团虽然也受到社会普遍存在的种姓、阶级以及相关文化的影响，但相对此影响还是很小的。

　　然而，佛陀灭度之后，原始僧团逐渐发展成为了原始佛教，原始佛教又逐渐分裂为部派佛教。此时，佛教已经是作为宗教形式而存在的了，云游生活也随着社会的发展渐渐变得困难起来。因而佛教的传承，也变得要么依赖于官方政治体系的扶持，要么依赖于民间之经济体或民众之聚合体的支撑，所以，政治和民间文化，带给佛教的影响也就变得显著了起来。而世间对佛教传承的具体影响，可能是多方面和长期的，其具体表现也存在以下几种形式。

　　第一，世间对佛教的最大影响是促使佛教内部出现了世俗宗教和奥义宗教的隐性分别。前文曾经论述过十事非法与社会经济发展之间的关系，并说明了，佛教的戒律实际上是需要不断根据社会现实而进行细节调整的。这是宗教作为世间事物，所必须要面对的世间因缘变化的一部分。反过来，也说明了世间因缘变化对戒律的影响性。

　　同时，案达罗派的发展情况，也说明了世间对佛教的影响，除了使得一些戒律调整之外，也改变了在家居士在佛教中的地位，此影响已经更显著了。然而，事实上，世间对佛教的影响还不止如此，可以说，正是世间需求一手推动和创造了世俗佛教的产生，使得世俗佛教与奥义佛教以互为表里的方式，实现了两千多年的传承。

　　如孔雀王朝时期，是印度社会由共和向君主集权变化的转型期。而弘扬佛法的阿育王时期，则是孔雀王朝最兴盛的时期。因而，佛学阐述，实际上也负担起了为阿育王时期构建社会伦理的作用。而阿育王诏令中所宣传的达摩，也体现了佛法精神和戒律在国家政治层面的提升，其内容概括起来大约包含以下层面：一，要懂得尊敬长者，其中包括在家庭中要尊敬父母，恪守孝道；在学习中要尊敬老师，恪守师徒名分。这样，社会就能形成长幼有序的风气。二，对平等的人要举止适当，包括对亲属、朋友、相识、亲戚等。三、要善待下人，其中包括对仆人和雇工都要行事恰当。四、对宗教人士要慷慨，尤其是对婆罗门和苦行者要有慷慨之心。五、要诚实讲真话。六、对生命充满强大的慈善心。可见其内容完全是与世间道德律相关的，而丝毫不涉及任何佛法奥义内容。

正如社会学家马克斯.韦伯所言："因为君主到底并不被视同为一般僧侣，而是享有一种特殊的地位。以此，佛教开始出现某种政治理论的端倪，亦即：现实君主的权力势必是要来弥补佛陀的宗教力量——以其必然放下一切世俗行为——之不足。他犹似拜占庭帝国的君主所宣称的那样，是一个教会的保护者。他的'石训诏敕'亦显示出某种半神权政治的特有归结。"

从此角度来说，世俗佛教的诞生实际上自阿育王大弘佛法之时，已经初露端倪了。从社会发展的角度来说，世俗佛教的产生也几乎是不可避免的。佛教中会结合一部分世俗文化的内容，也是大势所趋，是顺应时代发展与需要而产生的结果。

而从统治阶层的角度来看，当时的统治阶级也一定关心宗教对民众思想带来的影响。因而，他们自然也更乐于扶持能够安抚民众的宗教。因为民众精神上得到安慰，会更愿意与人为善，相互配合，那么就更可能为社会现实带来更多更有利于稳定的因素。而民众自宗教获得希望感，也会更乐于从事生产等活动，愿意为现世或来世而付出劳动去努力换取更好的未来，如此则进一步会为社会经济的恢复带来一定程度的正面影响。因而，这都需要佛教的世俗化形式，才能得以完成。

类似的，贵霜之迦腻色伽王朝时期对佛教的扶持，也存在相似的历史现实原因。由于迦腻色伽一世是在经历过战争和暴力之后，建立起来的。因此亟需缓和各种姓及各阶层的社会矛盾，且贵霜帝国本身就是外来统治者，迦腻色伽家族自然不可能是印度贵族出身，因而对他们来说，佛教相比于婆罗门教等，可能是更能够亲近的宗教，因此，迦腻色伽一世最终选择了以佛教来管治帝国。

而此时期也正是犍陀罗文化圈成为佛教中心的阶段，大量原始佛经文本得以存世。大乘佛经也得以通过文字的方式而广为流传。因此，也可以说，此阶段是大乘佛教最终得以现世的重要因缘之一。

与之类似的是，部派佛教在东南亚诸国的传承过程，以及藏传佛教在西藏地区的传承，实际上也都包含了与此类似的因素。即佛教得到国家统治阶层的支持，同时也辅助国家统治阶层进行伦理道德层面的管治。因此，政治因素使得佛教得以弘扬的同时，也促使了与之向匹配的世俗佛教的产生。可以说，这是因缘和合的结果，通过借助政治因素的力量，更多国家和民族的众生得以获得听闻佛法的机会；同时，佛教也需要回馈政治以安抚民心、强化道德伦理等层面的报偿。而在这两者的背后，奥义佛教也在始终努力不偏离佛法主旨地通过代代僧伽的实修和证悟而传承着。

第二，佛学理论体系的构建，实际上，也受到了世间的局限和影响。也就是说，世间因缘变化，虽然轻易不会涉及佛教之根基即根本佛法的宣说，但一定会或多或少地表现在佛学理论的阐述方式等层面上。

　　例如，部派佛经从唯重原始阿含系佛经，到精研阿毗达摩系论著的改变，除了自身逐渐忘失了佛法实修之大方向的根本原因之外，另外一个重要的现实原因即是部派僧伽们也面临对世间众生宣说佛法上的困难。此种困难，也导致了僧团在现实层面可能遭遇的艰难处境——印度宗教大小派别林立，婆罗门教内部哲学体系也非常深细，因此，如果佛教僧伽不能以清晰透彻地方式阐明佛教理论，就很可能在无处不在的宗教竞争中被淘汰。所以，现实原因也迫使僧伽们必须对原始集结的佛经进行理论研究，并进行逻辑梳理。

　　而大乘佛教以辩论为基础，实际上也离不开上述因素。也就是说，大乘佛教的辩论习俗，既是对政治的妥协，也是对民间习惯妥协的结果。大乘佛教得以发展，主要是在笈多王朝时期。此时，虽然国王大多信奉婆罗门教，但实行宗教开放政策，因而各宗教要想在此国度之内占据一席之地，就需要"证明自己"，而辩论就是"证明自己的方式"。因此，在这一阶段也经常发生类似国王或贵族组织的全国性大型宗教辩论会的现象。所以说，不见得是大乘修行者们都天生喜欢雄辩，而是处在这样的社会政治环境下，不得不通过辩论而求宗教生存空间，不止要与其他宗教说理，还要与教内其他派别争高下。

　　同时，从印度社会复杂的多民族构成的角度来说，国王等组织大型辩论赛，也很可能另有弥合民族分歧的目的。由于各个民族文化差别巨大，也常常互不往来，使得长期以来印度次大陆都成为了"种族/民族文化保温箱"。然而，这也意味着印度文化内部的隔离和凝滞状态，是相对严重的。所以，到了笈多王朝时期，政治、经济、商业各方面得到了全面的发展之后，国家统治阶层也可能希望通过某些方式，促进各民族的进一步沟通和彼此的融合。同时，由于商业的发展和种姓细化成更多分工的阶层，带来了一定程度的种姓壁垒破失，也使得民间可能也存在迫切地互相了解与沟通的愿望。而这种沟通方式也表现在了辩论上。因此，随顺此民间沟通需要，也使得大乘佛教的传承过程，离不开辩论。

因此，整个大乘佛教之佛学阐述和佛学理论的构建，与辩论捆绑在一起，也存在上述诸多的复杂原因可能。这也说明了，因缘法的确是世间真理，即便佛教也是世间一法，因而佛教的发展也要依据因缘和合，而大乘佛学理论的阐述方式与辩论之间的关系，也是历史发展进程的因缘所带来的结果。

但从今人后学的角度来说，理解这种情况之所以产生的历史背景，则意味着"解绑"的可能。大乘佛教之根本要义即佛法的根本要义——中观思想，以及由此衍生的大乘主要流派之中观派和唯识派各自的理论体系，都不需要通过辩论，才能得到证明。而佛教内部，也不再需要更多高低大小的纷争，和合一味本是佛陀所说之真理的根本。

第八章　中观思想在汉传佛教的传播和演化

佛教于汉代始有传入中国的记录，但此时的佛教，基本属于"格义的佛教"。格义佛教，即指用老庄思想等中国本土理论，来理解佛教思想的方式。最初，发现格义佛教对佛法阐述的错误性质的是东晋的释道安，他提出了佛教自觉运动，并开启了从以本土文化理解佛教，到以佛教自身来解释佛学和佛法的研究范式的改变。

由此在东晋时期，佛教迅速发展，并演化出了六家七宗的般若空性说法。当然，此阶段对空的理解，与印度佛教主流思想还是存在相当大的差距的。"六家"是本无、即色、识含、幻化、心无、缘会六个派别，第一家本无再分为"本无"和"本无异"，即七宗。

据吉藏法师《中观论疏》卷二记载："本无"之说可能来自道安（约 312-385），此派认为"无在万化前"，又认为"一切诸法，本性空寂"。可见此思想中含有部分的般若智慧，但也存在对空性和无的混淆，且对"无"存在实有化倾向。

"本无异"派主要持有者是四世纪左右的竺法深，认为"从无出有，即无在有先，有在无后"，此说法的实有倾向显然更严重。

即色，此说法的主要持有者是支道林（约 314-366），认为色的存在不是依靠自己，因而是空，也就是说，观察到了色法的依缘生灭性质，但没有认识到色在本质上自体亦是空性。

识含说的主要持有者是四世纪左右的于法开，认为世间事物就好比是梦中的"群有"，为"识"所"含"，因而说"心识为大梦之主"，但对此"心识"是否为空性未作说明。

幻化说的主要持有者是道一（四世纪左右），认为法幻化不实，心神则不空。说明应该是执外境为空且自心识为真。

支愍度（约四世纪）则持心无说，即要求人们不要执着于外物。但何为外物，外物具有何种性质，则未说明。

于道邃则持有"缘会"说，认为"缘"如果"会"，就"有"。此有是"世谛"或"俗"，不是"真正的有"。"缘"若"散"，则是"无"。此"无"是"第一义谛"或"真"，是真正的"无"。此说完全忽略了事物本身的性质，仅以缘来描述有无，对空性之理解，也存在较大偏差。

综上可见，此六家七宗的说法，离真正的佛法之中观思想相差很远，对空性本身的理解也存在诸多偏颇之处。此种状况与格义佛教的残留有很大关系，也与当时的古中国佛经传译驳杂而没有体系的状态有关，另外，还与早期佛经翻译水平参差不齐导致的译文偏差进而造成理解困难有关。

直至鸠摩罗什东至，开始以高质量的汉文传译般若类经书和中观论典，并将讲学融入到译经活动中后，此种乱解佛经的现象才得到总体改善。下面就来详细论述，鸠摩罗什译经传入中国之后，中国佛教的中观思想体现。

第一节　鸠摩罗什及其弟子的中观思想

鸠摩罗什大译师，住世时间大约在公元 343-413 年。关于其生平记载的传记，主要有三篇：南朝梁僧祐撰《出三藏记集》卷十四的《鸠摩罗什传》；梁慧皎撰《高僧传》卷二的《晋长安鸠摩罗什》和《晋书》卷九十五《艺术传·鸠摩罗什》。此三本具体内容差别不大，另外佛教典籍，也对此三传记有所转载。

据记载，鸠摩罗什幼年聪颖过人，早期于说一切有部学习佛法，精通阿毗达摩理论。后来在西域沙车国遇到须利耶苏摩——苏摩与其兄须利耶跋陀，原本都是该国王子，后共同舍国出家，见鸠摩罗什，就为之说阿耨达经。鸠摩罗什听闻之后，善加思惟，并对比了有部所学与此经经义，而后再求师父广授大乘佛法。苏摩就为罗什宣讲了《中论》、《百论》、《十二门论》等。鸠摩罗什，从此折服，并以毕生精力投入到了对大乘佛法的弘扬之中。其世间经历坎坷艰难，半世尝胆，荣辱参半，然而，于佛法之弘扬与实修之深入，却始终不改初心，对佛教于中国及后续其他东亚地区的传承作出了巨大的贡献。

1.1 鸠摩罗什译经对中国佛教发展的影响

鸠摩罗什翻译的般若经类主要有《摩诃般若波罗蜜经》、《小品般若波罗蜜经》、《金刚般若波罗蜜经》等。其中《摩诃般若波罗蜜经》基本上译自两万五千颂本般若经，而《小品般若波罗蜜经》则译自八千颂本般若经。鸠摩罗什精通汉梵两种文字，因此，其译本较前译远为精准，也更切合佛法真义。

鸠摩罗什翻译的中观论典主要包括了《中论》、《十二门论》、《百论》、《大智度论》等。其中《中论》是与青目释共译。

另外，鸠摩罗什还翻译了《妙法莲华经》、《维摩诘经》、《阿弥陀经》、《弥勒成佛经》、《弥勒下生经》、《首楞严三昧经》、《十住毗婆沙论》、《成实论》、《坐禅三昧经》及《十诵律》和《梵网经》等。

从佛法实修角度来说，《坐禅三昧经》是安世高以来翻译的第一部大乘禅法的经典，对中国大乘佛经的禅修实践起到了重要影响作用。而《梵网经》则是第一部汉译的大乘佛法戒律，对于构建清净佛教团体来说至关重要。《十诵律》则是第一部完备的汉译小乘的戒律，在南朝时期，曾得到广泛流行。

此外，鸠摩罗什译出的众多经书都成为了后世中土佛经开宗立派的根据，如《成实论》在南北朝掀起研习热潮，形成成实学派。吉藏法师依据中观三论《中论》、《百论》和《十二门论》在南朝后期创建了三论宗，并把鸠摩罗什和僧肇奉为三论宗的鼻祖。智颉法师则依据《妙法莲华经》在南朝末期创立了天台宗，并亲自为此经作注疏，使天台宗成为了很长一段时间里中土公认的理论最全面系统，思想哲学首屈一指的佛教第一宗。《金刚经》成为六祖慧能在唐初建立禅宗依据的主要经典。《阿弥陀经》则成为唐初善导法师正式建立净土宗时，所依据的主要经典之一。

另外，鸠摩罗什的译经也广泛影响了中国古代的民间信仰。其中，来自《妙法莲华经》的《观世音普门品》成为观世音信仰的主要经典来源。《弥勒成佛经》和《弥勒下生经》等蕴含的净土思想以及弥勒佛崇拜，也很快在南北朝流行了起来。

而细观鸠摩罗什译经思路，也有着立足于当时古中国的具体形势的全面和完整的考量：先正本清源译出般若系经书，即由此纠正中国本土原译出的般若类经典的不足，解决由翻译问题和格义问题，而带来对般若思想理解上的偏颇问题。而后，紧接着再译出解释般若经典的《大智度论》，通过此论来矫正僧侣先前对般若诸说的错误和偏差性理解，为后世之中国大乘佛教的发展奠定了法义层面的根本基础。

总之，鸠摩罗什译经，对汉传佛教乃至中国文化的影响都非常深远。首先，鸠摩罗什译经决定了中国佛教的基本发展方向。如果说中国人选择了大乘佛教，是由于中土传统文化使然，那么，鸠摩罗什实际上就替大乘佛教选择了中国来作为佛教在整个东亚文化圈弘化的基地。从鸠摩罗什译经问世开始，就注定了北传佛教的主流只能是大乘佛教。

其次，鸠摩罗什对中观思想的重视，也使得中土大乘佛教直接获得了清晰明朗的佛法实修指导路线，也使得纷繁复杂的大乘经典有了整体观明确的总纲。由此，中国佛教界相当于直接继承了龙树菩萨完整而翻译确实的中观理论体系，了知了佛法之核心内容，这也为后续中国佛教的发展铺平了道路。

再者，鸠摩罗什译经使得佛法的弘扬和佛学的传播，逐渐成为深入到中国文化脉络当中的组成部分，并在无意中为中国文化注入了一种全新的活力——不同于入世的儒和法于自然的道，在这片古老的东方大地上，祖祖辈辈生活的众生，第一次完整而清晰地了解了佛陀所传之教法的精髓所在，也留下了超越轮回，获得涅槃解脱的出世间可能性的种子。

1.2 鸠摩罗什的中观思想

鸠摩罗什生平致力于佛经的汉译，因而个人并未留存相关著作。从鸠摩罗什的师承来看，其所学习的中观思想，应该是对龙树菩萨一脉的直接承袭。而根据其亲传弟子僧肇所著《注维摩诘经》等引用鸠摩罗什的表达来看，鸠摩罗什的空性观也确实直接来自龙树菩萨。

首先，鸠摩罗什指明了"有无"二者的关系，说明"有无非中，于实为边也。言有而不有，言无而不无"。也就是说，世间诸法片面地认为其是实有或虚无都是边见，诸法的本质是离有无二边的，从世间层面看，诸法为依托缘起而有；从胜义看，则诸法无自性，亦无自体。因而，诸法本质为"空性"。

其次，鸠摩罗什反复提到空性与无常的关系，例如"凡说空，则先说无常，无常则空之初门，初门则谓之无常，毕竟则谓之空"。"无常是空之初相，将欲说空，故先设无常。无常则空，言初相，故先说无常，无常是出世间浅慧也"。"无常是空之初门，破法不尽，名为不尽。若乃至一念不住，则无有生，无有生，则生尽，生尽，则毕竟空"。

从这些引用来看，鸠摩罗什的实修应该是以观生灭作为入门功课，逐渐证知无常，再进一步了知生无自性，且无体，由此获证无生，而趣入空观的。这个理路也确是龙树菩萨的一脉直接传承修法方式，与前文之《六十正理论》及《七十空性论》所阐述的禅修次第，及其中对空性的看法，是完全一致的。

另外，从僧肇的引用来看，鸠摩罗什还阐明了"无住"的含义，指出"无常"即念念不住，曰："住即不住，乃真无常也。"这说明鸠摩罗什的中观思想是透彻的，也是了悟了中观之核心的。他的实修亲证也应达到了很高层次，能够直接观到"住"即所谓的暂时存在或当下存在本身，是无自体，亦无自性的。从深观的层面来说，没有真正的"住"，只有刹那无数生灭的相续。而众生是依托粗糙感官，才产生的关于"住"的模糊认知。因此，无住的确是刹那生灭的体现，也是无常的直接表现。

上述引文，虽然只是一窥鸠摩罗什之中观思想全貌的管蠡，但却足以说明，鸠摩罗什的确把最根本与核心的中观思想传到了中土，并在此基础上进行了大量结合译经的佛法传承工作，为中国大乘佛教奠定了中观思想的整体观，并为中国本土及周边众生带来了趣向涅槃解脱的佛法实修次第和理路。

1.3 僧肇等什门弟子的中观思想

鸠摩罗什门下设有译经院，因而弟子云集。其中最著名的有四位，即"什门四圣"。他们是道生、僧肇、道融、僧叡。《释氏稽古略》卷二说："师之弟子曰生、肇、融、叡，谓之什门四圣。"而其中最著名者，又非僧肇莫属。

一、僧肇

僧肇（384—414）俗姓张，据《高僧传》卷六载，为京兆长安人。原崇信老庄玄学，后出家专治佛学。先后在（姑臧）今甘肃武威市凉州区罗什寺和长安参加了鸠摩罗什译场，评定经论。他以擅长般若学著称，曾被鸠摩罗什称赞为"秦人解空第一人也。"，著有《肇论》、《宝藏记》、《维摩诘经注》

等典籍。

其中，《肇论》以大乘般若中观学说为基础，包含了《般若无知论》、《不真空论》、《物不迁论》等部分，分别从不同角度于不同层面阐述般若空性之要义，下文就来稍作简介。

首先，《物不迁论》文辞优美，自问世以来即广为世人传颂。然而，抛开"旋岚偃岳而常静，江河竟注而不流，野马飘鼓而不动，日月历天而不周"此类令人拍案叫绝的佳句不谈，实际上很多人在对《物不迁论》的理解里，都存在误区，认为僧肇真的是在努力说明，"物"的"不迁"。即纠结于相对静止和绝对运动的关系，以及二者与时间的联系。如此理解，则不免不断地靠近形而上的哲学范畴，亦存在玄论的倾向。然而，这很可能与僧肇的原意不相符。

作为鸠摩罗什亲誉的"解空第一者"，其《物不迁论》的旨趣，一方面，更可能是运用类似龙树菩萨之反证法的方式，来说明无论物"迁"还是"不迁"，都会导致荒谬的结论。如果认为物"迁"，则与"昔物不至今"相违。如果认为物"不迁"，则与"江河竟注"相违，也会产生"不流"这种与世间相违的认知。由此说明，认定"物"为实有才是问题的源头，认知"物"的空性本质，才能从上述的两难状态中出离。

而另一方面，上述论述本身也是在借助"物不迁"来说明，所谓的"物"本身并不"真的存在"。因为人类认知的"物"，实际上是刹那刹那之因缘和合的一个又一个相续，每一个刹那的因缘和合都是生，也是灭，即上一个显现灭去，此显现生起，生灭同时。因而，物不迁的意思是说，相续组成了人类认知里的"物"，但此"物"却并非实有，而是不断生灭变化的现象的组合。因为人类感官粗糙，而产生模糊认知，就认为"物"是"存在"也在进行"迁变"的。因此，这当中的"存在"也就是前文鸠摩罗什所说的"住"，而"迁"即佛学中说的"变异"。

但从真实义即世间真理的角度来看，"住"和"迁"，都并非"真实有"，物亦非真实有。由此也说明《物不迁论》很可能是僧肇反复揣摩鸠摩罗什"住即不住，乃真无常"的教导，而衍生出的论述。

其次，《不真空论》的旨趣，一则在于纠正上述六家七宗中最具代表性的心无、即色与本无三宗带有偏差性理解的般若学，说明割裂有无谈空观是玄学家的通病；二则在于对般若性空思想本身进行论证。此文对佛学的玄学化给予了批判，而又把般若空性思想融入在了中国哲学里，不但思想深刻，且其行文自有一派挥洒自如的佛子气派。佛学家汤用彤，曾称赞其"为中华哲学文字最有价值之著作也"。

其中的"不真空"所指是说，此"空"既是对"有"和"无"的否定，又是对"有"和"无"的统一，因而"虽有而无"——是指世间法依缘起而"有"，但其自体自性却不存在，即"无"；"虽无而有"——虽然诸法无自性，但空性中恰可依因缘而生起万物，由此而"有"。所以，"不真空"就是"不真无"，同时也就是"不真有"，这是同一本质的不同表现。而片面地执持或有或无，都无法真实了解事物的本质，也不能理解中观思想。

再者，《般若无知论》之"般若无知"是说"般若为空智"，即般若智慧与世间智慧不同，世间智慧为"惑智"，即依赖于感官知觉而以自我和世间为实有所进行的认知，亦可能需要借助各种名言概念等进行比量性认知，才能达成。因此所认知的事物、现象、规律等，都并非真实。

而般若智慧本身是胜义谛，断绝言路。为世人能对佛法产生初步认识，而勉强以语言宣说，则表述为，般若空智可以直接对真谛亲证而了知。但需要注意的是，般若空智的此认知，是超越名言概念的现量认知。同时，般若空智本身与此真谛亦无分别，"即同而异"、"即异而同"。所以，般若与真谛之所知能知、所缘能缘等说法，都只是在世间为阐明此道理而安立的假名。因此也就是说，般若空智超越了通常情况下，"眼不能自见，识不能自识"的众生之局限性。它既是真谛本身，又能够对真谛进行完整圆满的认知。

另外，僧肇还指出："用即寂，寂即用，用寂体一，同出而异名。更无无用之寂，而主于用也。"这个论述在一定程度上突破了世人普遍认为先有"体"再生"用"的局限性，指出胜义般若空智之"体寂"和"照用"本是不二的。更确切地说是指出了"寂照不二"，即无需有体，寂照二性自现的真理性。

由上述三论的简单介绍可知，僧肇的中观思想和论理之特点。从语言的角度来说，僧肇擅于反世人认知之道而行之，亦存在一定程度的"语不惊人死不休"的偏好。而从论理角度来说，一方面，僧肇的论述层次分明，逻辑有序，论证严密，具有理性智慧特点。另一方面，僧肇又具有一定的魏晋玄学盛行时期之人，所浸染的哲学和浪漫主义色彩。

从中观思想的角度来说，僧肇继承了鸠摩罗什传承自龙树菩萨一脉的中观思想，对于缘起有和胜义空性都有很深的结合实修的领悟，并将其表达为语言阐述，留给后人，对中观思想在中国大乘佛教内的传承，也起到了重要作用。

二、道生

道生（355—434）　即竺道生，东晋佛教学者。据《出三藏记集》等载，竺道生俗姓魏，巨鹿人，幼年出家，曾于庐山幽栖 7 年，后从鸠摩罗什于长安译经。

竺道生对中观思想范畴多有阐发，尤其强调空性的本质，是断绝言路无相无形，且超越人类感官认知的。如："空似有空相也。然空若有空，则成有矣，非所以空也。故言无相耳。既顺于空，便应随无相"。由此，道生也强调，不止要对世间万物断除执着，对语言以及相关的认知能力等等，也无需执着，而应以证悟胜义空性为最高追求。

另外，自中观思想出发，道生还对大乘的其他理论加以融会贯通，如从般若实相与法身相一致，进而推引出法身无色、佛无净土、善不受报等的观点。此外，道生还主张顿悟成佛说，这也在南北朝初期引起了较大的社会反响，对后世禅宗也可能存在一定的间接影响。竺道生的著作主要有《二谛论》、《佛性当有论》、《应有缘论》等。

三、道融

道融，具体生卒不详。据《高僧传》卷六载，道融是汲郡人，十二岁出家，博学颖悟，曾在长安参加鸠摩罗什译场，与僧叡都是讲述中观三论的主要论师。曾奉师鸠摩罗什之命，与来长安的师子国婆罗门学者辩论，并获胜，其才华多得鸠摩罗什称赞。

道融后回彭城弘扬佛法，门下弟子据说有三百多人，闻法者上千，后灭度于彭城。著作有《法化经义疏》、《大品经义疏》、《金光明经义疏》、《十地经义疏》、《维摩经义疏》等。

四、僧叡

僧叡，具体生卒不详，魏郡长乐（今河南安阳市东）人。少有出尘之志，十八岁出家，依僧贤为师，很快博通经论，云游说法。及姚秦弘始三年（401）十二月鸠摩罗什至长安，即随受禅法，参与鸠摩罗什译场助译，曾于道融一起主讲中国三论。并曾为多种经论作序，如《小品经序》、《法华经后序》、《大智度论序》、《中论序》、《十二门论序》、《思益经序》、《毗摩罗诘提经义疏序》、《自在王经后序》、《关中出禅经序》（此九现存）、《成实论序》、《百论序》、《思益经义疏序》（此三散佚）等经序，并讲说《成实论》，另著有《二秦众经录》等。

总之，鸠摩罗什译经，对中国佛教而言，是一个具有开天辟地般之意义的大事件。鸠摩罗什和弟子们高质量的佛经译文以及其本身的佛法修养和实修境界，使得佛法修行的核心、精髓与总纲领，得以如实地在中土得到传承和弘扬，并由此开启了中国佛教的新篇章。此后，才展开了中国佛教历经千年的传承画卷，并逐渐令其扩展到了整个东亚地区。

第二节　三论宗之中观思想

三论宗是中国佛教八大宗派之一，且创立时间最早，以《中论》、《百论》、《二十门论》三部论立名为三论宗，且因主要阐述般若思想，也被称为"般若宗"，亦因持空性观，又被人冠以"性空宗"之名。

但值得注意的是，此宗实际深得中观思想精髓，而并未于佛教中另外自立宗派，直至唐宋时期，佛教文献中亦无"三论宗"之说法。三论宗之名，始见于日僧凝然（**1240-1321**）所作《八宗纲要钞》与《三国佛法传通源起》，在《八宗纲要钞》书，是后人在回顾历史的时候，定下了三论宗的传承祖脉。

而三论宗的形成，则是一个代代传承的自发过程：先以鸠摩罗什译出的中观三论，作为理论基础，经历几代师徒精研实修后，传承才逐步确立。最初，是南朝刘宋时期，因辽东僧人僧朗注重鸠摩罗什、僧肇的中观学说，故而反复精研，并将之弘扬至江南地区。后僧朗隐居摄山勤修佛法。梁武帝听闻后，派僧诠等十人拜师，并学习中观思想，中观思想也随之光大。如此，僧朗又传僧诠，僧诠后住摄山止观寺，终身未离，全身心投入于佛法实修之中。

僧诠门下有四大弟子被称为"诠公四友"，有"四句朗，领悟辩，文章勇，得意布"之称。其中，慧布注重于无得正观之实证，喜悦修禅，所以时人谓之"得意布"。长干玄辩，领悟僧诠之法要"中假义"与法朗见解有异，而住长干寺讲说三论，吉藏法师大师称之为"中假师"。禅众慧勇，住大禅众寺讲说三论思想，十八年相续不断，故人称"文章勇"。而法朗则专注立足于三论的中观思想，并使得中观思想传遍江南远至四川，成为南朝陈的佛教正宗，因而法朗一脉为公认的三论宗传承。

之后，法朗又传吉藏法师，此时已从陈过渡到了隋唐时期，吉藏法师统合鸠摩罗什、僧肇、僧诠、法朗等历代祖师的中观思想，是三论义学的集大成者，而被后世追认为三论宗真正意义上的创始者。因此，三论宗的传承是师资和学统传承的综合结果。

三论宗后续一脉传至日本，日僧宜然房明道《三论玄义玄谈》认为，嘉祥吉藏法师大师以前称"古三论"，又称"北地之三论"；嘉祥吉藏法师大师以后，则称为"新三论"，又称"南地之三论"。

吉藏法师著述颇丰，有一百多卷，其中直接论及般若中观学说的重要著作有《三论玄义》、《中观论疏》、《百论 疏》、《大乘玄论》、《十二门论疏》、《三论略章》、《二谛章》、《二谛义》、《大品经广疏》、《大品经游意》、《金刚经义疏》、《维摩经义疏》等。

吉藏法师在《三论玄义》中说"夫适化无方，陶诱非一。考圣心以息患为主，统教意以通理为宗。 但九十六术，栖火宅为净道，五百异部，萦见网为泥垣，遂使鹿苑丘墟，鹫山荆棘，善逝以 之流坳，萨垂所以大悲，四依为此而兴，三论由斯而作。但论虽有三，义唯二辙一曰显正，二曰破邪。破邪则下拯沉沦，显正则上弘大法。故振领提纲，理唯斯二也"。

因此其著作中表现出的中观思想也主要体现在此两方面：一是破邪显正，对印度各宗教和哲学派别，以及大小乘中的实执问题，一一进行破斥性论述，从而显现空性真义；二是直接阐述以三论为根本的中观思想。下面就来分别介绍这两个层面的情况。

2.1 三论宗的破邪显正

关于破邪显正，吉藏法师对中观三论中运用的方法论进行了归纳和整理，并在此基础上有所发展。在《百论疏》中，吉藏法师说明了自宗常用的破斥方法："若论始末有二破：一就缘破，如就执有，求有无从；二对缘破，但对缘破有二：一借有破无，借邪破邪；二申正破邪，即今此文是也。以外道不出因中有无，有即是常，无即是断。今对有无断常，明非有非无、不断不常故，是中道即对偏明中"。

而后在《中观论疏》中又加入了第三种方式，即"三并决破……三并决破者，既本有自体不假缘，有亦应自体本生不假缘生也。"由此可知，"并决破"是针对主张诸法有自体论者这种特殊情况进行的论述，即如果诸法有自体，则不需要依缘生，由此与世间相对照，自然会发现不依赖于缘的法是不存在的。总体来说，前两种是三论宗破斥不同观点的主要方法论。

"就缘破"，即随对方观点的缘而寻找破绽，进行破斥，这类似于中观三论中广泛使用的归谬法。而"对缘破"则是指直接从正面论述对方观点的不合理。此可分为两种形式，一为借助一主张破除另一个，即"借邪破邪"，比如有无二者可互相破除。二为直陈正理，再对不合理说法进行破除，如直陈诸法无自性之理，来证实执着"有无"的偏颇。

由此可见，吉藏法师与三论宗传统中，不存在对"将中观思想与归谬法进行捆绑式理解"的状态。而具体论述中，吉藏法师对上述两种论述方式的使用都较为频繁。因此，从客观意义上来说，此论述状态本身，亦可辅助后世行者，在理解中观思想时，对方法论与中观思想本身进行剥离。

同时，吉藏法师还在《三论玄义》中提出了依据中观思想论破的四种原则说明："言不会道，破而不收。说必契理，收而不破。学教起迷，亦破亦收，破其能迷之情，收其所惑之教。诸法实相言忘虑绝，实无可破亦无可收，泯上三门归乎一相，照斯四句破立皎然。"

也就是说，破斥不是根本目的，弘扬佛法中观正理，才是目的所在。因而对待不同观点，应该具体问题具体分析：如果该观点与佛法相违，毫无可取之处，则破而不收。如果该观点是契合佛法的，那么就该收而不破。而如果该观点即存在契合佛法之处，亦存在迷惑误解等，则应有针对性的破不合法理者，收合法理者。而胜义自身断绝言路，因而无可破、也无可收。可见，其中所遵循的宗旨，始终都是佛法之中观思想。

而吉藏法师的破斥对象，在《三论玄义》中也已经明确给出："但邪谬纷纶，难可备序。三论所斥，略辨四宗：一摧外道，二折毗昙，三排成实，四呵大执"。即包括以下四个方面：

第一，汉译的"外道"，主要指印度其他宗教派别，如前文介绍列国的沙门思潮之主要思想体系，以及婆罗门六种哲学派别等。特别值得称道的是，吉藏法师直接指出了"外道"的主要问题是"不达二空，横存人法"，也就是直指核心地清晰表明了，佛教与哲学印度教派或学派之间的差异在于是否存有"实执"。

第二，"毗昙"主要指部派佛教流派，如说一切有部等。吉藏法师亦直接指出，"毗昙"的主要问题是"已得无我，而执法有性"，即虽然破除了我执，但对于世间诸法、诸相、诸律，却依然存在法执，未能尽除。

第三，"成实"一指《成实论》，二指中国佛教内建立的成实学派。吉藏法师指出，"成实"的核心问题是"具辨二空，而照犹未尽"。具体来说是指"成实"观点包括以下几方面的不透彻：

1、《成实论》讲空偏于部派佛教之"拆法明空"，意思就是说对诸法进行分析拆解，而后了知空性。但中观思想则是讲"本性空寂"，即诸法不但在分析拆解中可现无自性本质，诸法本身即是空性。

2、《成实论》讲空，是三界内的人法二空，因此其空性所知范围较狭窄，而中观思想则是明确指出三界内外，人法并空，因而对空性本质的认知范围更加宽广。

3、《成实论》讲空更偏似于部派佛教的另一个表现是，空有未曾相即而说，即在讲空性时，未说不空。而中观思想本身就是包含缘起有与自性空两方面的综合性学说。

4、《成实论》所说之空性是"但空"，也就是说诸法空性，但空性犹存。而中观思想并不执著空性为实有，而是认为"空亦不可得"。

总体来说，从吉藏法师的《三论玄义》来看，他对部派佛教的批判一方面来自实际的教理差异，对空性的本质以及理解差异，做出了细致的分析，从而对于中观思想的完整确实的传承，起到了重要作用。但另一方面，吉藏法师的态度中也多少隐含了一定程度的门户之见，对部派佛教及原始经典存在一定的排斥性。这也说明，中国佛教从创立之初即以大乘为正宗佛法传承脉络，同时对大小乘的分别性观念，也较为看重。独尊大乘佛法是涅槃解脱之道的根本。

第四，"大执"的意思在此是指大乘佛教中持有实执观点的派别，主要是摄论师、地论师和天台宗的部分观点，如"五时"判教理论及对"二谛"的解释等。具体来看，《三论玄义》说："言五时者，昔涅槃初度江左，宋道场寺沙门慧观仍制经序，略判佛教凡有二科。一者顿教，即华严之流，但为菩萨具足显理。二者从鹿苑终竟鹄林，自浅至深，谓之渐教。于渐教内开为五时。一者三乘别教，为声闻人说于四谛，为辟支佛演说十二因缘，为大乘人明于六度，行因各别，得果不同，谓三乘别教。二者般若，通化三机，谓三乘通教。三者净名，思益赞扬菩萨而抑挫声闻，谓抑扬教。四者法华会，彼三乘同归一极，谓同归教。五者涅槃，名常住教"。

而吉藏法师对天台宗基于二谛阐述止观法门，同时，通过止观思想的论述来开显二谛，即通过真心与染性、理体与事相、止行与观行三个方面的阐述得出的"真心本具染"等说法亦不赞同。吉藏法师指出其核心问题是"乃言究竟，但封执成迷，因而也要批驳（呵大执）"。可见，吉藏法师对其他大乘教派的批判，主要集中在教理和判教两个层面的理念差异，而下文就将继续针对吉藏法师的二谛观来加以说明。

2.2　三论宗的中观思想

总体来说，三论宗以诸法性空的"中道实相论"为理论基础和中心，进而在此基础上阐发中观思想。吉藏法师作为三论宗的集大成者，对中观思想之不同层面，几乎都既作出了符合佛陀与龙树菩萨之中观思想原意的阐释，又进一步针对佛教在中土传播过程中，所出现的具体宗教问题和实修问题，展开了独特论述。其中，很多中观思想的阐发，都具有难能可贵的实修和教理两个层面的积极意义。

2.2.1 三论宗之二谛观

在建立自宗的理论体系时，吉藏法师非常重视对二谛观的正确理解和阐述，因此其缘起观和空性论等中观思想，也部分包含在了二谛观的阐述之中，因此，此处就先从三论宗之二谛观开始说起。

首先，吉藏法师以《中论.观四谛品》云："诸佛依二谛，为众生说法，一以世俗谛，二第一义谛。若人不能知，分别于二谛，则于深佛法，不知真实义"为理论依据，说明中观三论学以二谛思想为自宗的核心，将二谛视为佛法的根本。

在《二谛义》中，吉藏法师说明了二谛观的重要性："师云：此四论（即《中论》、《百论》、《十二门论》和《大智度论》）虽复名部不同，统其大归，并为申乎二谛，显不二之道。若了于二谛，四论则焕然可领。若于二谛不了，四论则便不明。为是因缘，须识二谛。若解二谛，非但四论可明，亦众经皆了。"

其次，学者廖明活关于吉藏法师的二谛观，进行了很好的概括，他说：吉藏法师二谛说的主旨总括起来不外是"唯是教门，不关境理"这八字。也就是说，世俗谛是"教"，即世俗谛是借助于名言而施设，来阐述本不能诉诸语言表达的真理，因而只是善巧方便之说，其本身是一种"教言"，而不能将其当作"真理本身"。而立此教言的目的在于，使得修行者对真谛能够作以先期了解，并由此因"教"悟"理"，由"教"入

"理"，而逐渐于实修中，接近胜义谛，最终亲证胜义谛。

也就是说，此处吉藏法师对"理"赋予了真理的含义，因而强调二谛是"教"。这一方面是针对《成实论》的"境、理二谛"说——即认为二谛是两境、两理的二谛：一是凡夫所认识的世界凡境，一是圣者所体悟的世界圣境——进行破斥，并建立合乎中观思想的二谛观。

另一方面，也是直接阐述二谛观的意义。吉藏法师在《二谛义》中说："二谛者，乃是表中道之妙教，穷文言之极说。道非有、无，寄有、无以显道。理非一、二，因一、二以明理。故知二谛是教也。"又说："诸佛依二谛，为众生说法"，是为"执有者"说"空"，为"着空者"说"有"。所以，佛陀说法是针对世人之状况而调整，其总体方向则是中观思想和二谛观，因而都是为因材施教而设立。

在《大乘玄论》卷一中，吉藏法师再次说明二谛是"教"，并给出了五个理由：

1、二谛是依中观思想，而施设安立之假名，说有说无都是相对众生之病而给予的药，因此显然二谛并非真理本身，而是方便法门。

2、诸法实相，甚深难解，本质并非实有、亦非实无，而为不可言说有无的微妙空性。然而众生或执有或执无，因此佛陀才说空破有，说有破空，以彰显非空非有的真如。这是以说为教，借教显理的方便法门。

3、执着"二谛"是真理，则容易起定性二见，从而阻碍对中观思想的理解，不能清晰了知诸法、诸相、诸律等均无自性的本质。所以，此二见应该断除，而二谛本是教言。

4、有无皆是边见或断见，都是众生实执本能的表现，所以佛陀不说有无，而说遣除有无的中观道。因此，亦不应执着二谛为实有。

5、以二谛为教言，明其理，而不生执着，则由此可于佛法实修中，通达正道。

至此，吉藏法师给出了关于二谛为教的全面说明。

再次，吉藏法师创造性地发展了佛教的二谛理论，认为如来的自行与化他，无不从二谛而出，所以，把二谛学说区分为"于谛"与"教谛"两种二谛义。即《二谛章》云："有两种二谛：一于谛，二教谛。于谛者如论文，'诸法性空，世间颠倒谓有，于世人为实，名之为谛。诸贤圣真知颠倒，性空于圣人是实，名之为谛。'此即二于谛。诸佛依此而说，名为教谛也。"

于谛，是指诸佛方便教说二谛时，所依据的两种方便道理。由于无明实执，凡夫以世间为真实，故此佛说世间假有、生灭无常。圣者已体悟空性，据此佛则阐述无所得之中道实相。此于谛又分二种：一是本于，又称所依于谛；二是末于，又名迷教于谛。

如是，三论宗共计有三种二谛，即：本于二谛、教于二谛、末于二谛。本于二谛，即佛陀说法所依。即胜义不依世人是否了知，而自恒常微妙相续。世俗谛亦不因世人是否能进行认识，而有所增减。即《二谛义》所说："释迦未出之前，已有此二于谛，释迦依此二谛为众生说法。"由此，真俗二谛即称为所依于谛。

教于二谛，即佛陀根据本于二谛宣说的真俗二谛。佛陀依世谛说缘起观，实则说明非真实有；而依真谛说胜义空性，实则同时说明并非真实无。中观之真实义，非有非无，言忘虑绝，但为教化众生，随缘说为二，实是为表不二之真实义。

而末于二谛，则指众生对佛陀二谛言教，生起迷惑偏颇或错误的见解，执空有二边，因此偏离了中观思想，是一种"迷教于谛"。

如此，在对二谛的反复揣摩与体悟之中，吉藏法师又逐渐形成了三论宗独特的"四重二谛"说：即第一重，有为俗谛，空为真谛。第二重，说空说有皆是俗谛，非空非有为真谛。第三重，空有为二，非空非有为不二，二与不二皆是俗谛，非二非不二才是真谛。第四重，前三重二谛都是假借名言而施设安立，故为俗谛，言语道断，心行处灭，无得无相，才是真谛。如此层层递进，于二谛给出了全面而立体的说明。

在《十二门论疏》中，吉藏法师指出其四重二谛之建立目的为："为渐舍，破众生病，故作此四重。"也就是说，此四重二谛观，是针对众生的实执进行层层解构而建立的，因此不止切中时弊地涵盖了当时汉传佛教中几个主要派别的实执问题，且对于后世的中土空有之争，也给出了一针见血的破除方式，且很可能影响了法相唯识宗的四重世俗谛和胜义谛之观点。

因此，也可以说，吉藏法师之四重二谛观继承了佛法中观思想的精髓，实际上也具备了佛法本身超越时代的特质，针对众生之本能实执，给出了在任何时代均可以采纳的直指核心的破除方式。

2.2.2 三论宗之中观道

三论宗从四个方面对中道义进行了诠释：1、依名释义；2、就理教释义；3、就互相释义；4、无方释义。

　　具体而言，依名释义，即 "中以实为义，中以正为义"。这包含两层意思，以实为义，是说中观思想立足于胜义真实性。而以正为义，则是说不落二边，即中观思想本身是超越有无二边的中正性。

　　而理教释义，即 "中以不中为义"，也就是说，中与不中本身都是言语诠释的说法，真谛本身是超越此二者的，并无名相之分别。但为了使众生能够在自身局限性的层面里，对胜义产生初步认知，而以言诠来进行中观思想的宣说。故此 "中" 即言诠本身，以超越此语言的 "不中" 为 "义"。

　　互相释义，即 "中以偏为义，偏以中为义"。这是说，如果能够对偏颇性边见、断见等清晰明了其局限，则自然也就了知了中观思想的真义。同样地，如果对中观思想清晰明了，则自然不落于偏颇之边见、断见等。如此，中观思想本身与偏颇见即是互相观待而成立的关系。

　　无方释义，其中的无方即无限的意思，也就是说，中观思想本身即是对根本世俗真理的说明，因而其贯穿于世间诸法、诸相、诸律之中。所以，如果对中观思想能够产生深刻领悟，了知缘起观，则世间万法不离于此；体悟空性论，则证悟出世间涅槃解脱，亦可待可行。

　　在此基础上，吉藏法师又设立了 "一中、二中、三中、四中" 四种中道思想体系。一中，即一中道之义，也就是特指不可说之胜义本身。此中道言语道断，心行处灭，即是非常非断，不生不灭，不一不异，不来不去的涅槃寂静本身。

　　而二中，即二谛中，也就是说，世俗谛以缘起生灭为假，以不生不灭为中道，这属于世谛中道。而真谛则以不生不灭为假，以非不生不灭为中道，此为真谛中道。这是针对世人因实执本能而把"不生不灭"执着为实有，而设立的中道观。

三中，即二谛中及二谛合明中道。二谛合明中道，是说"生灭和无生灭"实际上也并非真实义，因此，则以非生灭非不生灭为中道。这还是针对众生之本能实执而立，把世俗谛和胜义谛都归为假名而立，说明中道本身超越于此。

四中即"偏中"、"尽偏中"、"绝待中"和"成假中"。其中的偏中是针对实执导致的断见和常见而安立中道，因此也称为"对偏中"。尽偏中则是说只有断见、常见都彻底断除，"中"才能得以显现。绝待中是说明"中"本身就是针对实执所产生的断见、常见等偏颇观点，观待而安立的，如果断见、常见彻底断除了，自然也没有"中"的说法。"成假中"则是说胜义本身从未改变，而为使众生了解胜义，而假说空有及中，"中"因此称为成假中。

综上可知，此四重中道观与四重二谛论之旨趣类似，都是为了层层遣除世人遍存之实执，而层层推进，层层解构，层层破除。

总体而言，三论宗对中观思想的理解与传承，充分把握了佛法中观道的核心与精髓，且在此基础上亦针对现实情况而有所阐发和发展，其四重二谛观的设立，尤具超越性。对于中土以及东亚，乃至整个此世间的中观思想之传承，都具有重大意义。

然而，正如前文所说，中观思想的传承是困难的。吉藏法师之后，再传慧远、硕法师等，而硕法师又传元康，后至唐末三论宗就逐渐衰落，后继无人了。而上述三论宗论典，到明清时代也已经基本完全失传。而今人所阅读之三论经典，皆来自于民国初年，杨仁山居士于日本大藏经，进行的抄录回流。

第三节　天台宗之中观思想

龙树菩萨在汉传佛教中被称为八宗共祖，可见中观思想对中土大乘佛教存在普遍影响，下面就从天台宗、华严宗、禅宗和净土宗分别论述中土各主要宗派所传承的中观思想，对其发展和局限加以探索。

天台宗，创立于陈隋之际的又称"法华宗"，是中国最早本土化成熟的佛教宗派。"天台宗"此名是中唐湛然正式提出的，之前多称"华宗"。

吕澂在《中国佛学源流略讲》中说："天台宗尽管用罗什翻译的《法华经》为典据，又参合罗什所传的般若诸论思想，但它追溯传承，并不说出于罗什系统，而以为上承龙树，经过北齐慧文、慧思两代讲究禅定的禅师，才构成一派"。

3.1 天台宗的圆教特色

如前所述，天台宗依五时判教，而以自宗为圆教，同时指其他大乘宗派为权教。那么，此派的中观思想具有怎样的特点呢？

一、立足于中观思想的"三谛圆融"说

天台宗的中观思想，主要是以中观结合《大智度论》中的"三智"后，形成的"三谛圆融"思想，所依中观论典主要是《大智度论》和《中论》。

据《续高僧传》记载，慧文法师研读《大智度论》至卷二十七时，领会了"道种智、一切智、一切种智"的奥义。具体来说，其中，"道种智"即了解事物种种差别相的智慧，又称为后得智或差别智，是佛法修行的基础。"一切智"是根本智慧，是通达事物总相的智慧，也就是认识一切法空相的智慧，又叫无分别智、根本智。在一切智基础上又有"一切种智"，即究竟圆满的智慧，是佛陀的智慧。《大智度论》中说明，此三种智慧本无本质差别，但凡夫处于无明颠倒迷惑之中，因而需要有次第地修行，而逐步证得。

因此慧文法师得出了"一心可圆满观察多方面"的结论，并联系《中论.观四谛品》偈颂"因缘所生法，我说即是空，亦名为假名，亦名中道义"，将此领悟与中观的"空、假、中"——即以"空"表示通相，"假"表示个别相，"中"则代表一切现象之所有别相联系起来与通相辩证统一的状态，来表示三种智慧。也就是说，"假有"指向道种智，自性空指向一切智，而中观道则指向一切种智。从而，成立了空、假、中三谛一心，也就是"一心三观"法门。也就是说，此处慧文法师对"中观"之"中"给出了一个等同于一切种智的推导，且把真理、真理观和方法论三者作出了一个等同性代换。

慧文法师此"一心三观"思想，后传于慧思，而慧思则再传智顗。智顗法师即天台宗的实际创始人，在"一心三观"基础上，与《法华经》之圆融思想融合在一起，形成了天台宗的中观学说，即"三谛圆融"的中观思想。此即"圆教"之第一个"圆融性"。

此宗以圆融三谛为立宗特色，以实相论作为空性证悟的根本和中道思想皈依，从而形成了天台"三谛圆融"的实相论。智顗法师云："观有三。从假人空，名三谛观；从空人假，名平等观；二观为方便道，得人中道，双照二谛，心心寂灭，自然流人萨婆若海，名中道第一义谛观。"

也就是说，三谛之中，真谛讲一切现象的通相，俗谛讲个别行相，中道谛讲一切现象的通相与别相的辩证统一。同时，智顗法师强调，三种相对真理相即无碍，于空谛之中含摄有假、中二谛；假谛之中亦含摄有空、中二谛；而中道谛的呈显则亦必定要含摄空、假二谛，如此三者互相含摄，同时存在于一心之中，且与一实谛绝对真理也相即无碍，据此便可完成现象与本质的圆满融合统一。

二、佛性、如来藏与中观道的结合

天台宗对于佛性的认知，以《大般若涅槃经》中宣说的三因佛性为出发点。其中，正因佛性，即"高一切邪非之中正真如也，依之成就法身之果德，故名正因佛性。"了因佛性，即"此乃照了真如之理的智慧。依之成就般若之果德，故名了因佛性"。缘因佛性，即"缘助了因，开发正因之一切善根功德也，依之成就解脱之德，故名缘因佛性。"也就是说，正因佛性，指证悟之中观胜义谛；了因佛性指佛智，缘因佛性则指断轮回成解脱性。

智顗法师对此的阐发很多，如《摩诃止观》中说"故知法性实相即是正因佛性，般若观照即是了因佛性，五度功德资发般若即是缘因佛性"。又说"若通观十二缘真如实理，是正因佛性，观十二因缘智慧，是了因佛性，观十二因缘心具足诸行，是缘因佛性。"而《法华文句》卷十又说"读诵经典，即了因佛性，皆行菩萨道，即缘因佛性，不敢轻慢深敬者即正因佛性。"
《法华玄义》卷五则说："如是体即真性轨，如是性，性以据
内，即是观照轨，如是相，相以据外，即是福德，是资成轨。"

总体来看，智𫖮法师的理解是在原始经文基础上的阐发，
也包括了与原始经文不同之处。其以实相为正因佛性，以般若
观照为了因佛性，以诸行具足为缘因佛性。由此得"三轨"，
真性轨属于体，是正因佛性，观照轨属于内在智慧的体现，即
是了因佛性，而资成轨属行，即外在福德的累积情况，即是缘
因佛性。

"一切众生，无不具此三德"，由此，智𫖮法师的佛性体
系中，正因佛性本来清净，但了因佛性和缘因佛性则可能存在
分别，此后二佛性显现为即性即修，是能是所，包含一切对立
统一。此即天台宗的"性具染净"及"性具善恶"思想的来源
基础。

在此基础上，智𫖮法师在《法华玄义》中说，"其一法者，
所谓实相。实相之相，无相之相，又此实相，诸佛得法，故称
妙有。"，又说，"破著空故，故言不空。空著若破，但是见
空，不见不空。利人谓不空是妙有。"因此，其佛性观也被称
为妙有佛性。

进一步，慧思法师认为世间的实相可用"十如"来表示，
即：相如、性如、体如、力如、作如、因如、缘如、果如、报
如、本末究竟如。其中"十"即此十种具体的表述是世间的别
相，而"如"是世间的共相，结合这两类才显尽实相的意义。
又将第十如"本末究竟"来与佛陀和凡夫进行类比，从而认为
佛与凡夫同样具足十法，究竟平等，由此奠定了对佛性即如来

藏的认可基础。

根据世亲菩萨之《佛性论.如来藏品》所说,世间一切众生皆为如来之性即真如所摄,故可说"一切众生是如来藏";又因此佛性被实执无明所障,而隐覆不显,"众生不见,故名为藏";再由虽在实执之中,为无明所障,但一切佛性本质未变,所以名"如来藏"。如此,如来藏即指众生自心识之中潜藏着成佛的可能性,即佛性。慧思法师由对实相的推演和体悟,而对此佛性广泛存在于众生之内,产生了深刻认同。

而智顗法师又再进一步,在《法华玄义》卷八中,智顗解"诸法实相"为"诸法即是实相"。其中包含三个层面的含义,第一,诸法因缘生,即无自性,即是空,即是实相。第二,空有属诸法,须另立超越二者的绝对肯定的中道,此即诸法实相。第三,空、有、中道复归于佛性,此真正的中道即佛性,也可以说此为"佛性中道"。也就是说,智顗法师在此处又将实相、胜义之中观与佛性三者作为等同性来看待了,且将其作为"圆教"的独特法义。此亦为"圆教"之第二个"圆融性"。

三、关于世间与出世间的统一

进一步地,慧思法师解释说,"不空如来藏"之"不空",是指如来藏具染、净二法,佛陀证悟胜义谛,则如来藏显现清净真如本来面貌。而众生心识属染污性,为实执无明所障蔽,则现轮回之相。即初步提出"性具论"。

而智顗法师又根据此染净说法,而建立了"性具善恶"说。由法界理体平等,导出无明即是智慧,烦恼即是觉悟,恶业即是善业,世间即是出世间、所有这些全在凡心一念之中。由此又继续阐发,即一念具足宇宙万法,也就是天台宗的"一念三千"

说。

"一念三千"指一心具有十法界，十法界一一互具成百法界。而十法界又各具有三种世间，成三十种世间。依此推算，百法界就具有三千种世间。这三千种世间，都不过是具在介尔（微细）一念心中。心陷于无明，则对此三千世间执著不舍。而心转清净，三千世间还在，却不起执着。而如何从无明之一念妄心，转化为一念真心，则需要依托于该派之圆顿禅修法。一旦转为一念真心，则了知众生或宇宙的本质即中道实相，证得中道实相，违逆顺从、性善性恶、善业恶业等等差别就都消失了，即三千世间并未改变，但已能直接体认"烦恼即菩提，生死即涅槃"的不可思议境界。

对比上述智顗法师"诸法即实相"的说法，即可了解天台宗认为，实相、佛性、中和如来藏都是同一种胜义谛的不同说法。"诸法即实相"，则是现象和本质的统一，认为实相当下即存在于诸法之中，而众生为无明蒙蔽则不能认知。此即天台宗所表达的"诸法即实相"之义。也就是说，如果了悟中道，则自然会亲证，胜义于诸法表象中自然就体现了出来，同时一念之中即可了知三千大千世界而不生执取心。因此，"诸法即实相"，也即"诸法即佛性"。可见，智顗法师是通过宣说众生与佛陀本质无二无别，而消解凡圣差别性，而达成一种佛陀与众生的圆融一致性。此即"圆教"之第三个"圆融性"。

四、圆顿解脱

天台宗的解脱思想是圆顿解脱，即圆观、圆修、圆证。此思想在天台宗立派早期即已存在，因为顿悟是"一心三观"的禅修方法论所必然推导出的结果。如果一心之内，已经可以同时观见佛智及世间真理和世间现象三个层面，那么本身就说明必然已经证悟胜义空性了。既然观即证悟，自然只能是顿悟，不可能渐悟。

这从慧文法师在解释《大智度论》中"三智一心中得"时，认为其包含的三层含义，也可以看出来。具体是指，一心是有次第的，如一刹那中有先生后灭，可先般若智证真，后方便智达有。二是一念心中得，顿得而渐用。也就是说，不能说只得般若或只得方便，而是圆满证得，只是由于慧的作用，而有先侧重此、而后侧重彼的不同。三是二念中得，即可一念心中用。此即天台宗之圆顿解脱思想，由此可见一念三千当中，实际上也包含了一念转则圆顿解脱的思想在内。

智顗法师在此基础上，则指出次第观是为钝根而说，以便其循序渐进，完成对世界的圆满认识，而"一心三观者，正足圆教利根菩萨之所修习"。也就是说，圆融三谛即一心同时观三谛，无次第性、无前后顺序性，因此三谛本来圆融相即。此为圆教之独特教理，直达圆觉。

智顗法师将此圆顿之一心三观看作是佛教止观修行的最高层次，也是该宗止观法门的极致。

其中为钝根而说的次第观，即隔历三观，具体介绍如下：第一次第，从假入空观，也就是说世间法是假有，但众生因实执无明遮蔽，而以之为实为真。因此，假有可分为三种，即：因成假，相续假和相待假。因成假即一切法依因缘和合生灭，无实体性。相续假，指法之相续形成了住之假象。相待假是指诸法都是互相观待而生起，没有独立的法存在。具体而言，天台宗认为，部派佛教逐步理解空性的的析空观是小慧，应直接观诸法体空。所以，由假入空就是指逐渐亲身体悟到上述假有之无自性本质，进而趣入空性观。证悟空性，得一切智。

第二次第，从空入假观。在第一次第实际已经证悟了空性，但不能对此证悟生执着，即在不对假生执着之后，进而对真亦不执著。而是反过来再由空性入假有世间，行菩萨道，由此得道种智，即菩萨智。

第三次第，即一心三观。也就是说第一次第破假有的目的是破生死轮回。第二次第则是破空性，破涅槃之相。至此则进入言语道断心行处灭的境界，得一切种智，此境界内三谛三智和一心三观圆融无别，即与实相圆融。

而关于圆顿，近代印顺法师在《佛学词典》中将圆顿解脱，概括为"至圆"、"至简"和"至顿"三个性质。其中，至圆是说"一切佛道，一切众生，一切烦恼，一切法门，一切因果，一切事理，无量无边，不可思议，而不离于此。这样，'一即一切，一切即一'；'重重无尽'，就是'事事无碍'"。至简则是"理论既圆融无碍，修行的方法，当然一以摄万，不用多修。以最简易的方法，达成最圆满的佛果。"至顿指"基于最圆融的理论，修最简易的方法，一通一切通，当然至顿了！例如'即心即佛'、'即身成佛'。……这一思想体系，大师说是大乘教理，其实是：大乘中的最大乘，上乘中的最上乘！胜于权大乘，通大乘多多！"可见，其对此具有极高的认可度，且认为圆顿是在顿悟和渐悟之上的，通达无碍的最上乘的修行开悟方法。此即"圆教"之第四个"圆融性"。

由此可知，天台宗的圆顿思想在理论上以顿悟为主为先为优，但在具体修行方法上虽不排斥渐悟，其内部门人也存在"渐次第"，但总体来说对圆顿较为推崇，而对渐修尤其是部派佛教之修法，带有一定程度的贬抑。

五、天台宗的二谛与三谛观

天台宗的二谛观与其五时判教的观念是结合在一起的，所谓的五时，即佛陀宣说佛法的五个阶段。也就是说，先通过此五时对各教派之了义及不了义作判断即判教，然后再据此来安立藏、通、别、圆四教之分别体系，从而开显出七种二谛及五种三谛。

其中，五时教具体地说，是华严时，有别教二谛，圆教二谛。鹿苑时，有藏教二谛。方等时，有藏教二谛，通教二谛，别教二谛和圆教二谛。般若时，有通教二谛，别教二谛和圆教二谛。法华时，有圆教二谛；涅槃时，有藏教二谛，通教二谛，别教二谛和圆教二谛。

其中通教二谛又分幻有和空二谛，通教含摄别教二谛，亦含摄圆教二谛。幻有和空二谛是以幻有为"俗谛"，而以体证幻有即空为"真谛"。通教含摄别教二谛义指，幻有为"俗谛"，幻有即空和不空真如，共为"真谛"，因此含摄了别教二谛。通教含摄圆教二谛指以幻有为"俗谛"；幻有即"空不空"，也就是说幻有即真如，由此以一切法趣"空不空"为"真谛"。此处含有圆教理趣，因此说含圆。

别教二谛中，又分显中二谛。显中二谛即幻有，幻有即空，以之为"俗谛"；而不有不空为"真谛"，以真谛显中。即指出"通含别二谛"中"不有不空"之真如理体为"中谛"。而通过一切法趣不有不空为"真谛"来体认真如理体，明真如理体具一切法，一切法趣不有不空，则不有不空外更无一法可得，因此则已具圆中义，为"不但中佛性"，这就是所谓的圆入别的含义所在。

圆教二谛为不思议二谛。不思议二谛就是说，以幻有、幻有即空为"俗谛"；一切法趣有趣空趣不有不空，是为"真谛"。如《宗镜录》所说，"真即是俗，俗即是真。如如意珠，珠以譬真，用以譬俗，即珠是用，即用是珠，不二而二，分真俗也。"

也就是说，天台宗认为，在空有之外，再另立一个"中"，是一种割裂式看待方式，所以称为"隔历"，因而是世俗谛。体证有空中此三谛相即，圆融无碍，而不偏颇于任何一边，则称为"真谛"。因此，真俗二谛本是一体，但又可表现出世间和出世间两种状态，因此是不二，因此称为不可思议二谛。

也就是说，在天台宗的体系里，观见假有之依因缘和合生灭，是世俗谛，可得道种智。观见空性，亲身体证一切法诸法无自性，一切即一，则是真谛，可得一切智。而同时观见非有非空，非一非一切，即对上述世俗谛和真谛都作空观，即为中道谛，可得一切种智。概括来看，天台宗是以一心三观为实修法，以一心得三智为所得果，以三谛圆融为实相而安立的系列说法。其中谛、观和智三者不但是统一的，且在本质上是同一的。

综上所述，天台宗是将一切世间法，无论物质还是精神，都归于"一心"之圆融统一上，并由此一心建立了实修之圆顿法门。

3.2 天台宗中观思想的局限性

综合来看，天台宗教义博大精深，历来对中土乃至整个东亚地区之佛教发展都影响很大，否则也难以自称为圆教。然而，仔细分析其中观思想，则即存在合理一面，亦存在一定的局限性，是值得探讨的。其合理性一面，在介绍该宗教义之时，已经有所阐述了。此处再来说局限性的一面。

首先，中观思想作为趣向涅槃解脱之实修佛法的总纲是一个整体，而天台宗别具匠心，依正因佛性，而把整体之中观思想里的"中"单独拿出来，根据其所指"不生不灭、非断非常、不一不异，不来不去"的性质，而把此"中"演化为一谛，即一个"真理"。

这从逻辑层面来说是没有问题的，能够进行完整自洽。然而，从实修层面来说，"中"实际上是一个名言有，是为了区别于世间之断见、边见等等，而施设安立的一个方便人们理解的概念。与之类似的是前文专门探讨过的"无常"，无常是对生灭现象的一种描述，是针对常见而安立施设的概念，它本身只是名言有而已，其涵盖的描述不超出生灭范畴，因而自身无体、无相、无性、无用。所以，断常见，自然就会证悟无常本质，而不须另外再证"无常"。同样的，"中"是相对边断等安立，破除断见、边见等，自然就证悟此"中"道本质，而不须另外再证一个"中道"了。

因此，把"中"说为一谛，实际上隐含了一种无形的实执。即中观思想里，本不存在"中"之体性相用，但天台宗先加入了上述内容，再来证悟此"中"之本质为空。所以，此三谛说法，最多只能算是名言逻辑上的善巧方便，实际上并非是实修过程中的必经路径。

与此类似的是，天台宗对"佛性"的相关理解，似乎也存在类似局限，即认为佛性存在体性相，再论证其体性相也是空性。当然，天台宗的"佛性"是一个复合型概念，与"中"以及"如来藏"都是同一个所指，即不可说之胜义谛。由此可见，天台宗对胜义的描述也普遍存在一种"过度倾向"。

也就是说，虽然天台宗也认可胜义断绝言路，但却花费了巨大精力，去探索"证悟之后到底是什么样"，并对此反复地进行关于胜义的圆融性立论。这可能带来两方面的问题，一是此描述不可能确切，如三智、三谛、三观之完全合一，对世人来说，其实只是一种概念上的阐述，而胜义如果超越了此人类感官局限，那么此描述本身就是不具意义的；二是因描述之不确切，还可能对实证反造成障碍，而这原本是不必要的。因此，从实修的角度来说，对胜义保留"不可说"的部分，不去描述、不去概念化，是非常重要的佛法认知之基础立足点。当然，后面这个描述过度的问题在很多大乘经典当中都存在，不只是天台宗一家特有的问题，例如，过于详尽地刻画佛之法身形貌功德等等。

其次，天台宗的三谛、三智和一心三观的统一性和同一性，从逻辑层面来说，也是完全可以自洽的一套理论体系。但从实修的角度来说，此体系虽看似圆融，但实际上是难以切入的。即使是其渐修法门即隔历三观，实际上也在第一观就证悟空性了，也就是说，这等于基本没有针对普通人的入空观之次第修法，而是直接观空。渐修法尚且如此，更不必说圆顿法门了。

然而，从客观事实和历史事实两个层面来说，顿悟法门在此世间之可应用对象，都只可能是少数人，而过度推崇则可能带来不同层面、不同范围的负面影响。下面就来一一说明。

为什么能顿悟的所谓利根是少数呢？因为从概率的角度来说，人类中各种所谓的"根器"占比，大约可类比为人类的身高、体重、寿命、情商、智商等层面的占比。而上述范畴，经统计学研究，都符合正态分布，即无论哪个层面，人类整体当中，极高与极低均占少数，大多数人都居于中等水平。

那么，从共业角度来说，根器这种特殊的性质，虽然与上述诸性质都不同，但应该也不例外地会大体符合概率正态分布。因此，超级利根和超级钝根，必定是极少数，而利根和钝根本身也不会占比太大。大多数人，肯定都是互相没有太大分别的中间状态。

佛教是世间事物，其面对的群体也是世间众生，因而，佛教团体中的各类人等占比也不会过度差别于世间。如鸠摩罗什大译师门下僧众云集，这是众所周知的事实，然而，什门仅有四圣，最多扩展到十哲，这已经是出类拔萃、凤毛麟角者了，其天资聪慧、禀赋颖悟已经超越大多数人了，可是此四圣或十哲有几人是顿悟成道？所以说，利根本身在人群中的占比已经很小了，而且即便是利根，也极少有具足各方面、各层次的因缘而顿悟者。而这种情况无论在部派佛教还是大乘各派别里，实际上都是普遍现象，无须再多举例赘述。

而特例是佛陀最初的五百阿罗汉。但这五百阿罗汉，实际上，大多来自沙门思潮中涌现的各个修法派别，也就是说，这些人在得到佛陀点拨而了悟胜义空性之前，都已经进行了数年甚至数十年的苦修，如智慧第一舍利弗、头陀第一大迦叶等等，莫不如此。

而佛陀得此五百众追随，就好比是爱因斯坦在发表相对论后，斯坦福、剑桥、耶鲁等等世界名校的顶尖研究者都转校到了他的课题组一样。这是说，在某种层面来看，这五百众大部分本身已经是经历过数年的不同门派之筛选和自我筛查之后的"禅修专家"，而不是普遍的刚入门的修行者。因而，他们在得到佛法真理之传承后，可以在较短时间内证得阿罗汉，实际上是各种因缘汇聚共同成就的结果。所以，不能将此当作普遍案例来看待。

那么，世间普罗大众会如何看待顿悟法门呢？这需要从三个方面说起，一是人类的本能里已经预置了由实执产生的自利偏差。也就是说，人们面对不同的佛教宣说方式，会本能地愿意相信自己属于"利根"，因为这可以满足我执本能性的自恋需求。能够基于客观事实，承认自己大约只是中等水平的人已经较少了。而能够清晰认知自己属于钝根，了知自己的局限性所在的，恐怕反而是真正的利根，更是极为稀少。

二是由实执预置在人类基因中的生存本能决定了，人类的本性当中也预置了由趋利避害而演化出的懒惰习气，因而无论是世间的艰苦奋斗，还是佛法的精进实修等类似事物，都是需要克服本能的预置力，才能实现的。所以，这类事物也相对都容易让人感觉"累"，因为前期本能惯性习气很大的时候，尤其需要更多作功，而后期本能习气有所转化，也依然需要提起精进心，才能坚持始终，否则还是很容易跟随无始以来的习气走向懒惰的下坡路。所以，面对修行法门的时候，此本能设置也不会自动改变。也就是说，本能地，人们都想要花费更少的时间、精力和心力，但却能取得巨大的成功，当然如果可以毫不费力，自然最好。

　　而上述两者结合在一起，就是世间大多数人面对"顿悟说"的本能反应和状态——当然是趋之若鹜地竞相追逐了。而这又必然会导致第三个层面的表现，既还是由于自利偏差，人们对自己已经选择的事物，会自动而本能地加上认知光环，认为其的确"更好"。从佛法的角度来说，就是我执进一步扩展到了"我所"层面，因而对"我所"也产生执着贪爱，本能地认为其更完美了。而此类认知都不需要经过思惟过程，就会自发自动地产生和持续的，因而也极度为众生所认同。

　　因此，在面对顿悟说的时候，人们也大多会本能对此渴慕追逐，而后又很可能产生相关的其他问题，如虽然此方法难以切入，但修法者一般在早期都会自动进行合理化。其合理化方式不外乎三种形式：

　　1、继续运用自利偏差，放大本修法的利益和功德，也可能同时放大自己于实修或佛学层面所取得的成绩。

　　2、以劣等胜方式评判其他教派的过失和不完美之处，反证自修法之完美无缺。；

　　3、无法合理化的时候，就推诿给业力、无常或因缘等，如在某些情况下，承认因缘不具足，未能顿悟，但不承认自己多年来可能并未真正趣入对佛法正理的基本理解和实修。

　　而直接观空的无次第禅修之危险性，龙树菩萨在《六十正理论》中已经做了详细说明，此处再稍作概述。其中，最严重的情况即在上述合理化都起不到作用的时候，修法者可能不再继续合理化，而是或者转而攻击佛法修行本身不能令人趋向解脱，也可能演化成为攻击所修派别攻击所师从的僧伽等等。或者则堕于恶取空，即盲目地相信一切无分别，认为随波逐流性的无所谓，甚至玩世不恭一般的浑浑噩噩，即是佛法的要义，因而证悟与否无别，自己实际已于世间当下获得解脱。而这种情况下，也与将要探讨的下一个问题紧密相关。

即再次，出于对圆融思想的过度追求，在天台宗的主要核心教法中，存在两方面的问题，一是很多概念都存在一定的混沌性；二是理论中存在逻辑上的自洽性与现实可行性之间的冲突。也就是说，天台宗一定程度上存在混淆"混沌"和"圆融"二者，以及"自洽"和"圆融"这两组概念之确切含义的嫌疑。

其中，逻辑可自洽，但与实修不能很好配合的部分，在前文中已经做了部分探讨，此处需要补充的是，三谛、三智、三观统一且同一，是天台宗认为圆融的表现，但实际上，则是以真理观取代了方法论，这种说法在逻辑上看似圆满自洽，但于实修中，却基本等于没有修法指导。即中观思想本身原本就是佛法修行的纲领，即指导灯塔。具体来说是依缘起有，打破实执，证悟空性，此大方向非常清晰明确。但把"中"单独列出来称为"谛"，且一心直观三谛三智，实际上就是对自佛陀始而后历代祖师们依禅修领悟而建立的所有次第的全部取消。

也就是说，佛法圆融是指佛法本身即出世间胜义谛，无论从哪个角度来宣说，都能达成内在的一致性，与世间真理相符。这是因为世间诸法莫不出自其中，诸相、诸律亦不可能超越其理。所以，圆融原本就是佛法自身本有的特性。也可以说，佛法本性即是圆融的。

那么，换句话说，是佛陀与历代祖师，全都不懂此佛法本即圆融之理吗？这恐怕不可能。那么，为何佛陀与历代祖师都没有直接给众生一句"佛法圆融一切"就完成宣说呢？

一是因为本自圆融，而不需要特别宣说。二是了知此宣说基本相当于"正确的废话"，对于众生亲证空性，了悟佛法圆融，实际并无益处。

因此，为使众生能够证悟涅槃解脱，佛陀才自缘起观开始宣说，历代祖师也都在选取合适的切入点以便众生能够得以迈向切实的解脱道。而带着过度追求圆融的心理而得出的理论，是不是在这种"我派教法最殊胜"的执迷里，已经或多或少地落入了佛陀与祖师等，早已尽力规避的误区呢？

再说混沌，混沌是指不清晰、不分明的状态，往往与含混不清，似是而非相关。如，众生皆具佛性，具体可存在两种理解方式，一是从概率层面理解，此是指众生具有成佛之可能性。也就是说此义实际上仅指"此概率存在，绝非为零"。但从现实层面来说，凡夫当下并不具足使得无漏清净佛性得以完全显现的因缘，因而实际上根本无法不经佛法教导与实修，而于自身突然变异，直接体证此佛性，也就是说"此为极小概率事件，几乎不可能发生"。

二是从比喻层面理解，以人工智能为例，众生皆具佛性，就好比是说所有众生最基础的底层代码都包含了基本的佛性，但需要注意的是此代码是随生随灭的，即它并非固定地储存在那里，而是在生灭之中反复切换的。这就好像是电脑底层的 DOS 系统，但却并无不变之编码程序即所谓的"体"始终被存储着。

而接着在这层代码上面众生直接写入的就是实执代码，此实执代码非常深细，且也总是在生灭切换之中，这就好比是 Windows 系统，但也无不变之存储。而后，在此基础上才一层一层地继续编程，直到最表层才是众生的五蕴即色、受、想、行、识的现行表现。也就是说，后续所有的程序和软件，都是装在这个实执的 Windows 系统里运行的。

大多数时候，日常生活中，众生所能对自身产生的觉察，都是此五蕴的反应。禅修者可逐渐深入，渐渐能够对更深层的心识活动状态有所觉察，再不断加深。而能直接觉知到实执的作用和表现，已经是非常困难的事情了，这需要长期深入的禅修作为基础才能实现。因而，众生的佛性之底层代码存在吗？存在。它们在底层运作吗？好像是的，因为它们一直在生灭切换地相续着。可是，其影响能达至五蕴层面吗？在没有任何闻思修和实修配合的情况下，几乎可以肯定地说：不能。

在这种情况下，说"众生皆具佛性"，就好比是说：所有电脑的基础操作系统都是 DOS，所以，不要被表面眼花缭乱的程序软件所迷惑，不要被病毒木马吓倒，此 DOS 的本质从未改变，根本没有被病毒侵害过，所以，没关系。是啊，说得很对。可是，然后呢？对于绝大多数人来说，能直接调取此 DOS 系统，来改变表层的软件状态或者进行杀毒吗？能直接调取此 DOS 系统，来改变 Windows 系统或重装一个 Linux 系统吗？答案肯定是：不能。

因此，即便了知"众生皆具佛性"，实执本身也是空性，无明也是空性，烦恼即菩提，但绝大多数情况下，还是代替不了行者需要经由实修，才能逐渐亲证的过程的。这是佛法实修者必须清晰明确的事实，不能以凡夫之本质即"未来在编法身佛"来加以掩盖，这样只能阻碍精进之佛法实修，进而成为涅槃解脱的障碍。

所以，混沌是盲目地统一和圆融带来的结果，现象和本质

统一了，真理、真理观和方法论也同一了，世间与出世间无差
别了。然后呢？在这种统一里，众生是建立了对诸法本质更清
晰的理解，还是对很多概念之间的表意差别，都越发理解得含
混不清了，对很多不同层面的理路和实践方法等，都越发囫囵
吞枣、似是而非，而无法精准了呢？

而精准一定是建立在区分度基础上的，而且区分度不可能
太低，否则，模糊混沌自然就出现了。而禅修实践中，对心识
的各种状态的觉知，也往往需要一定的精准度。混沌模糊的一
片安静状态，并非禅修，而是昏沉，是痴，是无明，也是禅修
中需要逐渐消除的五盖之一。

而天台宗之诸如"世间即是出世间"、"诸法即是实相"
等类似说法，固然也存在其奥义的一面，但从社会发展的角度
来看，却似乎更多是为满足世间需求而宣说和安立的。也就是
说，追求涅槃解脱，本就不符合凡夫之实执本能，也有违于众
生本能和轮回惯性。当然，众生亦不可能人人出家为僧，日日
禅坐修行，那么为了适应这样的社会现实，就大力宣说"世间
即是出世间"、"诸法即是实相"：一方面，通过不断强调众
生本具佛性，来安抚众生之烦恼心；另一方面，则通过不断消
解涅槃解脱的真实义，来满足众生不识苦迫，且为坏苦之乐而
惯于轮回的习气。

因此，从这个层面来说，天台宗之圆融，更像是在圆融"佛
教之出世间涅槃解脱追求"与"世间共业轮回习气"的相违性，
但此相违，实际上，却是行者要涅槃解脱，所必须经历的必然
途径，是无须圆融，更不能圆融的。因为它是出离心的基础，
又是修行过程中必然要克服的惯性。而天台宗的此种圆融，实

际上也是在降低其奥义佛教成分，而向着世俗宗教方向更进一步地靠拢的表现。因此，也可以说，这是以随顺世间为圆融，而非以真理为圆融的表现。

此"以随顺世间为圆融"的迹象，主要表现在三方面，一是随顺入世之儒学，如慧思法师认为，佛性具染净两种状态，此处之染净是客观存在。而到了智顗法师的时代，则由佛性客观存在染净，转变成了随顺儒家人性观而立的"佛性具善恶"之说。这实际上是对自春秋时代以来，广泛存在于中土的"人性本善"和"人性本恶"两种处世哲学说法的调和。

然而，中观思想不是"和而不流，中立而不倚"的中庸之道，佛法之圆融更不是由调和性的折衷主义来实现的。智顗法师受儒家思想影响甚重，此从《临终遗晋王书》中云："生来所以周章者，皆为佛法，为国王，为众生"之说法里亦可见一斑。

二是随顺仙学、道学，这种说法，并非无根据之臆测。因为，慧思法师即喜求仙炼丹；而智顗法师且择天台山修持的部分原因也在于："闻天台地记，称有仙宫，白道猷所见者信矣。《山赋》用比蓬莱，孙兴公之言得矣。若息缘兹岭，啄峰饮涧，展平生之愿也。"

而这种随顺造成的具体表现则是，天台宗例来对四圣谛等基本佛法理念与核心，常常都是避而不谈的，且相对也弱化了缘起观之说法，进而却将世间作了浪漫化处理，以仙风道骨来淡化佛法本身所传递的世间众生于实执而生的苦迫中颠沛流离，及于轮回中不得自主的实相。而这种状态会带来的问题是，进一步地随顺世人来自于我执的成仙成神等愿望，即满足自我的可长久存在的需求，也满足自我的可掌控感和主导感需求，然而这只能使得真正地趣向涅槃解脱之路更加遥远。

同时，需要说明的是，佛法说苦集灭道，不是让世人每日以受害者之苦受来度日，佛法对待世间的态度是出离，即了知无常本质后，心不再被实执所系缚，不再为实执衍生的世间种种所动进而随五蕴漂泊，如此结合实修，才能逐步证悟空性。所以，在胜义层面说，苦集灭道亦属空性。因此，佛法实修者并非悲观消极主义者，相反像舍利弗尊者、目键连尊者及至龙树菩萨、提婆菩萨，再到鸠摩罗什大译师及僧肇论师等等解脱者，在世期间，都是不恋世间，但亦不负世间，同时不贪生、不畏死的中道行者。

佛法传承中，亦不反对众生于现象的流转存在感受或知觉，而是说，对于美好与不美好的觉受，同样都不生贪嗔烦恼——美好来了，不贪爱，流转变异了，亦不为此惋惜而嗔患；同样地，不美好出现了，也不生嗔患，不美好变迁了，亦不对其离开而生贪爱。如此，修行者即是在得以涅槃解脱之前，于此世间带着出离心地致力于趣向涅槃解脱之实修。

而混沌地以"世间即是出世间"、"诸法即是实相"等似是而非的说法来理解佛陀教诲，表面看似乎更乐观，更擅于聚焦在此世界的美好。然而，享受世间之乐，本非难事，而是众生本能。但依此修行，却是很难对世间生起真正的出离心的。

天台宗对此的解释是菩萨不舍世间。但此处必须要区分的是，菩萨不舍世间是指菩提心的修行不间断，而菩提心则指对于自心识无始以来累积之业力习气及世间共识共业等，均产生任运自然的出离心，同时产生任运自然的对无上智慧的追求和向往。所以，菩萨不舍世间，并非不需要培育出离心。而如果以菩萨不舍世间，来为众生提供对世间贪恋的掩盖方式，那么，这实际上是在世俗宗教化的层面过度发展的表现。

三是对教理逻辑层面的自洽圆满性之看重，大过于实修可行性，因而使得教理亦偏于形而上学化，即随顺玄学化了。这与中国文化自魏晋而始的玄学盛行存在较大关系，天台宗受此影响也较为明显，而智顗法师更是对玄学家支遁推崇备至。这带来的问题是混淆了自洽和圆融的概念，自洽只能说明逻辑体系内部完善，均可说通，但不能说明即是真理。

综上所述，反复强调"世间即是出世间"、"诸法即是实相"、"烦恼即菩提"、"恶业即善业"、"无明即智慧"等等，或许可以令世人对佛教更加喜闻乐见，进而老少咸宜，广为流播。但实际上并不能真的令凡夫之智慧增长，脱离烦恼恶业等。对佛法实修者来说，一须了知上述说法是不全面的，二须对自身诚实，根据自身情况选择合适的确实能够切入的法门，要想获得涅槃解脱智慧，真正精进的实修是根本不存在荒废余地的。

当然，上述种种情况，大多亦并非天台一家之误区，中土大乘传承中带有此倾向性色彩者甚众，例如禅宗的顿悟倾向性要比天台宗更加明显，因而后期玄学化和美学化的程度都最严重。而华严世界之浪漫主义勾画，更是比天台宗有过之而无不及。净土宗之世俗化倾向，则是有目共睹，远盛其他。而近年来，亦存在禅净合流现象，且此二宗也是近现代以来总体来说，传播最广的教派。

此处，仅是以天台宗作为代表而说，恰恰是因为天台宗历史悠久，影响深广，因而更需要对其教义进行清楚明了的辨析。目的并非是为了区分劣等胜，而是明了误区，方能以恰当地方式理解中观，进而才可能切入佛法实证。于此世间能够听闻佛法，于闻思层面能明了佛陀所传之中观思想之根本意趣，亦于禅修实践中能够依佛陀所传之中观思想而有序前行，最终获得真正涅槃解脱智慧，始终是超越所有分歧的，最重要的根本。

第四节　佛教传播中的共性问题研究

前文论述了自鸠摩罗什译经以降，中观思想在中土大乘佛教中传播的三种状态：一、鸠摩罗什为代表的还原龙树菩萨本义之中观思想。二、以三论宗为代表的，保持中观思想精髓，进而以全新视角加以阐发的中观思想。三、以天台宗为代表的，存在较大流变与本土文化结合较多的中观思想，其中也包括华严宗、禅宗、净土宗等等，篇幅有限，为避免赘繁，就不再一一阐述其宗派理念和相关局限了。四、玄奘法师以中观唯识学立派的法相宗，则属于直接承袭自中观瑜伽行派的另一种情况。由于此派初始理念与唯识一派差别不大，后续又没有很长时间的传承，因此就不再单独作以讨论了。

而上述四种情况，基本已经概括了中观思想在传承中，可能遇到的各种可能性，也印证了上文中关于中观思想在传承上的困难性之说法——符合中观思想原有理趣的教派，几乎都走向了很快失传的命运，而结合本土思想，进行本土性的玄学化、哲思化、神话化和世俗化的派别，则几乎都相对保持了较为旺盛的生命力，不但民间基础牢固，而且也较易受到历代依赖的文人学者及统治阶层的青睐。

因此，本节就再针对佛教传播过程中所表现出的一些明显的共性问题，来进行总结，并以此作为当代行者给予自身的警示。概括而言，前文所述之各宗派，似乎不同程度地都表现出了复杂问题的简单化，以及简单问题的复杂化两种倾向性，这在前文的论述中，实际上，已经有所触碰了，但还没有特别针对此特点，进行正反两个方向的比对研究。

下面就先针对复杂问题的简单化现象，结合本章相关的宗派状态，来进行相关探讨，并把简单问题的复杂化倾向留给下一章继续深入——这个问题虽然在本章中也有所涉及，但在下一章相关的各宗派中，表现会更为强烈、明显而直接。

从利钝分别看佛教传播中的复杂问题之简单化

从上文的论述中，可以发现，在佛教传播当中，逐渐演化出了一种简单粗暴的分类方式，诸如利根与钝根、大乘与小乘等等。那么，为什么会出现这种带有明显贬抑性色彩的说法呢？这与佛陀之平等看待众生的出发点，显然不一致。下面就具体分析其形成原因与影响。

前文曾指出，大乘之梵文本义很可能来自于大智，即属于对佛智的指向，因而，最初并不存在任何贬抑他者的色彩，而且还存在过一段为时不算很短的大小乘并行时期。而后，在部派佛教不接纳大乘为佛说，大乘对部派也产生了越来越激烈的排斥的情况下，大乘内逐渐演化成了带有贬义色彩的"小乘"称呼。而这个贬抑性称呼的来源与佛教内部沿袭自印度次大陆文化的斗争性共业之间的关系，前文已经反复说明，此处就不再赘述了。

那么，下面再以利根和钝根为例，来对此问题，作以说明。在前文关于大乘佛教的起源部分，曾论述过，上座部和大众部曾表现出非常吊诡的理论走向，即认为"佛陀是由普通人证得正觉，成为觉悟者"的上座部，反而坚持三乘智慧的分别，认为阿罗汉和辟支佛不可能达到佛智，即否定了自身所持之平等观。而神化佛陀成为最高主神的大众部，却反而认为众生皆具佛智，即否定了自身所持之主神论。

而类似的吊诡情况，在大乘佛教的利钝根说中，又发生了。如上文所述，参考身高、体重以及任何人类可统计进行对比的数据来看，利根、钝根也应该符合概率之正态分布。即大多数人一定属于中间范畴内，利根和钝根各自都不会很多。

因此，如果大乘佛教更适合利根，那么就应该属于类似于中世纪欧洲的石匠俱乐部，存在较高的入会门槛以及细致地筛选规则，区分人们是否适合学习属于利根才能掌握的修法，否则对他人、对自身之发展都是不利的。譬如，石匠俱乐部是一个科学聚会，那么让一位花匠参与，则对双方都是时间、精力和心力层面的浪费。而反过来，花匠俱乐部中，如果来了一位数学家，显然也交流不到专业知识，那么他就应该去石匠俱乐部，这样才是双赢。

而大乘佛教的作法，却刚好相反——大乘本身以广播深弘为己任，以行菩萨道为修行准则，因而，其面对的群体实际上要比部派佛教更大，也更强调弘法的重要性。那么，试问此世间存在如此之多的利根众生，以至于可以超越普遍存在于此世间的概率分布吗？

　　也就是说，大乘的利顿根说与适合大众说，是具有内在冲突和本有矛盾的。这二者实际上从理性层面来看是难以兼容的。然而，实际上，它们的确以某种吊诡的方式兼容了，而且兼容了上千年。那么，这种吊诡局面究竟是如何出现的呢？

　　还是要追本溯源回到"根器"的定义说起。什么是根器呢？也就是说，按照现代一般的佛学定义来看，"根器"是指先天具有的接受佛法之可能性。"根"比喻先天的品行及适合的佛法修行类型；"器"比喻能接受佛法的容量。汉文此词最早可查之出处来自唐开元年间，李华的《润州鹤林寺故径山大师碑铭》："群生根器，各各不同，唯最上乘，摄而归一。"可见，此词应该并非中土原有，而是受佛教影响而进入汉文的词汇。

　　所以，还是回到佛典当中探寻，关于众生根器的分类最早说法，则可能来自阿含经中记载的佛陀之宣说。根据求那跋陀罗译《杂阿含经（922）》记载如下：如是我闻：一时，佛住王舍城迦兰陀竹园。尔时，世尊告诸比丘："世有四种良马，有良马驾以平乘，顾其鞭影驰驶，善能观察御者形势，迟速左右，随御者心，是名，比丘，世间良马第一之德。复次，比丘，世间良马不能顾影而自惊察，然以鞭杖触其毛尾则能惊速察御者心，迟速左右，是名世间第二良马。复次，比丘，若世间良马不能顾影，及触皮毛能随人心，而以鞭杖小侵皮肉则能惊察，随御者心，迟速左右，是名，比丘，第三良马。复次，比丘，世间良马不能顾其鞭影，及触皮毛，小侵肤肉，乃以铁锥刺身，彻肤伤骨，然后方惊，牵车著路，随御者心，迟速左右，是名世间第四良马。

　　"如是于正法、律有四种善男子。何等为四？谓善男子闻他聚落有男子、女人疾病困苦，乃至死，闻已，能生恐怖，依正思惟，如彼良马顾影则调，是名第一善男子于正法、律能自调伏。

"复次，善男子不能闻他聚落若男、若女老、病、死苦，能生怖畏，依正思惟；见他聚落若男、若女老、病、死苦，则生怖畏，依正思惟，如彼良马触其毛尾，能速调伏，随御者心，是名第二善男子于正法、律能自调伏。

"复次，善男子不能闻、见他聚落中男子、女人老、病、死苦，生怖畏心，依正思惟；然见聚落、城邑有善知识及所亲近老、病、死苦，则生怖畏，依正思惟，如彼良马，触其肤肉，然后调伏，随御者心，是名第三善男子于圣法、律而自调伏。

"复次，善男子不能闻、见他聚落中男子、女人及所亲近老、病、死苦，生怖畏心，依正思惟；然于自身老、病、死苦能生厌怖，依正思惟，如彼良马侵肌彻骨，然后乃调，随御者心，是名第四善男子于圣法、律能自调伏。"佛说此经已，诸比丘闻佛所说，欢喜奉行。

也就是说，佛陀在此处以马为喻，指出众生可分四类：第一种心性调柔，听闻世间他者生老病死之无常现象，即对轮回生畏怖，对世间起出离，而善加思惟依止可与真理吻合之法。第二种亲见世间他者之生老病死苦迫，而迅速生起对轮回与分段生死的厌倦，而起出离心，依止能达成真理的善法修行而调柔心性。第三种须在自己亲近之人身上亲见生老病死之无常，才能生起厌离心，对轮回起畏怖，愿依止善法而调伏心性。第四种则须自己亲身经历病苦，亲感无常，才能生起对世间的厌离心，而依止善法调伏心性。由此可见，上述四种状态只是据实描述，因而并无利根钝根的分别。

而据《四分律比丘尼戒相表记浅释》所说：人之受法，如器盛物，若器倒覆，天雨虽大，一滴不入；若有缝隙，虽暂时盛满，不就即漏；若有垢秽，即使盛满，而不堪用。受法亦而。覆者谓心散乱，身虽在众，心驰天外，则一句难入。漏者如善忘，虽闻，因不思维，而不能明记。垢者谓以求名闻利养之心听法。这是说，众生听闻佛法的状态，可分为覆、漏、垢三种，不能完全对应于人。因为人的状态会变化，即使善闻法者，也可能出现覆、漏、垢的过失，因而此戒律应是提醒比丘僧尼不要进入此三种闻法状态，此与戒律不符。

由此可见，早期的根器说与后世利钝根说，是存在明显差别的。即早期原始佛教中，是依出离心生起的难以程度，来判断众生是否更易趣向佛法引领之涅槃解脱道，如此则众生可分为四种类型。而众生的状态也属于随因缘而不断变化的世间法，因而即使踏上解脱道，也可能出现偶尔的忘失或背离，此即覆、漏或垢的状态，这是修法中的障碍，因此要时刻提醒自己，不要变成覆器、漏器、垢器，才能更好地依此涅槃解脱法而修行。

也就是说，还原到根器最初要表达的本义之后，其可分为两个部分，一是佛法修行的缘起，即出离心生起的难易程度。二是具体到闻法状态，则需要依情况，具体状态具体分析。至此，实际上，并不存在任何利根、钝根的分别，也不带有为贬抑而添加的情感色彩。

而到《阿毗达摩大毗婆沙论》五十四卷，则云：问：随信行者，如有尔所信，亦有尔所慧。

随法行者，如有尔所慧，亦有尔所信。何故一名随信行，一名随法行耶？答：或但信他，展转修行，而入圣道；或自思察，展转修行，而入圣道。若但信他展转修行入圣道者，名随信行。若自思察展转修行入圣道者，名随法行。

再由连接部派佛教与大乘佛教的《俱舍论》来看，卷二十三云：论曰：见道位中，圣者有二。一、随信行。二、随法行。由根钝利，别立二名。诸钝根名随信行者；诸利根名随法行者。由信随行，名随信行。彼有随信行，名随信行者。或由惯习，此随信行，以成其性；故名随信行者。彼先信他，随行义故。准此应释随法行者，彼于先时，由自披阅契经等法，随行义故。另外，此论中，还提出了"转根"的方法，也就是说通过实修不断创造新的善因缘，则上述钝根，也可以转化为利根。

也就是说，钝根利根的说法有可能是在部派佛教后期，开始出现的。其中，钝根是指随信行，即依据对佛陀及三宝总体的信仰或者信仰的习气而修行。而利根是指随法行，即由对佛法生起正见正解，而依此善法修行。所以，此处的钝根、利根主要是指修行所依层面的差别，进行的区分。

及至《法华经.药草喻品》中，则提到了"正见邪见，利根钝根"之说法，而同时期的诸多大乘经典，如《金刚三昧经》、《解深密经》等等，也都出现了利根、钝根的说法。如《解深密经》卷三分别瑜伽品中说，佛告慈氏菩萨曰："善男子！若诸菩萨随先所受、所思法相，而于其义得奢摩他、毗钵舍那，名依法奢摩他、毗钵舍那；若诸菩萨不待所受、所思法相，但依于他教诫、教授，而于其义得奢摩他、毗钵舍那，谓观青瘀及脓烂等，或一切行皆是无常，或诸行苦，或一切法皆无有我，或复涅槃毕竟寂静，如是等类奢摩他、毗钵舍那，名不依法奢摩他、毗钵舍那。由依止法得奢摩他、毗钵舍那故，我施设随法行菩萨是利根性；由不依法得奢摩他、毗钵舍那故，我施设随信行菩萨是钝根性。"

且根据《解深密经》来看，依佛法止观实修，则为利根，不依则为钝根。而依《法华经》来看，也存在类似含义，但范围更广，即依佛法正见，为利根。反之为钝根。

由此可见，大乘初期的钝根、利根说法，应该也并不是特别针对部派佛教而说。与大小乘这个概念分别一样，利顿根说，也是在后续发展过程中，随着派系矛盾冲突的增长，而出现的。即部派不承认大乘，大乘则贬低对方为小乘或钝根的情况。而此分类方式中暗含的贬低性乘分，也多少都受到了印度种姓制度和相关共业的影响。此情况，在唯识学中的五种性说里，也存在。这也与前文提到的长期持续的两种矛盾性关系共业的延续有关，因而我等后学就不必再加入并延续此与佛法本质无关，且对各方面来说都毫无益处的纷争了。

所以，总结来看，上述几种不同说法都能涵盖的利根钝根之区分法，应该在于是否能"对佛法生起正见、正解，并依之实修"。同时，还需要注意的是，不可用"定论"的观点来看待变化的因缘，也就不可以"定论"来看待变化的"众生"。因而根器自然会随因缘而改变。且无论钝利都不可对佛法修行掉以轻心——认为覆器、漏器及垢器的情况不可能发生在自己身上，这是对无常认识不深刻的表现，也是对因缘法不够深入了知的表现。

所以，清晰地了解此钝根利根之概念分别，对行者来说是很重要的。其原因在于：一、初入门行者，不必再纠结于自身根器的高低，无论妄自菲薄，还是傲慢自负，都是不恰当的修学方式，亦不符合中观正理。初学行者如果感觉法门太多，难以抉择，那么只须根据经教，选择自己更易于切入的法门，进入对佛法的了知之中即是重要的因缘培育。所以，不必被所谓的"这是根器高者学的，那是根器低者学的"等说法左右自己的选择，先依自身认为能够理解和愿意深入学习的部分，切入到佛法修学过程当中即可。而后，再逐步深入到闻思修智慧的普遍培育和增长，那就自然是走在了佛法修行的道路上了。

二、初学行者不必执着于门户之争，也不必被宗派之见所左右。而是能够了解，大小、高低、利顿等分别都是世间法，本质自然也是空性。而佛法是超越于此的。对于佛法行者来说，涅槃解脱才是真正的要务。因而，所学亦不必拘泥，于部派佛教，可跟随学习有益于佛法实修与教理通达的部分；于大乘佛教，亦可跟随学习有益于佛法实修与教理通达的部分；于秘密佛教，还可跟随学习有益于佛法实修与教理通达的部分。所以，真正的关键，在于培育自身建立在佛法基础上的闻思智慧，善加思惟，结合经典加以印证，结合实修加以印证，确实有益，自可广学。

三、对于佛法传播过程中出现过的吊诡现象，以及此处提到的利钝根说，也可以从世俗宗教和奥义宗教两个方面来看待，对其加深理解。利根之说，原本是从奥义佛教的角度来说的，能够于义理层面理解诸法、诸相、诸律等无自性，本质为空，以及众生具平等佛智，自然属于对佛法能够产生正见、正解，因而或可称为"利根"。

但是，在后续发展过程中，大乘佛教很可能是直接把此奥义佛教的利根内容，引入到了世俗佛教当中，于是就形成了随信行业是利根，拜佛求神也是利根的局面，进而则直接演变出了"信大乘者即为利根"的论调。

当然，从大乘佛法的深弘远播角度来看，此作法对于世间众生来说是一种随顺，也有利于广开门径。而世间既然需要此种说法且对此乐于追逐，这也说明了这是此世间众生的共业性需要。那么从这个角度来说，大乘佛教的此类做法，在某个层面来看，可能也的确为更多众生能够得闻真正的奥义佛法，培养了一定的助缘。因此，虽然吊诡，但也有其于此世间得以成立的合理性，作善巧方便解，也未尝不可。

但作为行者，我们需要注意的是，利根、钝根不但可能转变，而且实际上在当下也并没有那么容易分别。此世间很少存在各方面都完美的人，大多数人都是既有擅长的部分，也有短板，因此即使是划定"对佛法生起正见正解并依之实修为利根"，也很难简单地一刀切说何者就一定是利根，何者又一定是钝根。

如有些擅于思惟者，佛理容易通达，但在禅修实践层面，则可能需要花费更多功夫，才能初步对止或观有所了解。但这并不能说明，其对佛理的通达，是一种虚假现象，只是因为每个人的禀赋不同，优缺点所在的侧重点也不同。因此，这种类型的佛法实修者，就需要在找准适合自己法门的情况下，更多地去实践禅修。这样才能慢慢地改变原有习气，逐渐把佛理和实证两个层面融会贯通起来。

反过来，有些擅于瑜伽禅修冥想的人，可能会比较快地，就跟随佛法指引进入到了止或观的经验里，并开始有一些止观境界浮现了。但对应的佛理层面却并不容易清晰地深入下去，产生定解，因此，对浮现的境界也还不能很好地理解其本质。这也不能说明其禅修实证的部分是虚假现象，而只是因为人之禀赋各有不同。因此，此类佛法实修者，则除了精进禅修之外，还需要培养自身的思惟能力，逐渐发展出闻思慧，再结合到实修里，如此也能达成教理与实修两个层面的融会贯通。

对比上述两者，实际上，不能简单地概括其中任何一种是完全属于利根或完全属于钝根的。而世间众生，大多都存在类似的优点或缺点，因而粗暴武断地采取利根、钝根的说法，是需要多加考虑，谨言慎行的。因为如果将利根、钝根的区别，变成一种对自我和众生的标签化形式，那么，对佛法修行就会产生实际的障碍。其原因也可简述如下：

1、若盲目认定自我为利根，则易于生慢心，高估自己，于实修则反而可能不容易踏实进展；而盲目认定自我为钝根，则修行之信心易于退转。类似地，盲目认定他人为利根，则可能陷入崇拜或不切实际的期待当中，反而失去听闻佛法和善加思惟的理性特征；而盲目认定他人为钝根，则易生慢心，低估他人，进而依然是自心会容易因此失去正观见地，偏离修行之路。2、钝利根的标签化也容易被执取，来强化实执本能，进而行者就容易忽略因缘变化，也看不到即使自己原本在某些层面算是利根，但不善用此因缘精进实修，而是随波逐流，放浪世间，那么利根也可能会退化，最终依旧在轮回中沉浮。而他人即使原本对佛法没有正见，即并非利根，然而遇到某些因缘激发，亦可能依止此善法。而如果能够再精进修行而不退转，结果也同样可能涅槃解脱。

综上所述，如果对自身能够多从更加客观的角度进行善加思惟，了知自己哪方面更擅长，哪方面则相对薄弱，在修行中让长处得以发挥，增长与此方面相关的理解和体悟，来带动信心的增长。再于短处寻找合适的办法进行弥补，得法地改变促使此部分存续的习气和惯性，再特别针对这些薄弱环境有意识地予以补充和增强，如此多方面配合，那么对于佛法之法理和实修两个层面的综合提升，一定会带来更有益的进展。

同时，在实修中也需要注意，随时提醒自己，在闻法过程中，不迷于妄心妄念，不进入到覆、漏和垢的状态——即虽身在禅堂，心却不知去向，并不能真正地与佛法相应，更不能带来深入地闻思智慧的状态。而是要听闻佛法，善加思惟，反复揣摩，结合实证加深理解和领悟。

由此可见，盲目武断的区分钝根、利根对于大多数人来说，都是简单粗暴的标签化，而于自己的实际情况出发，立足于佛陀所传之中观思想大方向的指引，不失指路明灯，发挥长处、弥补短处地精进实修，是更利于趣向涅槃解脱的途径。

与此类似地，也可以理解，依部派佛教修行，最终增长的智慧不一定为"小"，反过来依大乘如果只是随信行，甚至只为求神怙佑保障今生顺心如意等等，实际上最终增长的智慧也不一定"大"。同样地，依部派佛教修行，若能够精进实修，善加思惟佛法，最终获得阿罗汉果位，那么只要得渡彼岸，其车乘就无所谓"小"。反过来，如果听闻大乘却未能如理实修，那么再大的车乘也是幻相，渡不了不愿意自渡者。所以，大小都是相对而言，简单粗暴的划分方式，实际上并不能真正针对具体情况而进行具有实际意义的说明。

综上所述，利钝根以及大小乘的分别里，都存在着在佛教传播的过程里，把复杂问题简单化的倾向性。这种现象会出现及持续的原因，很可能一方面与上文提到的共业斗争矛盾有关，另一方面则可能与简化的说法更有利于传播有关。

也就是说，即使不存在贬抑性色彩，简化的说法，也比条分缕析地对事物进行分类和加以说明，在传播学上要明显有利。而加入了贬抑性色彩，实际上，又进一步强化了自派所宣说理论之大众纳悦度，由此也就进一步增加了传播度。因此，从传播学的角度来说，简化是可以理解的媒体性行为，而其代价则是信息大众化和世俗化，同时失去准确度，也在一定程度上使得可信度必然受到影响而降低。

为了对此产生进一步的理解，不妨来作个类比，九年学制也分为小、初、高三个阶段，但没有人会觉得这是简单粗暴的分类。同时，即便存在极少部分学生，可能属于智商极高的情况，而制度规则也允许他们在测试达标后跳级，包括提升入大学的少年班等等。但这样的情况，却几乎不会引发对其他学生的贬抑性看待。

同样地，有些孩子擅长体育，有些则擅于绘画、音乐、表演等其他专长，那么他们也不需要那么高的文化课分数，而可以凭借出色的专长，被录取到专门培养的学校。所以，其他人也不会因此感觉到自己被贬抑。

那么，这是为什么呢？因为，它的规则里首先默认了学生们的各方面素质都是遵守正态分布规律的。因而教育需要逐层递进，循序渐进，这是大多数人都会符合这种天然规律，而不符合者肯定只是少数。

而对这少数人，制度一般来说也会允许他们走自己不同的路。所以，或许老师、家长以及其他学生，可能会对这类极聪明的孩子有所羡慕，但不至于落入到自我贬损的境地。因为大环境的设置里，给了人们自我接纳的空间。所以即使属于中等水平，要走大多数人都得经历的并不那么容易的道路，但是人们会觉得这是正常的，可以理解的，没有什么遭贬损的感觉。

那么，对比一下佛教传播过程，就能了知问题出在哪里了，佛学学习也是一种受教育的方式，佛法修行也需要循序渐进，这原本是大多数人都要经历的过程，是非常正常，而且完全符合人类的总体状况的。因此，如果以之为普遍状况，那么实际上真正有志于解脱的人们也就能够清楚了知——学习佛法需要很长时间，实修亦需要付出精进并经历过程，才能逐渐有所领悟，那么，就像对学制的接受一样，人们也同样更容易接受这个过程。

但是，如果禅师反复强化性地宣说"只有利根可以……"、"如果根器锐利就可以……"等等说法的时候，当反复强化"钝根不能了悟……"、"钝根不能领会……"等说法的时候，那些既真诚地渴望解脱，又不能直接顿悟的人们，会有怎样的感觉呢？而如果连次第都不留给所谓的钝根者，只是宣说所谓利根的直接"圆顿"或者直观空性，那么，那些既真诚地渴望解脱，又不能直接顿悟的人们，又会有怎样的体验呢？所以，尽管大乘佛教始终宣说慈悲和行菩提道，可是这种对人之属性的复杂问题的简单化，在某种程度上来说，却是不够慈悲的。因此，也许在传播过程中，简化不能完全避免，但至少要加以克制和反省，也对自身口意多加考虑，谨言慎行，再做宣说和评判才更为合适。

4.2 实修过程更可能发生的"小顿悟"

复杂问题的简单化，在佛教当中，是否还存在其他表现类型呢？下面就从与佛法实修过程关系最密切的层面，来继续讨论这个问题的其他面向。

如前所述，实修，是从"凡夫"到"阿罗汉/菩萨"再到"佛"的转变过程，其对众生之根本属性的改变之大，实际上是不难发现的。

也就是说，在实修过程里，人们需要经历很多步骤，走过不同境界，这个过程会有禅喜、禅悦，以及平静光明等等美好的经验，但同时也可能会经历到与自身的实执本能之间的反复多次的交锋，有时候这种交锋相对平静，有时候则短兵相接血肉相见。

因为对于大多数人来说，实执断除的过程，就是先一步一步断除我执的过程，再一步一步断除法执的过程，而既然实执是本能，它就不会自动轻易地改变，而是会以自我的保护者、捍卫者等等形式出现，还可能以受害者的方式指责修行的过程带来的"问题"，比如错过了世俗中更舒适的环境，身体生病等等。

因而，保持内心的清明，不受实执蛊惑，并非易事。实修佛法，趣向涅槃解脱，也需要内心不断坚定地心力和对佛法的认可与皈依来共同支持。所以，尽管有恒河沙数之佛陀已经出离于三千大千世界，但还有更多众生，在三千大千世界之轮回海里沉浮飘荡。

然而，此世间最不缺少的就是急于求成者，一方面很多人渴望成佛，是像渴望成神一样，希望由此而无所不能；另一方面，还一些人又渴望满足人们快速成佛的需求。由此就产生了一些实际并非真能奏效，但却可以源源不断地吸引人们渴求之的"顿悟"法门，其中很大一个原因依然与随顺自身以及世间众生的实执需求有关。

所以，虽然关于过度宣传顿悟所带来的负面影响前文已经探讨过了，但此处还是要再补充说明一下，在大多数人，更有可能遇到的实际"顿悟"之具体情况。要理解，大多数人是否可能遇到顿悟的情况，这需要首先区分顿悟的具体所指。如果顿悟并非指直悟空性而解脱，而是指其他突然性地对某些原本不明了的事物，产生了领悟。那么，大多数人是一期生命当中，就都可能产生类似经验。而佛法修行里，也可能存在此类顿悟。

例如，在闻思层面，一开始初闻佛法，大多数人很可能是感觉到一片茫然的，这一方面是因为佛法本身就有违于人类的实执本能，也有有违于日常认为很自然地常识性看法和认知的。另一方面则是因为其语境和表达方式都与世间说法不同，因此，即便是从头到尾已经通读了一篇经文，也很可能不了解其真正要表达的含义。

比如，前文提到的，在中国，很多人都会背诵《心经》，这是因为《心经》本身很短，同时又朗朗上口，易读易诵。但是《心经》实际上在说什么，可能人们背诵了几十年也并不真的清楚。学习其他经文，实际上也几乎都会经历类似的过程。

但随着对相关佛经和论典的阅读数量增加，会渐渐对这个语境有所熟悉，而通过具格佛法老师的讲解，也会产生逐渐深入的理解。慢慢地，就有可能在生活里遇到一些事情的时候，忽然想起来经文的教导，从而发生类似"顿悟"的情况——即忽然对某些经文说法产生了理解，一下子感觉对某句话明白了，甚至很通透的感觉产生了，这实际上就是闻思层面的一种更可能发生的小"顿悟"。此类顿悟逐渐累积，对佛法教理教义自然就慢慢融汇贯通了起来。

再如实修层面，一开始禅坐，人们往往会感觉到难以坚持，身体会出现疼痛、酸麻痒胀等各种各样的不适，心里也念头纷飞，如跑马场。按照禅修老师的教导去作，很多人也会感觉到不容易做到，甚至如坐针毡。

这是因为日常生活中，人们已经习惯了跟随实执而走，去安抚自己满足自己，至少趋利避害；也跟随念头而走，随念头漂流，任由心随着念头而天马行空。因此，一旦坐下来，试图安静，不再跟随这些惯性，所有的不适就都浮现出来了。所以，按照合适的禅修方法，坚持坐下去，能觉知多久就觉知多久，再不断地带着跑走的心回到禅坐的当下。而这样坚持下去，也可能很长时间，人们都会觉得似乎没有什么进展。

然而，在某些因缘具足的时刻，在坐上，却可能忽然出现了轻安感，禅悦感或者忽然进入到了某个境界当中，对于经常听闻的教法，忽然从心里感觉到"懂了"，或者"体会到了"、"感知到了"。这实际上就是实修层面的一种更可能发生的小"顿悟"。此类顿悟逐渐累积，实修自然也会循序渐进，获得越来越深入的证悟。

以上两者，实际上就是大多数人佛学研习和佛法实修过程里，都会产生的"顿悟"情况，实际上其本质是一种由量变到质变的过程。从此角度来说，其实任何"悟"都是顿悟的，也就是说要么忽然明白了，要么还在积累的过程里。而对应到佛法修行过程中，这种特性也不例外。而上文所说的"顿悟"类教导所带来的问题，并不是说正常的"悟"不可能发生，而是指飞跃性地从人突变成"菩萨/阿罗汉/佛"这种可能性，太小了，几乎不可能发生。

另外，实践修行中，还存在一种相对较深的顿悟。比如，禅宗里被棒喝的僧侣，由于日常闻思修的积淀已经较深了，所以就可能因为一瞬间忽然被打断前六识功能，而出现"心静了，空白了"的状态。这与日常生活中因紧张或疲劳等导致的大脑一片空白是不同的，此时心还是清亮亮的，很明晰。那么，这一瞬间，相对较深的对心的本质的顿悟就可能发生了。但这种顿悟，与日常的闻思修也是分不开的，且在因缘具足的情况下，也较为可能发生。

但需要注意的是，这种感觉就像是惊鸿一瞥，除非日常实修功夫已经了得，一般来说是不太容易保持住的。也就是说，它是一种在行者身上出现的经验，它发生了，又过去了，心就又开始去看、去听、去触了，甚至也有可能继续去跟着实执流转了。即日常生活的状态，一般来说，都是不会随着此顿悟而彻底改变的。但由于行者亲证了那一瞬间的心之空明，因此往往能够对佛法生起定解和胜解，从而更坚定地实修下去，精进地专注于趣向涅槃解脱。

这就是与另一种顿悟的情况，在禅宗等其他顿悟法门里早期未出现较大偏离时，都有用到上述方式来开示行者的传统，而这种方式往往也的确可能会起到一定的正向作用。但需要注意的是，这并非指瞬间顿悟，心从此念念不离空性——此种顿悟发生之后，还是需要配合实修法门继续不断深入和强化的，但禅宗的此部分修法相对就较为薄弱了。

所以，指出复杂的问题简单化，并不是说所有的顿悟都不存在，也不是说捷径都是需要被批判的，并非如此。如果捷径确实可以带来真实领悟，那么当然就可以适度而合理地运用；如果一个个的小顿悟可以与循序渐进地实修相互配合，带来修行路上从量变到质变的过程，那么当然是好事，也是修行者所乐见的。

综上所述，复杂的问题并非不可以通过适度的方式，进行易于理解的简化。但需要注意的是，过度的简化修行所导致的顿悟问题，以及简单粗暴地属性分类所造成的潜在伤害性因素的影响，对其有所了解，而尽量加以避免，是佛法传播过程中可以尽力去完善的部分。

第九章　中观思想在藏地的传播和演化

一般来说，人们通常认为藏传佛教为"密教"，因而多认为其理论与修法都是秘密的。然而，实际上藏传佛教虽以密法作为相对主要的修行方式，但其理论传承却有着与大乘佛教一脉相承的显教特色，且其大乘佛教之显教理论也相对较为完善和丰富。

藏传佛教的义理，总体来说，即是以中观思想为理论根基，而结合中观、唯识、如来藏和密教等要素和合而成的理论和实修体系，其中，又尤其重视中观思想，并将其作为奠定藏传佛教显学理论的根基，又以龙树菩萨为阐释佛法最精深的"六庄严（即龙树、提婆、无著、世亲、陈那、法称）"之首，因此藏传佛教虽然教派众多且宗见各异，但在其判教体系中都以符合中观思想为最高宗旨。

总体来说，藏传佛教大体可分为前弘期和后弘期两个时期，另外，二者之间还存在将近百年的灭佛时期。下面就分别讨论着三个时期中观思想与西藏佛教之间的关系。

第一节　中观思想与藏传佛教的宗教改革

尽管一千多年以来，佛教都是藏地民众的根本所依信仰。

然而，回顾历史，就会发现佛教入藏，并非一帆风顺，而是几经坎坷，才逐渐具足因缘的。因而，藏传佛教也被分为前后弘期两个阶段。

1.1 佛教入藏与藏传佛教前弘期历史概述

具体地说，前弘期始于七世纪中叶松赞干布时，止于公元九世纪墀祖德赞末年，经历了约二百余年的时间。其中，又可分三个主要时期：

1、松赞干布（629—650 在位）时，此阶段是藏传佛教前弘之初兴时期。松赞干布迎娶尼泊尔墀尊、唐文成二公主。两位公主又各自从家乡带来了一尊佛像，一般认为，佛教由此自中印两地传入西藏。此后，藏区开始兴建寺庙，先后建立了四如寺、四厌胜寺、四再厌胜寺等十二座寺庙。拉萨城内则建成了大昭寺和小昭寺。"昭"就是佛的意思，分别安置尺尊公主和文成公主带去的佛像。

藏史记载说，大、小昭寺都是在与鬼怪妖魔的斗争中建成的。尤其是大昭寺，白天打下根基，晚上就被破坏掉。从历史的角度来说，这很可能与西藏原始宗教苯教，与新兴宗教佛教之间的矛盾有关。

大体来说，原始苯教很可能是一种万物有灵的多神信仰体系，其崇拜对象从天地日月到草木禽兽，无所不包。基本活动是对各种神灵进行祭祀，这种祭祀在吐蕃王朝的典礼活动中占有重要地位。同时，在佛教入藏前，苯教也协助统治者赞普管理行政事务，因而具有很大的世俗权力。在这一协理政务的过程中，苯教也与其他贵族势力共同成为了防碍赞普贯彻中央集权的主要力量。

而在佛教传入西藏以后，苯教开始意识到在义理、仪轨等诸多方面与佛教都无法抗衡，就开始了试图通过伪造经典来保持优势地位的作法。为此，也遭到了意图打压苯教势力的松赞干布的严惩。而后，此时期内，苯教的地位就得到了一定程度的遏制。

而松赞干布去世之后，吐蕃王庭实权逐渐被贵族噶尔家族掌握，苯教势力又得以部分恢复，并公开了反对佛教的立场，此时，佛教则进入到了受压抑而停滞发展的时期。

2、墀德祖赞（704—755 在位）时期，此阶段为藏传佛教前弘之建树时期。墀德祖赞即位后，再兴佛教，并迎娶了唐朝的金城公主，进而广建寺庙，也引入了大批汉地僧伽。同时，此时正值于阗动乱及中亚伊拉克"东征"时期，因此西域及中亚的大批佛教僧伽，也流入藏地，并得到了藏地的接纳和安置。

虽然公元 739 年，藏地发生了天花瘟疫，苯教贵族趁机宣称此为外来神灵惹怒本地神灵所致。而墀德祖赞迫于政治压力，不得不同意将外来僧侣全部驱赶离境，但暗中仍笃信和扶植佛教，晚年还派汉藉禅师桑希等，返回汉地取回大量经典。可惜这批僧侣归来时，赤德祖赞已经去世了。由此藏地局势又再度恶化，此批经文也只能被藏在山南钦浦地方。

墀德祖赞死后，新赞普年纪尚幼，苯教大臣借此机会发动了对佛教的攻击，这是第一次明确地禁佛运动，具体措施很多，主要包括：在吐蕃全境禁止信仰佛教；驱逐汉族和尼泊尔僧人；把大昭寺改作屠宰场；埋文成公主所携佛像入地等等，在这些粗暴的禁佛措施之下，佛教一时间受到了严重打击，相关记载史料和所传经文等都相继失传。因而，此时期之前，藏地所流传的佛教具体以何宗派为主，持何种主导思想等等，至今也无法考证了。

后墀松德赞（755—797 在位）时期，新赞普亲政后，又再次复兴佛教，并从印度请来寂护论师等人。寂护论师又特别邀请了擅于密法的莲花生大士入藏辅助佛教传播。传说中，莲花生大士一路与苯教斗法获胜，才使得佛教得以在藏地扎根传播。而后，佛教开始兴建桑耶寺，并以七贵族首批剃度，建立了僧伽制度，官方也开始组织有规模的翻译经典等活动。

此次兴佛运动，使得中观思想成为藏传佛教的立教之本，同时也基本确立了密教修法在实修中的主导位置，藏传佛教发展由此走上了正轨。后墀松德赞又召集了佛、苯二教僧侣在顿喀公开辩论，胜方就可以成为吐蕃唯一的宗教，从而达成了抑苯兴佛的宗教宣传效果。

在此期间，亦有敦煌等地汉僧入藏，并发生了著名的桑耶寺之诤，即"渐顿之争"。根据法尊论师的《西藏民族政教史》记载，一位被称为"摩诃衍"的汉僧，在藏地，引起了一场西藏佛教内部的广泛争论：当时，由印入藏的佛教实修法门，多属渐门派，即主张佛教徒要经过累世的渐次修行方能成佛。而摩诃衍传入的汉地佛教，据其自述属禅宗的"顿门"，即主张无需供佛念经、废除一切宗教仪式，只强调人的主观觉悟的修行方式。同时，认为这种觉悟是可以豁然贯通的，一旦领悟就可立地成佛。如前所述顿悟法门总因能切中人类本能弱点，而更有诱惑力。所以，一时间，摩诃衍所传授的顿门在藏地流行开来，"西藏僧俗多随之修"，据记载，赞普之妻没卢氏也带领三十多位贵族妇女从摩诃衍受戒出家。

因而，赞普决定于桑耶寺举行汉僧与印僧的渐顿辩论，此辩论前后持续三年时间（792年～794年），由赞普亲自主持，汉僧代表是摩诃衍，印僧代表即莲花戒论师。辩论期间一度难分胜负，三年后，赞普裁定不得继续推行汉地禅师的顿悟思想，而应持守龙树菩萨之中观见解。摩诃衍被迫返回沙州即今敦煌。由此中观思想完全获得了官方认可，其佛学理论基础地位在藏传佛教体系中也更加稳固了。

但据敦煌出土的汉文写卷《顿悟大乘正理决》的说法，此次辩论的结果是摩诃衍获胜，汉传禅宗与印度大乘佛教，自此并存于藏地。此说法不同于公认历史，其确凿性有待商榷。但不可忽视的是，禅宗顿悟法门，在此之后，的确对藏传佛教产生了较大影响。

墀松德赞后，藏传佛教的前弘期又历牟尼赞普、墀德松赞两代，而得以弘扬。

3、墀祖德赞(815—838 在位)时期，藏传佛教前弘高峰时期。此阶段内，在经院层面，官方开始组织有规模地编辑梵藏辞汇，并校订经典，编定三大译经目录等。在政治层面，则制定了相关规定，如规定"七户养僧"，且僧人可参与吐蕃国政，对侮辱三宝者处以重刑等。由此，藏传佛教于前弘期达到发展之高峰。

墀祖德赞去世之后，乌依冬丹(838—842)继位，于 841 年开始了大事灭佛的运动，即教史称之为"朗达玛灭佛"之事件。值得一提的是，汉地，也在此段时间前后，发生了不约而同的灭佛运动，即会昌灭佛运动。因此，这段历史时期，也被广泛认为是佛教的低迷期。

总体来看，虽然朗达玛在位期间，仅有五年左右。但此灭佛运动之后，佛教在卫藏地区几遭灭绝，佛教徒也多逃往安多、康巴、阿里等其他地区，且只能以各种隐秘的方式继续保持佛法传承。藏传佛教，前弘期，至此彻底终结，且僧伽及教义、教法都受到大规模损伤，长期无法恢复，因此，西藏佛教史把朗达玛以后的近百年间，都称为"灭法时期"。

而乌依冬丹为何会引发灭佛运动，则需要从历史层面给予考据和说明。据林冠群《朗达玛毁佛事迹考辨》所说，朗达玛本名乌依冬丹，是取"小而坚稳"之意为名。而据两《唐书》和《资治通鉴》来看，朗达玛的名号即是"达磨"，前面加上"朗"构成的，系后世所赋予的贬称，乌依冬丹应为其本名。

据记载，吐蕃王室自松赞干布后，多有聘请佛教僧人教育王室的传统。墀祖德赞以后，更是大力支持佛教僧人参政，以压制其他贵族势力。由此判断，乌依冬丹自幼受到的教育应该也是与佛教僧侣有关的。且敦煌出土之吐蕃语写本中提到过，为达磨妻及子举行法会的盛况，还提到有吐蕃王室的支持。因而，从这些史料来看，并不能找到乌依冬丹灭佛的动机。

因此，林冠群在《朗达玛毁佛事迹考辨》中，综合了乌依冬丹的即位背景，认为其灭佛动机，可能源于墀祖德赞在位期间，僧人权力逐渐增长所引起的社会不满。

具体来说，由于大兴佛教，导致国内僧人与外来僧从数量，都呈现出了井喷式的增长趋势。因此这一方面导致了僧团中，混入了一定比例的权力投机分子，试图借此机会攀上统治的高峰。因此，导致了贵族阶层的广泛不满。另一方面，大规模的僧伽数量，也使得供养僧人的政策变成了贵族和民众都必须承受的较大负担，这也引起了更为广泛的不满。

因此，贵族们集体策划了一场反扑行动——他们先攻击并弑杀了拥有继承权的大王子藏玛，再绞杀赞普，而后则拥立年幼的乌依冬丹继位，成为了他们操纵的傀儡。所以，林冠群认为，乌依冬丹很难如教史所说，在两年内就迅速地掌握统治实权，并依个人意志，而发动大规模灭佛运动。此次灭佛活动更可能是本土贵族及原有苯教势力，借其名而行事的对佛教的报复行动，而乌依冬丹也不过是因缘和合下被推动而参与其中的一个为苦所迫的众生而已。

由此看来，更需令人警醒的是，轮回苦迫之残酷，以及世间之无常。即便是佛教，其传承亦是世间因缘和合之法。因此，末法时代，即不能听闻真正佛法的时期，也不是不可能到来或永恒地处于某个不可知的未来里的。所以，行者更应以不退转的决心，珍惜闻法机会，遵循佛法所指引的道路善加思惟，精进修行，志向解脱才是。

1.2 中观思想与藏传佛教的两次宗教改革

灭佛运动，所带来的影响是巨大的。这一方面表现在当时的僧人被杀，寺庙被毁，佛法传承遭断的惨痛状态当中。另一方面，则表现在其所引发的扩张了百年之久的涟漪当中。即在此运动当中，得以幸存下来的法脉，在此后很长一段时间里，也都只能秘密活动。而且为了以防万一，大多传承，都只能以非出家人在家族等近支进行活动的方式得以延续，而不能广弘。另外，佛教的活动地也转向了偏远地区的民间，受众也往往演变成了底层未曾受过文化教育的民众。

因此，为了生存并得以维系传承，佛教传承者，也只能以更简化的理解方式和更方便的修行方法，以及更世俗化地更能安抚人心的的信仰方式等等，来吸引那些难以理解更复杂教义和教法的信众。因而，此段时期内，在桑耶寺渐顿之诤后，原本处于劣势的摩诃衍之无分别、无作意等顿门说法，又再次吸引了人们的注意力，并和其他简化说法、简化修法，以及不同形式的崇拜方式等一起，开始大肆流行于民间了。

也就是说，在长达百年的时间里，藏传佛教就处在这种几乎完全世俗化的形态里，勉强维系着。此种情况对后弘早期佛教，也产生了重要而深远的影响。据记载，后弘早期，西藏佛教就出现了以自义曲解佛经、杜撰经文、乱修密法甚至邪法的黑暗局面。这也是十一世纪的阿里地区的统治者绛曲沃，力邀阿底峡尊者入藏的原因所在。所以，西藏的第一轮正本清源的佛教改革，实际上自阿底峡尊者而始。

1042 年，阿底峡尊者进藏入古格地区，开始整顿"律仪"，在戒律方面引入并传播瑜伽行派的《发菩提心律仪》。在教义教理层面，则广泛引入了中观应成派的思想。接下来，就针对藏地佛教修行的混乱局面，撰写了著名的《菩提道灯论》，把僧众和信众引入到"三士道"的正轨上来，并明确指出要想修习佛法，必须先学习四谛、十二因缘、业果报应等基础理论。

同时，在佛法的实修方面，阿底峡尊者则继续把引入的律仪加以深化，明确强调戒律，重视仪轨，要求出家人必须遵守戒律，持咒者必须坚守三昧耶，世俗信众也需要接受近事戒，由此在佛事层面彻底确立了清净的教规。如此，西藏后弘期佛教，在经历了阿底峡尊者的严肃整顿风气之后，才逐渐出现了恢复佛教本身之清净面貌的局面。

在《菩提道次第广论》中，宗喀巴对阿底峡尊者此次改革的贡献给予了详细说明："藏中所作事理者，天尊师长叔侄，如其次第起大殷勤，数数遣使洛拶嚩贾精进狮子，及拏错戒胜，往印迎请。菩提光时，请至哦日铎，启请治理佛陀圣教。依是因缘，总集一切经咒要义，束为修行次第，遂造《菩提炬论》等，而兴教法。此复住于哦日三载，聂塘九岁，卫藏余处，五年之中，为诸善士开示经咒，教典教授，罄尽无余。圣教规模，诸已没者，从新建树，诸略存轨倍令增广，诸被邪解垢秽染者皆善治除，令圣教宝悉离垢染。总之雪山聚中前弘圣教，谓圣静命及莲华生，建圣教轨。然由支那和尚堪布，解了空性未达扼要。以是因缘，谤方便分，遮止一切作意思惟，损减教法，为莲华戒大阿阇黎善破灭已，抉择胜者所有密意，为恩极重。于后宏圣教，则有一类妄自矜为善巧智者及瑜伽师，由其倒执相续部义，于教根本清净梵行，作大损害，为此善士，善为破除。复能殄灭诸邪执著，弘盛增广无倒圣教，故其深恩普遍雪山一切众生"。

然而，四百年左右之后，时至元朝末期，西藏佛教又再次出现了衰微局面，据《西藏佛教史纲》记载，当时西藏各教派均不同程度地卷入到了政治权力争斗之中。而于基本的佛学理论，却混沌不明，空有各执，各派自持已见，纷争激烈，乱用无分别的恶取空邪见解释一切不合理行为的恶状盛行。在实修层面，僧人也出现了不守戒律，不讲次第，乱观乱修，胡诌乱修密法的混乱局面。僧团风气恶化，也影响了整个社会风气的腐化堕落。其混乱程度比后弘初期，有过之而无不及。

　　此时，西藏地方政权萨迦派的势力也日益衰落，卫藏各万户彼此征战，帕木竹巴万户长绛曲坚赞势力逐渐发展起来。

　　1348 年，帕竹·绛曲坚赞先夺前藏统治权，又乘萨迦派款氏家族内讧之际，吞并了后藏大部分地区。1354 年，帕竹士兵占领了萨迦寺。之后，元政府承认了帕竹·绛曲坚赞的统治地位，封其为大司徒，赐印信，准其子孙世袭。至此西藏地方政权，已正式由萨迦派转入帕木竹巴之手，帕竹·绛曲坚赞成为卫藏之主。帕竹政权建立后，为加强实力，稳定政治统治，促进藏区社会发展，西藏社会政治的发展逐渐进入到一个比较清明的时期，社会经济文化开始出现了繁荣的局面。

　　据《藏族史略》记载，帕竹绛曲坚赞"王城三围，内围俱守净戒，禁醇酒妇人，外围以十善律，悉守王法。司徒（绛曲坚赞）自奉亦甚谨严，过午不食，不饮酒，为僧素质表率。"并定下第悉职位必须由严格受戒的出家僧人继承的规则，因而深受民众爱戴。

　　然而，这些努力却未能在很大程度上改善佛教的衰败腐化局面。由此，传至第五代第悉时，整顿佛教的需求已经非常强烈了，统治者和民众都渴望重建正见、正信、正行的真正尊重佛教戒律和精研教义精进修行的局面。

　　宗喀巴即于此时励精图治，为恢复佛教严格戒律和清净本来面貌，而以一己之力对藏传佛教进行了大刀阔斧的改革，并创立了闻名后世的格鲁派，彻底扭转了藏传佛教传承的颓势。这就是藏传佛教历史上第二次正本清源的改革运动。此时，已是明初了。

1.2 宗喀巴对中观思想的抉择和宗教改革方式

宗喀巴（1357-1419），是藏传佛教格鲁派的创始人，西藏中世纪伟大的宗教改革家和哲学家，他对藏传佛教的最终形成和发展做出了重大贡献，被藏、蒙等族民众誉为"第二佛陀"。

宗喀巴，于公元 1357 年诞生于青海省宗喀地方（今湟中县鲁沙尔镇），故名宗喀巴，意为宗喀地方的大师。三岁时，被夏琼寺高僧法王顿珠仁钦，七岁受沙弥戒，获法名洛桑扎巴，意为善慧称。此后近十年时间，都师从顿珠仁钦法王，学习密教教法和显教理论，并受密教灌顶，获密号顿月多杰，意为不空金刚。十六岁前往卫藏，广求佛法，曾拜仁达瓦、萨松.玛底班钦、邬玛瓦.追珠僧格、洛扎珠钦.朗喀坚赞等数十位高僧为师，对于佛学之因明、般若、中观、俱舍、律学等俱博闻广记，以致精通，同时也对藏区佛教的混乱情况因亲历而更感忧虑。

1376 年开始，直到 1380 年，宗喀巴都师从高僧仁达瓦学习瑜伽行中观派的思想。1380 年，则从那塘寺堪布贡噶坚赞处得到龙树中观理聚六论等著作，得到第瓦巾寺上师绛曲仁青的讲授。后宗喀巴逐渐受到中观师喇嘛乌玛巴及其直接传导的文殊菩萨智慧影响，而择取了中观应成派，为自己所持有的根本中观见。

也就是说，宗喀巴多年游学藏区，耳闻目睹了并观察西藏佛教的混乱局面，而试图找到佛教腐坏堕落的根源，并加以整顿。在此过程中，对佛学之方方面面的知识都加以学习并精研，关于中观思想，则先后学习了瑜伽行中观派、中观应成派、自续派，并对比龙树菩萨之根本中观思想，进行了多年的反复研习和思考，才逐步对藏区佛教的腐坏堕落情况，得出综合结论：佛教之所以会出现此衰败腐坏的状态，主要来自于僧众对佛法的误解，尤其是由于对中观思想的误解。由这些误解而产生了不重因果的无分别观和恶取空思想，此二者并行，就致使很多僧人无所不为。

因此，要想整顿此风气，一方面需要回归于佛法的宗旨本身，建立起对中观思想的正确理解，如此才能正本清源，另一方面则需沿袭阿底峡尊者的整饬戒律的作法，重振佛教之清净律仪。所以，宗喀巴也逐渐确立起适合于当时的藏区的判教思想和中观思想。

此后，宗喀巴以龙树菩萨所传之中观思想，作为佛法之究竟胜义谛，把后续各家各派之阐述一律排除，还原到最初的中观思想，单独列出"缘起性空"之中观说本身，并结合戒律的重要性，共同加以反复地强化性宣说。其宣说方式一方面是，以著书立说，收徒传法来广泛传播中观应成派主张和律仪的重要性，另一方面则是通过宗教活动得以展开的。

在著书立说层面，宗喀巴首先结合阿底峡尊者的《菩提道炬论》撰写了《菩提道次第广论》（下简称《广论》）。在《广论》中，他说，"为当依止何等释论，谓佛世尊于多经续明了授记，能解深义圣教心藏，远离一切有无二边，曰圣龙猛（即龙树别译）遍扬三处，应依彼论而求通达空性见解。"这是在通过佛经授记引出龙树菩萨所传之中观思想的正统性，从而说明中观思想应以龙树菩萨之宣说为基准。

又说，"《无尽慧经》说无生等是名了义，故定应知惟无生等说名胜义。故中观理聚及诸解释，应知如实宣说了义，以广决择离生灭等一切戏论真胜义故。"这是声明龙树菩萨所阐述之中观思想为胜义了义，由此给出判教宗旨，加以深化。

在此基础上，再引出自身观点："佛护，清辨，月称，寂护等大中观师，皆依圣天（即提婆别译）为量，等同龙猛（龙树别译）。故彼父子（即圣龙树提婆）是余中观师所依根源，故诸先觉称彼二师名根本中观师，称诸余者名随持中观师"。这是对中观思想传承进行划分，以圣龙树父子为根本，其他论师都是后传者。

又说："雪山聚中后宏教时，有诸智者于中观师安立二名，曰应成师及自续师。此顺《明显句论》，非出杜撰。故就名言许不许外境定为二类。若就自心引发定解胜义空性之正见而立名，亦定为应成自续之二"。这是继续对中观思想之根本传承，进行细化分别，指出西藏佛教后弘期时，已有论师将中观学派划分为中观应成派和中观自续派，并对此说给予肯定。

再之后，《广论》又说："若尔，于此诸大论师应随谁行，而求圣者父子意趣？大依怙尊宗于月称论师派。又此教授随行尊者之诸大先觉，亦于此派为所宗尚。月称论师于《中观论》诸解释中，惟见佛护论师圆满解释圣者意趣，以彼为本，更多采取清辨论师所有善说，略有非理亦为破除，而正解释圣者密意。彼二论师所有释论，解说圣者父子之论最为殊胜，故今当随行佛护论师、月称论师，决择圣者所有密意"。

从上述具体而微的过程来看，宗喀巴于根本层面赞同的是龙树菩萨原初所阐述之中观思想，此应无异议。但龙树菩萨并未自立门派，而依此时藏地的局势来看，则必须要择其一脉，作为主流而从之，那么，相比较来说自立量派理论不完整，容易受到攻击和破斥；瑜伽行中观派属合流，对于重振中观思想的主导地位来说，相对不合适；而应成派虽依赖于归谬法，但相对毕竟也容易立破斥之论。因此，宗喀巴给出了自己的结论，对佛教来说根本究竟的胜义谛是空性正见，而对此正见进行了圆满诠释的是佛护、月称的中观应成派学说，从而确立了中观思想以应成派为主导的核心地位。

对于其他宗派的中观见解，宗喀巴也进行了具体分析。他认为，在具体的中观见解上，存在以下四种误区：1、有执空性为毕竟无，认为一切善恶业果也是如此，恶见就是正见；

2、有执性空实有，由他世俗法空，说名为他空，说此为究竟实相；

3、有执一切法是非有非无，空与非空都不存在，对有的执著就是对相的执著，承认自相能立；

4、还有执一切戏论的善行，不超出散乱，只有修习实际之理，不以正理推求分别，观察一切，于明空无执之中舍弃一切分别造作，全不思维，平缓松弛而住其心，就能亲见法身，在定中见到佛的显现等等。

即大体可概括为执空、执有、执无、执无分别恶取空四种见。为此，宗喀巴都分别针对上述说法，逐一进行了有效的破斥。

那么，此四种见与后弘期各教派的中观见之间是怎样的关系呢？

具体来说，藏传佛教实际上于中观思想创造了大量独特的概念术语，有"内中观"与"外中观"、"自空中观"与"他空中观"、"一般中观"与"大中观"之区别。

按照学术界的普遍看法，"外中观"与"内中观"相对而立，外中观，即主要是指以心性之外的事物而"无体性"的外在之义而论的中观之见。"内中观"则是在如来藏的意义上被命名的，其内在涵义就是原本属于众生内在心性的如来藏之中观之见，因此内中观以如来藏为根本。"自空中观"和"他空中观"相对而立，"自空中观"是指以缘起性空论为基础的中观见，"他空中观"则是以如来藏为基础的中观见。"一般中观"与"自空中观"没有本质的区别，即"自空中观"就是"一般中观"。"大中观"与"他空中观"的本质内涵也是一样的，所以"大中观"就是"他空中观"。但需要注意的是，"他空见"不是"他空中观"，因为"他空见"是特指觉囊派的中观见。

其中的大中观见即他空中观，又继续分为三种：一是"他空"，即认为诸法实相要有一个真实不虚的本体，否则证果修行就没有了依靠，为此认定真实不虚的就是如来藏，而胜义如来藏真实而不空，无自性而"空"的是世间诸法，故名"他空"。二是"离边"，即认为修道就是离垢净、生灭、一多、来去等相对的边见，方可证悟"不垢不净"、"不生不灭"、"不一不异"、"不来不去"的"深般若波罗蜜多"之解脱境界。三是"了义"，认为在"离边"基础上，但执著"离边"，认为还应有对不执著于"离边"之见也不执著，这被称为 "离边复离 中"，这就是彻底说"空"，因此称为"了义"。可见，藏传佛教对中观见的分别之复杂。

对比宗喀巴的四种说法，其批判对象与后存续各家之思想，亦存在差别。也就是说，宗喀巴的批判对象主要是执有执空的断见常见，或执无分别的恶取空，而其他宗派的说法，在格鲁派看来更多为不了义，其存在不究竟或理解上的部分偏差，但并非是完全错误的有违佛法的见解。因而，格鲁派并未对其他教派进行全面否定，这既符合佛学事实，也有利于佛教总体共同致力于戒律的肃清。

而著书立说的同时，宗喀巴又积极开展了各项宗教活动，来强化推广中观应成派思想以及戒律的重要性。根据《宗喀巴中观哲学思想诠释》记载，对于宗喀巴的宗教活动，主要的可以概括为以下几个方面：

1、基于重整佛教戒律的目标，长期以身作则地实施戒律规则与要求，并严令僧伽贯彻执行。鉴于当时藏地僧人戒律废弛、密修混乱、佛法衰败的现状，宗喀巴毅然决定重整戒律，宣讲戒律的重要性，大力推行他严守戒律的主张。于 1385 年受比丘戒后，1388 年即改戴被称为"班智达帽"的黄色僧帽，表明志向：一方面要继承迦湿弥罗班智达释迦室利传承的戒律，另一方面要重振戒律，建立清净宗规。

而后，1397 年在聂岗穷、 1399 年在布达拉宫，宗喀巴都多次向僧俗信众宣讲戒律，强调戒律是佛教的根本基础。1400 年，宗喀巴在噶瓦栋为数百名僧人，当众宣讲大乘戒律《菩萨戒品》、《侍师五十颂》、《密教十四根本戒》，分析菩萨戒学的性质，提出了具体的修行戒法。1401 年，宗喀巴与仁达瓦法王、大译师嘉却贝桑波法王在山南泽当的阿尔钦波·绛曲益西的寺庙聚会，由云丹嘉措资助，与六百僧人共同住夏，三人斟酌戒文，重新制订藏僧切实可行的寺规戒条。再次强调戒律是佛教根本，佛法依戒而有，如果不守菩萨戒律，所谓大乘亦是空名；如果不守三昧耶戒，亦难过超脱恶道之门，提倡重视戒律，不疑佛法。

1402 年，宗喀巴撰成《菩萨戒品释》、《侍师五十颂释》、《密教十四根本戒释》，对所制戒条细规作了详细说明。此次重振佛教戒律的系列活动，为整个藏传佛教都建立起了清净教规和切实可行的戒条；对于还原佛法、净化僧俗信众的修行和戒行，产生了巨大而深远的影响。

2、为辅助重振戒律的运动，宗喀巴也一方面广集资粮，建立群众基础，另一方面广开法会，重振佛教清净声威。

前一方面主要表现在，1392 年，宗喀巴带领贝丹桑波等首批八位弟子到沃喀曲隆寺，由沃喀哇父子作施主，进行长净和经忏活动。1393 年，宗喀巴率徒众前往 13 世纪建造的精其寺朝拜，发现弥勒佛像年久失修，四处是灰尘、鸟粪等污物，寺院荒芜不堪，师徒九人捐献全部物品，在同沃喀宗宗本商议下，也在附近僧俗信众的支持下，重修了精其寺，这使得宗喀巴在信徒心目中威望大增。1397 年，宗喀巴在聂地饶钟寺创办的法会上，调节当地四个头人的纠纷成功，地方头人成为他的施主，这就大大提高了宗喀巴的号召力。

后一方面表现在，宗喀巴曾于 1394 年在甲索甫、1400 年在精其寺、1404 年在热振寺举办祈愿法会，宣传真正的佛教中观思想和清净戒律的主张，扩大和加强与僧俗信众的联系，为后来的 1409 年大法会做了准备。

最终，在帕竹政权阐化王扎巴坚赞即第五任第悉的支持下，于 1409 年，即明永乐七年，在拉萨举办了规模巨大的大祈愿法会，亦称"传大召"、"传召法会"等 。这次法会是全藏性的，不分教派，各地僧众均可参加，据记载，与会人数达一万多人，声势浩大，影响深远。至此，则确立了宗喀巴在西藏佛教界的领袖地位，创建了新噶当派即格鲁派。

3、创立以戒律著称的格鲁派。创建格鲁派寺院，建立寺院管理和僧人学经的制度。1409 年，宗喀巴在帕竹政权及其属下贵族仁钦贝父子的资助下，在拉萨东六十里的旺古尔山旁修建甘丹寺，1410 年，甘丹寺的建成开光，标志着格鲁派的正式形成，甘丹寺成为格鲁派的主寺。1414 年，明永乐帝再派金字使者候显等四人抵藏邀请宗喀巴进京，宗喀巴婉拒，而改派其弟子释迦也失赴京朝贡。次年，释迦也失得明朝敕封"西天佛子大国师"称号。从此，格鲁派的地位得到中央王朝的确认。1416 年，帕竹政权内邬宗宗本南喀桑颇支持宗喀巴的另一弟子扎西贝丹在拉萨西建立哲蚌寺，宗喀巴亲往主持开光仪式，扎西贝丹自任寺主。1418 年，释迦也失用明朝所赐资财，在拉萨北郊建成色拉寺。至此，格鲁派"三大寺"建成，为格鲁派的发展和稳固奠定了基础。1419 年 10 月 25 日，宗喀巴在甘丹寺圆寂。

从后人的角度来说，总结出上述流程很容易产生一种观感上的误解：一切似乎都像是在顺理成章地按照时间顺序，发生、进行和展开一样，有条不紊，理所当然。但从历史的角度来说，无论阿底峡尊者还是宗喀巴，在实行具体改革措施的过程中，实际上，都是在承受着来自社会和民众惯性层面的明显阻力的——人们本能地不愿意改变，而是得过且过。且正如前文所说懒惰是一种基于生存本能的惯性，因而遵守清规戒律自然就不会是人的本能。另外，一些其他势力也可能因为在这一改革过程中利益受损，而作出阻碍性反应，甚至可能进行回击。

所以，种种因素综合在一起，改革者通常都需要承担巨大的压力，阿底峡尊者与宗喀巴也不例外，但他们都在这重重压力之下，引领藏传佛教重新回到了正轨上，这本身就是很困难也很伟大的事情。而他们对西藏佛教的复兴所作出的巨大贡献，也都深远地影响着后世。

从中观思想传播的角度来说，阿底峡尊者和宗喀巴两度以中观应成派作为根本中观思想，也使得噶当派，尤其是新噶当即格鲁派中，关于归谬法与中观思想在很多层面的粘连更加紧密，中观思想对归谬法的依赖也更加严重。同时，为坚固打击"无分别"等恶取空见，而不得不坚持做出，不承许阿赖耶识、不承许自证分等作法。但从佛法实修的角度来看，实际上，从最开始，中观应成派的实践修法与唯识宗就是一脉相承的，因此，上述否定唯识的作法，也在一定程度上阻碍了教派内部对禅修实践的融会贯通。当然，藏传佛教派系众多，因而其他宗派的多样性，及格鲁派对其展现的相对开放的态度，也在一定程度上冲淡了此问题。

与此同时，宗喀巴强调缘起的重要性，又使得实修得以回归到佛陀所宣说的最根本层面，这又是其他宗派所不曾关注到的本质内容。因而，在此层面来说，格鲁派又缓冲了其他宗派过度关注胜义，过度关注空性，而疏忽于立足世间的实修起点的问题。

因此，综合来看，格鲁派的诞生、出现和发展，对于藏传佛教的总体平衡来说存在较大益处。另外，综合藏传佛教的两次改革来看，阿底峡尊者和宗喀巴，都选择了以中观应成派立宗与肃清戒律的配合。且此二者都有瑜伽行中观派的学习经历，也都不否定在实修中，禅修瑜伽行的具体作用，即在实修中并不否定瑜伽行中观派的具体实践和操作方式。因而，这些迹象也似乎在指出，阿底峡尊者和宗喀巴作为宗教改革者，似乎更多是依据当时藏区佛教整体以及僧伽群体所呈现的具体情况，而作出的判教思想和中观思想的抉择。

也就是说，从上述二宗教改革措施，都取得了巨大成效之情况来看，应成派之否定性观点，对于执迷于无分别恶取空的僧伽，以及执有、执无、执空者，都在一定程度上可以起到类似棒喝的作用。而对此否定性观点的贯彻和坚持，也使得戒律重新成为了不可讨价还价的任何佛教僧侣都必须要遵守的基本规则。因此，虽然应成派的归谬法并不完美，但从这个意义上来说，中观应成派亦于因缘和合和中，额外产生了整顿清肃等作用。这也是因缘变化里，超出人类原本预想的一种现象。

第二节 藏传佛教各派的中观学说

藏传佛教派别林立，主要有宁玛派、萨迦派、噶举派、噶当派和格鲁派五个较大派别，另外还包括觉囊派、噶当派、希解派、觉宇派、廓扎派和夏鲁派等较小或存在时间较短的派别。总体来说，中观思想都是上述诸派的显教理论根基。但具体而言，上述各派所持有的具体中观见又存在较大差异。

因此，下文将从不同派别之不同中观见的角度，来对中观思想在藏地的传承与发展和变革加以介绍和说明。

2.1 宁玛派的中观思想

一、宁玛派的中观见解

宁玛派也称"旧派"，《土观宗派源流》（下简称《源流》）说，"在显教方面，无新旧之分，新旧二派之说，乃是纯粹以密教弘传情形来划分的。 对于这个新旧划分，其说法颇不一致，最普遍的说法，是指以班达弥底来藏以前所译续部，则称为旧派密咒；仁钦桑布译师以后所译续部，则名为新派密咒。"也就是说，宁玛派以班达弥底来藏以前，所译旧密咒为立派的主要经典依据，故称为旧派。

另外，《源流》中也指出："在《赫鲁迦格布》等重要的密续中，也讲说与新派的六加行、五次第、道果等相通的修道次第。又《幻网》中的六次第、《三次第》的解脱道、《密点》的方便道等要门、《集经》中的自然修，《修部八教》中的五次第等等的讲说，与新派所说， 也有很多共通的地方。"也就是说，新旧密法并非完全不同，而是大多相通。

从显学理论的角度来说，宁玛派依寂护论师和莲华戒论师所传之瑜伽行中观思想为基础；再据《大乘阿毗达摩经》和《解深密经》继续融合了唯识三性与自性清净心思想；据《楞伽经》、《究竟一乘宝性论》、《胜鬘经》等融合了如来藏思想；据《涅槃经》融合了佛性思想；而形成了自身所执持的大中观见。

宁玛大中观认为，众生之第八识，也就是"心"，即如来藏佛性，即心即佛，心佛不二。此佛性本身并非"无"，且恒常相续，仅因实执无明遮蔽而不得现前。同时，宁玛派认为遍计执性和依他起性属于世俗谛的范围，是假借名言而施设安立的，二者空无自性，而圆成实性是胜义谛，自性不空，恒常实有。

由此，宁玛派所讲的圆成实性就与如来藏和佛性合而为一了。第八识即心，亦就是无始以来存在于众生心中的恒常不变、自性实有的如来藏佛性，即如来藏佛性不空。也就是说，众生的自性清净心不空，覆盖在此自性清净心上的实执无明则本质为空。

再从密法实修角度来说，宁玛派的大中观亦称离边大中观，宁玛派密法大圆满心部认为，心体空，心性有，即体空性有。心体空，即是"非有"；心性不空而光明，即是"非空"，如此则心之总相非空亦非有。因为，体虽空，但并非指"无"，而是微妙空性，即此体之空中含摄了性之有，此即非空之空，以此名为真空。而性有，亦非实质之有，性有亦含摄了体空，此即非有之有，即非去实质之有，以此名为妙有。由此，真空妙有统合于一心，为甚深空性。即称此非空非有，为中观不堕二边之正见。

同时，宁玛派指出，此离边大中观，并非理论，而是来自于宁玛派止观双运禅修所实际证悟之综合，即在修止禅时，将心识专注于一法，即可体会到"唯识无外境"，本尊和坛城都是自心所现。而修观禅时，观所缘之法本质空性。如此，两者结合双运而行，则可证悟如来藏佛性本自清净，即大圆满的修行次第。因此，离边大中观即是禅修实证，又是离分别、离戏论、离边见，进而显明如来藏的禅修实践指导，其中具体的禅修步骤和方法则属于密法范畴，此处不再涉猎。

由此可知，宁玛派的如来藏思想统合了，印度早期如来藏

"心性本净，客尘所染"的说法，与晚期《楞伽经》以如来藏识为施设统摄如来藏与阿赖耶识的相异功能的说法。以"心识"境界来彰显如来藏，则众生的烦恼可透过心识结构得以分析，也可藉"诸法缘起性空"的正见禅观而得以消除。即当心识不为实执无明遮蔽，则显清净相，即自性清净之如来藏，此如来藏离分别、离言说、离戏论。也就是说，如来藏本身超越了空与不空、常与断等所有二元对立边见及一元论之常见。唯是内自证得的境界，即佛的境界。

当心识为实执无明遮蔽，则显污染相，就成为了无明染污的阿赖耶识，即凡夫的心识染境。因此，宁玛派称自中观见是细分内之了义大中观，故谈锡永在《如来藏二谛见》中总结说："'了义大中观'即则极无所住，虽离四边亦不住中，是为离边复离中。"

综合来看，宁玛派之大中观实际上是综合了中观思想、唯识学说和如来藏说三种典型的大乘佛教体系而融汇之综合思想体系，存在其独特的佛学价值。

二、宁玛派的判教依据

宁玛派的判教思想，主要以《解密深经》中"三时判教"为依据。由此认为，初转法轮所讲为四谛等原始经论内容，中转法轮所讲为诸法无自性法门。此上述两种宣说，均为铺垫性的不了义教法。而三转法轮，才宣说究竟了义实教：心即佛性。

从而，宁玛派构建了九乘判教体系，九乘指声闻乘、独觉乘、菩萨乘、事部、行部、瑜伽部、父续玛哈瑜伽部生起大瑜伽、母续阿褥瑜伽教阿褥瑜伽和无二续阿底瑜伽大圆满阿底瑜伽。其中前三乘反映的是显教思想，概括了大小乘佛教各派，名"共三乘"，为针对低等根器所宣说。另以后六为密法，其中，中间三乘为外三乘，为针对中等根器而宣说。最后三乘为内三乘针对高等根器宣说。

按照此判教标准，则宁玛派大中观为最高了义法，其他大乘教派，都属于不了义，即中转法轮所宣说。如此，则中观派无论应成还是自续，亦都属于不了义。具体来说，宁玛派认为中观应成派和中观自续派所秉持的基本理念是一致的，都相信诸法无自性，且胜义空性，其差别主要出在对世俗谛的具体见解上。由此，宁玛派认为，这两派实际上都没有认识到胜义本身不空，由此认为此二者均不是佛法之究竟圆满的了义。

具体而言，宁玛派认为中观自续派所讲的中观是粗品中观，其所承许的二谛是对立的，空有也是对立的，如此则易落常断二边。且宁玛派也倾向于认为经量自续派存在承许世间事物有自性。另外，宁玛派还指出，自续派在论证二谛时，利用了因明的量论，因明的量智本身是不净的、无自性的，用此得出的结论必然是不彻底、不究竟的。由此，则宁玛派得出中观自续派是偏权之教的结论，不能作为佛法了义教。

宁玛派认为中观应成派，采用了否定一切的方法和态度，虽没有落入自续派的权宜之地，但其否定胜义佛性不空的论点与引导修行解脱的观点是自相矛盾的。由此，宁玛派指出应成派的凡圣、迷悟、颠倒非颠倒观念，仍是对立之戏论，而不是佛法之了义，中观应成派也属于粗分外中观。

综合来看，其对应成派和自续派的批判，存在一定的合理性。而且宁玛派指出了自续派因明法存在逻辑过失及应成派过于依赖归谬法导致的否定一切之倾向性，这两个根本问题，可见其在此两方面都进行过深入的思惟和辨析，也经由实修有所印证，因此核心观点可为直指要害，一针见血。

但是，在关于自续派是否承许世间事物有自性层面，宁玛派给出的则是争议性观点，即经量自续部的自论典中，从无此类观点的直接阐述。但很多批判者认为具其观点继续推演，则可导致此漏洞出现。

另外，宁玛派在判教理论上，也不免有尊己卑人，扬己抑它之处。这点与大乘佛教的倾向性一般无二，都表现出了狭隘性的宗派性特征。

2.2 萨迦派的中观思想

萨迦派创始于 1073 年，是后弘期形成的一个主要教派。在其发展和扩大影响的过程中，出现过著名的"萨迦五祖"，即初祖贡噶宁波（1102-1158）、二祖索南孜摩（1142-1182）、三祖札巴坚赞（1147-1216）、四祖萨迦班智达贡噶坚赞（1182-1251）、五祖八思巴洛追坚赞（1235-1280）。其中四祖和五祖在元朝的建立和政治发展过程中，还起到过重要作用，因此，元朝时期也是萨迦派最繁盛的时期。

萨迦派的教义比较多样和复杂，根据《源流》所说：文殊怙主萨班和绒敦等诸大德，皆以中观自续见为主，仁达瓦尊者又持中观应成派见。释迦胜初尚中观，中持唯识，后执觉囊派见。其余，还有以《大圆满》见为殊胜的情况等等。

然而，萨迦派整体的不共之见，却很明确，那就是《道果》的见，也就是修明空无执，或生死涅槃无别之见。也就是说，萨迦派最根本的不共教义是道果法。因此下文将先从道果法的初步了解来进一步说明萨迦派的中观见。

2.2.1 萨迦派的道果法简介

按照《源流》所说，道果法起源于龙树的弟子释迦善友。印度大成就者比瓦巴依无上瑜伽续部以及《喜金刚》三续，特别是根本的《二品续》，撰述了《根本金刚偈》及修持引导文《宝训道连果之教诫》，传授给弟子纳波巴和仲比巴，后辗转传至西藏的卓弥大师，最后，由萨迦派萨班初祖得到全部经典和教授，而集其大成。后期，萨迦派又吸收了瑜伽行中观派的思想和中观自续派的思想而趋于完备，形成了显密两种道果法。

道果法中的"道"即修行道路，"果"即成佛结果。因此，道果法的意思即是说，以果为道，以道证果，即将修行实践道路与涅槃成佛结果融为一体的修法方式。具体来说，即在修行实践中体认佛果本有，在佛果本有体验之中，又实践次第修行。如此，二者相融相摄，无二分别，即"道果不二，道果圆融"。所以，修道就是对"本来面目"的"实相"的直见，并以此彻见自己本来清净的心性，悟见法界的实相。

也就是说，萨迦派的道果法在理论层面，以真理本身作为方法论的一种修行理念和方式，与天台宗之三谛、三智与一心三观合一的理论，存在类似之处。

显学道果法主要以中观和唯识为主体思想，其四句教言说："首应破非福，次应破我执，后破一切见，知此为智人。"即首先应该破除不能带来福德的身语意业，即思惟人身难得，佛法难闻，从而不作身语意层面的恶业，免于生死轮回中堕入恶趣。进而，逐渐对五蕴观察，认识其是由因缘所生，而不再执着为实有。如此，则展开实修，"初应勤加功用，断除实执妄想，中则放任，于所见上心放任宽松而住，则以一切执着由自然解脱之门而随持之，最后或安然而住，或任其本分，保持对于此见在不丢失正知正念之中冥然而定。若能生起定信，则如圣天所说：一空性如何，一切空性亦复如是，如此则一切法自然解脱归于无实，生起顿悟一切法的实义，此即上说'中则破我执'的意思。"最后，既然证得了无我，断除了实执是初步证得了世间诸法诸相诸律皆为空性，在此基础上，则需要再进一步破除对常断的执着，不落两种边见，即亦不执著于"空"。

在密教之道果法层面，则以"明空不二"或"轮回涅槃无别"为根本，主张亲证内心实相。

《根本金刚偈》云：普基因续轮涅齐备，故为根本续。此普基，即萨迦派所认为的众生本有的实相心，是一切轮回与涅槃存在的基础。基位的心性即明空双运的阿赖耶识，此识因有无方便的摄持的差别，而显现轮涅不同的状态。即根据唯识学来说，阿赖耶识因为能够摄持一切法及其种子，因此可与一切轮回与涅槃作为基础，密教即说之为含藏因续。

道果法的修持三要是"成心为境，成心为幻，成幻为无自性"。根据丹朱昂奔之《藏族大辞典》的解释，成心为境，指外在诸法皆为妄心之显现，是心所的决定，全非实有，应于明空双融之见不贪着一切，住明令心不混乱，如此能决定现境为心，证知外境无实。

成心为幻者，外界现象能取心之妄现，两者都不可得。这种由教喻两门决定，然后半修，使自性空坚固，既能了知迷乱分为无实，且于明空不断实执二空心。

　　而成幻无自性有两种：由缘起门成和由离言门成。其中，前者认为，能所二取虽然无实，但能所之外另有一法能成为谛实。诸法无自性，因为有为法待因缘生，无实可成；诸无为法，依有为法立，或者在有违实空上，立名"无为"，除此别无实有，这种实空由缘起因，称为断常断二边之中道。"离言"者，依上述道理进行观修，境相印定为心，心印定位幻，幻印定位缘起，犹如现位互相违背之法。但感觉其不相违，生起决定，由此所生，因不能如是解释，故名"离言"。离开语言概念后依世俗名言和了义经教以及上师的教授去抉择，使解心性不二的妙智本原实相。

　　也就是说，萨迦派以"成心为境"作为修行第一要，此心就是清净心，又名如来藏、自心、本心、心性、本性光明心、心金刚等，即清净之第八识。

　　如《无上金刚乘前行讲义》云："一切法是自心明空双运之游戏。"即首先要认识"一切不离识"，即阿赖耶识变现根身器界及世间诸法、诸相、诸律，而显现为世间。但如果第八识复归于清净，则即是佛性如来藏。如《根本金刚偈》所说：诸法为心性之显现。了知并实证此一切不离心，一切法成立为心，才能迈入实修之门槛。

　　然后，则是"成心为幻"，是说外界现象是取心之虚妄而显现，外境与心都无自性，本质都为空，在此基础上，使得此空性见解得以逐渐稳固，明了所有世间诸法等俱无实，心之迷乱分别状态亦非实有，如此则空性观全面。

　　之后，"成幻为无自性"，即一方面指在上述基础上，继续证悟真理本身离边见离常见，对空性亦不实执，另一方面则指离言的胜义。综合来看，虽然理论存在相似处，但从实修层面来说，萨迦派显密结合的道果法，相比一心三观的修法更具次第，实践可能性也更强。

由此可知萨迦派认为，只有通过修行显密道果法，即通过中观思想的修习，了知诸法空性，认识心之空分——即心的空性本质部分，通过修习一切不离识，认识心的明分——即心的智慧了别部分。再依据密法修习明空双运，显露离戏清净心之本质，断除实执，才能彻悟轮涅不二，即将现象界融于法界之中，从而证得心之清净光明本性，达到究竟解脱。

2.2.2 萨迦派的中观见

根据上文对藏传佛教中观见的派别分类综合来看，萨迦派的主流应属于内中观的范畴，即持如来藏意义上的中观见，也属于他空中观中的离边大中观。

在具体的空性见解上，萨迦派认为，就本性而论，外境是空而无实，因为外境具有生灭变化性，而将本心空，则定义为无生无灭、无住无形之故。也就是说，萨迦派不仅认为外境空，而且自心或本心亦空，自心、本心就是如来藏，因此说如来藏亦空但非无。此说法与大多数藏传佛教不同，从生灭逐渐了知空性，又以如来藏为空，因而显现出其独特性。

萨迦派认为修行实践就是破除万法实有的邪见，实证或体悟万法无实而自性空的过程，此种实证叫做修行实践者的亲证。这个说法也与原初之中观思想较为一致。

但萨迦派在胜义见上主张的修行法门是顿而不是渐，因而此修被称为"离言说"。这是说众生了悟内心显现为自生之相，即心之性相之后，由此体悟清净心或如来藏离生住灭，自体本空。再进一步明了清净心或如来藏在观心体之时，又全无自性可得，其性为空，但又非全无之顽空，而是性空同时显现出明性。因此说，明空双运是此派独特的心性论之中道观。亲证此心性中道，则了知"明空双运"即明空无执，亦可称为"明空无二"。而达此见之目的在于，远离心之迷乱分，显现自性清净心，即入涅槃。总结来看，萨迦派之"离边大中观"即离有离无，离亦有亦无、离非有非无四边而得中道。

在此基础上，萨迦派以"离边大中观"批评觉囊派的"他空观"，认为觉囊派把如来藏视为绝对真实的本体，不符合佛法本义，即胜义中不存在本体，只有不生不灭的"实相"。另外，萨迦派也认为中观应成派的"一切皆空"的宗见为断灭空或顽空。虽然月称论师之后的应成派，确实过于依赖归谬法，但认定其为顽空或者恶取空，还是不够客观的，也不太符合事实的。同时，萨迦派也认为宁玛派属不了义，给出的理由是虽然宁玛派离四边而得中，但却未再离中，而得究竟。而萨迦派的中观见，例来也同样存在争议。如格鲁派创始人宗喀巴特别指出，萨迦派"非有非非有"之离边见不合逻辑。《土观宗派源流》也指出："其立因位之见，似尚未达中观应成之见，仅为中观唯识共同之见，此派似以道位之见安立为至高而超胜之见"。《源流》作者也属于格鲁派。

上述互相之间的批评也有可取之处，如，离边之后二边确实不符合此世间的逻辑，原本不必要强调而特别指出。而"得中"和"不得中"的问题亦存在前文已论述的"先设定一个名言性中，再来破"的问题，所以，关键还是要看此"得中"具体所指，才能判断其合理与否。

2.3 噶举派的中观思想

　　噶举派也是藏传佛教后弘期出现的教派，出现时间在公元十一到十二世纪。噶举派的名称，"噶"在藏语本意指佛语，也可以表示"口"；"举"意为"传承"，即表示此派为佛陀传承，亦表示此传承是通过师徒心口相传而实现的。

　　具体来说，噶举派又分为琼波南觉巴和玛尔巴两大传承体系。琼波南觉巴和玛尔巴两位大师，都曾多次亲赴印度和尼泊尔等地求学佛法，并分别从印度的妮格玛和那若巴那里得到了四大语旨的教授：一是以《密集》、《四座》、《六法幻身》、《迁识》等四大语旨教授；二是以《大幻化》、《六法修梦境》等诸语旨教授；三是以《胜乐》等母续全部及《六法》的光明语旨教授；四是以《喜金刚》及《六法》的拙火等语旨教授。而二者的直传师妮格玛和那若巴，又都师从于谛洛巴，故噶举虽分二系，但此二则实出同源。

　　一般来说，琼波南觉巴的传承系统称为香巴噶举，玛尔巴的传承系统则称为达布噶举。香巴噶举以南木林为中心，传承了七代后，分裂出两个世系，其中一系在今羊卓雍错附近，修建了桑顶寺，形成"桑顶"世系。另外，还有一系因汤东杰布在各处江河上所修筑的铁索桥而闻名。香巴噶举后逐渐衰微。达布噶举则主要在前藏地区流行，经密勒日巴、达波拉杰发展而兴盛，又分化出"四大八小"的支派，"四大"即八融噶举、噶玛噶举、蔡巴噶举和帕竹噶举，帕竹噶举一系又分出"八小"支系，即止贡、达隆、主巴、亚桑、超普、修赛、叶巴、玛仓。

此处介绍之噶举以达布噶举派为主。

总体来说，噶举派虽门户众多，但其教义比较统一，差别不大，都以中观应成派和如来藏佛性思想为基础，后又吸收了唯识思想，形成了自派独特的理论体系，即显密大手印。下面就来简单介绍噶举派以中观思想为理论基础的中观见和相关实修方式。

2.3.1 噶举派的中观见

噶举派主要所依中观经典有《中观根本论》、《回诤论》、《七十空性论》、《六十真理论》、《细研磨论》、《宝鬘论》、《六论》和《中观四大论》《中观根本论》、《中观四百论》、《入菩萨行论》、《入中观论》等。

关于噶举派的中观思想，许德存之《西藏密教史》中说："在所依的诸多上师中，对他（马尔巴）的思想产生重大影响的两位人物是那饶巴（即那若巴）和麦哲巴（即梅哲哇），他俩都是中观学派传人，其见上断疑，尤得力于阿阇黎麦哲巴"。也就是说，达布噶举的中观思想，应直接来自印度，而非经由阿底峡尊者等传入。

根据措如次朗的《藏传佛教噶举派史略》（下简称"史略"）所说，麦哲巴是印度中观学派传人，是印度佛学家夏尼达巴（即希瓦宁布，译为智藏）的第一大弟子，并且从吉祥夏瓦日巴那里获得了"大手印智"。总之，玛尔巴在拜师麦哲巴后，得到了全部大灌顶和大手印法门、连同亲授及本续的赞歌、连同解释等等全部相关传承。其中观思想也来自于此，《藏传佛教噶举派史略》说"此阿阇黎是位宣称为属于圣境印度应成和自续派的假相唯识派之甚深了义大中观见的执持者"。即麦哲巴的中观思想是以龙树中观学派思想为基础，又融合了唯识学派的假象唯识派的思想而形成的。

而玛尔巴所依的中观见来自于麦哲巴，《西藏密教史》说："（玛尔巴）以心性本净为理论基础，融无上瑜伽部父母二续修持法为一体，把握空寂心性，体认本元心体即是谛实"。可知，噶举派的中观见把心性与空性联系起来，以心性证悟空性。

同时，《源流》中也说："达布噶举的宗见，系来自于玛巴之见，是属于中观应成派见。"这可能与噶举派以应成即归谬等反证的方式破除有无二边有关，即由无明所引起的一切事物及对境，而破除有边，再以缘起性空为根本观点破除无边，成为此远离有无二边的现空双运。

另外，噶举派的历代祖师也都存在，离心识说而对中观思想进行的直接阐述，如玛尔巴说："因缘和合这境界，犹如影像无自性"；"获得如此意念者，恰似梦境现象般，呈现万法皆如幻，天人以及阿修罗地狱饿鬼和畜生……各种所执的表象，悟其皆空如虚幻"。即不但世间万物空无自性，且轮回本身即是幻相的一部分，这与龙树菩萨原初的中观思想是旨趣一致的。

而密勒日巴则说："有法诸物之显现，空无法性之虚寂，此二体性本一味，无有丝毫之差别，自他同异不可得，一切双融遍法界。"也就是说，空有只是胜义的不同表现，共融于法界之中。而后期，冈波巴又从噶当派教法中吸收了阿底峡尊者传承自印度中观应成派月称论师处的相关理论。

同时，《史略》中亦指出，噶举派认为："这种将一切法决定为心和能通达心亦为远离一切辨认的如虚空之法尔的方法，显然较大多数观空或修习由心造作的空性的方法最为殊胜"。

所以，总体来看，在对中观理论的继承和发展层面，噶举派用中观应成派随应破的方法，破除生灭、常断、一异、来去，从而出离空有二边。再以如来藏佛性的平等性观之，成为离边中观见，即噶举之中观见。其中，融合了中观思想、唯识思想和如来藏佛性思想，这与宁玛派的中观见存在一定的相似处，属于一种综合性的中观思想。

2.3.2 噶举派的显密大手印

综上可知，噶举派非常重视对心性的证悟，且将心性证悟与中观空性智慧结合，发展出了噶举派独有的明空双融的大手印教法。《史略》说："（噶举派之显密大手印）是对佛教之本从别解脱至《吉祥密集续》之一切修持与实践盖以印记的大手印。"并解释说，大手印一词，来自梵语音之"母查"，即"不令超越的印"的意思。为避免错误理解，译文中增加了"手"字而译为"手印"，即一切轮回和涅槃之法皆不超越此的意思。"大"，即在此之上无有他法或较业印、法印和三昧耶印更为殊胜的意思。

也就是说，大手印是总摄世间一切的超越轮回和涅槃的一种修行法门。另外，《大手印明点续》中则解释说："此即大手印，手者空性智，印脱轮回法，大者是双运。"即指出大手印是涵盖空性智慧和解脱轮回之双运的不二殊胜法门。

大手印法从生起和圆满两个次第分为解脱道大手印和方便道大手印。方便道大手印即光明大手印，总括为"那若六法"。

而解脱道大手印则又分为显教大手印和密教大手印，相对应实相大手印和乐空大手印。

噶举派的显教大手印亦非仅讲授显教理论，而是包含了实际修法的内容在其中的。此显教大手印的创立者是冈波巴，在他之前噶举大手印主要即指密教大手印。而冈波巴曾受训于噶当派，系统学习过贯穿着次第道思想的空性大手印，经过对比实践后，他认为密乘大手印主要适合于上等根器的修行者，不适用于中下等根器的修行者，因此结合噶当修法而创立了噶举显教大手印。

最初的显教大手印，主要是以部派佛教的出离心结合大乘佛教的菩提心来证悟空性见，即名为二谛双融之大手印。此阶段是从二谛证悟心之本性，而了悟空性，还未能亲证心之光明性，于是冈波巴应弟子蔡巴的请求，而继续继续完善了显教大手印，由此则能证悟心之明空不二本质，亦可圆满现正三身，即身成佛，即下文将要介绍的显教大手印修法。

具体来说，显教大手印又分基、道、果三种大手印，其分类依据为具体所入法门和所修教法之差异。基位大手印主要针对法性而讲，认为诸法无实体，本质亦无生灭变化，离常断有无及一切边戏论，世间诸法、相、律等皆是心的幻相。胜义本身明空无二。道位大手印，主要是针对修法而说，即止观三摩地、决悬和四瑜伽。果位大手印，是前二大手印的修持所生之果，即现证佛果，亲证胜义。

《史略》总结："总之一切法的法性本来远离一切戏论、自然光净的空性成为一切生死涅槃的遍主，特别是明净而无辨别的自心本性，其原来的实质就已超越了思维与言诠的境界，这就是基位大手印。凭依闻思修三者之道，抉择万物有寂所摄的一法皆为本无生、灭、住三种自性的光净空性后，在了悟和体验上认识本来面目的殊胜见修，就是道位大手印。这如是的大手印，经以道位大手印串习后，犹如晴空无垢，微细的二现亦净后，完全成为二障皆离、具足二净的智慧，就是果位大印"。

之后，即是实相大手印，此是噶举显教大手印的重要组成部分，意指依实相说诸法，实相则指世间一切事物以空为实相，所以实相即是涅槃，亦是心的本质，即以之命名为"大中道"。由此噶举派提出，实相大手印是由以龙树和提婆为代表的中观学派最先提出，后经过月称的发展，又传给梅哲哇，梅哲哇传再玛尔巴，玛尔巴传密勒日巴，密勒日巴再传冈波巴，最后由冈波巴结合噶当道次第思想建立起了《唯一白法》，此即实相大手印体系。《西藏密教史》认为，"实相大手印实属显教大手印之一，其特点是不依灌顶，而依秘诀修证空智"。

实相大手印所依经典依冈波巴所说："尊者帕莫竹巴，我们的这个'大手印'的教典就是慈尊所造的《究竟一乘宝性论》"。而此论所阐述的核心观点，正是如来藏佛性说，即"有差别性相，客尘故界空，无差别性相，无上法非空。"也就是说，心性本身无染而清净。因此噶举派的实相大手印主要围绕对心性证悟清净本质而展开。而《史略》总结说："由于以有境不作意于随顺显宗的离戏光明之对境的教授而等持"是实相大手印。其中，离戏是针对中观而说，光明则是针对如来藏本性而说。

总体来看，冈波巴非常重视显教大手印，提出了大手印如来藏缘起或真心现起论，认为大手印是一切法的根本理论、自性空性、自性俱生、平等性、大乐、离生灭住、甚寂离戏论，或者是佛所说的无自性、真实法性、平等性、胜义、空性等。

《史略》解释"俱生"说："既然有法静动世间总摄的一切事物和各自法性真如这二者无有前后，本来同时存在，所以名为俱生。"即是一切事物和其各自的法性一直同时存在着，没有先后。具体分基、道、果三种。基俱生是生死涅槃之基，心性光明；通过闻思修，证诸法性空见是道俱生。基俱生成为二净之俱生是果俱生，以俱生智，证悟有空自性和空有相无二无别。

由此《史略》则引述了冈波巴对大手印的重新定义："通达诸万物有寂为不超越法性——无生本性的是手。由于任何一切显现都超不出原义，所以是印。由于通达法性为自我解脱，所以是大"。即"手"指空性寂静，"印"指一切均不超越胜义，都融摄在胜义中，且则超越轮回达成解脱，以此为"大"。即噶举派大手印，为明空双运的实相大手印。

由此，冈波巴于密教大手印层面，则认为"大手印"即一切三世诸佛之心，就是明空无二智慧，这种智慧只能到自己心中去找。众生由于有了实执，执着太紧，心不能解脱，要除去缠缚才能放松，心本来是活泼泼的，欲见自心明空本面不能刻意用止去约束它，也不能刻意用观慧去求证，而是要任运自然地允许心呈现其明空不二本质。

在密教层面，自性俱生又可分自性俱生和溶乐俱生两种。将实相大手印总的胜义光明说成了自性俱生，将由世俗菩提心溶化所生的譬喻光明说成了溶乐俱生，将双运次第的胜义光明说成了乐空俱生。另外，俱生也指方便与智慧俱生、空性与大乐俱生。"大手印"的教授便被称做"俱生和合"。将凡夫的

心境和合到俱生智或将生为性相的心境本身与同标志本身俱生
的空和合等，总之，就是堪将明空、现空、了空和乐空等一切
现为二法者皆说成能和合到双运俱生之义，也是无戏论的。

　　由此可知，在密教大手印层面，噶举派也存在以果为道用
的方法论，但其修法更为具体，《史略》总结其分为三：一、
胜观空性，即当自心远离掉举之过，又不杂善恶的分别，而住
于安适又自然状态时，观察此心的实相或事理时，亦观察此心
妄念的一切粗细思绪，其虽未破除，但经此观察，达到自醒、
自净和自静后，于全无辨别的状态中，就出现一种明晃晃或光
灿灿，这即是心住于自心内之状，故称寂止。此状态中心不散
为迷乱或无念的无记或平等，亦非日常的清醒，此心的体性明
显且效用不灭、自证又自明、如所有的证法和明法皆不可言说
和有了行相如明朗朗的少许体验或定解，这即是彻底思择所现
的法，故称做胜观。

　　二、离戏法身。在上述心性俱生的根本定状态中，使如快
乐或如贪瞋的一种明显而有力的寻思现起。此若出现，便凝视
此现象，就像前面抉择分别时一样。在此寻思的现起时，该行
相不灭，但同散于庸常且迷误的寻常分别心有不同差别，此不
生错乱分别之所作，即不生愚昧的实执。那么，此寻思之体性
或自性，就是全无辨别的空性。如是此寻思之明显行相和无辨
别之空，二者互不相离，即体验为空闪或闪空，这就是明见了
寻思俱生的本面。空闪或闪空互不离就是止观双运。此即分别
会现为法身，亦即玛尔巴所说："意动即二取，离戏入法身"。

　　其三，明空双融。现如外境的对境，不观待于缘，而唯于
心中现起的境相，此境相只是凭依原先的习气于寻思前相色现

起，故其与分别心俱生而无差别。此是将共同的业相，即共许为寻常能依的色声等的境相，于根识显现开示为"俱生"。此亦不是由在上述心性俱生的根本定的状态中，向外凝视如山或如房舍、或如瓶等任何色相，故而此现分就息灭或不明显，而唯将心性体验为明空。如先前抉择境相时一样，行相不论现为何，亦皆是在其性相中明确显现，是其体性或自性全无辨别的空性。即不论什么境相显现，都了知其行相不离无辨别之空性，这便是明见了境相俱生的本面。就像梦中，虽然出现了如请器世间的种种境相，但除了唯由显现本身而起的梦境之识外，非是余者，现在的境相也无论现起何形相，自心空性都能显现为无辨别之行相，此即是自心空性。

由此可见，噶举派的明空双融有两层意思，一是显教的明空双融，一是密教的明空双融，即风心一味，显教的明空双融需渐悟而证，密教大手印则强调方便道，故是顿悟。但只有将显密大手印结合起来，才能称之为真正的噶举派之明空双融，总体来说其路线是偏向渐悟的。

2.4 噶当派的中观思想

噶当派源于阿底峡尊者，而噶当派的影响更是便遍布于藏区各地。根据《源流》所说，"噶当"此名源于其所传教法的特征，"噶"是藏语佛语，也含有"教"的意思，指佛的一切显密经论，"当"是藏语"教诫、教授"之意，指僧徒行持修习的指示与指导。由此"噶当"即把佛的一切显密经论都看作对僧徒从行为和修持方面得道成佛的全过程的指示指导，即"对如来教言，不舍一字，悉数了解为教授之义"。

　　阿底峡，全名阿底峡.燃灯.吉祥赞，古印度佛学家，本名达哇宁波，意为月藏，通常称阿底峡意为殊胜，藏译觉沃钦布或觉沃吉衡，觉沃是尊者之意，吉为尊者或救主。生于萨霍尔国今孟加拉达卡地区，自幼从诸多大德学习显密佛法，师从法称学显宗经论，属月称论师之再传弟子，曾任超岩寺首座，后应西藏阿里古格王益西沃、绛曲沃之邀抵阿里后又应请至卫藏弘法，对西藏后弘期佛教的兴盛起了举足轻重的作用。

　　仲敦巴.杰哇迥乃出生于堆龙普杂穆地方，曾从鲁梅四柱弟子之一的尚那囊.多吉旺秋受近 事戒，并前往康区投奔由尼泊尔学经归来的名僧赛尊为师。他从赛尊领受了龙树的《中观根本论》和无著的《慈氏五论》等经典，又从声明班智达沃尔玛等人学习梵语和梵文，并从他们那里得知印度最著名的班智达是阿底峡。仲敦巴岁时，听说阿底峡已经到达古格，便向赛尊表示要去古格追随阿底峡。这一要求得到赛尊的首肯，而且还资助他一匹马和一驮经书，仲敦巴信心大增。

　　1045 年春，仲敦巴在布让与准备途经尼泊尔返印的阿底峡相遇，遂拜阿底峡为师，请阿底峡 前往卫藏地区弘法。阿底峡被其诚心所动，此后近十年间致力于在卫藏的佛法教学工作，直到 1054 年圆寂。期间，仲敦巴始终追随阿底峡尊者学习显密教法。

　　据《布顿佛教史》记载："阿底峡将噶当派法规传授给仲敦巴，藏地佛法由此大弘扬了起来"。而尊者灭度后，仲敦巴就成为了阿底峡众弟子之首。次年，建聂塘寺以纪念阿底峡。后应邀赴热振地方传法并创建热振寺，仲敦巴以热振寺为根本道场，开始广传佛法，成立了上噶当派的传承，并培养出了博多哇、京俄瓦和普琼巴三大著名弟子，分别成立了前者教典派、教授派和教诫派，后续还形成了俄译师提出因明辩论的桑浦寺传承。

于此同时，那措译师及弟子绒巴，则成立了下噶当传承。相对来说，下噶当传承较为衰微。而上噶当派则在热振寺基础上逐步发展起来，据恰白次旦平措等人的《西藏通史》记载，到了仲敦巴的弟子和再传弟子时，僧伽以此噶当派最大。

一般认为，阿底峡为月称论师一脉直系，持中观应成派见解，且在藏地广弘月称论师的中观应成派，仲敦巴所正式创立的噶当派亦以中观应成派之中观思想作为显教理论基础。

但学者吕澂在《西藏佛学原论》中认为："阿提沙（即阿底峡的其他译法）所传之大乘佛学……溯其学系，概出自金州、觉贤二师，金州之学源自慈氏，无著、觉贤则传自文殊、寂天，寂天又传自龙树、提婆、清辨、月称。故阿提沙之说兼龙树无著两家之学者也"。但观察阿底峡尊者的著作，首先还是以弘扬中观应成派的见解为主，宣说中观思想；其次才是关于菩萨行和见行并重的宣说，所以此处仍以阿底峡尊者的中观学派身份说法为准。

一、教典派

该派传授阿底峡的思想，重视经论教典，认为一切经论都是成佛的方便法，一切教典都是修行的依据所在，并以阿底峡尊者的著述为主，其看待经典的方式也直接承袭自阿底峡尊者，即具体分为三类：

第一，申明中观见。此以阿底峡的《入二谛论》和《中观教授论》为代表。此二书是对龙树菩萨之《中观理聚六论》中的

"观"的补充，并进一步探究二谛义和中观义，指出此二者都是中观思想的要义所在。

第二，弘扬菩萨行。此类著作旨在说明菩萨行，以《慈氏五论》和阿底峡尊者的《摄行炬论》、《发菩提心论》及《律仪轨则》为代表。 此阿底峡三论对修持方法次第及原由等都进行了初步探讨。

第三，中观见与菩萨行并重。以阿底峡的《菩提道炬论》为代表，此论将三藏四续全部佛典，均进行了逐一地注释，再组织成为修行次第，对藏传佛教的影响极大，甚至以此为基础而诞生了后期格鲁派。该著阐述佛教修学次第，首先把人分为下士：不求解脱，只求今世利乐的人天乘；中士：追求个人解脱轮回之苦，无意普度一切众生的小乘；上士：自求解脱并愿普度一切众生的大乘三类，然后依此"三士道"循序渐进地修行，即作三皈依，持戒定慧三学，并按六度四摄行事。如此，达成显教修学圆满的基础上，才能修持密乘法。

教典派尤其重视七部论典，即《噶当七论》、《菩提道炬论》、《大乘经庄严论》、《菩萨地论》、《集菩萨学论》、《入菩提行论》、《本生论》、《集法句论》。后增加了《慈氏五论》、《现观庄严论》、《庄严经论》、《宝性论》、《辩法法性论》、《辩中边论》和龙树的《中观理聚六论》（即《中论》、《七十空性论》、《六十如理论》、《回净论》、《广破论》、《宝鬘论》）。尤其重视《宝性论》和《宝鬘论》的学习和研究。其中，中观思想的部分是提升"见"，即建立深观的基础，这是修行的前提也是方向。而唯识学的部分，则是作为密教修行的基础理论指导而同样获得重视的。

由此可知,噶当教典派继承了阿底峡尊者的佛教理论与行持方法的体系,但偏重经论,其经论研习,以《菩提道炬论》为主, 再辅以尊者其他著作及中观和唯识著作,综合加以融汇。

二、教授派

京俄巴开创教授派后,其弟子与再传弟子,先后建有甲域、岗岗、仁进岗、达坚等寺弘扬此噶当教授派教法。教授派,是以遵照师长的口诀教授为主,而致力于实修的派别,也很重视密法修习。

教授派在思想层面也是直接承袭自阿底峡尊者:第一,明见传授,包括京俄巴传承的四谛教授,用四谛苦、集、灭、道与缘起的教授阐明共通之补特迦罗无我义,南觉巴传承的二谛教授组成。用二谛教授阐明最极微细的法无我义和普穷哇传承的十二缘起教授。

第二,明行教授,即大乘佛教的修心教授,具体来说,即重在心中生起爱他胜己的胜菩提心,即未生起者令其生起,已生起者令其增长。教学论典主要以《华严经》及龙树菩萨的《宝鬘论》等,寂天菩萨的《集学论》和《入行论》等为主,又从阿底峡的上师法护的《修心剑轮论》、《孔雀化毒论》,降比朗觉巴也为印度大德的《唱修金刚歌》,金洲的《菩萨次第论》、《铲除分别论》等经论之中则其精要,编撰成册,以备教学。

第三, 见行双重教授,即以《三士道次第》为根本统摄上述重见重行的各种论典和教授,作为修学范本。

综上,教授派以阿底峡的《菩提道炬论》所提出的"三士道"次第见行双运为主旨,综合"四谛"、"缘起"、 "二谛"作为教授内容, 同时偏重师长直传之口诀教授,致力于趣向涅槃解脱的佛法之实践修行。

三、教诫派

教诫派指始自阿底峡尊者的师徒心口相传之秘密法，即有名的《噶当经卷》。最早由阿底峡在耶尔巴神山传授给三大弟子仲敦巴、枯敦.尊追雍和俄勒贝喜饶三人。仲敦巴所请叫做"父法"，俄译师和枯敦仲所请名叫"子法"。其后辗转于十五世纪，传给了一世达赖喇嘛根敦珠巴，后广传卫藏地区。

教诫派的实修法为"五随念"，《源流》记载为："念师阪依处，念身本尊性，念语常持诵，念生众生为父母，念心性本空，由此五船桨，净一切善根"。核心教法是"十六明点"，这是一种显密双融的实修法门。其本尊有四位，即释迦牟尼、观世音菩萨、度母和不动明王。其法为三藏四尊和三藏，合起来称为"噶当七宝"。

总体来说，噶当派强调先显后密，显密双融，于密教只传授下三部密法，禁止传授无上瑜伽部密法，以免误用导致恶行，显现出了阿底峡尊者对清净戒律的重视，为改善当时的宗教风气作出了贡献，并为后世格鲁派之重提和加强戒律打下了基础。

噶当派所传授的密法，以《真实摄经》为主，属于密宗四部中第三部瑜伽部的修法,对其内容的阐述仍以显宗教义为基础。其他密法也包括，《能仁誓句三庄严》、《不动明王法类》和观世音的《斋居法》等。

总体来看，噶当派的中观思想在内部各派中，变化不大，都以阿底峡尊者主导的中观应成思想作为基础，在此基础上来指导实践，并融合实修法，落实于具体修行当中。

综合来看，宁玛派持大中观见，萨迦派持离边中观见，噶

举派持离边中观见，噶当派则持中观应成见，新噶当派格鲁派
也与其一脉相承。各派中观见，各自存在其合理之处，但也存
在不同程度的隐藏问题，下文就来详细探讨。

第三节 佛教传播过程中简单问题复杂化

如前所述，佛教传播过程中，发生了很多流变。而在中观
思想的传播过程里，发生的最明显的问题就是在龙树菩萨那里
阐述得清晰明了又简洁的中观思想，后来发展得越来越复杂了。
如上文所说，单是藏传佛教所创立的独特名称就将近十个，而
汉传佛教里，中观思想的复杂化程度实际上也很高。那么，这
个现象是怎么发生的呢？

3.1 中观思想是怎么越变越复杂的？

之所以说中观思想简单明了，是因为龙树菩萨以一部《中
论》配合《六十正理论》和《七十空性论》已经把中观思想本
身阐述得非常完善且彻底了，并由此给出了趣向涅槃解脱的佛
法实修之大方向指路明灯：依缘起有，打破实执，证悟空性。
所以，以现代人的观点来打个比方看，龙树菩萨的中观思想已
经讲得足够清晰且简洁了。

而之所以说中观思想复杂繁复，则是指在龙树菩萨之后将
近两千年的时间里，后人对中观思想的理解，似乎变得越来越
复杂化了。以现代人的比方来看，关于中观思想的阐述著作，
很可能能够装满一座图书馆，而且其中涉及到的理论体系和脉
络，也变得越来越不清晰了。

那么，为什么会出现这种情况呢？

来仔细分析关于中观思想指出的大方向：依缘起有，打破实执，证悟空性。这句话里有三个关键词：缘起、实执和空性。其中，缘起是起点，也是修行所依；见缘起，才能打破实执，所以打破实执是路径，也是过程。而最后一个关键词，空性则是目标或者说目的，即依缘起有打破实执的最终目的是"证悟空性"。

因此，对于佛法实修者来说，最切实地可直接采纳的修行方式，就是通过禅修来观缘起有，进而一步一步地完成打破实执的过程。这实际上在《中论》和后二论里，已经很清晰地给出来了。而至于目的，实际上，是最不需要耗费更多时间和精力去劳心费神所思考的事物。所以《中论》和后二论实际上直接论述空性之处，也非常少。

这就好比是人们去爬喜马拉雅山，在登顶之前，无论设想多少关于山顶的风光或景色，实际上都只是"设想"，甚至如果把太多时间精力和体力耗费在描述设想中的山顶风光上，还可能影响了登顶的可能性，从而造成无力登顶的结果。那么，这个设想就变成了"妄想"，是脱离现实而且毫无意义的。

而胜义与喜玛拉雅山顶的风光不同之处仅在于，胜义本身言语路断，心行处灭，从而更不可言说。因此，对胜义的描绘也就变得更加偏向于"妄想"。所以，踏实的佛法实修方式是，紧紧跟随"依缘起有，打破实执，证悟空性"之中观大方向，每一步、每一步地走下去。而无须对那个目的地给予太多基于自身局限性的想象和描述。

然而，传承过程中，所发生的情况，却恰恰相反——从上一章的汉传佛教到这一章的藏传佛教，不同时代、不同地区、不同民族的人们，都在致力于对"空性"的钻研，并变着花样的对此修行之目的进行宣说。

而相比之下，对如何更好地通过止观禅修认识到缘起，从而进一步打破实执的阐述却要少得多。而且又因存在这些五花八门的中观见或空性观，而使得原本龙树菩萨阐述得非常清晰和简明的中观思想大方向，也变得模糊了起来。而模糊之后，人们就又需要再试图使其变得清晰起来，或者试图去纠正使其变得模糊的他者他派的错误，这又使得关于中观思想的学说越积越多，越来越复杂，越来越难解。

其原因，从历史层面来看，无论汉传还是藏传，都存在着不同程度的佛学资源不足的问题，例如，汉传佛教很长时间里都没有《六十正理论》和《七十空性论》的译本，藏传也存在很多缺失的中观文献资料。而且即便本土存在译本，也不一定是每个宗派的僧人都有机会能够得以学习和研究的。因而在这样资源匮乏的条件下，人们不得不只基于手头能够得到的有限资料来理解佛学，而难于理解，辨析不清之处也在所难免。有时候，为了理解整段话或者整本书的内容，也可能不得不发挥自己的想象力去补充不理解的部分。

在此情况下，人们的关注焦点更可能集中在那些自己难以理解的内容上，比如"空性"。并且由于资源不足，会更加倾向于"认为如果能够将这些不理解的概念搞清楚了，很可能整体都会带来突破性的理解和体会"等类似想法。因此一旦各个僧团里关于中观思想的讨论，都集中在"空性"上，那么显然这就会不知不觉累积出一种惯性。为此，人们又会著书立说加以讨论，而后世行者就又会延续此惯性。如此，则对"空性"的过度关注，以及对缘起有和打破实执的不重视，就变成了一种人们已经逐渐觉察不到的共识了。

再从个人心理层面来说，如前所述，人类普遍不甘心于承认自身的局限性，所以，越是没有答案的问题，越是容易引发人类的普遍的好奇心。这种状态已经得到了心理学研究的证实。因而挑战"不可说"，也就可能由于此类心理而被引发，且在不知不觉当中变成了历代论师们都试图弄清楚的问题。而在此辨析过程中，自然免不了要比较自说与他说，所以无形中此类辨析又演变成了自身与古人、以及其他门派持有其他见地者之间的一种智力和修为层面的比拼和较量。这些都会吸引人的注意力，令人继续产生和保持好奇心。

而从社会心理层面来说，每一派都渴望生存空间，也希望自派优越于他派，这是本能的劣等胜区分性本能所决定的心理倾向。因而，挑战"不可说"，将"不可说"说得透彻而圆融，就成了各宗派竞相追逐的目标。尤其是开宗立派者或中兴者，更是大多须以此打开局面，在社会层面给自派开疆拓土。因而，此"不可说之胜义空性"从历史、社会和个人心理三个层面，都比"缘起有"和"实执"，更能吸引到佛学研究者们的注意力。

从此层面来看，噶举派之冈波巴，能够平等看待三士道，专门为初学者与资质普通的平常修行者，建立完整而可依的修行次第实属难能可贵，可谓真正具有菩萨心量。而宗喀巴能够返璞归真，回归原初之龙树菩萨之中观思想，亦是具世间少有之魄力了。

那么，回到最初，再来仔细看看龙树菩萨所阐述的中观思想本身，具有哪些容易被后人误解之处，而在资讯发达资源丰富的今天较为容易破除呢？具体来说，综合来看，中观思想的理解难点，主要包括以下三点：

1、世间一切诸法、诸相、诸律都是依缘生，本身无自性，其在缘起层面有分别，在本质层面无分别。因而所有《中论》及后二论中的"XX与XX无分别"，如轮回涅槃无分别等，都指本质层面而非现象层面。在现象层面，谈论无分别是违背佛法之中观思想的。

2、空性不是"无"，即空性并非"不存在"，因而在世俗层面，空性可依缘起孕育一切法、相和律。由此亦可知，在任何情况下，"空性"均不可与"无"通用，因存在本质差别。同时，空性亦非"实有"，即不具备常、一、独立自主性。由此可知"空性以超越人类感觉局限认知的微妙方式存在着"，但具体所指则是胜义了。所以，执空、执有、执无，均违背佛法中观思想。

3、胜义不可说，故龙树菩萨以"胜义空性"作为名言标识，是为了区别于实执。而如果人们要以佛性、如来藏或者清净位第八识来概括它，当然也可以，因为实际上改换的只是人类认知范围里的名言标识，但其本质都是一样的"不可说"。

也就是说，标识为"胜义空性"，可以说是为避免实执而设定的名言，其在世俗范围内有效；而标识为"胜义为非断非常之清净第八识"则可以说是为避免恶取空而设的名言，其同样可以在世俗范围内有效。但此二者具体之所指，实际并无丝毫差别，均是胜义，而胜义超越语言，亦不为标识之名言所局限，始终都是"只能亲证的不可说"。

综上可知，龙树菩萨之中观思想，即为最根本的中观思想，其他延伸性阐发如果符合龙树菩萨之原意，那么是锦上添花，自然很好，但却并非是必不可少的补充。而唯识学的突出之处，则在于直接把中观思想带入到禅修实践，然后把禅修过程的每个关于心识外境等等的认知都详细整理成为了系统的理路，这就是唯识学本身。因此也就成为了后人可参考的最详细的禅修理路指导。因此，趣向涅槃解脱的佛法实修，以中观思想为指路灯塔而展开方向，以唯识瑜伽行的具体指导来为每一步禅修铺开前方的道路，实际上就已经非常清晰而切实了。

3.2 实修之路上简单与复杂的相对性

从上文来看，龙树菩萨阐述中观思想的同时，实际上已经给出了明确的修行方向和路径。而唯识学又在此基础上，针对禅修的每一步，几乎都给出了极细微的指导。那么，按理说，此修行之道路应该是很清晰明确的了。那么，为什么后人还会在修行路上，不断试图创造更多的法门呢？这些法门究竟是令修行变得更简单，还是复杂了呢？

比如，藏传佛教中，各部派几乎都存在自身独特的方便法门，且大多以此为本派不共之修法，具有更殊胜的地位。那么，这些方便法门，方便在哪里，又可能复杂在何处呢？

首先，设置方便法门的目的，肯定是为行者提供更能直接切入某些修法体验，了悟某些佛法内涵的捷径。而不是为了制造更复杂的修法方式。但人类千差万别，而法门设计出来自然就存在适合者与不适合者，因而对于适合者来说方便的，对于不适合者来说实际上就可能使得原本清晰明朗的禅修之路，变得更复杂且难以把握了。

如以果为道用，之所以存在争议，就是因为既然胜义不可说，且超越人类感官局限，那么实际上在未解脱之前人们是不可能真正了知那个"果"到底为何的，而一旦了知了，实际上就已经解脱了，也不再需要返回来作为道用。

然而，从藏传佛教的实践情况来看，以果为道用，也并非是完全不可能的修法方式，但需要找到合适的切入点，作为可行的路径。如藏传佛教各派中，都普遍存在的本尊法，实际上就是一种以果为道用的修法。因为既然胜义不可说，那么就用密教所擅长的象征方式，加以比拟，而本尊比如佛陀之形相对于实修者来说本身就具有神圣性，也具有超越的隐含意义。所以，以本尊佛陀的形相来指代"佛果"，再通过观想让自身的五蕴等逐渐融于此佛果内，则可达到加深止观禅修的目的。当然，此类以果为道用的修法，并非是顿悟法门，亦需要渐修。

但对于不善于观想者来说，这就很可能变得非常复杂。禅修者会感觉到，不知其所以然，观了头部、忘了身体，观了胳膊、忘了腿，搞不清重点所在，手忙脚乱，心烦意乱，反而就越修越紧张了。那么，这类修行者就需要放弃类似此种方便法门，转而回到简单地关注呼吸等禅修方法上，反而可能更容易抓住禅修要点，让心慢慢安定下来，系于观察和觉知上了。

其次，如果机缘巧合，人们能够在类似于禅宗棒喝的情况下，获得瞬间的领悟，从而使得对心识本质等等产生惊鸿一瞥式的深入理解。这当然好。但这种方式，显然无法变成日常修法，且实际上很难控制因缘地进行具体操作。而且其一窥空明之后，依旧要配合日常不间断地精进实修，才可能获得最终的涅槃证悟。

所以，此类方便修法，若有因缘，则随顺；若没有，亦不宜过于强求。若强求，一则可能求而不得，反而浪费了时间心力等，且可能徒生嗔恨等烦恼。二则也可能因缘不足，而对类似棒喝的方式，只是感觉吓得要命，魂飞魄散一般，而没有任何空明体验。如此则更是徒劳且引不必要之烦恼了。如此，则本为求方便，反却成了更复杂之事。

况且无论求到了多少法门，在其中获得了多少瞬间的空明体验，修行最终还是要通过精进地坚持而走下去的，就像爬山路上遇到了一个人给你看了山顶的照片，你感觉非常喜悦。可是喜马拉雅山顶的到达最终是由于不懈地一步一步攀登才实现的，靠遇到别人引领看到一个个瞬间的风景，是不能代替上山的过程，而直达山顶的。也就是说，这些瞬间的领悟，并非直达山顶的缆车，世间也没有这种修行缆车的存在。行者需要一步一步踏踏实实地走向解脱。

而如果荒废时间在寻找方便法门，以获得各种各样的感受体验或灌顶等为目标，那么就可能忽视了脚下的道路。因此原本瞬间一窥山顶风景的影像，是可以带来精进的推动这一结果的。但由于目标扭曲了，这类窥见空明的瞬间经验，反而也可能由顺缘变成逆缘了。

而如上一章所说，循序渐进的禅修，在积累一段时间之后，也必定会逐渐产生量变到质变的"小顿悟"。那么这种看似缓慢的修法，积累下来，所带来的实际进益、体悟和心性变化，却都是真实的。也就是说，相比于到处找捷径的混乱和迷茫，简单朴实但精进不懈的修法，反而可能会带来更快捷高效的结果。

这是很有趣的现象，变换着可能的捷径，不断想要跳跃着、飞跃着前进，可能也会导向停滞，甚至后退的结果。而沿着前人指出的可信的佛法修行之路，一步一步慢慢地走下去，反而也可能行走得越来越轻松自在，而就这样持续下去，就一步一步地直接走向目的了。

所以说，复杂和简单换个角度看，也是相对的。佛法实修者清晰地认识到这一点是很有好处的，因为一方面，可以不断加强闻思，善加思惟，增强智慧，也可以适度地调整到适合自己的实修方法当中去。另一方面，在认准自身合适的实修法门后，也了解自己需要踏实精进地持续下去。如此，涅槃解脱之路才能逐渐在自身的精进之下，更加清晰地呈现出来。

第十章　中观思想的当代意义

现代社会，科技日新月异，各种各样的新思想、新理念、新创意等等，层出不穷。人类整体进入到了前所未有的物质极大丰富的时期，同时，感官、心理和心灵的各个层面，似乎也都可以享受到更加充足而多样、且趋于不断变化的崭新体验——上至浩渺星辰的卫星直拍，下至大海深处的奇珍异兽的银幕共享，再到无垠宇宙间的流浪体验的 4D 模拟或 AR 体验，或者进入感官剥夺箱，来作为深度冥想的替代等等——人类的感官体验已经丰富到了，古人无法想象的程度。

在被这些越来越丰富的体验所充斥的社会现实下，研究如何更有效地刺激人们的感官，激发人们更多样和丰富的体验，从而获得更多关注，以便于得到更多购买之可能，也就变成了全球市场经济下，商业领域所最关注的主题。人类既是无数事物的拥有者和创造者，同时在人类的劳动力之外，人类的注意力等多方面的价值，实际上也在逐渐演变成商品本身。

因此，也可以说，人类在经历着巨大的主体感满足的同时，也在经历着同样巨大甚至更加严重的自身之客体化体验。那么，处在这种复杂局面中的人类会如何看待人生，如何看待生活，又如何看待生命本身呢？

概括来说，当代世间，是一个意识形态众多的共业群。整个地球在因特网中连接，其中充斥着时刻变化着的各种各样的复杂声音，任何一种思想都可能在毫秒级别的误差内，扩展到千里之外的大洋彼岸，直达地球的另一端；同样任何一种思想也都可能在无数种交织的声音与变化的形象里，化为无形，连浪花都不曾激起一朵，涟漪也未曾扩散，就石沉大海悄无声息。

因此，一方面，人们需要睁开眼睛看世界，才能让自己和自己的生活不脱离这个独特的现实，所以，必须要去择取一部分声音，允许它们进入自己的世界；而另一方面人们又需要闭上耳朵，才能不被杂乱冗余的过多噪音讯息所淹没，才能让自己和自己的生活不被过于复杂多面的现实所吞噬，所以又必须要去屏蔽一部分声音，拒绝它们进入自己的世界。因此，如何选择合适的可进入自己生活的信息，使其对自己有益而非有害，也就演变成了当代人所必备的一门功课。当然，每个人的选择，差别也是巨大的。

而对于佛法实修者来说，我们要面对的也正是这个复杂且多变的世界。因此，当代佛法实修者，也同样可能受到上述事物的影响，也可能会受到各种各样的不同层面的思想冲击，那么，如何在这些冲击之中，保持内心的平稳，坚持佛法修行的精进，也就成了当代佛法修行者所需要面对的独特挑战。

第一节　科技无神论之泛滥

无神论本身并非是现代科学发展所带来的产物，实际上无论东西方，无神论都自古有之，且从神灵创世和决定人类命运的角度来说，佛教本身也是无神论的，佛法更是超越神创论的真理。所以，从根本层面来看，佛教与无神论之间本身并无特别值得注意的矛盾之处。

但此处所要讨论的无神论，是十八世纪科技迅速发展之后所泛滥的激进主义无神论，这种无神论是可能为佛法信仰带来障碍的。

当然，西方之所以会发展出激进主义无神论，也存在其历史原因。即无神论在相当长时期内，都遭到了宗教权威的严格限制，甚至是严重伤害。

此类情况，可上溯到苏格拉底的审判，之后伊比鸠鲁也同样遭此厄运，再之后科学先驱中曾被送上绞刑架或者绑在火刑柱者也并非孤例——希柏提亚、维萨留斯、塞尔维特、布鲁诺、伽利略……都遭到了被伤害的厄运。而即使到了近代的十八世纪，斯宾诺莎依然因为持有无神论观点而被控告，以至于到 1739 年，自身即持不可知论的著名哲学家大卫.休谟，还发表声明，说自己战栗于"该知名无神论者"的"恐怖假设"，"那简直邪恶的斯宾诺莎"。可见，无神论者在西方历史上，实在是饱受现实摧残和舆论恐怖主义的弱势群体。

然而，值得一提的是，从苏格拉底和伊比鸠鲁再到斯宾诺莎，实际上，都并非真正的无神论者——前两者都明确地信仰本民族的神，而后者则论述了超越性与内在性的一致，是位虔诚的一元论和泛神论者。因而他们的罪名实际上是莫须有的，仅仅因为试图以理性的方式来理解和阐述神，就遭到了审判、控告和妖魔化的抵制。

如此因缘反复累积，到了十八世纪，当科学打开了神学的大门，当技术化身造物者的时候，自然也就比可避免地迎来了无神论者们的共业性反扑，"上帝已死"的言论也开始甚嚣尘上了起来。而在这种激进化的无神论运动中，原本以理性为最高荣耀的无神论者，也渐渐失去了其自身的理性。

一、无神论逐渐激进化的历史发展过程

考察近代无神论的发展历史，是与科技的进步分不开的。最初，从十八世纪中期开始，西方就爆发了第一次科技革命，史称"工业革命"。在这次革命后，大机器生产成为工业生产的主要方式。相比于此前人类数千年历史之低下的生产力，工业革命带来了生产力层面的巨大的改变和突破，使社会面貌发生了翻天覆地的变化。工业革命，也意味着人与自然即潜在的神灵之间的关系的彻底改变。

在此时期，哲学思想层面先是出现了"以自然为神"的泛神论等思想趋势，来作为从神创论到无神论的过渡。接着，法国就出现了近代已知的第一个强硬否认神祇存在的无神论者，即十八世纪早期的神甫让.梅叶，之后他的追随者中，则出现了无神论思想家霍尔巴赫，雅克-安德烈.奈容等。而哲学家大卫.休谟实际上则基于经验主义开创了一整套怀疑态度的认识论方式，即不可知论。而正是这套不可知论，破坏了自然神学的形而上学基础。

接下来，法国大革命把无神论从科学家和哲学家们小众而私下的谈论，直接推了公众面前。法国政府强制执行神职人员民事组织法案，引发了对大量神职人员的驱逐和暴力压制。最终结果是 1793 年极端无神论的雅各宾派获得了统治权，激进的无神论者试图以武力直接对法国去基督化，将理性推向精神崇

拜的高峰。此次激进性的无神论运动，虽然因后来的热月政变而终止，然而，其对欧洲文化的影响却是长久的。

到了十九世纪，第二次科技革命再次爆发，即电气化时代来临。1866 年德国西门子公司制成了发电机，之后，电灯（1854年）、电话（1876 年）、电车（1881 年）、电影放映机（1888年）等电器相继被广泛使用。电器开始逐渐代替机器，成为了补充和取代旧有能源的新能源。人类对自然的驾驭能力继续增长，人类生活则继续向着前所未有的便捷和丰富发展。

在此期间，1858 年 7 月 1 日 C.R.达尔文与 A.R.华莱士在伦敦林奈学会上宣读了关于进化论的论文。后人称他们的自然选择学说为达尔文·华莱士学说。1859 年《物种起源》出版，自然进化论从此登上了历史舞台，人与自然的关系被重新书写。

与此同时，无神论思想继续蔓延，许多无神论者和反宗教思想家投身于政治和社会活动中，并在一定程度上促成了 1848年的欧洲革命、意大利统一和国际社会主义活动的实际增长。到十九世纪中期，1841 年，路德维希.费尔巴哈出版了《基督教的本质》一书，其中指出神是人类的创造，宗教活动则是对人类无法实现的愿望的满足。此理论极大影响了该世纪后期的哲学家们，如亚瑟.叔本华、马克思、恩格斯、大卫.斯特劳斯以及弗里德里希.尼采等等——哲学家们已经转变为普遍持有无神论思想了。

而二十世纪中期，以原子能、电子计算机、空间技术和生物工程的发明和应用为主要标志，涉及信息技术、新能源技术、新材料技术、生物技术、空间技术和海洋技术等诸多领域的一场信息控制技术革命爆发了，这就是第三次科技革命。此次科技革命，不止直接影响到了人类的生活方式，还直接影响了人类的思维方式，从此人类的衣食住行用等日常生活的各个方面，都随其发生了重大变革。

而此阶段的无神论思想则已经演化出了各种哲学派别，如存在主义、客观主义、世俗人文主义、虚无主义、逻辑实证主义、马克思主义以及普通科学和理性主义等流派。其中，逻辑实证主义与科学主义，为随后的新实证主义、分析哲学、结果主义以及自然主义打下了基础。

新实证主义和分析哲学，抛弃了古典理性主义与形而上学，转而向着严格的经验主义与认识论的唯名论发展，并涌现出了一系列著名的哲学家。包括伯特兰.罗素、维特根斯坦以及芬德利和斯马特等人。其中列维-斯特劳斯的应用结构主义，否定了宗教语言的玄妙，认为其皆出自人类潜意识。艾耶尔则论证称宗教陈述具有不可证性与无意义性，约翰.杜威则认为自然世界是万物的基础，否认了神与不朽的存在。

而在无神论哲学迅速发展、蓬勃推近的同时，实用无神论也已经落实在了很多社会群体的实践当中，如女权主义和相关团体、种族平权主义及相关群体等等。随着俄国社会革命的爆发，二十世纪的无神论运动达到了顶峰，无神论思想也达到了高潮。

经历了上一个世纪的高峰之后，二十一世纪，无神论思潮相对表现得比较平和，而柏林墙倒塌和苏联解体，则似乎预示了无神论运动暂时由高潮进入到了相对低落的时期。与此同时，在二十世纪七十年代左右，新时代运动复兴泛神论与泛灵论的苗头已经开始初步浮现了。之后，宗教复兴和神灵复苏的趋势似乎也在持续回暖当中。然而，无神论的激进化倾向，真的过去了吗？人们对信仰的态度，变得更为开放、包容和平和了吗？

研究者格利高里.斯科特.保罗和菲尔.查克曼认为，现实情况实际较为复杂和微妙。2000 年后，英、美等发达国家，已经再次逐渐兴起了攻击宗教信仰的新无神论运动，也有媒体将丹尼特、理查德.道金斯、山姆.哈里斯以及克里斯托弗.希钦斯称作新无神论四骑士。

据《无神论者的觉醒》一书记载，2012 年，美国华盛顿特区召开的无神论者集会中，出现了大量对基督教的讽刺嘲弄的歌曲、口号和标识，甚至部分带有性意味和侮辱色彩，其激进性可见一斑。而据统计与会者至少达到千人以上，而根据组织者自己的说法，会议流动人数已经达到了八千至两万。

另外，此书也指出，嘲弄宗教和信仰，是新无神论的主要特点，并对这种现象背后可能的原因进行了总结："新无神论"类似于美国社会中的一种"次文化现象"。也就是说，由于美国社会主流对无神论者普遍采取无视、冷淡或不接纳的态度——如美国选民反对无神论的政客等。这就导致了新无神论者普遍的愤懑等不满情绪的累积，因此，他们就以对一切宗教和信仰的嘲弄方式来对此进行对抗，同时，也是为了增加自身的存在感。

针对此类现象，世界著名法理学家、思想家、哲学家罗纳德·德沃金，在生前写下了最后一本著作《没有上帝的宗教》，其中，就探讨了有神论者和无神论者之间所共同信仰的事物，实际上，要远比把他们区分开的宗教信仰更具有根本性的问题，而且还指出了宗教自由不应该从是否信仰上帝出发，而应该作

为一种伦理独立的权利去追求。德沃金也表示，希望借此建立
理性的对话，并缓解宗教恐惧与宗教仇恨，也缓解有神论与无
神论信仰之间的矛盾。然而，此希望虽然美化，但却显然任重
道远。

二、佛法实修者该如何看待科学与无神论

佛教本身亦非神创论，因而与无神论之间不存在根本矛盾。
但无神论对佛教依然存在一定程度的影响，这点从西风东渐，
即全世界开始现代化进程并同时西方化的过程里，已经表现了
出来。佛教目前虽然依旧是亚洲地区的最主要宗教之一，但其
作为奥义宗教本身的性质之衰落性也是明显的。

尤其是当无神论在某些地区成为国家认可的社会主流时，
具有宗教信仰者，反而可能很容易被贴上"没有文化、不懂科
学、轻易迷信"等标签。在此遭到歧视的局面下，很多整体素
质较高的人，宁肯选择新时代运动，来探索精神世界，也不愿
意进入到各类宗教领域。而佛教的受众群体也因此更呈现出以
世俗化的求神拜佛者为主，追求实证超越性真理者则相对较少
的局面。这又反过来推动了佛教的进一步世俗化趋势，使得奥
义佛教之义理变得相对较为难以听闻，而世俗佛教的活动则随
着市场经济蒸蒸日上到了商业化泛滥的程度。

所以，在无神论为主流的社会中，能够坚定佛法实修之路
是不容易的。而作为佛法实修者，则更需要对无神论，以及无
神论所依据的现代科学有所了解，才能更清晰自身所坚持的信
仰与理念，而不轻易退转。

要了解科学，那么就需要先来清晰科学最初的定义与研究范围和指导思想这些关键内容——这是谈论科学所必须要了解的论述前提和立论基础。

关于科学的定义，先来看一个权威的说法，国际科学学会将科学理论界定为：关于自然界某些方面的、已经证实的解释，它可以容纳事实、规则、推论和被证实的假设。其中，关于科学的解释是："科学，是了解世界的一种特定的方法。科学中的解释，被限定在能为其他科学家所证实的观察和实验的基础上。不能以经验证据为根据的解释不属于科学……对于获取关于我们自身和周围世界的知识而言，科学也不是唯一的方式。人类通过多种其他的方式来理解世界，诸如文学、艺术、哲学反思和宗教经验等等"。

从这段话中，不难看出，科学从不认为自己可凌驾于其他知识之上。同时，科学与文学、艺术、哲学、宗教等等是身处不同领域、以不同方式获得人生经验的不同手段，它们可并驾齐驱，可殊途同归，却唯独不具有可比较性，不可分出优劣与高下。所以，对科学的进一步理解，可以从以下几个方面展开。

首先，科学不等于真理，也不等于正确。如前所述，几乎所有的科学都离不开假设，然后，在假设的基础上，展开归纳、演绎以及种种推理证明。难以想象，没有假设，科学要何以为继。这是指科学是对因果关系和条件性的总结归纳。而"假设"则是申明条件性的不可或缺的因素，所以也就是科学发展过程中必不可少的基本要素了。

因此，日常生活中，那些人们习以为常的认为"很科学"的事物，其实可能恰恰并不存在，而仅仅是一种"假设"。比如，在这个世界上，人们都习惯于重力的存在了，而且大多数人都可以对其进行煞有介事的谈论。但实际上，并不真的存在一种东西叫做"重力"。重力，是在某种科学范式基础上作出的假设，而它的相关引力常数则是来自于无数个测量结果的推算，这也可以说是一种经验的累积。

那么，我们也不妨做个"假设"，如果最初科学家们选择了其他的科学范式呢？那么，当然就可能会得出不同的重力值来了。而目前我们所习惯运用的重力概念和相关数值，也仅仅是基于公认假设所得出的结果而已。所以，科学并不能真的等价于真理。

生化学家迈克尔.贝希曾经说过：在科学中，成功的理论并不必然是正确的。因为成功的理论来自于理论体系自身的自洽，以及其对现实的解释作用。就像重力本身，只是人类为了了解世界所建立的一个体系中的一部分，是无法谈论它的正确性的。我们所能够确定的仅仅是，它所依据的理论本身，是足够富于洞见并能够帮助人类，在一定范围内，有效的解释这个世界的。这就足够了，这个理论就是可取的，就是成功的。而超出"一定范围"它当然就可能不正确，或者被推翻了。

其次，科学并不能等同于客观，因为，科学无法独立于人而完全"客观存在"。人们大多耳熟能详的例子，就是海森堡的测不准原理。这是说，在量子领域里，如果想获得粒子的位置，动量就不可能被准确地测量，反之亦然。而微观世界与宏观世界并非是割裂的，事实上，观察者永远不可避免的要干扰到观察结果，即人类作为这个世界的一部分，永远不可避免的在参与其中。且观察对象自身在微观层面也总是在互相作用的，因而测不准才是普遍现象。

所以，科学家普朗克曾经说过，科学不可能解决自然的终极奥秘。这是因为说到底，人类本身就是自然的一部分，因此也是人类所试图解决的奥秘中的一个组成部分。清楚地认识到并且能够毫无芥蒂地承认人类的局限性，这恰恰是一个科学家的良知。只有能够如此理性地看待自身的人，才可能真正的触碰到科学的真意，而不陷入盲目的狂妄自大里，不走向科学与自然或伦理相背离或对立的极端。

的确，人类不应该再继续一叶障目地说，我们可以无限地认识世界了。这就好像是二维的生物，永远只能想象却无法创造出莫比乌斯环，而三维的人类却可以轻易做到一样。人类也只能想象克莱因瓶的存在，却永远无法真正制造出它来——有些局限是不能被忽视的。而认为科学就是"唯一可信的、客观的、具备真理性的事物"这种想法无疑是天真，甚至是无知的。

再者，上述立足于假设或假说以及不必然正确的种种特点，并不是"科学还存在的缺陷性问题"，也不是"科学能够进行完善的漏洞"，恰恰相反，这些特点本身就是科学最初得以诞生的依托，也是科学历来能够保持自身可进步性的阶梯。

也就是说，科学，是人类试图达至真理的一种理性方式，是人们现阶段所能得到的"作为最佳解释的推论"。而科学的特点则恰恰在于，科学从不以为自己得知的就是"世界的真相"，因此，才能一直走在不断靠近真相的道路上。所以，科学总是不断的靠推翻自己来获取进步的。如同爱因斯坦相对论推翻牛顿经典力学，而爱因斯坦相对论当然也有可能被另一个人推翻与取代的一天一样。否则，那就只能说明人类的科学停滞不前了——这才是科学的悲哀，更是人类的悲哀。

所以，离开对科学的基本定义与基本前提的认知，去试图了解无神论，无疑是简单粗暴的。而把"凡是科学的，就是对的；凡是不符合科学的，就是错的"等类似话语，变成一种判断原则，来对其他领域、持有其他观点的人群，居高临下地进行指责，这本身就是另一种暴力与集权，其本身其实恰恰是违背科学宗旨的。

综上，无神论者有无神论者的现世，对无神论者来说现世不可或缺；而信仰也有信仰的独特意义，对于相信超越性的人们来说，信仰亦不可或缺。而科学并不能说明宗教与信仰的无意义性，这是科学诞生之初给自己所下的定义就已经认定的客观事实，也是科学的特性所决定的基本理性原则。

那么，作为佛法实修者，又该如何平衡地看待科学与宗教的关系呢？或者更进一步地说，该如何看待科学与非科学的关系呢？

要了解此问题，就需要先清晰科学与非科学之间的区分标准。科学哲学家波普尔曾经提出过一个判断方法，并被广泛认可。他说："不能为任何可设想的事物所驳倒的理论都是非科学的。不可辩驳性，并非如认同通常所认为的一样，是理论的优点，而是相反，是缺点"。在这个方法的指导下，他认为，无论弗洛伊德或者阿德勒的心理学理论都是非科学的，因为无法设想其证伪的可能性。

比如一个人，如果不是激进型，非激进型，那么就一定可被归类为"其他"类型。再比如，如果一个女儿跟母亲关系疏远，而跟父亲关系亲近，那么遵循了俄狄浦斯情结。如果跟母亲关系很好，而疏远父亲，那么就是在用超我抗拒俄狄浦斯的本能。无论如何，套进佛洛依德的理论里，就有佛洛依德的解释；套进阿德勒的理论里，一定就有阿德勒的解释。

也就是说，这类理论本身都是完全可自圆其说的，因而无法证伪。而不能存在被证伪可能性的，恰恰不是科学的。那么，既然无论精分，还是人本的先驱，都已经被证实是非科学的——事实上，如果依据波普尔的判据，那么除科学心理学之外的几乎所有心理学分支，都可能可被判断为非科学了。或者，用当代的流行话语来说，整个心理学中的绝大多数组成部分，都是"伪科学"了。那么，这是否说明大部分心理学分支"是非科学的，所以就是无用的，错误的和不值一提的"呢？

显然，心理学所带来的现实成绩，以及在生活层面，带给人们的切身可感的有用性，都早已证明：事实并非如此。也就是说，非科学并不等于没有现实意义与价值。

认清了这一点，同样的道理也可以推广到文学、艺术、哲学与宗教甚至中医、藏医或吠陀医学等等类似的事物上——它们都不是严格意义上的西方科学，此判断是根据科学的定义、科学的研究范围以及科学自身特性而进行的。

因此这是不具有价值倾向性的相对客观的事实。这就像人类都可以轻易的区分，一个橘子不是苹果，但是这不代表橘子比苹果的价值低一样。上述事物本身并非科学，也不需要把自己包装成科学，就像一个橘子不需要把自己包装成苹果一样，它们并不属于一个体系，无法互相判断对错与高低。科学与宗教或信仰等其他事物的关系也是如此。

所以，认识到这个"非科学不等于无效"的简单道理是非常重要的，否则就可能产生本末倒置的局面。例如，以中医来说，中医需要先明确的是，自身是经过几千年现实检验有效的医疗手段，以此"现实检验"为前提，再来考察其他，比如与西方医学的比较研究，或适度融合等等。

而如果中医把自己立足于：必须通过解剖学来解释，为何解剖看不到经络；或必须立足于药理化验，来证实为何植物具有这样那样的药性，从化学成分上具体怎么证明等等层面；那么这本身就掉进了以西方思维作为世间唯一相对真理的陷阱。

中医本身可以是不符合西方科学的，不能经西方科学研究范式检验，但依然是有效的。因为尽管中医和西医都被人类赋予了"医学"这个名称，但二者本身却是以完全不同的研究范式作为基础的，是古代东方思维方式与现代西方的科学思维方式所诞生的不同产物。

而类似的东方思惟基本上都不能在严格意义上与西方科学的定义相吻合，然而却的确是东方社会运用了几千年，且实践验证有效的方式。事实检验胜于理论本身，这也是符合西方科学的证明标准。因此，如果现有西方科学理论不能有效地解释东方医学有效的事实，那么只能说明现有科学理论存在缺陷，需要进一步完善，而不能说明东方医学无效。因为东方医学的有效性建立在现实检验基础上，而非建立在西方科学的认可基础上。所以，东方社会不需要为适应西方科学现有之不完善理论而修改自身的社会现实，现实也不能被肆意修改。综上可知，不符合当代西方的科学理论体系，不代表中医不正确或者非有效，其他藏医、吠陀医学等等亦是如此。

那么，以此类比就可以了知，宗教信仰也是如此。宗教本身，不需要被科学所证实，然后才能变成"值得被信仰"的。信仰不能建立在"被科学证实"基础上，这是对信仰自身完整性的阉割。如此，信仰将无以为继。

当然，现代人特别热衷于让科学来为神学或信仰来背书，从现实作用的层面来说，这是可以理解的无奈选择。一方面，现代社会之中，民众广泛存在各种各样的社会压力、个人心理偏差与情绪调节等问题，其中很大一部分是可以通过初步建立信仰的方式得以缓解的，而深入信仰亦可能带来更深入的心理状况的改善，甚至是人生观、价值观、世界观的整体转变。因此，社会整体和民众个体，都在一定程度上需要宗教信仰，来作为心理缓冲方式。

另一方面，在无神论的社会主流影响之下，存在宗教信仰的社会人士们也渴望一种对宗教信仰更加友好和热情的社会环境，渴望被主流所接纳，或至少可以减少歧视等恶劣境遇。同时，宗教界也希望得到更多关注，吸引更多高素质人才来为宗教传承带来新的可能性。

综上，教内教外的相关人士们自然就都希望科学能够成为一个连接现代人与宗教信仰之间的媒介，希望能够通过科学的解释和证明，来搭建起一座现代人可以通过它走向信仰的桥梁。进一步地，也希望达成既能够有利于现代人的身心健康，也有利于宗教的传承与发展的结果。

这是基于现实的于多方有利的作法。然而，佛法实修者自身必须清楚地了知，信仰的确不能依赖于科学的证明。而如果自身对佛法的信仰来自于现有科学的证实，那么这实际上还不是定解，还是需要进一步通过善加思惟和精进实修而稳固的。

其原因一方面在于以科学来证明信仰的合理性，就像流行于大众媒体中的《科学证明了灵魂的存在》、《科学家证实人死后的世界》等等口水文章一样，在权威科学界看来，完全属于附庸科学的无聊消遣，是难登大雅之堂进行实际验证的；而在真正的宗教信仰者看来，也不过是民众对神迹追求的当代变相表达，同样难以说明任何实质性问题。

所以，以科学来为信仰背书，其本质说得稍微严肃一点，实际上，既是对科学的滥用，也是对信仰的亵渎。无论哪边，都站不住脚。对此，迈克尔.舍默曾在《新闻周刊》上曾专门撰文《科学发现上帝》进行探讨，他说，科学与宗教，是如此的不同，这好比是用棒球统计数据来证明橄榄球赛中的得分一样，是毫无意义的事情。

也就是说，用上面苹果和橘子的比方来说，这就好比是，盲目地认定了，必须按照苹果的功用，来分析橘子是否能吃。进而就化验苹果，分析里面含有多少种营养元素，一一列表。然后，再对橘子进行化验，对比两者的表格：其中多少营养元素橘子也有，哪些没有或较少，哪些比苹果还高。好了，得到证明了，橘子也是有营养的，可以吃了——却偏偏不肯去看看，人类吃了几千年橘子，因为这地方盛产橘子，因为橘子好吃，对人类有益，吃了健康，这个虽然看似简单，却是经过无数次现实检验的事实。

另一方面则在于以科学证明的方式面对信仰，终究会有其自身的先天不足。比如，通过莫比乌斯环在二维的投影与在三维的实体，人们可以推演出克莱因瓶的存在，因而就能相信其在四维空间的真实可能。然而，这样推导下去，科学总会遇到自身的局限，而人类的想象也可能就停留于此局限处了。但现代科学研究已经说明了，这个宇宙里就完全可能存在着超越人类感官局限与现有科学可证明的部分，而且还可能存在超越此宇宙的情况。

所以，立足于科学去建立所谓"正确的信仰"其本身必然也就只能停留在可被证明的阶段，也就是说此"正确的信仰"也必然"止于其正确本身"，而无法实现超越的可能。即以科学证明信仰的正确性，实际上也是限制了信仰本身的超越性，而使得信仰失去意义了。

总而言之，科学与信仰它们分属于两个不同的体系，是两条路，也许它们诞生的最初，其本身想回答的问题最终都离不开"我是谁，我从哪里来，我到哪里去"这些始终伴随着人类的终极问题。因而，可能会在某种程度上出现，科学与宗教彼此能够互相印证的情况发生，如宗教的说法与现代科学不谋而合等等，这种印证或许来自从不同的两条道路出发，但却共同靠近了世间真理，因而彼此产生了投影。

然而，信仰与科学却始终还是两条路，并不适合用一方来证明另一方，就像无法用某种神学来指导科学的发展方向一样，人类同样也始终不可能真的用科学来证实神学的存在与否。这种尝试如果过度，就只能给彼此的发展造成阻碍。

而对现代佛法实修者和佛学研究者来说，可以通过自身的科学知识等来辅助对佛学的理解，从而使得深奥的佛法，对于现代人来说更具备直观更易懂的认知可能。但却不需要通过科学来证实佛法是正确的。佛学不需要量子或任何科学分支来为之背书，才能成立。佛法本身就是超越这些世间规律的真理，

这是佛法实修者应有的坚定认知，也是于禅修实践中自然可以
亲证的事实。

第二节　新时代对原始泛灵的回归

最早提出"新时代"这一名词的大概是英国人贝利
(AliceA.Bailey)，她生于 1880 年，于 1907 年迁居美国。曾参
加过通灵会，后又退出，并于 1923 年，建立了自己的"神秘学
校"。在 1949 年去世前，她撰写了最后一本书《新时代中的教
育》。此书因众多论题预示了 20 世纪末的新时代话语，而在新
时代群体中非常著名，如宣称宝瓶时代的来临等等，而"新教
育"则指应针对灵魂体及其与之有关的智慧进行教育服务。那
么，此被预言的新时代运动到底是什么样的呢？

一、新时代运动的特点简介

新时代运动 (New Age Movement)发端于二十世纪世纪六十
年代末七十年代初的北美，最初主要盛行于基督教文化圈，后
扩展到西欧，再遍及整个欧洲，乃至全世界，在中国地区亦被
简称为"身心灵运动"或"身心灵活动"。

从社会背景来看，新时代运动的前身是资本主义社会内部
具反文化性质的嬉皮士运动，后续则逐渐发展成为对抗物质主
义，而超越种族和国界，并复归东方思想和原始宗教的精神觉
醒运动和泛生态运动。因此，新时代运动与后现代主义处于平

行的发展轨迹上，都是二十世纪六十年代反文化运动的产物，但新时代运动因其抚慰人心的灵性神秘主义特点，而趋向于大众化和世俗化，因而受众更广泛，流行范围也更大。

从涉及人群来看，据美国相关的社会学的研究统计表明，参与新时代运动的成员以年轻人居多，其主要群体并非大多数次文化圈的"边缘人"，而是主要来自城市，以中产及以上阶级和高于平均文化教育水准者居多，另外工薪阶层占比也较大。其宗教信仰背景主要以基督教新教、天主教、犹太教为主。

具体来说，新时代运动广泛包括了各种个人、事件、组织、思想和实践，是一种涉及身体、心理、心灵各层面的精神运动。此运动的发源，与人类历史上种种崇拜、玄想或玄学、超感觉、超自然等体验息息相关。在大众层面上，则通过强调身体、心理、心灵的整体性，而不是局部的各种身心灵保健运动与活动，而逐渐俘获了大量受众。其主要活动，以各种精神实践体验等为主，例如瑜伽、占星术、水晶治疗及其他非传统的自然康复艺术、还包括前世疗法、萨满巫术、鬼神通灵术，以及女神崇拜和相关的失落文明再传承和扬升术等等。

戴维.赫斯在《新时代科学》中指出："（新时代运动是）博学文化与大众文化的合流，特别是科学话语与宗教话语／灵学话语的合流。换言之，新时代信徒吸纳并重新改造了人类学家、物理学家、哲学家及其他科学界和学者的工作，使同样认可水晶治疗、沟通者、灵魂、女神宗教及其他通常与流行文化相联系的信仰和实践的话语合法化"。

也就是说，新时代运动并没有严密的组织形式也没有统一的共同崇拜，它通过一系列杂乱无章的分散趋势，以及分散的群众和思想，而把许多看似相互之间毫无关系，但却没有明显分界线的信仰和行为，都结合到一起的社会运动。

因此新时代运动并不局限于西方宗教，而是涵盖了基督教、印度安崇拜、东方的印度教、萨满巫术、西方民间降神活动和各种占卜术以及各种失落文明的神话和灵性论如玛雅文化、亚特兰斯文化等等范畴，而且还包括了荣格心理性等偏重精神层面的心理学理论，以及现代科学理论尤其是以大众化的量子力学理解为自身背书在内。所以，也可以说，新时代运动的理论，实际上是一种既对全世界各种文化既博闻广取又零散拼凑的状态。

关于新时代活动的目的，可分多方面进行考察。其现实与"身心"层面的目的，可以从美国学者玛丽娜.托戈尼克的亲身经历当中有所了解。托戈尼克曾以《原始的激情》一书代表西方学院派对于新时代运动作出了回应，并且作为大学教授参加了 1992 年新时代运动题为 "滋养灵魂：在日常生活中发现精神性"的会议。

据记载，出席该会的 99% 是白人，多数为女性，其"滋养灵魂"和"发现精神性"的重要手段是通过美洲本土的印第安文化，来消解消费社会和物质主义所带来的精神危机，以及"现代性"的负面效应所导致的种种心理失衡。

因此也可以说，新时代运动是在通过某些类似于原始寻根的活动，来对抗高速发展的现代社会，以及人的劳动和注意力等多层次价值本身的商品化过程中，所带来的压力和迷茫。从这个角度出发，新时代运动似乎是自文艺复兴和浪漫主义运动以来，西方思想再一次面对的大规模浪漫复古运动，且其复古直接指向于对文明诞生前或者说史前的"与神合一"状态的幻想与想象。

新时代运动的此复古模式，在西方社会影响极大。如美国人类学家戴蒙德在《寻找原始人——对文明的批判》一书中，对"原始"进行了颠覆性再定义："原始的=文明前的；异化前的。"具体说来，原始不再有贬义，其特征有四：用仪式来表达人在自然和社会中的基本需要；强调存在而不是本质；个人对自我和社会负有责任；缺乏对分析式的思维方式的关注。并认为，所有这四点都是文明社会已经失去的品质。

可见，当代人类学家也在遵循新时代思想路线，赋予了史前文化一种乌托邦式的浪漫主义和灵性主义色彩。而近年来，席卷全世界年轻人的对"诗意栖居"的需求和渴望，实际上也正是此新时代浪漫复古运动的变相表达。

而美国超心理学家罗戈，则指出了新时代运动的"灵"的目的，即通过禅宗、冥想、瑜伽和脱体旅行，内向和外向扩张对我们的社会总体来说，并不会引发任何明显的科学进步，但是这些实践会导致一场文化革命——回归人类被赋予的、现代社会的唯物论和享乐主义企图扼杀的原始灵性。也就是说，新时代运动所进行的是一场思想的变革，是导向个人思想内部的个体化、个人化的变化，而非有组织性的政治活动，也不主张进行激烈的体制变革。新时代运动更关注的是个体自我的灵性提升和相关经验与体验等。

这也可以从新时代运动比较基础的思惟认知中得到印证。也就是说，虽然新时代活动非常驳杂，并无统一思想，但总体来说新时代运动的参与者大多相信比较近似的一种宇宙论，即认为宇宙是所有的生命表现形式的"源头"，其构思与秩序又是由这些个体性的生命存在反映出来的。也就是说，人类社会是宇宙的反映，所有生命个体都存在于宇宙中，并被整合为一个和谐的互不分离的整体。

而在这个宇宙中，物质与能量可互相转换，但作为宇宙的表现形式，能量高于物质。因此通过人类个体身心灵的提升，获得有序性整合的能量就会逐渐增多，人类整体从中的得益也会逐渐增长。因此，人类当中越多个体在身心灵层面得到持续提升，人类整体就越能超越此维度的限制，从而扬升到更高维度的宇宙实相当中去。这也是新时代运动比较统一的追求。

那么，此新时代运动的明显社会影响是什么呢？尽管社会研究领域，对新时代运动的评价褒贬不一，毁誉参半。但一个确凿的事实是新时代运动的兴起带来了神秘主义的复兴和唯灵主义的复兴，各民族古老神学都因新时代无差别的汲取，而再次重现了"活力"。目前，新时代运动已经渗透到西方文化的方方面面，文学、美术、音乐以及流行歌曲和好莱坞电影，甚至医学、商业和教育领域，也开始引入了身心灵艺术等治疗法或理念。

另外，据研究人员估计，新时代运动的参加者占美国人口的 5％至 10％，但其影响却远比此数字大得多。另外，新时代产品市场巨大，二十世纪八十年代，全美国的广告商都不断兜售新时代出版物，纷纷把"新时代"标签作为营销工具，各类新时代出版物更是层出不穷、络绎不绝，而由此衍生的新时代课程也同样成为了年均产值达近百亿美元的大生意。

新时代运动大约在二十世纪末期，传播进入亚洲，中国地区里，台湾是较早引入新时代运动，并受其影响较大的地区。本世纪初期，开始有部分新时代运动倡导者由台湾等地进入中国大陆地区，而后，西方身心灵运动者也开始直接来到中国宣传其理论及实践方法，并以相关课程的方式开始引入中国。在本世纪第一个十五年左右，中国范围内的新时代运动以及相关的宇宙论、泛神论、泛灵论等等思想导向，已经在都市年轻人中成为较为普遍地流行趋势了。其普及群体与美国的社会调查具有高度一致性，其市场化趋势也毫无意外地复制了美国的新时代发展脉络。

2006 年，皮尤研究中心的蒂莫西.沙博士曾给出总结说："一股世界性的潮流以及覆盖各主要宗教团体，那就是相对于世俗运动与意识形态，基于神与信仰的运动的信心和影响力要更为明显地增长。"

二、新时代运动对佛教的影响

近年来，禅修被西方心理学界以及新时代运动广泛采纳，且普遍简称为冥想，同时心理咨询和治疗以及新时代运动也都广泛进入了东方社会，因此大量被泛用于心理学和身心灵活动之中的冥想，也使得普罗大众往往对冥想、禅修以及佛法实修之间产生混淆性理解。对于佛教来说，此席卷而来的新时代风潮，也在一定程度上影响了当代僧人和居士的面貌。

一方面，佛法与新时代运动以及其他宗教的最根本区别在于对于"实执"的态度。新时代运动的思想基础，更接近于一元论，也包括了泛灵论的范畴，或者对比来说，新时代运动实际上更接近于婆罗门教及其演变成的印度教，因而其实执性昭然若揭。所以，其他宗教以及新时代运动，与佛教的根本信仰佛法是完全不同的。

所以，如果行者相信坚持佛法实修可以趣向涅槃解脱，就必须要清晰此二者的差别。佛法既非一元论也非二元论，更不是泛灵论或神创论。要想了解佛法，那么就先需要了解中观思想，了解缘起，了解诸法、诸相、诸律具是自性空，并对打破实执建立基本认知。然后，才可能把握住佛学之整体大方向，而不偏离。

否则如果只是对佛学理论囫囵吞枣，产生了一些似是而非的见解，就会误以为佛法与这些新时代理论存在相似之处。但实际上那些相似并非真实，而是来自于当事人并没有在自身内在对佛法产生真正的闻思定解。而如果继续把实修建立在这种无定解的基础上，没有正见、正知之闻思智慧的辅助，则涅槃解脱只能是幻想。

然而，近年来佛教的身心灵化趋势却的确存在，甚至在很多著名新时代活动家的课程上，都出现了僧人们参加学习的场面。因而，就更需要佛法实修者们回到自身进行反省了。

再一方面，新时代运动自身只是各种东西方古代宗教和神秘理论的拼凑，其本身并不具备通向解脱之路的真正修法。即便是其中以禅修者身份出现的号称活在当下、解脱痛苦之身以及讲授开悟方法的系列著名身心灵活动家们，实际上也大多有是从南传佛教、藏传佛教或印度教的经历，但实际上也根本未有一人获得根本证悟。而且为了人们能够更容易理解和接受，他们还会在自己的宣讲当中，不断地加入各种类型的"蜂蜜"和"糖"来稀释修法方式，因此，其可靠度就更是在打折扣的基础上又不断地打折扣了。所以，佛法实修者对此必须要能够谨慎分辨，善加思惟，理清自己的实修应以何者为依，又以何者为准。否则，就很可能事倍功半，甚至还可能误入歧途。

另一方面，佛教当中也开始出现了一些僧人主动身心灵化或心理学化，以吸引受众的趋势。例如，近年来汉传佛教中，已经开始出现了僧人开设新时代运动相关的家族治疗、业力转化等课程的现象，而藏传佛教中也存在把微细身当作心理学之潜意识来授课以吸引大众等类似情况。另外，从台湾等外围地区开始蔓延到大陆的各类新兴禅法和背后的大师们，也开始了借此新时代之东风，附着佛法的旗号，行广收门徒，为自己汲取名闻利养的行动。

对此，需要郑重指出的是，虽然不可否认，在禅修过程中，的确存在对潜意识某些神经回路的打断与改变，因而也具有一定程度的心理治疗功能。然而，把佛学当作心理学使用，这本身却是虽佛学功用的严重窄化和对佛学之根本意义的偏离。而且从客观意义出发，以此窄化的角度来看，那么佛学仅在心理治疗层面来说，尚且不如西方心理学发展得完善——不但针对性强，且内部学科俱全，从各类心理问题到精神疾病都有着系统的治疗手段——那么，如此舍己之本，逐己并非真正长项之末，到底所为何事呢？

或许，这种局面的出现，大约类似于古代佛教的世俗化过程，其中可能或多或少地存在不得已之处。然而对于佛法实修者来说，我们需要扪心自问的是，学佛的目的何在，是为了究竟涅槃解脱，还是为了吸引更多大众的关注力而得以维系生存和延续？以及佛子的底线在哪里？超越了何处，我们就不可再有颜面自称为学佛者了呢？或者自称佛子者，我们可还识得佛学之几部经又或几部论？甚至，我们可还记得"佛法"是什么？

第三节 虚无主义的流行与泛化

按照《牛津哲学词典》的解释，虚无主义被定义为："一种主张'无'，不效忠于任何国家、信仰或个人，没有目的的理论立场"。而《西方哲学英汉对照词典》所界定的虚无主义，则是"一种主张没有可信的东西和没有有意义的区分的理论。形而上学的虚无主义认为世界和人生没有我们假定它们具有的价值和意义。认识论的虚无主义坚持没有任何知识是可能的。伦理的虚无主义提出，不存在任何能为绝对的道德价值辩护的基础。政治上的虚无主义则建议，任何政治组织必是腐败的。"

作为一种哲学理论，虚无主义是现代性的产物，一般人们认为现代的虚无主义，是伴随着对现代文明的本质和前景的质疑，而最早诞生于德国并发展起来后蔓延到全世界的。因此，虚无主义可以说是当今世界"现代性"所带来的各种问题的概括：当下享乐主义、拜金主义、权力崇拜以及道德缺失、低欲望无进取性等等现象，实际上都是虚无主义的体现。

根据《西方哲学英汉对照词典》的概括，"虚无主义"被分为"形而上学的"、"认识论的"、"伦理的"和"政治的"四种类型，具体而言，"形而上学的虚无主义，认为世界和人生没有我们假定它们具有的价值和意义；认识论的虚无主义，坚持没有任何知识是可能的；伦理的虚无主义，提出不存在任何能为绝对的道德价值辩护的基础；政治上的虚无主义，建议任何政治组织必是腐败的"。此四种虚无主义，在当今社会当中可能存在不同的表现形式，下面就——加以说明。

一、当下享乐主义与其他价值虚无

相比较而言，现代人对"当下"的重视，似乎是亘古以来的高峰——古人会考虑来世如何，而百年甚至几十年前，人们会考虑"未来"，而现代人却更多考虑"当下"。这一方面与消费主义的推动有关，无数广告都是成千上万遍地告诉人们：当下享受才是最重要的，所谓"我的 XX 我做主"，也无非是说想买就要买，不必压抑自己的消费欲望等等。另一方面，随着新时代运动的发展，"当下"也往往不知不觉地被蒙上了一层文化意义上的褒义象征。因而，人们也就越发地认为"活在当下"是"正确"的选择了。

然而，仅仅从活在当下的角度来说，则随顺人类之实执本能，所导向的必然是及时行乐的结果。因此，只要当下开心就好，实际上已经成为了无数当代人的生活座右铭。而相对来说，其他价值也就越来越不重要了。比如追求理想、事业以及信仰等等，甚至人生本身，都成了可有可无的事情。这就是价值虚无主义。

价值虚无主义是指在现代性境遇中，人们丧失了普遍性的客观的价值判断标准，不相信事物有任何内在价值，甚至否定个体生命本身的意义。但于此同时，人们则更看重当下享受了、得到了、满足了，就是意义本身或意义所在的倾向性。因此诸如情感、家庭、事业等等传统的价值观导向，也要让位于"是否能为当下带来满足"了。如此，人的生命就在无数个当下组成的满足与否中，流转着。

此情况还会再扩展成为一种"现世安稳，其他价值虚无"的状态。也就是说，相比于当下及时行乐者追求快感来说，现世安稳者追求的是一种安全感，因此稳定压倒一切，生命的目的就在于为自身构建此安全感。为此，人们不一定当下都在及时行乐，而是会买房买车囤积钱财，而相比之下工作只不过是实现此目标的手段。所以必要的情况下，人们也会奋斗会努力，来为此现世安稳添砖加瓦，情感、家庭等等也很可能同样是稳固此目标的一部分方式。而理想、事业、信仰等等同样成了可有可无的事情，甚至此生命要完成的意义本身，在价值上都是虚无的。

此类虚无主义，带给佛法实修者的影响是，一方面，很多人区分不开禅修中"对当下的觉知"与活在当下的及时行乐主义之间的关系，而往往以"我有在觉知啊"作为及时行乐的借口，因此实际上仍是在随顺实执本能的种种需求。

另一方面，很多人又会以现代人生活压力大等等为由，而为自己没有时间禅修开脱，要么总是一边表现得好像求法若渴，而另一方面又总是将实修的优先顺序排在生活诸事之后。要么就不断追求方便捷径，试图毫不费力地不必精进地，而获得快速解脱。

如此一来，则禅修实践往往是短暂的，而现实生活对实执的强化却是无时无刻不再进行的。因此，实执的惯性很难被打破，而禅修的努力则如同杯水车薪一般，不断地被实执烦恼之火所燃烧，所以，实修也就很难取得实质性进展了。这也是很多人自称学佛禅修打坐多年，然而实际转变却并不大的原因之一。

二、低欲望假象背后的价值虚无

另一类虚无主义，是以低欲望的形式表现的，即所谓的"佛系"，该词语最早来源于 2014 年日本的某杂志。而这种类型为主导的社会状态，日本社会学家大前研一则将其称作"低欲望社会"。

大前研一在《低欲望社会》中说：这群人和过去的日本年轻人，其行为举止完全不同。较之"拥有物质"的欲望，他们几乎没有欲望。不仅是物欲全无，连出人头地的欲望也变得淡薄。当时的一个调查表明，新进公司的员工想当总经理的人只有 10%左右。我把这群人定义为"物欲和发迹欲丧失的世代"。他们的特征表现为"只用手机与这个世界联结与朋友联系用手机，各种信息的获取用手机，连电视节目也用手机看"。

然而，从中国社会的现状来看，此类年轻人的低欲望状态，往往是假象。因为中国的低欲望族群基本出生在九零年代后，包括了九零代和零零代，而这批低欲望者的父母就大多为六零后或七零后——这两代人恰恰是新中国改革开放所带来的经济福利的最大受益者，因而大多积累了相对丰足的财富基础，平均经济状况大多属于真正中产以上阶层。

因而，九零代和零零代自出生就衣食无忧，应有尽有。且生于消费主义时代，长于互联网世界，也相对更加自我，而较少关注他人，对爱的理解也往往是对"自身被爱程度"的权衡。对衣食住行等基本生理层面满足基础上的其他价值的看待，往往也更加虚无。

所以，他们的"低欲望"往往表现在两个层面：一方面，因为价值感虚无，而没有事业及理想追求，而更希望当下享乐，同时人生安稳；另一方面，他们的无欲望背后，同时往往也隐藏着基础要求，即现实生活水平不能低于父母给自身所提供的状态。一旦低于此基础，他们就会非常不适应，而很可能转化为啃老族，或者通过寻找可供自身依附的伴侣等其他方式，来试图维系生活水平。

所以，低欲望很可能只是虚无主义的一种表象形式，其本身就是假象，"低欲望者"的欲望本身并不低，低的是为实现某些结果而去付出努力的意愿和行动力，即进取心和价值感。

此种虚无主义，带给佛法实修者的影响是，很多佛法实修者也认识不到低欲望的假象佛系与真实的实执减轻带来的贪嗔痴等烦恼欲望的降低之间的差别，往往以低欲望的假象来证明自己的无欲无求，而对佛学意理的明晰却不愿深入，于禅修实践也疏于精进——懒惰是低欲望者的主要特征之一。因此，持此虚无主义而不自知，是很难在佛法实修层面取得真实进展的。

三、虚无主义演化出的自大型反智主义

著名历史学家霍夫斯塔特于 1962 年，在《美国生活中的反智主义》一书提出了"反智主义"的概念。而后，人们定义反

智主义是一种存在于文化或思想中的态度，而不是一套思想理论。反智主义可分为两大类：一是对于智性、知识的反对或怀疑，认为智性或知识对于人生有害而无益；另一种则是对于知识分子的怀疑和鄙视；因此又称作反智论或反智识主义。

而《专家之死——反智主义的盛行及其影响》一书中，汤姆.尼科尔斯则指出，当代世界中普遍的反智主义往往是拒绝专业知识获取及拒绝理性判断和行为能力提升的大众主义与自负心态的结合，而产生的一种普遍的文化状态。

具体来说，随着信息技术的发展和互联网的普及，越来越大量的信息在普通人的生活里已经变得随手可得了，这在不知不觉中给人们建立了一种假象："我无所不知"，并由此演化出"其他人并不比我知道得更多"的自负心态。

在这种知识平等主义的假象下，人们往往会继续产生错觉，即自己完全有知识、也有能力对各种国内外大小事物指点江山，因而各种各样不加思考或基于片面思考的建议和评论等等，就在大大小小的国际、国内新闻之下，都出现了。每个人都觉得自己的建议很高明、很有见地，甚至认为自己只是时运不济，否则真的可以胜任这些自己点评过的所有相关职务，但却很少有人考虑到新闻背后所牵扯到的自己所不了解的巨大现实局限。总之，在网络上，人人似乎都是政治家、军事家、经济学家以及各行各业各领域的专家。而新冠疫情忽然爆发的时候，网络上也似乎忽然间人人都变成了医生和福尔摩斯的结合体了。

也就是说，网络的开放性、消费主义为教育注入的"顾客至上"理念以及新闻产业的娱乐化对大众和流量的追捧等等，已经使得处于自负之中的人们，开始变得对"理性的人"或者说"有智识者"产生明显的排斥和抗拒了。而长期处在这种心态下，人们甚至已经开始对理性和智识本身，也表现出不可名状愤怒和轻蔑了。所以，在这样的前提下，反智主义自然也就开始大行其道了。

因此，也可以说，反智主义的基础，实际上是认识论虚无主义的反向表达，又结合了形而上的虚无和政治虚无等，所共同形成的一种复杂的虚无现象的表象。

且值得注意的是，此反智主义同样可能表现在宗教层面，即由政治虚无演变出宗教虚无，认为所有的宗教，都是对人类的变相控制，其内涵都是带有欺骗性色彩，是腐朽而黑暗的——这已经是存在于某些无神论者中的论调了。因而，持此论调者也会把反智主义应用在宗教当中，认为宗教中的任何宣说，都带有政治色彩或现实利益目的。

所以，现代禅修也往往受此影响，不断呈现出去宗教化的色彩，甚至有些人主张去除宗教老师的作用，自学佛学、自学禅修、自悟解脱等等。自学当然并非完全不可行，毕竟辟支佛也是存在的。然而，对于大多数人来说，盲目否定老师的作用，实际上也是一种反智主义，不但自学佛学可能存在偏差性理解，自学禅修的过程也更可能完全摸不到路线或者又在各种各样的境界中进入到不同的误区里。因而正如尼科尔斯所说：专家固然可能也有所不知，但普通人却一定并非无所不知。

另外，此反智主义可能带给佛法实修者的另一个影响是对精研教理和贯通佛学义理的排斥，从而很容易陷入到不可知论的窠臼里，而产生诸如前文提到过的"只需要实修就好了，思考是没有用的，都是头脑的幻相，到时候证悟了自然就明白了"等自圆其说性的想法。然而，这种不可知论本身就是反智的，也是在佛陀宣说教法初期就明确指出不可取的作法。

因而，现代佛法实修者也需要警惕自身被虚无主义所俘获，被反智主义所蒙蔽，不陷入到种种思惟的误区之内，才可能保持内心的安定，以指引佛法实修的中观线路作为自身所沿袭的路线，踏实稳定地走在佛法实修的道路上。

第四节　中观思想始终是佛教之根本方向

前文是论述了现代社会之人间乱象的一面，带给佛教的冲击以及对佛法实修者的考验。然而，世间事物都是具有两面性的，现代社会也因其科学技术水平的提升，而资讯发达且资源丰富，这实际上也为当代佛学研究者与佛法实修者，提供了自古以来前所未有的良好契机，即外在之因缘实际非常充足，而能否充分地加以利用，则取决于修行者自己的抉择。

而如果修行者抉择了证悟佛法为先，那么就需要了知，中观思想是对治所有上述乱象的根本方。对中观思想的理路有了理解，就能够清晰了知，上述种种社会乱象背后，无论表现出了多么独特的当代现象，其根本依然都是依缘起而生，自然也会依缘起而灭的世间法之流转变化，此本质千百年来，从未改变；同样，也能够了知，在当代人的迷失与困惑背后，众生的心识层面的根本原因，千百年来亦从未改变，那就是实执本身所带来的无明和烦恼。

因此，现代性不是人类痛苦的罪魁祸首，科技发展更不需要替人类背负此十字架，对依缘起的事物产生实执本身即是无明的来源，无明自然会生贪嗔痴烦恼，自然会产生痛苦。所以在现代性未曾出现之前，在科技没有迅速发展之前，人类为物质不足而痛苦，为资讯不便而痛苦，为资源匮乏而痛苦；而一切都丰富了，人类又为丰富本身而痛苦了。

因此，要想真正出离此苦，只有依缘起有，打破实执，证悟空性此中观之路才是真正切实可行的佛法涅槃解脱道。

而对于佛教来说，更需抛弃门户之见，立足于佛法传承本身，认识到佛陀本就是依中观道而成就涅槃圣果，因而佛法本身即是中观性的，中观思想本身亦即是对佛法的概括性世间宣说，其宣说目的就在于指明趣向涅槃解脱的佛法修行之路，即点亮修行者一路前行上可依托的不灭之灯塔。

而中观思想在当代亦存在着无可比拟的重要性，于佛教传承而言，则中观思想亦是佛教保持佛学本质，牢记佛法根本路径的所依。以此中观思想作为指导，则奥义佛教必不失其主旨，世俗佛教则应不会产生太大偏离。如此，真正寻求佛法真理的众生，才能有闻法之路径，有修法之所依。

中观思想，于行者而言，既是历代修行者们的灯塔，亦同样是当代佛法实修者们所能依止的指路明灯。依托此中观思想，才能不为各种各样的多元思想所牵引，忘失佛法修行之重要性；依托此中观思想，才能不为各种各样的花式扬升所迷惑，远离佛法实修之路；而能够踏实稳定地遵循佛陀指引的道路，一步一个脚印地走过禅定，走过观智，走向佛陀，证悟涅槃解脱。

后 记

从菩提树下，佛陀为此世间众生开演佛法开始，佛法传世至今已有三千多年的时间了。在这三千多年里，佛教更是几经兴衰波折，佛学教法的顺畅延续，也曾多次遇到困难，陷入低估。所幸佛法之核心内容四圣谛，以及佛陀对此进行的开示，从未遗失。这也是佛陀的亲证智慧为此世间带来的善因，也是此世间众生所共同造就的善果。

而在此基础上，龙树菩萨又再次为世人整理出了"依缘起有，打破实执，证悟空性"的中观理念，作为佛法修学之理论和实修层面的共同指导。中观思想的提出，为佛法修学过程带来了指引性的大方向，也确保了行者的实修过程，始终不会偏离佛法主旨的要义。因此，对于从古至今的佛法行者来说，都是不可或缺的佛法理念和佛学基础。

因此，为了给当代行者提供一个理解中观思想的不同路径，本书结合了龙树菩萨的中观原典与中观思想的萌芽、产生和发展过程，再现了三千多年的佛教中观思想传承史。并希望通过这种呈现，能够进一步说明中观思想在佛法修学过程中的基础性和重要性，为当代行者深入修学佛法带来契机。

另外，本书的写作过程，受到了无数佛法实修前辈的启发，同时也在佛学研究等相关领域获取了大量咨询辅助，无法一一列出所参考的学科与典籍书目，只能在此一并致以诚挚的谢意，感谢各行业专业人士的著述，为本书所带来的巨大帮助，真诚的感谢大家。

　　当然，所学有限，所修所证亦不圆满。因此书中错漏之处都不可能完全避免。本书亦不求圆融，也不奢望面面俱到，唯期抛砖引玉而已。而若能为佛教发展，带来一点总结性起法；为少许志向解脱者，带来一点益处；亦即足以。

　　最后，愿所有众生都能早日彻断轮回，亲见佛法，证悟真理。

作者小传

　　法智，当世佛法隐修者。曾投身自然科学和社会科学相关的诸多领域，试图由此发现真理，揭开宇宙、自然和人生的终极奥秘，却不能得。因缘际会，听闻佛法，结合所学善加思惟，逐渐得以解疑释惑，并生拨云见月之感，遂投入到佛法实修与践行当中。出离世间，隐于真理，心向涅槃。